ARCHIVES DE LA FRANCE MONASTIQUE
VOL. XVI

RECUEIL

DE

CHARTES ET DOCUMENTS

DE

SAINT-MARTIN-DES-CHAMPS

MONASTÈRE PARISIEN

PAR

J. DEPOIN

SECRÉTAIRE GÉNÉRAL DE LA SOCIÉTÉ HISTORIQUE DU VEXIN

TOME II

ABBAYE DE LIGUGÉ | PARIS
CHEVETOGNE, PAR LEIGNON (BELGIQUE) | JOUVE ET Cie, ÉDITEURS
| 15, RUE RACINE, 15

1913

RECUEIL DE CHARTES ET DOCUMENTS

DE

SAINT-MARTIN-DES-CHAMPS

ARCHIVES DE LA FRANCE MONASTIQUE
VOL. XVI

RECUEIL

DE

CHARTES ET DOCUMENTS

DE

SAINT-MARTIN-DES-CHAMPS

MONASTÈRE PARISIEN

PAR

J. DEPOIN

SECRÉTAIRE GÉNÉRAL DE LA SOCIÉTÉ HISTORIQUE DU VEXIN

TOME II

ABBAYE DE LIGUGÉ	PARIS
CHEVETOGNE, PAR LEIGNON (BELGIQUE)	JOUVE ET Cie, ÉDITEURS 15, RUE RACINE, 15

1913

VII

Actes concernant Saint-Martin-des-Champs sous le règne de Louis VI le Gros, de 1126 à 1137

191. — *Gérard de Cappy, qui tenait à cens une terre de Saint-Corneille à Cappy, la résigne entre les mains des chanoines de Compiègne, en faveur du prieuré de Saint-Médard de Cappy, dépendant immédiatement de Saint-Martin-des-Champs. Les chanoines donnent aussitôt l'investiture au prieuré, qui devra leur payer annuellement cinq sous de cens à la Saint-Martin d'hiver (a).*

(1126 — 30 septembre 1131)

In nomine Patris et Filii et Spiritus Sancti. Amen. Notum fieri volumus quam presentibus tam futuris quia Gerardus de Capi, Ulgeri filius, sancte *Compendiensis ecclesie beati Cornelii* terram, quam de ipsa ecclesia sub censo redditione tenebat, libere et absolute reddidit. Nos autem sancte predicte Compendiensis ecclesie canonici, precibus ejusdem Girardi et filiorum ejus, terram ipsam ecclesie de *Capi* (1), sub censu quinque solidorum illius monete qua census et consuetudines in eadem provincia persolventur, habendam concessimus; ita quidem ut census ille quotannis ad predictam Compendiensem ecclesiam, ad festum sancti Martini hiemalis aut infra octavas, deferatur. Ut autem nostra concessio rata sit, nec in eternum deleri possit, scripto commendantes, sigilli

---

1. Cappy, ca. Bray, arr. Péronne (Somme).

nostri impressione corroboravimus, et eorum qui presentes affuerunt nomina et signa subscribi precepimus.

S. Gaufridi decani, S. Johannis cantoris, S. Odardi prepositi, S. Ivonis Tezonis, S. Ivonis Morardi, S. Lisiardi, S. Leonis, S. Drogonis, S. Roberti, S. Geroldi, S. Guidonis.

Signa monachorum ecclesie de *Capi* : S. Petri prioris, S. Guillelmi, S. Petri, S. Roberti, S. Simonis, S. Haimerici. Famulorum eorum nomina : Bernoldus, Robertus, Henricus, Guido, Ogerus, Lambertus. Laici *Compendienses* : Obertus prepositus regis, Dodo prepositus *Sancte Marie*, Bosardus, Claro, Fulco Rotoldi filius, Albertus decanus regis, Gualterus Morardi filius.

(*a*) Sur la date de cet acte, voir la note 2 de la charte qui suit.

A. Original. B. N. Coll. D. Grenier, tome CXCVII, fol. 85. — B. Copie du xviiie s., Bibliothèque mun. de Compiègne, *Histoire de Compiègne*, par D. Bertheau, fol. 164.

Édit. Chanoine Morel, *Cartulaire de St-Corneille de Compiègne*, t. I, p. 91, n° xlvi.

192. — *Eudes Ier, prieur de Saint-Martin-des-Champs, remercie les chanoines de Compiègne d'avoir ratifié la donation faite par Gérard de Cappy au prieuré de Cappy, placé sous la dépendance immédiate de son monastère.*

(1126 — 30 septembre 1131)

Dilectis in Xristo dominis et fratribus *Bti Cornelii de Compendio* frater Odo [prior] *Sancti Martini de Campis* salutem. Conventioni que inter vos et monachos nostros, qui sunt apud *Capeium* (1) de terra, quam concessistis ad censum, sicut cartula testatur, quam eis sigillo vestro firmastis, communis capituli nostri consensus acquiescit, vobisque gratias agit, si quid commoditatis fratrum nostrorum indigentie precibusque caritative prestitistis. Quod ne quis futurorum contradicere possit, auctoritate sigilli Beati Martini prohibitum est (2).

2. Les limites de la date de cette pièce sont seulement fournies par la durée

A. Original perdu. — *B.* Copie du xiiie s., *Cartulaire rouge de Compiègne* (partie perdue). — *C.* Transcription du *Cartulaire rouge*, sur parchemin, collationnée par Douet et Bouzet, notaires au Châtelet, le 8 mai 1672, A. N. LL 1623, fol. 288. — *D.* Copie du *Cartulaire rouge*, sur papier, faite au xviie s., B. N. ms. lat. 9171, fol. 293. — *E.* Copie du xviiie s., *Histoire de Compiègne*, par D. Bertheau, fol. 164.

Édit. Chanoine Morel, *Cartulaire de St-Corneille de Compiègne*, t. I, p. 93, n° xlvii.

193. — *Guérin de Châtillon, évêque d'Amiens, constate que le prieur Eudes I de St-Martin-des-Champs a concédé à Gui, clerc de Wahagnies, l'église de cette localité pour y résider, sous réserve d'une rente d'un marc d'argent : si Gui part en pèlerinage, on attendra trois ans son retour ; passé ce délai, le prieur rentrera en possession de l'église.*

(16 octobre 1127 ou 28 avril 1128 — 30 septembre 1131)

Cirographum. Ego Warinus, Dei gratia *Ambianensis episcopus*, notum facio cunctis fidelibus t. f. q. p. quod domnus Odo *prior Sti Martini de Campis* concessit Widoni, clerico de *Wanneio* (3) facultatem ibidem manendi in vita sua, tali pacto ut singulis annis, in Nativitate Sti Johannis Baptiste, tam ipse quam cohabitatores ejus persolvant ecclesie Bti M. de C. marcam puri argenti apud *Capeium* in manu prioris aut fratrum ibi habitantium. Quam si ad diem prestitutum non solverint, post xv dies cum monachi de *Capeio* se monstraverunt eam non habuisse, episcopalis justicia sine sollicitatione Prioris de Sto Martino aut monachorum ejus,

---

du gouvernement d'Eudes Ier, prieur de Saint-Martin-des-Champs. Dom Bertheau (*Histoire de Compiègne*, fol. 105) est tombé à ce sujet dans une méprise causée par une documentation insuffisante à cet égard, qu'il avait tirée de Dom Marrier. Eudes Ier a succédé à Mathieu Ier lorsque celui-ci fut fait cardinal évêque d'Albano en 1126, et cessa ses fonctions à Saint-Martin lorsqu'il fut élu abbé de Saint-Médard et consacré par Innocent II le 30 septembre 1131.

3. Wahagnies, ca. Pont-à-Marcq, ar. Lille. — Voir t. I, n[os] **168** et **186** : ce dernier acte donne le *terminus à quo* ; le *terminus ad quem* est le jour où le prieur Eudes I[er] fut béni comme abbé de Saint-Médard. — Dans la composition du chapitre, en la comparant à celle de 1128, il n'y a d'autre mutation que l'élévation au sous-diaconat de l'acolyte Baudoin.

clericos de æcclesia e[j]iciat... De rebus vero mobilibus que tunc ibi fuerint, supra valens LXV solidos Belvacensis monete, Wido quod sibi libitum faciet. De ceteris omnibus nichil ei vel aliis licebit distrahere. Quod si etiam WIDO in peregrinationem voluerit proficisci, per triennium expectabitur. Si supra moratus fuerit, æadem æcclesia, sicut dictum est, ad monachos Sti Martini revertetur...

Convention (sic) huic affuerunt testes : domnus SERLO, *abbas Sti Luciani* ; domnus ROGERIUS, decanus *Ambianensis* ; RADULFUS archidiaconus ; SYMON prepositus et archid. ; Achardus et Rogerius sacerdotes ; Ingelbrandus et Arnulfus, diaconi ; Balduinus et Wermundus, subdiaconi ; WARINUS, thesaurarius ; BALDUINUS DE ANGORA.

A. Orig. S 1412, n° 9. Sceau perdu. — *B.* Copie de 1133, *Liber Testamentorum*, fol. 92'. — *C.* Copie du XVI° s., LL 1353, fol. 99'.
Édit. Marrier, *Monasterii S. M. de C. historia*, p. 163.

194. — *Le pape Innocent II, ayant reçu en ses mains, en présence de plusieurs prélats français, le désistement du clerc Gui, détenteur de l'église de Wahagnies, et en ayant investi St-Martin-des-Champs, informe de sa décision l'évêque Guérin d'Amiens et son chapitre, et leur recommande de veiller à ce que St-Martin conserve ce bénéfice.*

(Cluny, 6 février 1132)

INNOCENTIUS episcopus, servus servorum Dei, venerabili fratri G[UARINO] *episcopo* et dilectis filiis *Ambianensis ecclesie* canonicis, salutem et apostolicam benedictionem. Dilectionem vestram latere non volumus GUIDONEM clericum ecclesiam de *Gangiaco* in presentia fratrum nostrorum episcoporum et cardinalium, in manu nostra, cum omnibus ad eam pertinentibus refutasse, et nos eam fratribus *Sti Martini de Campis* libere reddidisse. Quam nimirum donationem, quemadmodum a nobis facta est, ita in posterum volumus ab omnibus firmiter observari. Precipimus itaque quatinus prefatam ecclesiam, et Beati Petri et nostra reverentia, manuteneatis et deffendatis, et neque pred. Guidonem, neque alium aliquem in eadem ecclesia, contra voluntatem prioris *Sti Martini de Campis* potestatem habere patiemini. Quod si ipse vel quilibet alius pred. fratribus molestiam aliquam super hoc inferre presumpserit, debitam de eo justiciam faciatis. Datum *Cluniaci* v.i idus februarii.

A. Original perdu. — B. Copie de 1133, *Liber Testamentorum*, fol. 75, n° 112.
Edit. Pflugk-Harttung, *Acta pontificum*, I, 145.
Ind. Jaffé-Wattenbach, *Regesta Pontificum romanorum*, t. II, n° 7535.

195. — *Le pape Innocent II confirme à Thibaud II, prieur de St-Martin-des-Champs, l'église de Wahagnies que le clerc Gui a résignée.*

(Gap, 30 mars 1132)

INNOCENTIUS episcopus, servus servorum Dei, dilecto filio Th. [THEOBALDO], *priori Sancti Martini de Campis* ejusque successoribus regulariter substituendis in perpetuum. Et ipsa *ecclesia Beati Martini*, et ea que ad jus ejus spectare noscuntur, sub Beati Petri et nostra protectione consistunt. Adeo quod nos suam ei justiciam libenti animo confirmamus, et que juste possidet hujus scripti pagina communimus. Ecclesiam igitur de *Gaudi* (*a*), a venerabili fratre nostro GAERINO, *Ambianensi* episcopo, vobis concessam et a WIDONE DE GUANGI (*b*) apud *Cluniacum* in manu nostra libere refutatam, vobis perpetuo habendam possidendamque concedimus.
Datum apud *Vapincum*, III Kal. Aprilis.

a. b. corr. *Guangni* ou *Gangni* dont le nom est ici diversement estropié.

A. Original perdu. — B. Copie de 1209, LL 1351, fol. 17. — C. Copie du xv° s., LL 1352, fol. 16.
Ind. Jaffé-Wattenbach, *Regesta Pontificum*, t. I, p. 856, n° 7563.

196. — *Louis VI approuve la donation faite par Bouchard, clerc de Clamart, et Jean le Noir, son frère, à St-Martin-des-Champs, de ce qu'ils possédaient à Clamart dans le fief de Raoul de Chaville à la prière du prieur Mathieu II.*

(Paris, 1132)

In nomine sancte et individue Trinitatis : Ego Ludovicus, Dei gratia, *Francorum rex*. Noverint omnes presentes et futuri quod Bucardus, clericus de *Clamardo* (4), assensu fratris sui Johannis Nigri, quicquid ipsi habebant apud *Clamardum*, de feodo Radulfi de Cativilla (5) dedit in elemosinam *monasterio Sti Martini de Campis*, in quo et monachus factus est, ipso Radulfo assensum prebente et laudante. Qui etiam Radulfus, veniens ad Nos cum domno Matheo, venerabili *priore* ejusdem loci (6) et quibusdam aliis monachis, rogavit Nos ut, intuitu pietatis, illam donationem Sto Martino concederemus et, ne ab aliquo posset infringi, regia actoritate confirmaremus. Quorum precibus annuentes, illam elemosinam, cum ceteris bonis ejusdem domus, in protectionem nostram suscepimus, et tam nominis nostri karactere quam sigilli impressione corroborari precipimus.

(*Deux lignes laissées en blanc.*)
(*Monogramme royal. — Chrismon.*)

---

4. Clamart, ca. Sceaux (Seine).
5. Chaville, ca. Sèvres, arr. Versailles.
6. La charte porte, sur l'original, l'an 23 du règne (sur la copie de LL 1351, l'an 24), avec le millésime 1129, que Luchaire corrige en 1132. Bien qu'il soit malaisé de s'expliquer l'erreur du scribe, la correction semble s'imposer : en effet, le grand bouteiller Louis de Senlis a continué à exercer sa charge jusqu'en 1132, et n'a été remplacé qu'après Pâques de cette année par Guillaume de Senlis. — On pourrait cependant admettre que Guillaume a suppléé, pendant quelques jours, son frère malade ou absent; ou encore que les souscriptions des grands officiers n'ont été apposées sur l'original qu'assez longtemps après sa rédaction. Mais toutes ces hypothèses tombent devant ce fait qu'au moment où la charte est donnée, le prieur de Saint-Martin est un *Mathieu* qui ne peut être que Mathieu II, dont l'élection est concomitante à la désignation de son devancier Eudes Ier comme abbé de Saint-Médard. La date de 1132 s'impose dès lors.

Ce diplôme ne figure pas parmi les actes de Louis VI transcrits au *Liber Testamentorum*, fol. 76 à 78, et dont le dernier en date est de 1128.

Actum *Parisius* publice in palatio, anno ab incarnatione Domini M° C° XXVIIII, regni vero nostri xxiii (6). Astantibus in palatio quorum nomina subtitulata sunt. S. RADULFI, *Viromandorum comitis*, dapiferi nostri. S. WILLELMI buticularii. S. HUGONIS camerarii. S. HUGONIS constabularii (*Restes du sceau plaqué*).

A. Original. B. N. Nouvelles acquisitions latines 2241, n° 3. — B. Copie de 1209, LL 1351, fol. 21', non collationnée ; elle porte : « anno... regni vero nostri xxiiii » et ne va pas plus loin. — C. Copie du xv° s., LL 1352, fol. 21. — D. Copie du xvi° s., LL 1353, fol. 20', d'après B.
Edit. Marrier, *Monasterii S. M. de C. historia*, p. 168.
Ind. Luchaire, *Annales de la vie de Louis VI*, n° 507, p. 234.

197. — *Eudes Ier, prieur de St-Martin-des-Champs, élu abbé de St-Médard, malgré l'opposition de l'évêque de Soissons Goslin de Vierzy, est bénit par Innocent II à Orléans (A). — Sa mort (B).*

(A. 30 septembre 1131 — B. 30 janvier 1133 ou 1134, n. st.)

MCXXXI. GAUFRIDUS cognominatus COLLUM CERVI, *abbas ecclesie Beati Medardi, episcopus Cathalaunensis* effectus est, et ODO abbas successit. *Ecclesia Beati Medardi Suessionensis* dedicatur a dumpno INNOCENTIO papa SECUNDO predicto, papatus (*a*) sui anno secundo, in honore Beate Marie semper virginis et Sanctorum Apostolorum et martyrum et in honore Beati Medardi episcopi et confessoris, Idus Octobris. Predictus siquidem Papa, ante dicationem ecclesie predicte, ODONEM abbatem ecclesie Beati Medardi, nolente sed contradicente *episcopo Suessionensi*, in civitate *Aurelianis* benedixit pridie Kal. Octobris.

MCXXXIII : ODO abbas decessit, et GALTERUS successit.

(*a*) *a. b. c.* pontificatus.

A. Original perdu. — B. *Annales Sancti Medardi*, copie du xiv° s., ms. l. 4998, fol. 29. — C. D. Copies plus récentes, ind. *Archiv.* t. VIII, pp. 313 et 345.
Edit. *a*. d'Achery, *Spicilegium*, t. II, p. 781 (édit. in-fol., t. II, p. 486). — *b*. Bouquet, *Recueil des hist. de France*, t. XII, p. 278. — *c*. Waitz, dans Pertz, *Monumenta Germaniæ historica, Scriptores*, t. XXVI, p. 519.

197 bis. — *Obit de l'abbé Eudes de Saint-Médard.*

III Kal. Februarii. Odo abbas (en interligne *Sancti Medardi*) et prior *Sancti Martini de Campis*.

A. Obituaire de St-Léonor de Beaumont-sur-Oise, ms. lat. 18362, fol. 89.
— B. Copie de D. Pernot, A. N. S 1410, n° 1.
Edit. Douët d'Arcq, *Recherches sur les comtes de Beaumont-sur-Oise*, p. 144.

198. — *Louis VI approuve les donations précédemment faites à St-Nicolas d'Acy par Eudes Percebot, sa femme Aélis, leurs fils Gui et Eudes II, qui y sont inhumés, de propriétés à Senlis, à Loisy et à Barbery ; il confirme également ce que les moines possèdent à Rieux, les vignes que leur a données Barthélemi, préchantre de Senlis, et d'autres biens.*

(Paris, 25 octobre 1132 — 1er janvier *ou* 26 mars 1133)

In nomine sancte et individue Trinitatis. Ego Ludovicus, Dei gratia *Francorum rex*, notum fieri volo cunctis fidelibus tam futuris quam et instantibus, quod quidquid Odo Perforans-utrem (7) et Adeleidis uxor sua, et filii ipsorum Guido et Odo qui apud *Sanctum Nicholaum*, in *suburbio Silvanectensi* sepulti sunt, Deo et fratribus ibidem Domino servientibus, per Dei gratiam donaverunt, Nos eisdem fratribus et eis successuris, jure perpetuo habendum

---

7. Eudes Percebot paraît en 1104 à la cour de Louis VI comme un de ses familiers (Cf. Luchaire, *Annales de la vie de Louis VI*, n°s 28 et 33, pp. 17, 21). Son surnom se traduisait, dès 1082-1089, *Pertusiens-Utrem* (n° 36). La forme romane *Odo Percebut* se lit dans une charte de 1102 (note 91 *suprà*, t. I, p. 65). La *bote*, d'où vient le diminutif latin *buticula* (italien *bottiglia*, espagnol *botella*), est originairement un récipient de cuir pour mettre le vin qu'on emportait avec soin en voyageant à cheval. L'équivalence *bote-outre* est, par ces textes des XIe et XIIe siècles, bien établie.
Les deux Eudes Percebot, père et fils, inhumés à St-Nicolas d'Acy antérieurement à 1132-1133, laissèrent pour successeur Eudes Percebot III, mari d'Eudeline. Ces époux, en 1140, restituèrent à St-Symphorien les églises de Pont-Saint-Maxence et St-Gervais en Beauvaisis, usurpées par eux (Coll. Moreau, LVIII, 197).

concedimus, et donum quod eis inde factum est, confirmamus. Hec autem sunt que predictus Odo et uxor sua et filii ipsorum predictis fratribus donaverunt. Hospites duo *Silvanectis*, domum scilicet Oilardi Palmarii et domum Stephani que juxta eam est. Apud villam que *Silverivus* dicitur (8), terram et hospites. Quicquid etiam habebant apud *Loisiacum* (9) et quatuor solidos de censu apud *Barberiacum* (10). Vineas etiam quos Bartholomeus *Silvanectensis precentor* illis dedit, eis concedimus et justiciam ipsarum et hospites qui in eis sunt, illas scilicet vineas que apud *Riu* (11) sunt. Concedimus etiam eis *Rethe* (12) vineam que dicitur Jordanis, salvo censu nostro ; et partem molendini quam eis dedit Adelina de Rouella, liberam ab omni custumia, preter justiciam quam habemus in eodem molendino. Quod ne valeat oblivione deleri, scripto commendavimus, et ne possit a posteris infirmari, sigilli nostri autoritate et nominis nostri karactere subterfirmavimus.

Actum *Parisius* publice, anno Incarnati Verbi millesimo centesimo tricesimo secundo, Regni nostri vicesimo quarto (*a*), regnante Ludovico, filio nostro, anno secundo, astantibus in palatio nostro quorum nomina subtitulata sunt et signa. S. Radulfi, *Viromanduorum comitis*, et dapiferi nostri. S. Hugonis, constabularii. S. Willelmi, buticularii. S. Hugonis, camerarii.

Data per manum Stefani, cancellarii.

(*a*) Il faut corriger « quinto ». La 24ᵉ année de Louis VI se termine le 3 août 1132 ; la seconde année de Louis VII commence le 25 octobre 1132.

A. Orig. perdu. — B. Copie de 1209, LL 1351, fol. 22, collationnée sur un texte incomplet. — C. *Chartularium Sancti Nicolai*, n° 8 (perdu. Cf.

---

8. Rieux, près de l'Oise, suivant A. Vattier (*Comité archéologique de Senlis*, 3ᵉ série, t. I (1886), p. 52). *Silverivus* devrait donner *Sauveru* qui, par chuintement, pourrait devenir *Chauvru*. Chèvreville (ca. Nanteuil-le-Haudoin, ar. Senlis) serait-il une corruption de Chauvruville ?

9. Loisy, éc. Ver, ca. Nanteuil-le-Haudoin.

10. Barbery, ca. et ar. Senlis.

11. Si on lit *Riu*, ce peut être le Rieux dont parle Vattier (note 8) ; *Rui* donnerait plutôt Rully, ca. Pont-Saint-Maxence, ar. Senlis ; mais St-Nicolas d'Acy avait des propriétés à Rieux.

12. Reez-Fosse-Martin, ca. Batz, ar. Senlis.

Stein, *Bibl. gén. des Cart. fr.*, p. 2, n° 11). — *D.* Copie du xvie s. LL 1353, fol. 21. — *E.* Copie d'Afforty, t. XIII, p. 795, d'après *C.* (Biblioth. de Senlis). — *F.* Copie de D. Grenier, *Coll. de Picardie*, t. CCXXXV, p. 25. — *G.* Copie du xviiie s., A. N. K 186, n° 3, d'après *A.*

Édit. a. Vattier, *Notes hist. sur le prieuré de St-Nicolas d'Acy*, dans les publications du *Comité archéol. de Senlis*, t. VI, p. 233.

Ind. Luchaire, *Annales de la vie de Louis VI*, n° 504, p. 232.

199. — *Louis VI notifie le désistement du fisc au sujet des revendications exercées sur les biens recueillis par Raoul Hescelin, frère d'Helloin, précepteur du roi, et de la première femme de Foulques le monnayeur.*

(Paris, 25 octobre 1133 — 1er janvier *ou* 15 avril 1134)

In nomine sancte et individue Trinitatis. Ego Ludovicus, Dei gratia *Francorum rex*. Notum fieri volumus tam futuris quam et instantibus quod calumpniam quam imposuimus Radulfo Hescelini fratri consanguineo magistri nostri Herluini (13), sororem quorum duxit priorem uxorem Fulco monetarius, de rebus videlicet quas ei a fratre suo prenominato et a Gauterio cognato suo, tam in domibus quam in terris, quam in vineis sive in aliis bonis contingerant, annuente Adelaide regina, uxore nostra, Ludovico filio nostro, in regem sublimato anno tertio, prorsus dimisimus et omnem querelam a transactis retro temporibus habitam, ei in perpetuum condonavimus. Quod ne valeat — — (voir n° **198**) firmavimus.

Actum *Parisius* publice anno Incarnati Verbi M° C° XXX III°, regni nostri anno xxvi. Astantibus. — — — — Signum Hugonis camerarii. Data per manum (*Monog. royal*) Stephani cancellarii.

---

13. Helloin, maître ou précepteur de Louis VI, est connu par sa présence à de nombreux actes de ce prince. Il est qualifié ici *frater consanguineus* de Raoul Hescelin, ce qui, dans la langue du Moyen-Age, signifie *frère de père et de mère*, par opposition à *germanus*, qui désigne un *frère de père* en général, sans distinction de lit. Ils paraissent l'un et l'autre se rattacher aux Hescelin, seigneurs de Linas. — Le monnayeur Foulques est cité vers 1089 dans la notice 32 (t. I, p. 70).

A. Original scellé. K 22, n° 7⁷. — B. Copie du xvi⁰ s., LL 1353, fol. 187'.

Édit. Tardif, *Mon. hist.*, p. 639, n° 407 *bis* (le titre est erroné).

Ind. Luchaire, *Annales de la vie de Louis VI*, n° 525, p. 240.

200. — *Etienne, évêque de Paris, supprime le chapitre de St-Denis de la Châtre, en annexant à St-Martin-des-Champs cette collégiale qui avait fait retour au domaine royal. Approbation de Louis VI, de la reine Adélaïde, de leurs fils Louis le Jeune et Henri, ce dernier étant abbé de St-Denis de la Châtre.*

(Paris, 1ᵉʳ janvier *ou* 26 mars — 2 août 1133)

In nomine sancte et individue Trinitatis. Ego Stephanus, Dei gratia, *Parisiensium* (a) episcopus, licet indignus. Non ignoramus (b) quid sollicitudinis, quid amoris, Xristi et Eclecsie filiis debeam ; et cum multo timore perpendens, quid oneris pro regendis fidelibus populis sustineam, quanto ad hec auxilio, quantave pro distribuendis michi eorum oblationibus sollertia indigeam, faciendum pro necessitate cognovi, ad supportandam tante impositionis sarcinam, servorum Dei auxilia querere, eosque ut nobiscum ob custodiam gregis Dei vigilent et orent, stipendiorum nostrorum participes efficere. Cum autem omnibus, si fieri posset, munificum et utilem episcopalis me dignitas esse deposcat, religiosis maxime viris munificentie et utilitatis mea liberalitatem aliquam impendere studui. Quapropter *ecclesie Bti Martini de Campis* et fratribus inibi Deo servientibus, *ecclesiam Sti Dyonisii* que dicitur *de Carcere*, quam diu manus laica injuste invaserat, que eciam tempore nostro, ad manus regias redacta fuerat, quam in manibus nostri redditam, ex consensu, petitione et voluntate ipsius domini regis Ludovici, annuente Adelaide regina, filiis etiam ejus Ludovico rege et Henrico, ejusdem ecclesie abbate, concedentibus, salvo in omnibus jure Parisiensis ecclesie, imperpetuum donavimus, cum omnibus ad eandem ecclesiam pertinentibus, scilicet molendino uno in *Milbrai*, furno etiam uno eidem ecclesie proximo ; villa de *Fontanis* cum ecclesia et decima ; terra et prata in loco qui dicitur *Rouundel*; cum prebenda etiam *Beate Marie majoris* et sedalis *ecclesie*, et cum universis ceteris appenditiis; eo dumtaxat modo quo prefate ecclesie clerici eatenus tenuerant. Nos autem tranquillitati fratrum ibidem Deo famulantium providentes, ex consensu Bernerii decani et Ade precentoris, tociusque capituli, solas processiones, excepta Cruce et Capellano et textu et aqua benedicta, eis condonavimus; ceteraque omnia ad jus *Parisiensis ecclesie* pertinentia nobis et ecclesie nostre retinuimus. Verum ut hoc ratum et firmum permaneat in sempiternum, pres. cartam nostri auctoritate sigilli firmavimus, que donum nostrum diligenter exponat, et munimentum stabilitatis perpetuo existat.

Actum *Parisius* in capitulo, anno Incarnationis Domini M° C° XXX° III°, regnante Ludovico anno vigesimo v°, (c) episcopatus autem nostri nono (14). Signa quoque fratrum nostrorum subtitulari decrevimus, ut, testimonio veritatis, quod factum est corroboraretur. Signum Bernerii decani. S. Adae precentoris. S. Stephani archidiaconi. S. Theobaldi archid. S. Theobaldi archid. S. Gisleberti sacerdotis. S. Theuderici sacer. S. Wilelmi diaconi. S. Yvonis diac. S. Guineranni diac. S. Anselmi subdiac. S. Petri subd. S. Alberici subd. S. Henrici pueri. S. Manasses pueri. S. Henrici pueri.

(a) Parisiorum *E*. — (b) ignorant *E*. — (c) ici s'arrêtait *B*, et se terminent *C* et *D*.

A. Orig. perdu. — B. Copie de 1209, LL 1351, fol. 43, collat. sur A, « e quo sigillum excidit, quod adpendebat filis rubeis sericeis » et complétée. — C. Copie du xv° siècle, LL 1352, fol. 42'. — D. Copie du xvi° s., LL 1353, fol. 43. — E. Copie du xvii° s., LL 1399, pp. 11-13 (intégrale). — F. Copie du xviii° s., ms. fr. 15504, fol. 55' (texte complet). Edit. a. Du Bois, *Hist. eccl. Paris.*, II, 45. — b. Marrier, *Monasterii*

---

14. Les notes chronologiques fournissent comme limites, quant au millésime, le point de départ de l'année, 1ᵉʳ janvier ou 26 mars 1133; quant au règne de Louis VI, l'expiration de sa 25° année (2 août 1133). L'épiscopat d'Etienne a commencé à une date postérieure à la mort de Gilbert II (25 janvier 1124); la charte actuelle démontre que la vacance du siège ne se prolongea pas jusqu'au 2 août 1124.

S. M. de C. historia, p. 327, d'après *A*. — *c*. Migne, *Patrologia lat.*, vol. 173, col. 142, d'après *b*. — *d*. Robert de Lasteyrie, *Cartul. gén. de Paris*, I, 239, d'après *B*.

Ind. Luchaire, *Annales de la vie de Louis VI*, n° 521, p. 239, avec la date : 1133, après le 25 octobre (c'est le 25 octobre 1131 que Louis le Jeune fut consacré à Reims par Innocent II, mais la charte d'Etienne ne donne pas l'année du règne du prince-associé.)

201. — *Thibaud II, prieur de St-Martin, reconnaît avoir cédé au roi Louis VI, à la reine Adélaïde et à leur fils Louis, en vue de l'établissement d'une communauté de femmes, l'église de Montmartre, la chapelle dite* Sanctum Martyrium, *la couture Morel et la maison de Guerri le Changeur, en échange de l'église St-Denis de la Châtre.*

(24 octobre 1133 — 1ᵉʳ janvier ou 15 avril 13r4)

In Christi nomine. Ego Teobaldus *prior Beati Martini de Campis* totusque ecclesie conventus, notum fieri volumus t. p. q. f. quatenus ecclesiam Montis Martyrum cum suis appendiciis Ludovico, Dei gratia *Francorum* (a) *regi* et Adelaidi, ejusdem (b) gratia regine, et Ludovico eorum filio, jam in regem sublimato anno III, ad hoc scilicet donavimus et concessimus, ut eam sanctimonialibus ibidem Deo famulantibus donarent et perpetuo concederent. Donavimus etiam et ad hoc idem : *capellam de Sancto Martyrio* et *culturam Morelli*, et domum Guerrici Cambiatoris, sicut eam habebamus et tenebamus. Rex autem Ludovicus *ecclesiæ Beati Martini de Campis* et nobis *ecclesiam Beati Dionisii in Carcere* (c) donavit, et habendam perpetuo concessit. Quod ut ratum et firmum (d) permaneat in sempiternum, scripto commendavimus, et ne possit a posteris infirmari, sigilli nostri auctoritate subterfirmavimus.

Actum publice in Capitulo *Beati Martini*, anno Incarnationis Verbi M° C° XXX°III°. Regnante Ludovico anno xx°vii° (e). Signum Teobaldi prioris. S. Odonis subprioris. S. Gislemeri (f) tertii prioris monachi. S. Petri a secretis (g). S. Masanserii a secretis (h).

(a) Franciae *C*. — (b) eadem *C*. — (c) *B* et *D* omettent « in Carcere ». — (d) fixum *D*. — (e) La correction « xx° vi° » s'impose : l'année 27 du règne, commençant le 2 août 1134, est inconciliable avec le millésime 1133. — (*f*) Gilmeri *C*. — (*g*) asturelis *C*. — (*h*) asceretis *C*.

A. Original perdu. — *B*. Copie du xiii⁰ siècle, L 1030, n° 1, fol. 1. — *C*. Copie du xv⁰ s., LL 1005, fol. 26. — *D*. Copie du xvi⁰ s., LL 1353, fol. 162. — *E*. Copie du xvii⁰ s., LL 1399, pp. 9-10. — *E*. Copie du xvii⁰ s., LL 911, n° 40.

Edit. a. Marrier, *Monasterii Sancti Martini de Campis historia*, p. 326. — *b*. Edouard de Barthélemy, *Recueil des chartes... de Montmartre*, 1883, p. 69. — *c*. Robert de Lasteyrie, *Cartulaire général de Paris*, t. I, p. 244, n° 240.

202. — *Pierre le Vénérable, abbé de Cluny, approuve l'échange de l'église de Montmartre contre celle de St-Denis de la Châtre, conclu entre le prieur Thibaud II et le roi Louis VI.*

(24 octobre 1133 — 1ᵉʳ janvier ou 15 avril 1134)

In nomine sancte et individue Trinitatis. Diligens precedencium patrum prudencia et studiosa nihilominus sagacis providencie eorum sollercia, alumna pacis, amica concordie, presentum futurorumque consulens utilitati, hoc instituit, hoc previdit, hoc inspirante Deo decrevit, ut quoties aliquid precipuum agitur, vel Deo servientibus memoria dignum confertur beneficium, litterarum testimonio et scriptorum privilegio roboretur, quo memorie tenacius commendetur. Cujus constitutionis doctrinam, divinitus editam, ego frater Petrus, abbas *Cluniacensis*, subsequens, actionem illam salutiferam inter piissimum *regem Francorum* Ludovicum et ejus uxorem Adaleidam reginam eorumque filios, ac priorem *Sancti Martini de Campis* domnum Teobaldum, et conventum, solenniter peractam, de *ecclesia* videlicet *Montis Martyrum* et de *ecclesia Sancti Dionisii de Carcere* approbo et concedo, utque nostris temporibus et futuris firmior habeatur, inviolabiliter teneatur, rata conservetur et indissolubilis, scripto presenti confirmo. Sunt autem hæc quæ ego et conventus concessimus : Ecclesia videl. libera, eo duntaxat modo quo monachi nostri tenuerunt ; et decima ad eamdem ecclesiam pertinens, cum vineas et terra arabili, cum uno hospite apud *Darenciacum*, ceterisque appendiciis que ibidem Deo servientes possiderunt. Addidimus præterea *ecclesiam de Sancto Martyrio* cum vineis ADEN et MORELLI culturam ; culturam etiam quam dominus MATHEUS prior comparavit à VUARNERIO DE PORTU.

Actum *Parisius*, apud *Sanctum Martinum de Campis*, anno ab Incarnatione Domini M° C° XXX° III°, indictione xiva (*a*), residente in apostolica sede INNOCENTIO, LUDOVICO *rege Francorum*, et domini PETRI CLUNIACENSIS abbatis anno duodecimo.

(*a*) Corr. « xie » d'après la concordance entre le millésime et le nombre d'années écoulé depuis l'élection de Pierre Ier comme abbé de Cluny.

A. Original perdu. — *B.* Copie du xiiie s., L 1030, n° 1, fol. 1. *C.* Copie du xve s., LL 1605, fol. 27. — *D.* Copie du xvie s., LL 1353, fol. 162. — *E.* Copie du xviie s., LL 1399, pp. 10-11.

Edit. a. Marrier, *Monasterii S. M. de C. historia*, p. 327, avec de nombreuses variantes fautives. — *b. Bibliotheca Cluniacensis*, col. 1397. — *c.* Robert de Lasteyrie, *Cartulaire général de Paris*, t. I, p. 245, n° 241, d'après *B. C.*

Ind. Bruel, *Chartes de Cluny*, n° 4043, t. V, p. 494, d'après *b.*

203. — *Louis VI confirme les biens donnés à l'église de Montmartre et à l'abbaye des femmes qui vient d'être fondée par lui-même, à la prière de la reine Adélaïde* (*a*).

(3 août — 25 octobre 1134)

In nomine sancte et individue Trinitatis, amen. Ego LUDOVICUS Dei misericordia in *regem Francorum* sublimatus, notum fieri volumus cunctis fidelibus t. f. q. p. quod, pro remedio anime nostre et predecessorum nostrorum, et prece et consilio Karissime uxoris nostre ADELAIDIS regine, ecclesiam et abbatiam in monte, qui *Mons Martirum* appellatur, auctore Deo, construximus, cui videlicet ecclesie et sanctimonialibus ibidem Domino famulantibus hec, que subscripta sunt, in perpetuum habenda et possidenda, de rebus et possessionibus nostris, annuente LUDOVICO filio nostro jam in regem sublimato, donavimus et concedimus : Villam ante *Sanctum Clodoaldum* sitam que vocatur *Mansionillum*, cum omnibus appendiciis suis, vineis et pratis, et nemore ad suos et suorum hominum usus. Molendinum apud *Clipiacum* cum conclusione aque et molitura totius ville. In civitate *Parisius*, furnum quem ibi proprium habebamus cum omnibus consuetudinibus. In silva quoque nostra que *Vulcenia* vocatur, quotidie vehiculaturam unam mortuorum lignorum eis concessimus. Domum preterea Guerrici, et stationes et fenestras ibi constructas, et ejusdem terre vicariam, predictis sanctimonialibus liberam prorsus ab omni consuetudine et quietam, perpetuo habendam dedimus.

Omnibus siquidem innotescere volumus quod Guillelmo Silvanectensi (cujus erat illius terre vicaria) pro eadem vicaria statum unum, inter veteres status carnificum, et fenestras duas alia parte vie, *Parisius* in commutationem donavimus.

Eisdem insuper monialibus dedimus hospites tres in *foro* nostro *Parisius*, prorsus liberos ab omni exactione et quietos. Et terram, quam emi a Theoberto filio Gemardi, que vocatur *Puncta*, liberam et quietam. Et piscaturam quam *Parisius* in *Secana* habebamus. Et terram in insula de *Bercilliis*, ab omni consuetudine liberam. Apud *Chelam*, arpenta pratorum decem. In pago *Silvanectensi* apud *Braium*, domum unam et vineas quas ibi habebamus, et terram uni carruce sufficientem, ab omni exactione et consuetudine liberam ; ita quod de carruca illa aut de aliis, si plures, Domino donante, carrucas ibidem habuerint, nullam campi partem, nullam consuetudinem unquam tribuant. Dedimus etiam illis in *pago Stampensi* villam que *Tolfolium* (15) dicitur, cum omnibus appendiciis. In *pago Miledunensi* nemus, navem ad ligna per Secanam adducenda, ab omni exactione et consuetudine prorsus liberam et quietam. Hospitem quoque unum, ab omni exactione, equitatu, et tallia liberum ; ut annonam eorum a *Mileduno* usque *Parisius* per Secanam adducet, eo siquidem pacto ut si eis bene non servierit,

---

15. Le Merne, devant Saint-Cloud (Ed. de Barthélemy, p. 61) ; — Clichy, — le bois de Vincennes ; — l'île de Bercy ; Torfou. Torfou est une terre qui fut soustraite au ressort d'Etampes dont elle est très voisine, pour être incorporée à la châtellenie de Montlhéry. Sous Philippe-Auguste, une description des dépen-

mortuusve fuerit, alter ad hoc opus idoneus eis restituatur. In pago *Gastinensi* mansionillos tres, cum terra et molendino, et ceteris omnibus eorum appendiciis. Quicquid etiam adipisci de feudo nostro poterunt, in perpetuum concedimus. Et *Stampis* furnum unum, quem in proprium ibi habebamus, cum omnibus consuetudinibus. Apud *Pratellum Holdeum,* villam quam ibi edificavimus, prorsus liberam, cum omnibus appendiciis. Sub silentio autem preterire non volumus quod pro domo Guerrici quam monachi *Bti Martini de Campis* in manu sua habebant, et pro *ecclesia Montis Martirum* quam ipsi possidebant, nos eisdem monachis *ecclesiam Beati Dyonisii de Carcere,* quam in manu nostra propriam habebamus, cum omnibus ejusdem appendiciis in commutationem donavimus.

Quod ne valeat oblivione deleri, scripto commendavimus, et ne possit a posteris infirmari, sigilli nostri auctoritate, et nominis nostri caractere subterfirmavimus. Actum *Parisius* in palatio nostro publice, anno Incarnati Verbi M°C°XXX°IIII°, regni vero nostri xxvii, concedente Ludovico filio nostro jam in regem sublimato, anno iii°. Astantibus in palatio nostro quorum nomina subtitulata sunt et signa. S. Radulfi *Viromanduorum comitis* et dapiferi nostri. S. Guillelmi buticularii. S. Hugonis constabularii. S. Hugonis camerarii.

Data per manum Stephani cancellarii.

(a) Il a semblé nécessaire de reproduire cet acte, encore qu'il n'ait pas toutes garanties d'authenticité, en raison des détails qu'il renferme sur la dotation de l'église de Montmartre, qui appartint à St-Martin-des-Champs.

---

dances de cette châtellenie constate que depuis peu le prévôt d'Etampes s'est adjugé cette terre avec Mauchamp, Favières et Bonnes, depuis Chamarande (Lebeuf, *Hist. du diocèse de Paris,* IV, 189).

Quant à la *Villa regalis* donnée à Montmartre par Louis VI au lieu dit *Pratellum Holdeum, Holdeum* est une lecture incontestablement fautive pour *Holdeuini.* On sait en effet que l'abbaye d'Yerres avait, au lieudit *Pratellum Hilduini,* un bien qu'elle céda à Louis-le-Gros pour favoriser la dotation de l'abbaye de filles que la reine Adélaïde voulait fonder à Montmartre (Lebeuf, *Hist. de la ville et du diocèse de Paris,* IV, 67 ; *Gallia christiana nova,* VII, col. 603). Lebeuf (III, 554) n'a point traduit ce nom et n'a rien trouvé qui vînt confirmer le sentiment de Chopin, identifiant ce lieu avec Bourg-la-Reine.

A. Original supposé remplaçant un original perdu. — *B.* Copie du xiiie siècle, L 1030, n° 2¹, *Cartulaire A de Montmartre*, fol. 1. — *C.* Vidimus de 1507, L 1031. — *D.* Copie du xviie s., *Cartulaire B de Montmartre*, LL 1605, fol. 34-35. — *E.* Copie collationnée par deux notaires au Châtelet de Paris, le 12 février 1633, S 1359, n° 29. — *F.* Copie du xviie s., ms. lat., 11835, fol. 138-140. — *G.* Copie du xviie s., S 1359, n° 30, accompagnée de la mention suivante : « E vetere nostro martyrologio manuscripto : *Calendis Augusti. Depositio domini Ludovici regis Francorum, qui dedit nobis Sanctum Dyonisium de Carcere. Hujus anniversarium fit de reditu domorum.* A dicto prioratu dependent, de quibus tamen Reverendus noster Martinianus prior disponit : cura, seu vicaria perpetua SS. Egidii et Lupi (Saint-Leu — Saint-Gilles), translata in proximum sacellum S. Symphoriani, ut inferius demonstrabitur ; — præbenda in æde primatia Parisiensi. »

H. Copie de 1657, S 911, n° 40, avec cette mention : « Collatio facta est ad minutam originalem. Signatum : Le Conte.

« Collatio facta est ad copiam collationatam, et supra signatam, illico cum presentibus offerendi tradendam, per nos notarios apostolicos Parisienses subsignatos, anno Domini millesimo sexcentesimo quinquagesimo septimo, die vero octava mensis octobris. (Signé) DE BLOYS. LE VASSEUR (avec paraphes). »

I. Copie du xviie s., LL 1399, pp. 14-16.

Edit. *a.* Marrier, *Monasterii S. Martini de C. historia*, p. 329. — *b.* Felibien, *Hist. de Paris*, III, 61. — *c. Gallia christiana nova*, VII, Instrum., col. 55. — *d.* Edouard de Barthélemy, *Recueil des chartes de Montmartre*, p. 60. — *e.* Robert de Lasteyrie, *Cartulaire général de Paris*, n° 225.

Ind. Luchaire, *Annales de la vie de Louis VI le Gros*, n° 536, p. 244.

204. — *Simon I, évêque de Noyon, concède à Pierre, prieur de Cappy, l'autel d'Eterpigny, à la prière du bénéficier, Gérard, chanoine de Péronne.*

(1134)

In nomine Patris et Filii et Spiritus sancti, Amen. Ego SYMON, Dei gratia *Noviomensium* ac *Tornacensium episcopus*, dilecto filio nostro PETRO, *priori Sti Medardi de Capi*, suisque successoribus in perpetuum. Pastoralis solertia meminisse debet assidue, quam vigilem, quamque efficacem se esse oporteat, quatenus ad ea que Dei sunt agenda, tanto se cotidie ferventius accendat, quanto et ceteris est prolatior et equissimo judici de omnibus sibi commissis rationem se reddituram non dubitat. Quocirca ministerii nostri altitudinem considerantes, et ad portandum tanti oneris jugum, servorum Xristi orationibus adjuvari desiderantes, altare de *Sterpenni* (16) a Gerardo, *Peronensi canonico*, hactenus canonice sub personatu habitum, eodem Gerardo rogante, pro impetranda peccatorum nostrorum indulgencia, fili Petre in Xristo plurimum dilecte, tibi tuisque successoribus et ecclesie tue in perpetua libertate, personatu tenendum, concedimus. Singulis annis, tu et successores tui synodalia jura persolvetis, debitam de ipso altari nobis et archidiacono nostro et ministris nostris justiciam prosequentes. Igitur ne a quoquam in futuro, umquam tempore, ausu temerario hoc beneficium ecclesie *Sti Medardi de Capi* a nobis collatum, violari ac perturbari queat, sub anathemate prohibemus, et consilio Hugonis, archidiaconi nostri, et capituli *Ste Marie Noviomensis* ecclesie, hoc donum nostrum quietum permanere confirmamus, et sigilli nostri testimonio corroboramus. Actum *Noviomi*, anno Dominice Incarnationis M° C° XXX° IIII°, indictione xii^a, epacta xxiii^a, concurrente vii. S. Symonis episcopi. S. Hugonis archidiaconi. S. Balduini decani. S. Teoderici thesaurarii. S. Theoderici, *abbatis Sti-Eligii*. S. Petri cantoris. S. Levulfi succentoris. S. Haimerici prepositi. S. Alberici cellerarii. S. Guidonis capellani. S. Nicholai diaconi. S. Guidonis diaconi. S. Gualberti diaconi. S. Petri prioris. S. Osberti monachi. S. Hugonis decani. Ego Hugo cancellarius subscripsi.

A. Orig. S 1412, n° 16. Sceau perdu.
Edit. Marrier, *Monasterii S. M. de C. historia*, p. 345.

205. — *Thibaud II, prieur de St-Martin, cède à l'abbé Gilbert et aux moines de St-Hubert-en-Ardenne résidant à Sainte-Gemme, un aleu à Brienne-en-Laonnois, sur la Retourne, devant le château neuf, moyennant une rente de deux marcs d'argent, poids*

---

16. Eterpigny, ca. Péronne.

hustin. Barthélemi, évêque de Laon, intervient pour assurer l'exécution du contrat sous peine d'interdit.

(1134)

In nomine sancte et individue Trinitatis. Res acte vel agende necessario litteris inserviuntur, ut ad memoriam posterorum revocentur. Quocirca ego frater THEOBALDUS, *prior Sti Martini de Campis*, notum fieri volo t. p. q. f. conventionem que facta est inter ecclesiam nostram et ecclesiam *Sti Huberti in Arduenna* sitam, communi consilio et assensu tocius capituli nostri, tociusque capituli *Sti Huberti Arduennensis*. Alodium igitur nostrum quod vocatur *Briania* in pago *Laudunensi* super *Retonce* (17) situm, ante novum castrum, amodo et in posterum concessimus prefatis monachis Sti Huberti jure perpetuo possidendum, cum omnibus appendiciis suis, tali videlicet conventione ut, singulis succedentibus annis, ab abbate vel conventu prefati Sti Huberti apud *Sanctam Gemmam* (18) in manus prioris ipsius loci per manus prioris *Sancte Marie Euerneicurtis* (19), due marce puri argenti et hustini ponderis ecclesie nostre persolvantur, una in festivitate Sti Dionisii, alia in octavis Pasche. Episcopus autem universumque *capitulum Laudunensis ecclesie*, sepedicti abbatis Sti Huberti conventusque sui precibus submoniti, confirmant et manutenent conventionem istam, tali scilicet conditione quod, si denominate marce prefatis terminis ex integro reddite non fuerint, audito clamore, episcopus, si infra dyocesim fuerit, universa altaria et ecclesias que Sti Huberti ecclesia in *episcopatu Laudunensi* possidet, sine ulla dilatione sesiet, divinumque officium in ipsis cessare faciet, donec marca illa que prescripto termino suo reddita non fuerit, cum lege decem sol. Remensium nobis restituatur. Si vero infra diocesim episcopus non fuerit, archidiaconi illi qui prefatis ecclesiis et altaribus Sti Huberti prefuerunt, sane eandem justiciam prosequentur.

---

17. Brienne, ca. Asfeld, ar. Rethel (Ardennes).
18. Sainte-Gemme, ca. Châtillon-sur-Marne, ar. Reims.
19. Evergnicourt, ca. Neuchâtel, ar. Laon.

Quod ut ratum inconvulsumque permaneat, utriusque ecclesie conventuum consilio, presenti pagine annotavimus, et impressione sigilli Sti Martini *Stique Huberti Arduennensis*, et *abbatis* ejusdem loci Gisleberti, dominique Bartholomei, *Laudunensis* episcopi, roboravimus, assignatis ex utraque parte testibus idoneis.

Ex parte *Sti Martini* : S. Odonis *custodis ordinis.* S. Guoduini. S. Andree. S. Gislemari. S. Rurici. S. Manasse. S. Richardi. S. Odonis. S. Hugonis. S. Simonis. S. Willelmi. S. Ernoldi. S. Roscelini. S. Roberti. S. Widonis.

Ex parte *Sti Huberti* : S. Gisleberti abbatis. S. Warnerii *prioris*. S. Isemanni *prioris Everneicurtis*. S. Everhardi. S. Walterii. S. Wenrici. S. Widonis. S. Humberti.

Actum anno ab Incarnatione Domini M° C° XXX° IIII°, indictione xii, Ludovico *rege Francorum* anno xxvi, Rainaldo *Remorum archiepiscopo*, Bartholomeo *Laudunensium episcopo*.

A. Orig. S 1434, n° 18. Deux sceaux, l'un fruste, l'autre avec légende : SCS. HVBERTVS. ARDVENNENSIS. Deux autres sceaux perdus. — *B*. Copie de 1209, LL 1351, fol. 88, collationnée et complétée. — *C*. Copie du xv° siècle, LL 1352, fol. 86'. — *D*. Copie du xvi° siècle, LL 1353, fol. 104'.

206. — *Le prieur Thibaud II concède au clerc Baudoin, sa vie durant, les autels de St-Hilaire et de Frévent.*

(Vers 1134)

Noverint tam p. q. f. quod ego Theobaldus, *prior Sti Martini de Campis*, assensu tocius capituli nostri, concessi B. clerico in vita sua tantum, *ecclesiam Sti Hylarii* et ecclesiam de *Feverenz* (20) cum appenditiis earum; quatenus in festivitate Sti Martini hiemali marcham argenti puri ad pondus hustinum, per singulos annos persolvat. Hac videlicet conventione quod se in capitulo

---

20. Frévent, cant. Auxi-le-Château, ar. Saint-Pol (Pas-de-Calais). — Bouret, même canton. — Ligny-sur-Canche, même canton.

Sti Martini semper in tercio anno coram fratribus representet, et ibi hanc conventionem fateatur, ne quisquam de posteris ejus in possessione Bti Martini hereditatem presumat inquirere. Hac etiam conventione quod post mortem ejus omnes ecclesie augmentationes cum omnibus edificiis ecclesia Sti Martini possideat. Cetera vero mobilia, pro nutu et voluntate sua, disponat, exceptis his que in ecclesia S. Hylarii suscepit, videlicet cruce argentea, et deaurata, calice argenteo, v etiam filacteriis, omnibus argenteis, et palla altaris serica, missali, breviario, antiphonario, xiiii ovibus, una sue cum vi porcellis et una caldaria servisiaria.

Notes marginales. — Factum est postquam monachi *S. Ma. de Campis* habuerunt in pace *locum Sti Hylarii*; tradiderunt eum cum alia capella *S. Hy.* que sedet in villa de *Fevrench*, Baldevino clerico pro una marcha argenti in vita sua tantummodo possidendam sicut in carta Theobaldi prioris potest inspicere. Iste Baldevinus clericus et nondum sacerdos, ministravit fratri Eustacio.

Post obitum fratris Eustacii, facta est contentio inter monachos *Sti Martini de Campis* et canonicos *Montis Sti Eligii* (21) de mansione et capella *S. Hylarii in Nemore*. Dicebant enim monachi quod sui juris erat locus ille pro personatu et pro parochia de *Borrech* (20) que pertinet ad monachos *Leniachi* (20). Econtra canonici reclamabant locum pro ordine et pro habitu sui canonici. Dicitur enim, sicut audivimus recordari, quod prefatus Eustacius habitu regularium clericorum fuerit vestitus. Tandem vero per *Morinensem episcopum* monachis prefatis adjudicata est tota juridictio dicti loci.

A. Original perdu. — B. Copie avec notes marginales. Arch. du Pas-de-Calais, série H non inventoriée : Abbaye de Cercamps, *Cartulaire de Frévent*, fol. 2.

207-208 bis. — *Actes établissant les droits de St-Martin sur la terre et l'église de Choisy-en-Brie.*

(1126 — 1134)

---

21. Mont-Saint-Eloi, ca. Vimy, ar. Arras.

207. — *Alcaume, prieur de Cluny, approuve un échange par lequel sont abandonnés par les moines de Rucil-en-Brie, à ce autorisés par Eudes, prieur de La Charité-sur-Loire, les droits prétendus sur la terre de Choisy-en-Brie, donnée à St-Martin par le vicomte Geofroi II de la Ferté-Ançoul.*

(1126 — 1129)

Notum sit omnibus fidelibus quod in presentia domni ADELELMI (22) *prioris Cluniacensis*, in capitulo *Ste Marie de Caritate*

---

22. Cette charte émane d'un prieur de Cluny dont le nom ne se retrouve sur aucun des actes rassemblés par M. Bruel, de la fin du xi° au milieu du xii° siècle. On trouve dans le *Recueil des chartes de Cluny* les prieurs Pierre II (inconnu à la *Gallia*, et successeur d'Yves I", 1081-1093), qui paraît en 1098 (V, 73); Henri (cité en 1100 dans la *Gallia*) en 1101 (V, 159); Bernard I", ancien chambrier (cité dès 1105 par la *Gallia*), en 1114 (V, 259) date de son élection comme abbé de Saint-Martial de Limoges; Bernard II (qui d'après la *Gallia* succéda dès 1116 à Yves II, prieur sous Ponce de Melgueil) en charge jusqu'en 1123 (V, 282, 325), et même en 1125 d'après la *Gallia*, qui ne tient pas compte du passage de Mathieu I" de Saint-Martin-des-Champs au grand priorat de Cluny où Pierre le Vénérable l'appela peu après son intronisation le 22 août 1122 ; puis Arman vers 1130 (V, 367); Arbert en 1142 (V, 427), Herman en 1149 (V, 489). La liste de la *Gallia* après 1125 comprend Guillaume I", Humbert en 1136, Arbert en 1142, Guillaume I" remis en charge est mort vers 1145; Armand de Montboissier frère de Pierre le Vénérable, fait ensuite abbé de Grandlieu ; Pierre II (qui doit être catalogué Pierre III), qui devint abbé de Saint-Martial en 1156/1157. Où placer *Adelelmus* ?

Le synchronisme d'Eudes, prieur de La Charité-sur-Loire, nous engage à classer immédiatement après Bernard II ce prieur Alcaume. La chronologie des prieurs de N.-D. de la Charité, donnée par la *Gallia* (XII, 404) paraît bien suivie. Gérard, le premier d'entre eux, institué par saint Hugues en 1056, jouit d'une longévité analogue à celle de l'illustre abbé et s'éteignit en 1107. Eudes I" Arpin de Montfaucon, l'ancien vicomte de Bourges qui céda ses droits seigneuriaux à Philippe I" en 1095 pour embrasser la vie religieuse, devint alors prieur et resta en charge au moins jusqu'en 1121. Dès 1130 Imier était prieur; Ouri lui succéda, puis Pierre I" dont l'année 1143 fut la dernière. Depuis lors aucune lacune n'est soupçonnable dans la liste connue.

La donation de la terre de Choisy ayant provoqué selon toute apparence celle de l'église, concédée par Bouchard, évêque de Meaux, qui trépassa le 3 janvier 1134 (*Gallia*, VIII, 1612), il s'agit bien, dans la charte d'Alcaume, du prieur Eudes I" ; donc Alcaume s'intercale entre Bernard II (encore en charge en 1125) et Arman (cité vers 1130). Les limites de la charte sont ainsi circonscrites entre les dates 1126-1129.

Elle se trouve insérée dans une des parties du *Liber Testamentorum* où ne se rencontre aucun acte ayant date certaine postérieure à 1129.

concorditer laudatum est concambium a priore ejusdem loci Odone et universo capitulo, quod concambium faciebant inter se monachi de *Radolio* (23) et monachi *Sti Martini de Campis* : Hoc autem est concambium quod monachi *Radolii* in capitulo suo concesserunt monachis Sti Martini quicquid habebant in ecclesia et villa et appendiciis *ville Choisiaci* (24), retinentes sibi quicquid Sanctus Martinus habeat apud *Wasleium* de elemosina domni Gaufredi vicecomitis (25) et quedam alia que ipse vicecomes addidit.

A. Orig. perdu. — *B.* Copie du xiie s., *Liber Testamentorum*, fol. 90. — *C.* Copie de 1209, LL 1351, fol. 88, non collationnée. — *D.* Copie du xve siècle, LL 1352, fol 86'. — *E.* Copie du xvie s., LL 1353, fol. 104.

208. — *Thibaud IV, comte de Blois, confirme le don du domaine de Choisy-en-Brie, fait à St-Martin par le vicomte Geofroi de la Ferté-Ansoud et approuvé par Ade, fille de Geofroi, exception*

---

23. Rueil (ou Reuil-en-Brie), ca. La Ferté-sous-Jouarre, arr. Meaux.
24. Choisy-en-Brie, ca. La Ferté-Gaucher, ar. Coulommiers (S.-et-M.).
25. Geofroi, vicomte de la Ferté-Ançoul (*Firmitas Ansculfi*, depuis La Ferté-sous-Jouarre, ar. de Meaux), doit être catalogué Geofroi II en raison de son rattachement au vicomte Geofroi I (*Galfredus vicecomes*) qui souscrit avec Jean, prévôt de Meaux (*Johannes præfectus Meldensis*) une charte des comtes Etienne-Henri et Thibaud IV sous Manassé Ier, évêque de Meaux, en faveur de l'église Ste-Céligne de cette ville, antérieurement au départ d'Etienne pour la Terre-Sainte où il mourut en 1102 (Ms. l. 12878, fol. 305).

Geofroi II épousa Constance (de race royale, rappelant par son nom le souvenir de Constance, troisième femme du roi Robert le Pieux). Leur fille, Mahaud, fut abbesse de Notre-Dame de Soissons dont elle reconstruisit l'église : son éloge funèbre, dans le nécrologe du monastère, débute ainsi : « XVI kal. Novembris, obiit domna Mathildis venerabilis abbatissa, *regali stirpe clara*. » (Coll. D. Grenier, vol. 63 *bis*). Geofroi mourut un 15 avril et Constance un 2 février : « III non. Februarii, obiit Constancia regali progenie orta, mater venerabilis abbatisse Mathildis... » (Nécrologe, coll. D. Grenier, vol. 63 *bis*). — C'est par suite d'une erreur de date bien évidente qu'on a supposé Geofroi encore vivant en 1154. « Gaufredus vicecomes Firmitatis Ansculfi », sa femme Constance et leurs deux enfants Pierre et Ade, sont cités ensemble (Du Plessis, *Hist. de Meaux*, Preuves, t. II, p. 42). Pierre mourut avant son père, un 26 septembre, c'est à sa prière que Geofroi II donna la voirie de Charly (Aisne) à N.-D. de Soissons, dont Mahaud était déjà abbesse (D. Germain, *Hist. de N.-D. de Soissons*, p. 440 ; Nécrol. de l'abbaye) de concert avec Hécelin et Mathieu Lorrain (*Hecelinus Matheusque Lothoringenses*); Cf. Arch. de l'Aisne, H 1508, fol. 256.

faite des fiefs des sept chevaliers qui doivent le service de garde à La Ferté.

(1126 — 1129)

Notum sit omnibus hominibus quod ego Teobaldus, *Blesensis comes*, laudo et concedo, et sigilli mei impressione corroboro, donum quod apud Choisiacum (24) Gaufridus *vicecomes Firmitalis-Ansculfi* et uxor ejus Constancia post decessum suum, pro remedio animarum suarum et filii eorum Petri (25), omniumque antecessorum suorum, ecclesie *Sti Martini de Campis* in elemosinam dederunt, videlicet quicquid apud pred. *villam Choisiaci* habebant in dominio suo et in casamentis, exceptis casamentis illorum militum qui debebant custodiam ad *Firmitatem-Ansculfi*, quorum nomina sunt hec : Matheus Lothoringus, Goscelinus de Domno-Martino (26), Hugo Montiniacensis (27), Bartholomeus Meldensis, Matheus de Ruetel (28), Odo de Sancta-Auda, Margareta de Marnou (29), et exceptis illis qui de his tenent. Hoc donum laudavit et concessit Ada filia eorum (30). Concessioni comitis

---

26. Dammartin-sur-Tigeaux, ca. Rosay, ar. Coulommiers.
27. Montigny, éc. Charley-en-Brie, ca. Coulommiers.
28. Rutel, éc. Villenoy, ca. Meaux.
29. Marnoue-les-Moines, éc. Ocquerre, ou Marnoue-la-Poterie, éc. May-en-Multien, ca. Lizy-sur-Ourcq, ar. Meaux.
30. Ade épousa Simon d'Oisy, issu des châtelains de Cambrai ; elle est qualifiée « dame de la Ferté-Ansould », et son mari « vicomte de Meaux » dans un acte où sont nommés leurs quatre enfants, Gilles, Hugues, Pierre, Mahaud (Du Plessis, *Hist. de Meaux*, t. II, Preuves, p. 49). La charte n'est point datée ; mais en 1163 « Simon et filii ejus Egidius et Hugo » souscrivent une charte de Nivard de Chamigny (Coll. Baluze, XXXVIII, 272). Simon, qualifié vicomte de Meaux et châtelain de Cambrai, venait de perdre son fils Gilles lorsqu'en 1167 lui et Hugues donnèrent au prieuré de Reuil-en-Brie les moulins banniers et le four banal de la Ferté[-sous-Jouarre]. (Ib., 267 ; Du Plessis, *loc. cit.*, p. 56, n° cx.) « Symon de Oisiaco vicecomes Meldensis » fonda en 1170 le prieuré de Duisy ; « laudaverunt filii nostri Hugo, Petrus et filia Heldealdis » (Ibid. 270). Mais en 1171, on trouve un acte de sa veuve Ade, vicomtesse, agissant de concert avec Hugues (Ib., 271). Hugues fut vicomte de Meaux et châtelain de Cambrai ; sa femme Marguerite dont on a le sceau en 1186 (Demay, n° 5509) lui survivait en 1204 (Arch. de Seine-et-Marne, II 410, fol. 105-107).

Teobaldi interfuerunt et testes sunt : Andreas de Baldimento (31), Radulfus capellanus, qui hanc cartam sigillavit, et Stephanus prepositus *Castri-Teoderici*. Guillelmus clericus scripsit.

A. Orig. S 1413, n° 43. Sceau fruste. — *B*. Copie de 1129, *Liber Testamentorum*, fol. 79'. — *C*. Copie du xv° siècle, LL 1352, fol. 119. — *D*. Copie du xvi° siècle, LL 1353, fol. 142.

208 bis. — *Bouchard, évêque de Meaux, concède à St-Martin-des-Champs l'église de Choisy-en-Brie* (Acte perdu).

(1122 — 3 janvier 1134)

Ind. Charte de Manassé II, évêque de Meaux (1135-1136), n° **213**.

209. — *Guérin, évêque d'Amiens, à la prière d'Aluise, évêque d'Arras, et de l'ancien archidiacre Simon, devenu moine d'Anchin, confirme à l'abbaye de Corbie les autels de Wahagnies, Bonnay et Courcelles ; Dreux de Dury concède également ces autels, qui dépendaient de son fief*.

(1er janvier ou 7 avril — 7 juin 1135)

In nomine Patris et Filii et Spiritus sancti. Guarinus, Dei gratia *Ambianensis ecclesie* humilis episcopus, Sancte Ecclesie filiis p. et f., eternam in Domino salutem. Sciat Dilectio vestra nos petitionem *Corbeiensis* ecclesie, super altare de *Guagni* (3) et de *Bonai* (32) quam a nobis humiliter sepius implorata est, tandem venerabilis fratris nostri domni Alvisi, *Atrebatensis episcopi* (33)

---

31. André de Baudement fonda le prieuré de St-Romain à la Ferté-Gaucher ainsi que le rappelle une charte de 1133 : « Dominus Andreas de Baldimento apud eandem firmitatem capellam construxit in qua canonici supradicti deservirent. » (T. du Plessis, *Hist. de l'église de Meaux*, t. II, Pièces justificatives, p. 25, n. XLI). — Sur ce sénéchal de Thibaud IV, voir la note du tome Ier, p. 205.

32. Bonnay, ca. Corbie, ar. Amiens.

33. Le prénom masculin Aloyse, encore porté dans le Grand-Duché de Luxembourg, répond à *Aluisus*.

et domni Symonis, quandam archidiaconi nostri, precibus consilioque, benigne suscepisse, et duo prefata altaria cum appendiciis, et altare de *Curcellis* (34) cum omnibus terris et rebus ad eadem pertinentibus, sicut ab *ecclesia Sancti Martini de Campis*, per censum inter se constitutum, tenebat ; que a nobis ipsa ecclesia Sancti Martini privilegio nostro confirmata habebat, eidem *Corbeiensi ecclesie,* salvo omni jure, dignitate et consuetudine *ecclesie Ambianensis,* nos concessisse, sub eorum testimonio qui huic concessioni affuerant, quorum nomina subscribuntur, presenti sigillo ex litteris confirmasse : Domni videlicet Aluisi, *Atrebatensis episcopi.* Domni Symonis *Aquicinensis* (35) *monachi.* Balduini quoque *Ambianensis* ecclesie archidiaconi. Fulconis cantoris. Morini thesaurarii. Radulfi quoque de Hilli (36), Adelelmi et Wirmundi canonicorum *ecclesie Ambianensis.* Dominus etiam Drogo de Durtio (37), de cujus feodo prefata altaria fuerunt, huic actioni presens interfuit et libentissime concessit. Acta anno Verbi incarnati M. C. XXXV, indictione xiii (*a*) feliciter. Amen.

Signum Guarini † *Ambianensis episcopi.*

Actum est hoc tempore domni Roberti qui preerat abbas *ecclesie Corbeiensi.* Ego quoque Arnulfus, vices cancellarii agens, scripsi et subscripsi.

(*a*) Il faut corriger xiii ; l'indiction xiv répond à 1136.

A. « Original sur velin aux archives de l'abbaye de Corbie, armoire 6, liasse 93, n° 2. Sceau ovale en cire jaune, pendant en lacs de soie rouge. » (Description de D. Grenier.) — B. Copie de D. Grenier, *Coll. de Picardie,* vol. 240, p. 37.

---

34. Courcelles, éc. Démuin, ca. Moreuil, ar. Montdidier (Somme), peu éloigné de Corbie. La note 390 du tome Ier est à rectifier.
35. Anchin, sur la rive droite de la Scarpe, entre Lallaing (ca. Douai) et Riculay (ca. Marchiennes, ar. Douai, Nord).
36. Heilly, ca. Corbie, ar. Amiens.
37. Dury, ca. Boves, ar. Amiens. — Dreux de Dury est sûrement issu de la maison de Boves et de son premier ancêtre, Dreux. D'après un passage du document suivant, il était châtelain de Corbie. Son adhésion motivée par le fait que les autels de Bonnay, Courcelles et Wahagnies mouvaient de son fief, donne lieu de penser que l'évêque Enguerran d'Amiens qui les possédait avant 1119

210. — *Le pape Innocent II confirme les possessions de l'abbaye de Corbie et notamment les églises cédées par St-Martin-des-Champs sous le cens d'un marc d'argent, poids hustin.* [Extrait].

(7 juin 1135)

INNOCENTIUS episcopus, servus servorum Dei, dilecto filio ROBERTO *abbati* monasterii *Corbeiensis*, quod in *pago Ambianensi* situm est, eisque successoribus, regulariter substituendis in perpetuum. Quotiens illud a nobis petitur quod rationi noscitur convenire, animo nos decet libenti concedere et petentium desideriis congruum impertiri suffragium. Desiderium namque quod ad religionis propositum et animarum salutem pertinere monstratur, authore Deo, sine aliqua est dilatione complendum. Proinde, dilecte in Domino fili ROBERTE abbas, hiis rationabilibus postulationibus gratum, prebentes assensum, *Corbeiense monasterium* cui, divina providentia, presides, Apostolice Sedis patrocinio communimus; statuimus enim ut quascumque possessiones, quecumque bona, idem monasterium impresentiarum juste et rationaliter possidet aut in futurum, concessione pontificum, largitione regum vel principum, oblatione fidelium, seu aliis justis modis, prestante Domino, poterit adipisci, firma tibi tuisque successoribus et illibata permaneant. (*Suit l'énoncé de divers privilèges.*)

Preterea confirmamus vobis ecclesiam de *Vuanneio* (3) cum appendiciis suis quæ sunt : altare de *Bonnaio* (32) et altare de *Curcellis* (34), a venerabili fratre notro WUARINO, *Ambianensi episcopo*, vobis concessa et a THEOBALDO, *priore* monasterii *Sti Martini de Campis*, cum assensu capituli, vobis perpetuo habenda libere traditas ; salvo censu unius marcæ puri argenti quem, ad hustinum pondus, *Sto Martino de Campis* in solennitate Nativitatis Sti Johannis Baptiste persolvere singulis annis debetis. Si qua igitur in futurum ecclesiastica secularisve persona, etc. (*Formule d'anathème*).

---

et 1123 (t. I", n°° **155** et **168**), le clerc Gui, qui en jouit viagèrement, et sans doute aussi l'archidiacre Simon appartenaient à sa famille.

Adjuva nos, Deus Salvator noster.

Ego Innocentius, Catholicæ ecclesiæ episcopus, subscripsi.

Ego Guillelmus, *Prenestensis* episcopus.

Ego Matheus, *Albanensis* episcopus.

Ego Theodewinus, *Sanctæ Rufinæ* episcopus.

Ego Gerardus presbiter cardinalis, titulo *Sanctæ Crucis Hierusalem.*

Ego Lucas, presbiter cardinalis, titulo *SS. Johannis et Pauli.*

Ego Guido, indignus sacerdos.

Ego Hubaldus, diaconus cardinalis, *Stæ Mariæ in Via Lata.*

Ego Crisogonus, diaconus cardinalis, *Stæ Mariæ in Porticu.*

Datum *Pisis*, per manum Almerici, Sanctæ Romanæ Ecclesiæ diaconi cardinalis et cancellarii, 7° idus Junii, indict. 13ᵃ, Incarnationis Dominice anno 1135, Pontificatus vero domni Innocentii pape secundi anno 2° (38).

A. Original perdu? — B. Copie du xviiiᵉ s., ms. lat. 17142, *Cartulaire de Corbie*, fol. 318.

211. — *Louis VI confirme à St-Martin l'église de Janville-en-Beauce que lui a donnée le roi Henri Iᵉʳ avec la dîme des terres cultivées et le quint des grains renfermés dans la grange appartenant au Roi.*

(Paris, 3 août — 25 octobre 1135)

In nomine sancte et individue Trinitatis. Ego Ludovicus, Dei gratia *Francorum rex*. Notum fieri volumus t. f. q. p. quoniam beneficia, quecumque et ubicumque sint, que Henricus rex, sive alii predecessores nostri, monasterio *Beati Martini de Campis* et *ecclesie Beate Marie* que est apud *Hyenvillam* (39), amore Dei in

---

38. Le 7 juin 1135, Innocent II est bien à Pise (Jaffé-Lœwenfeld, p. 866, qui n'indique pas la bulle pour Corbie). Il faut lire : « anno sexto », au lieu de « anno secundo ».

39. Janville, ar. Chartres.

elemosinam contulerunt, nos habenda et possidenda eidem ecclesie, quemadmodum eorum temporibus tenuit et nostris, in perpetuum concedimus, et quantum ad nostram pertinet Majestatem, regia auctoritate confirmamus; beneficia quidem ista sunt : Decima videlicet culturarum nostrarum et quinta pars tocius annone que est in granchia nostra *Ifyenville*. Si quis autem eidem monasterio et fratribus ibidem Deo servientibus, terram aliquam donaverit, nos eis concedimus liberam et quietam ab omni consuetudine et exactione, preter decimam et campipartem, si hec ipsa terra debuerit. Consuetudinem vero nullam in curia monachorum, sive in claustro, habemus, extrinsecus vero, ab eorum hospitibus, in die solummodo qua mercatum in villa est, omnem consuetudinem nobis retinemus. Quod ne valeat oblivione deleri, scripto commendari precepimus, et ne possit a posteris infirmari, sigilli nostri auctoritate et nominis nostri karactere subterfirmavimus.

Actum *Parisius* pupblice, anno Incarnati Verbi M° C° XXX° V°, regni nostri xx° viii°, Ludovico filio nostro in regem sublimato anno iiii°, astantibus in palatio nostro quorum nomina subtitulata sunt et signa. Signum Radulfi dapiferi, *Viromandorum comitis*. S. Guillermi buticularii. S. Hugonis constabularii. S. Hugonis chamerarii.

Data per manum (*monogr. royal*) Stephani cancellarii.

A. Original scellé, K 22, n° 8³. — *B*. Copie du xvi° siècle, LL 1353, fol. 21'.
Edit. Tardif, *Monuments historiques*, n° 414, p. 229.
Ind. a. Coll. Duchesne, XX, 432. — *b.* Luchaire, *Annales de la vie de Louis VI*, n° 557, p. 253.

212. — *Biographie de Mathieu, moine durant sept années* (A), *puis prieur de St-Martin-des-Champs* (B) *et, momentanément, de Cluny, enfin cardinal évêque d'Albano* (C), *écrite par Pierre le Vénérable, abbé de Cluny.*

(A. 1108-1116. — B. 1116-1125. — C. 1126-25 décembre 1135)

(*1*) *De ortu et adolescentia domni Mathæi episcopi Albanensis* (*).

Fuit autem hic non obscuri secundum carnem generis, ortus ex *Remensi* provincia, utroque parente et nobilitate, ut dictum est, insignito et mundanis opibus locuplete. Hic in pueritia litteris traditus est et, postquam adolevit, in *Laudunensi* ecclesia clericale officium adeptus fuit. Hic statim a primis annis contra multorum clericorum depravatum morem, cum ætate cœpit, et honestate invalescere, et levitatem vel lasciviam consodalium fugiens et exsecrans, — quod perrarum est in hujusmodi hominum genere, famosis honestate ac religione clericis adhærebat — — [*col. 913*].

(5) *Qualiter venerabili Radulpho Remorum postea archiepiscopo adhæserit* [*913*].

(6) *Quomodo ad monasticam vitam aspirans, ecclesiasticos honores dimiserit* [*914*].

(7) *Quod propter celebrem religionis famam Cluniacum eligens, apud Sanctum Martinum de Campis monachi habitum suscepit.* Cogitans... ubi conceptum religiose vivendi propositum adimpleret, *Cluniacum* elegit. — — Sed longe aberat Cluniacus, longum iter intererat. — — Ad Cluniacensem... filiam, quæ propior erat, hoc est *Sanctum Martinum de Campis*, gressum convertit, et congrue. Est enim idem S. Martini monasterium, suo Cluniacensi monasterio, in ordinis, religionis ac fervoris proposito, pro modo suo ita conforme ut... non diversa, sed prorsus unum sint. — — Se domino Theobaldo priore in monachum suscepi rogavit. Gavisus est Prior... monuit Mathæum ut sustineret et horam congruam qua id pro more in crastino fieri posset, præstolaretur. Respondit ille se pati non posse dilationem, habere se socios quibus, si res quoquomodo innotesceret, jam deinceps quod volebat effectui mancipare non posset. Victus Prior ratione... ingressus capitulum, convocat omnes, reserat causam. Lætantur universi, rogant ut cito

---

* Les numéros placés entre parenthèses, en tête des alinéas, sont ceux des chapitres du livre II du traité *de Miraculis*. Nous n'avons reproduit que les passages d'un intérêt purement historique et relatant des faits dont l'auteur garantit l'exactitude absolue.

fieri. Festinanter adducitur... exuitur veteri homine, induitur novo, regulæ monasticæ subditur. — — Parvo temporis spatio emenso, *Cluniacum* venit ; quod ei de professione scripta, vel de monachi usitata benedictione defuerat, a Cluniacensi abbate eo ibi benedictio suppletur. — — [*915*].

(*8*) *Qualem se prioratu erga Deum exhibuit.* Remissus, præcepto abbatis sui, ad monasterium S. Martini, cum *per annos septem* claustri ordinem ferventissime tenuisset, jussione ejusdem abbatis *successit in prioratum, priore suo jam defuncto* et, sicut de bono viro spes certa suadet credere, ad beatæ vitæ statum translato (40). — — Morabatur in claustro assidue cum fratribus... sacræ lectionis intentus studio immobilis perdurabat. Vix poterat eum commissi prioratus cura, saltem ad horam a fratrum collegio segregare... Cumque sub ducatu ejus *fere trecenti fratres* tam intra quam extra monasterium Deo militarent, eisque corporalia subsidia providere, vel per se vel per alias ex officii debito cogeretur, Marthæ quidem importunas exactiones ex toto effugere non valebat sed tamen, toto animi desiderio, Mariæ otio inhiabat. — — Non relinquebat partem aliquam theoriæ intactam, sed jejuniis, vigiliis, ciliciisque asperis corpus edomans, silentio, psalmodia et his quæ dicta sunt studiis, de veteri in novum hominem totus mutari... satagebat — — [*917*].

(*9*) *Qualis erga subditos fuit.* — — Et misericors in subditos et justus super omnes pene sui temporis Cluniacensis congregationis priores extitit — — necessaria eis pro viribus præparando et unicuique... multa, labore quæsita, largiendo. Pauper erat domus sibi commissa rebus, licet vere multis dives esset virtutibus. Quæ necessitas, quia sæpe graviter instabat, et cor ejus angore, et cor-

---

40. Pierre paraît désigner par ces mots le prieur lui-même qui donna l'habit à Mathieu, c'est-à-dire Thibaud I*er*; comme Mathieu I*er* succéda à un prieur mort dans l'exercice de sa charge, en odeur de sainteté, et qu'il ne régla que la commémoration de ses devanciers Ours et Thibaud, il faut en conclure qu'il n'a point existé de prieur du nom de Martin, et corriger sur la charte **151** (t. I, p. 236) *Martinus* en *Matheus*. (Cf. le n° **179**, dont les limites de date sont 1116-1122 et non 1117-1125).

pus multo semper labore fatigabat. Hac de causa aliquando proximos, aliquando remotos reges et principes adibat et, eorum donis et muneribus, servorum Dei frequenter indigentiam recreabat. Mos ei erat quandiu domi morabatur... infirmorum, pauperum, hospitum, inquantum prioratus officium patiebatur, per seipsum potiorem curam gerere. — — Incolumes ipsi, et hi maxime qui labori conventus devote instabant, misericordis pastoris curam frequenter experiebantur. Nihil eis fere deerat ad victum, nihil fatigatis ad requiem, nihil pusillanimitate succumbentibus ad consolationem. Omnibus... pater erat. — — In tantum negligentibus et maxime damnabiliter peccantibus indignabatur, ut corde, verbis et vultu interiore zeli Dei flamma urgente inflammatus — — delinquentes, *Cluniacensi* more, prout justum videbatur, sanguinolentis verberibus castigabat, ferro, compedibus, et diversi generis vinculis coercebat, tenebroso plerosque carceri mancipabat. — — — [918].

(10) *Qualis erga omnes proximos vel remotos exstiterit*. Exhibebat omnibus communem tam corde quam verbis dilectionis affectum, et in quantum, salva propositi gravitate, poterat jucundum se et hilarem, quibusque alloquentibus, exhibebat. — — Fecerat, ex charitatis virtute, monasterium suum, præ cunctis totius *Franciæ* monasteriis, commune... hospitium, ... cunctorum asylum. Episcoporum, abbatum, nobilium etiam laicorum quotidianus concursus, monachorum et clericorum agmina, pauperum quæ nunquam deesse poterat turba, domos universas, hospitia cuncta assidue pene replebat — — Expendebat in his pietatis sumptibus non solum omnia sua, sed et quæ mutuo accipere poterat, multo sæpe cum fœnore aliena. Nam ut omnibus ad monasterium confluentibus obsequi... extendebat se supra se,... pene ad impossibilia semetipsum cogebat — — negare cuilibet, etiam quæ deerant, nesciebat. Inde attenuata domo, exhaustis omnibus, ipsis etiam (ut hospitibus satisfieret) sæpe monachis esurientibus, multo animi angore sollicitabatur. — — — Inter cæteros principes qui eum, harum et similium virtutum excitati, diligebant, quique illi de suis multa largiebantur, Ludovicus *rex Francorum, rexque*

3.

Anglorum Henricus, singulari ipsum amore amplectebantur. Adeuntem se gaudenter suscipiebant, multo susceptum honore colebant, ac discedentem nunquam fere vacuum dimittebant. Hoc maxime... rex Henricus faciebat qui... cunctos sui temporis christianos principes prudentia transcendit, operibus evicit, largitate superavit — — — [*920*].

(11) *Qualiter a domno Petro abbate Cluniacum evocatus, ordinem rigidissime retinuit.* Eo tempore contigit... ad Cluniacensis congregationis regimen... me indignissimum assumi. — — Ad impositæ curæ supportandam sarcinam, ipsum (41) statim primo vocationis meæ anno Cluniacum evocavi... eique ordinis et claustri... curam imposui. — — Noxia vel superflua quæque in cibis, in potibus, in moribus quam maxime persequens, licet ea de causa multa nunc reticenda passus fuerit, ea tamen ad congruum finem... perduxit. — — Aliquanto tempore decurso, postquam certa et utilis causa exegit, dato ei apud Cluniacum ordinis successore, ad *Sancti Martini monasterium,* ut prius regendum, eum dimisi [*921*].

(12) *De schismate Cluniacensi per Pontium, qui abbas fuerit, concitato* (42) [*922*].

(13) *De fine scandali Cluniacensis, et sapientia domni Matthæi* (43) [*924*].

---

41. Pierre-Maurice de Montboissier fut élu à la mort de Hugues II qui n'avait tenu l'abbaye que trois mois depuis la résignation de Ponce; il fut bénit le 22 août 1122 (*Gallia christiana nova*, IV, 1136-1139.)

42. Ponce de Melgueil, abbé de 1109 à 1122, démissionnaire pour aller à Jérusalem, voulut à son retour reprendre sa charge. Sur le refus de Pierre, il s'empara, à main armée, de Cluny en 1125. Appelé à Rome par le Pape, il y mourut à la fin de cette même année.

43. « En 1122 Mathieu est à Cluny où vient de l'appeler Pierre le Vénérable. Peu de temps après, celui-ci se rend à Rome, allant solliciter l'appui du Siège apostolique contre un audacieux rival qui l'avait dépossédé de son abbaye. Mathieu l'accompagne dans ce voyage, se concilie l'estime du Pape qui l'élève à la dignité de cardinal-évêque d'Albano. Il revint ensuite en France pour y remplir les fonctions de légat et présida les conciles de Troyes, de Rouen et de Reims (1128), de Châlons et de Paris (1129)... Innocent et Anaclet se disputent la tiare. Mathieu se prononce pour Innocent et travaille avec ardeur à le faire

(*14*) *Quomodo in episcopum Albanensem assumptus sit.* Causa jam dicta tractus ad Urbem, ea sic diffinita, redire cum sociis ad propria [Matthæus] festinabat. Sed... injungit ei... papa Honorius majoris honoris et oneris pastoralem curam et cum labori suo socium adhibens, in episcopum *Albanum* consecrat. — — Servabat in palatio instituta claustri. — — [927].

(*15*) *Quod, cum adhuc prior erat, pecunias a Judæis mutuari prohibuit.* — — Accesserat... noviter ad prioratus Sancti Martini curam administrandam et, inter cœtera negotia, debita monasterii ipsi a fratribus proponebantur. Requirens ille creditores, quosdam ex ipsis Judæos esse cognovit. — Statim... « Et unde, inquit, hoc vobis, quod Christiani et monachi a Judæis et impiis mutuas accipere pecunias voluistis ? ...Ite, ite, et hujus improbandæ societatis vinculum, pecunias illas solventes, festinanter dirumpite... » Ad hæc cum illi responderent non posse se, monasterii paupertate cogente, a mutuandis Judæorum pecuniis abstinere : « Absit, inquit, nec unquam deinceps sermo iste de ore vestro procedat. — — Solvite cito quidquid eis debetis et velut æterna lege præfixa, ab universis eorum commerciis deinceps abstinete. » — — [927].

---

accepter en France. En 1131 il est en Allemagne, où s'assemble par ses soins le concile de Mayence... » Plus tard, se trouvant en désaccord avec le pape, celui-ci lui retira son mandat. « Mathieu parut au Concile de Pise en 1134, et après avoir rempli une mission peu importante, revint y mourir le 25 décembre 1134 (corr. 1135). C'était un homme sévère, qui sous l'habit d'un séculier avait conservé les mœurs d'un moine. » (Hoefer, *Nouvelle bibliographie générale*, XXXIV, 311, art. de B. H[auréau]. — Extrait.)

C'est à la sagesse de Mathieu que Pierre le Vénérable attribue le succès, auprès du Pape, de ses instances pour être remis en possession de son monastère, que lui avait enlevé l'ancien abbé Ponce. Celui-ci étant mort à Rome le 29 décembre [1125], d'après le nécrologe de St-Léonor de Beaumont-sur-Oise, Mathieu se disposait à regagner St-Martin-des-Champs ; mais le pape, appréciant son mérite, lui conféra le cardinalat et l'évêché d'Albano, puis l'envoya comme légat en France. Sa mission dura trois ans. Rappelé à Rome, il souscrit les bulles d'Innocent II du 3 avril 1130 au 7 novembre 1135 (Jaffé-Wattenbach, *Regesta pontificum Romanorum*, t. I, p. 840). Sa date funèbre est donc le 25 décembre 1135 et non 1134, comme le porte par erreur la *Biographie générale* d'Hœfer.

La vie de Mathieu d'Albano a été écrite par André Duchesne dans son *Histoire des Cardinaux français*.

(16) De schismate Romanæ ecclesiæ (44), et quam viriliter catholicam partem defenderit [*928*].

(17) De fine ipsius miris insignibus glorioso.

(18) De visione quam vidit de ipso prior Sancti Zenonis [*930*].

(19) De visione alterius fratris.

(20) Quomodo dæmones signo Crucis a se fugaverit, et de infatigabili ejus ad Deum intentione.

(21) De revelationibus ante mortem illi ostensis et de gloria quam sibi præparatam vidit [*931*].

(22) Quam sancte et gloriose, natali Domini die, prima lucescente aurora, de hoc mundo transierit [*933*].

(23) De exsequiis ejus celeberrimis, et tumulatione honorabili in ecclesia Sancti Frigdiani (Pisensis) [*934*].

Petri abbatis Cluniacensis de Miraculis lib. II, capp. 4-23 ; édit. Migne, *Patrologia latina*, t. 189, col. 913-934.

213. — *Manassé II, évêque de Meaux, confirme aux moines de St-Martin-des-Champs, en considération de leur sainte renommée, l'église Saint-Eutrope de Choisy-en-Brie, à eux donnée par son prédécesseur Bouchard ; il y ajoute d'autres droits sur la chapelle St-Georges de Marolles.*

(1er janvier ou 7 avril 1135 — 22 février 1136).

In nomine sancte et individue Trinitatis. Attenditur in monasteriis vigere servitium Dei, quia veri monachi temporalium amorem atque sollicitudinem omnino abjiciunt, et ideo solis divinis obsequiis mancipati, Deo liberius et devotius famulantur. Incumbit igitur Ecclesiarum rectoribus ut, pro Dei amore, eorum provideant tranquillitati et paci, quos in regimine suo videant regulariter vivere, et in Christo per omnia suis episcopis obedire.

Unde ego MANASSES Dei gratia *Meldensis episcopus*, attendens eam que in presenti videtur religionem et piam conversationem

---

44. Sur ce schisme, cf. la note 292 du t. Ier, p. 275.

monachorum *Bti Martini de Campis*, ecclesiam de *Choisiaco* (24) ipsis et eorum successoribus a predecessore nostro bone memorie Burchardo *episcopo* datam, imperpetuum possidendam concedo, cum candelis etiam de Purificatione Bte Marie, cum tortellis de festivitate sancti Stephani, cum xviii den. infra xii dies Natalis Domini a presbytero persolvendis, cum decimis tam minoribus quam majoribus ad eandem ecclesiam et ad *capellam de Mairoliis* (45) pertinentibus. Que videlicet omnia a pred. precedecessore nostro pred. monachis jam data fuerant. Preterea fratrum in *ecclesia de Choisiaco* Deo famulantium paupertati compaciens, consilio domini Gaufredi *Carnotensis episcopi* et Apostolice sedis legati (46) et aliarum religiosarum personarum, assensu etiam domni Harpini decani nostri, Theobaldi archidiaconi, Stephani precentoris et tocius capituli, eisdem fratribus xl sol. sing. annis a presbitero de beneficiis ejusdem ecclesie persolvendos concedo, scil. x in Natale Dni ; x in Pascha, x in Pentecosten, x in festivitate Omnium Sanctorum. Dono etiam predictis fratribus medietatem cere et candelarum ejusdem ecclesie, per totum annum ; medietatem quoque cere et candelarum de festivitate sancti Georgii in *capella de Mairoliis*, et tortellos de festivitate sancti Stephani in eadem capella ; presentationem presbiteri in *ecclesia de Choisiaco*, qui nullatenus ad altare monachorum cantare aut aliquid accipere presumat. Concedo etiam altare de *Marrolio*, salvo in omnibus jure pontificali. Ut hec igitur rata imperpetuum et inconcussa permaneant, sigilli nostri auctoritate et impressione confirmamus et corroboramus ; et si quis contra ire presumpserit, anathema sit. S. Harpini decani. S. Theobaldi archid. S. Stephani precentoris. S. Odonis prepositi. S. Rai(noldi) sacerdotis. S. Pagani sacerdotis. S. Arnulfi sacerdotis. S. Petri diaconi. S. Odonis d. S. Hugonis d. S. Bartholomei subd. S. Ade subd. S. Radulfi subd. S. Fromundi pueri.

---

45. Marolles-en-Brie, ca. La Ferté-Gaucher, ar. Coulommiers, qu'il ne faut pas confondre avec une localité homonyme du diocèse de Paris (Cf. t. I, p. 56, note 78).

S. Johannis pueri. S. Amaurici pueri. Acta sunt hec anno Domini M. C. XXXV, indictione xiii, anno autem ordinationis domni Innocentii Pape vi, ordinationis nostre ii (46).

A. Original perdu. — *B.* Copie de 1209, LL 1351, fol. 59. — *C.* Copie du xv⁰ siècle, LL 1352, fol. 59'. — *D.* Copie du xvi⁰ s., LL 1353, fol 63'. — *E.* Copie du xviii⁰ s., ms. fr. 15504, fol. 60.
Edit. a. Marrier, *Monasterii S. Martini de Campis historia*, p. 375. — *b.* Du Plessis, *Hist. de l'église de Meaux*, t. II, Pièces justificatives, pp. 30-31, n° L.
Ind. Gallia christiana, VIII, 613.

213 bis. — *Galeran, fils de Marie, vicomtesse de Beaumont-sur-Oise, donne à St-Martin-des-Champs une rente à Noisy-sur-Oise; sa mère et ses frères y consentent* (47).

(1128 — 1136)

A. Original perdu.
Ind. Lettres d'Eudes II, évêque de Beauvais (1136), n° **214**.

214. — *Eudes II, évêque de Beauvais, disposant de dîmes restituées à l'Église par Guillaume de Cressonsacq et sa femme Hersende, les remet à Saint-Martin-des-Champs et confirme à ce monastère cinq églises : St-Léonor à Beaumont-sur-Oise, Cressonsacq, Méru, Viarmes, Saint-Omer-en-Chaussée ; des dîmes à Liancourt, une*

---

46. Innocent II fut consacré le 23 février 1130, suivant Onuphre et le P. Pagi : l'acte se place donc entre le 1ᵉʳ janvier 1135 ou le 7 avril, date de Pâques, et le 22 février 1136. — L'évêque de Chartres, Geofroi II de Lèves, fut nommé légat en France, avec saint Bernard, par Innocent II au concile de Pise, en 1134.

47. La vicomtesse Marie de Beaumont n'est connue que par la donation de son fils Galeran, postérieure aux chartes de Pierre, évêque de Beauvais (1127-1128) qui n'en font pas mention (t. Iᵉʳ, n°ˢ **184** et **185**). Marie succéda donc au vicomte Garnier, en charge depuis 1110 jusqu'à une date qui se place entre le 20 décembre 1127 et le 1ᵉʳ janvier ou le 22 avril 1128 (Ibid., p. 297, note 412).
Cette première lignée vicomtale s'éteignit du vivant du comte Mathieu Iᵉʳ, car la charge passa à son fils cadet Hugues, inscrit le 1ᵉʳ mai au nécrologe de Beaumont : « Hugo vicecomes, frater M. comitis Bellimontis. » Hugues Iᵉʳ, qui mourut du vivant de son frère Mathieu II, eut pour successeur son fils Hugues II, qualifié vicomte en 1189.

part dans le travers du château de Milly, ainsi qu'une rente à Noisy-sur-Oise, donnée par Galeran, fils de Marie vicomtesse de Beaumont.

(1ᵉʳ janvier *ou* 22 mars — 20 juillet 1136)

Quoniam omnibus qui, Deo auctore, curis pastoralibus invigilare habent, semper necesse est plus prodesse quam preesse, et ex talento eis credito fratrum Deo sub habitu religionis servientium necessaria ministrando misericorditer inopiam supplere, ut presentes in eis videant quod sequantur, posteri vero exempla audiant quibus instruantur. Ego humilis frater Odo, Dei gratia *Belvacensium episcopus*, Spiritus sancti preveniente gratia, sequi hec et adimplere desiderans, ad noticiam tam f. q. p. pervenire volumus quia duas partes decime de *Gels* (a) quas Guillelmus de Cressunessart (48) se male tenuisse recognoscens, utpote laïcus, nobis reddiderat, concessione et precatu ipsius Guillelmi et uxoris ejus Hersendis atque filiorum eorum (49), salvo jure episcopali et archidiaconi ab omni consuetudine liberas, ecclesie *Beati Martini de Campis* concessimus, et litteras inde factas sigilli nostri impressione confirmavimus. Furnum etiam unum quem prefatus Guillelmus apud *Cressunessart* habebat, et eidem ecclesie in remis-

---

48. Cressonsacq, ca. St-Just-en-Chaussée, ar. Clermont (Oise). — Les dîmes données par Guillaume sont celles de Jaux, ca. Compiègne.

49. Les Cressonsacq du Moyen-âge portaient *vairé, au lion brochant de gueules couronné, armé et lampassé d'or*. Le P. Anselme qui a esquissé leur généalogie à propos de Robert, évêque-comte de Beauvais et pair de France (élu en 1236, mort à Chypre le 1ᵉʳ octobre 1248), fait commencer leur filiation à Hersende, veuve dès 1145, encore vivante vingt ans après, et mère de trois enfants : Dreux Iᵉʳ, Raoul et Béatrice (*Hist. généalogique de la Maison de France et des Grands-Officiers*, II, 263). L'évêque Robert était fils de Dreux II et d'Agnès, petit-fils de Dreux Iᵉʳ et d'Emeline de Roncheroles.

Pas plus que le P. Anselme, Henri de L'Épinois (*Rech. sur le comté de Clermont* dans les *Mémoires de la Société acad. de l'Oise*, IX, 368) n'a connu Guillaume, mari d'Hersende, ni ses devanciers Nivelon, Foulques et Raoul Iᵉʳ qui, en 1124, se dessaisit de l'église de Cressonsacq, que l'évêque de Beauvais donna aussitôt à St-Martin-des-Champs (n° **171**, t. I, p. 275). Nivelon se rattache à la lignée du sénéchal Raoul de Beauvais, sur lequel on peut consulter la note 210 du tome Iᵉʳ, p. 133.

sione peccatorum suorum ea videlicet conditione contulerat ut si, villa crescente, opus esset alium furnum fieri, monachi Beati Martini quibus tantummodo liceret in locis convenientibus quotquot essent necessarii facerent ; ligna quoque ad suos usus et ad opus furni in omnibus silvis ad eum pertinentibus, in loco ubi milites ceterique homines ejus accipiunt, ipsi acciperent, confirmare curavimus. Preterea quicquid eadem *ecclesia Beati Martini* in episcopatu nostro, ex dono fidelium et concessione antecessorum nostrorum possidet, scilicet ecclesiam *Sancti Leonorii de Bellomonte* (50) cum omnibus ad eam pertinentibus ; ecclesiam de *Cressonessart* cum omni decima et ejus appendiciis, necnon et terciam partem decime de *Leencurte* (51) ; altare etiam de *Meru* (52) cum atrio omnibusque ad altare pertinentibus, necnon et decimam de *Mediacurte* (53) ; ecclesiam quoque de *Wirma* (54) cum decima ortorum qui *inter Sepes* dicuntur, et cum minuta decima ; ecclesiam insuper *Sancti Audomari* (55) cum duabus partibus majoris decime et omni minuta decima ; redditum etiam undecimi diei de traverso

---

50. Sur la donation de Saint-Léonor, cf. t. I, p. 216, note 334.
51. Liancourt, ar. Clermont.
52. Méru, ar. Beauvais. Cf. t. I, p. 86, note 122.
53. La « decima de *Medianacurte* » est associée à la possession de Saint-Léonor par la bulle de Calixte II du 27 novembre 1119 (t. I, p. 249) ; elle est appelée « decima de *Moinecurte* » dans la confirmation par Pierre, prédécesseur d'Eudes II, en 1123, de tout ce que St-Martin possède au diocèse de Beauvais, et là encore cette dîme est associée au prieuré de Beaumont (t. I, p. 277). Il exista entre Persan et Bruyères, assez près de Beaumont, un hameau de *Mainecourt*, que la prisée du Comté en 1331 mentionne comme ayant huit feux ; il dépendait de la seigneurie haut-justicière de la dame de Neauflé (de la maison de Chambly). Mais il n'est pas prouvé que St-Léonor en eût la dîme. Par contre, le nécrologe du prieuré, au 12 décembre, rappelle que St-Léonor reçut d'Alcaume, seigneur du Déluge, commémoré le 12 décembre, une grange à *Molineurtis*, avec *la dîme*, et la justice du terroir compris entre le rû (affluent du Thérain) et la voie de Chambly. La forme *Moulincourt* prise par le nom de ce hameau d'Ully-Saint-Georges (ca. Neuilly-en-Thelle, ar. de Senlis) est une construction insolite, dérivant d'une autre qui pourrait être *Moyencourt*, prononcé « Mouyincourt ».
54. Viarmes, ca. Luzarches, ar. Pontoise (Cf. t. I, p. 298).
55. Saint-Omer-en-Chaussée, ca. Marseille, ar. Beauvais, voisin de Milly-sur-Thérain. Cf. t. I, pp. 203 et 349.

Miliacensis castelli (55); redditum quoque quem dedit Gauleran-
nus, filius Marie *vice comitisse de Bellomonte* (47) apud *Gnoisi* (56),
ipsa concedente cum filiis suis; salvo jure pontificali atque archidiaconorum, eisdem litteris confirmare necessarium duximus; et
eos quicumque hec pervertere temptaverint, auctoritate nobis a
Deo concessa, excommunicationis sentencie supponimus (57).

Actum *Belvaci*, anno Incarnati Verbi M° C° XXX° VI°. (*b*).

(*a*) Gets (*C*). — (*b*) Les copies qui nous sont parvenues de cet acte sont visiblement incomplètes. L'évêque Eudes II mourut le 27 juin 1144. Son successeur homonyme, Eudes III, s'est toujours qualifié dans ses actes *Odo secundus*.

A. Original perdu. — *B*. Copie de 1209, LL 1351, fol. 73, non collationnée. — *C*. Copie du xv° siècle, LL 1352, fol. 71. — *D*. Copie du
xvi° s., LL 1353, fol. 81. — *E*. Copie du xvii° s., collection Duchesne,
LXXI, 62 (ces trois dernières copies d'après *B*).

215. — *Le pape Innocent II, à la sollicitation du prieur Thibaud II, confirme les possessions et les bénéfices du monastère de
St-Martin-des-Champs.*

(Pise, 20 juillet 1136)

Innocentius episcopus servus servorum Dei, dilecto in Xristo filio
Teobaldo priori monasterii *Sancti Martini de Campis* ejusque successoribus regulariter substituendis in perpetuum. Quociens illud
a nobis petitur quod rationi et honestati convenire cognoscitur,

---

56. Noisy-sur-Oise, ca. Luzarches, ar. Pontoise. La bulle de Calixte II mentionne déjà « apud Nuisiacum terram et censum », et dans la confirmation de
Pierre, évêque de Beauvais en 1123, il signale « juxta Bellomontem apud Nuisiacum, terram quam dedit Gualerannus, frater Jolduini de Munci ». Cette
donation est tout à fait distincte de celle d'une simple rente, énoncée ici, par
Galeran fils de la vicomtesse Marie.

57. Il n'est plus question ici : 1° du muid de froment dans le moulin d'Ons-
en-Bray, confirmé par l'évêque Pierre en 1123 (t. I, p. 277); 2° des églises de
Fresnoy-en-Thelle, Courcelles et St-Pierre de Beaumont-sur-Oise, concédées à
St-Léonor par le même prélat en 1127 (ibid., p. 297). Quant à St-Pantaléon de
Beauvais compris dans la bulle de Calixte II en 1119, cette église ne figure déjà
plus dans la confirmation de l'évêque Pierre, quatre ans après.

animo nos decet libenti concedere, et petentium desideriis congruum impertiri suffragium. Eapropter, dilecte in Domino fili Teobaude prior, tuis peticionibus annuentes, *Beati Martini monasterium* cui, autore Deo, ex venerabilis fratris nostri Petri, *abbatis Cluniacencis*, institutione presides, presentis decreti auctoritate munimus. Statuentes ut, quemadmodum cetera *Cluniacensis cenobii* membra, semper sub Apostolice sedis tutela permaneat. Cuncta etiam que in presenti xiii^a indictione, eidem loco pertinere videntur, quieta (*a*) vobis ex integra permanere sancimus. Videlicet *in pago Parisiensi*, decimam prefati monasterii Sti Martini, et altare et decimam de (*b*) *Calleuio* (58); in suburbio *Parisiace urbis*, *ecclesiam Sti Jacobi* (59) cum parochia; prope monasterium Sti Martini, *capellam Sti Nicholai* (60); infra urbem, in *vico* qui dicitur *Judeorum*, furnum (61) quendam, et super *Magnum Pontem* duo molendina, et superius tercium; in *Milbrai* quartum (62); *Nusiellum* villam (63) cum ecclesia et atrio (*c*) et omnibus appendiciis suis; *Rusiacum* villam (64) quam dedit Anselmus dapifer. Apud *Taverniacum* et *Turnum* et *Moncellum* (65), hospites et vineas et census,

---

58. Chaillot, village compris maintenant dans Paris, et dont l'église consacrée à Saint-Pierre, appartenait à St-Martin dès le 14 juillet 1096 (Cf. t. I, p. 121).

59. Saint-Jacques-de-la-Boucherie, chapelle fondée par le maréchal Flohier après 1080, donnée à St-Martin entre 1108 et 1117, et devenue église paroissiale dès 1119 (Cf. t. I, pp. 160, 237, 245 et les notes 268 et 362).

60. Saint-Nicolas-des-Champs, chapelle voisine du monastère, citée seulement dans la bulle de Calixte II en 1119.

61. Ce four, donné vers 1073 par Hugues de Palaiseau, était situé à Paris, dans la rue des Juifs (Cf. t. I, p. 36; la note 32 et l'intitulé de la notice n° **16** sont à rectifier).

62. En comparant ce texte à celui de la bulle de Calixte II, on constate la suppression des églises de Montmartre cédées au roi, et l'inscription de deux nouveaux moulins faisant partie du douaire de St-Denis-de-la-Châtre. Cette église est spécifiée isolément plus loin.

63. Noisiel, ca. Lagny, ar. Meaux (Cf. t. I, p. 97, note 137).

64. Roissy, Pontault, ca. Tournan, ar. Meaux (Ib., note 141).

65. Taverny et Tour (aujourd'hui Saint-Prix), ca. Montmorency, ar. Pontoise. Moncelles, quartier de Taverny. Les libéralités d'Eudes, comte de Corbeil, qui succéda tout enfant à son père Bouchard II en 1079, sont postérieures à 1107 et rappelées dans la bulle de Calixte II en 1119 (Cf. t. I, pp. 244-246). Ces proprié-

et silvam castanearum, ex dono ODONIS, *comitis de Corbolio*, et aliam silvam de castaneis juxta eandem ; ecclesiam de *Ereniaco* (66) ; apud *Pontisaram castrum*, de dono regio, et RADULFI DELICATI, et WARNERII SILVANECTENSIS, hospites, censum et terras et furnum ; apud *Vallem Joiaci* (66), terram et censum et hospites, ex dono cujusdam monachi BERENGARII, concedente OSMUNDO DE CALVO-MONTE ; et villam *Castaneium* (67) cum ecclesia, et decima de *Puteolis* (68) et altare de *Fontaneto* (68) ; altare et ecclesiam, et atrium et decimam de *Escuem* (67) ; altare, atrium et decimam de *Campiniaco* (69) ; ecclesiam de *Doomonte* (67) cum ap. s. ; altare de *Ermonovilla* (70) ; ecclesiam de *Duniaco* (71) et molendina, et cetera que ibi sunt Sti Martini ; apud *Pontem-Ebali* (64) curtem et terras ; *Cevrencum* villam, cum ap. s. (70) et ecclesiam ejusdem ville cum capella et decima de *Livriaco* (72) ; *Bonzeias* (73) cum ecclesia et ap. s. ; apud *Nuseium siccum* (73) terram et censum et apud *Clicei* (73) terram et censum ; et *Pentinum* cum ecclesia et ap. s. ; et *Roveredum* (74) cum adjacenciis terris ; apud *Luvram in Parisiaco* (68), ecclesiam cum atrio. Apud *Gornaium castrum* (72) [monasterium] *Sancte Marie* cum omnibus ap. s. ; villam *Nuseium* (72) cum omnibus pertinenciis suis ; *Maiorolas* (75) cum

---

tés situées en pleine baronnie de Montmorency démontrent qu'une alliance antérieure à Eudes se fit entre les deux familles de Montmorency et de Corbeil. M. Estournet l'a relevé dans son étude sur *Bouchard II, comte de Corbeil*, éditée par la Société du Gâtinais.

66. Eragny, Jouy-le-Moutier, ca. Pontoise (Cf. t. I, pp. 134, 138, 246).
67. Châtenay, Domont, ca. Ecouen, ar. Pontoise (Cf. t. I, pp. 132, 237, 281).
68. Louvres, Puiseux-lès-Louvres, Fontenay-lès-Louvres, ca. Luzarches, ar. Pontoise (Cf. t. I, pp. 121, 132, 246).
69. Champigny-sur-Marne, ca. Nogent-sur-Marne, ar. Sceaux (Cf. t. I, p. 32).
70. Arnouville, Sevran, ca. Gonesse, ar. Pontoise (Cf. t. I, pp. 67, 190).
71. Dugny, ca. Aubervilliers, ar. Saint-Denis (Cf. t. I, p. 190).
72. Livry, Gournay-sur-Marne, Noisy-le-Grand, ca. Le Raincy, ar. Pontoise (Cf. t. I, pp. 16, 168, 190).
73. Bondy, ca. Noisy-le-Sec, ar. Saint-Denis (Cf. t. I. p. 16). « Clicei » n'a rien de commun avec Clichy (*Clipiacum*) et doit se lire « Clacei » ; c'est Clacy, écart de Noisy-le-Sec (ib., pp. 106 et 169).
74. Rouvray, éc. Pantin, ar. Saint-Denis (Cf. t. I, pp. 32, 173).
75. Marolles-en-Brie, ca. Boissy-Saint-Léger, ar. Corbeil (Cf. t. I, p. 56).

ecclesia et ap. s. ; decimam de *Attiliaco* (76) ; villam *Cumfluentiam* (77) cum ecclesia et ap. s. Apud *Sanctum Marcellum* (78), terram quam dedit Cleopas monachus ; apud (79) *Victriacum* villam, domum, torcular, vineas et censum ; apud *Villam Judeam* (80) hospites, terram, et censum, et molendinum de *Aredilo* (80) ; apud *Clamardum* (4) ecclesiam, terras, vineas et censum. Apud *Sanctum Chodoaldum* terram que *Anclus* (81) dicitur, cum ap. s. In *Monte Savias* (82) et *Monte Martirum* torcularia et vineas (83).

In *Carnotensi* pago — — — — — Apud *Barnstabile* castrum ecclesia cum ap. s.

In *Parisiensi civitate*, ecclesia que dicitur *Sancti Dionisii de Carcere* (62) cum omnibus que clerici ante possederant.

Cressenosart ecclesiam (48) cum decima et uno furno.

Ecclesiam de *Wlma* (54).

Item, in pago *Meldensi*, *Coiacum* (84) villam cum ecclesia et decima, et decimam de *Aci* et altare de *Marolio* villa (84). Et cetera que predecessorum nostrorum sancte memorie Urbani pape, Paschalis et Calixti secundi, privilegiis continentur. Decernimus ergo ut nulli omnino hominum — — districte ultioni subjaceat. Cunctis autem — — premia eterne pacis inveniant. Amen (d). Amen. Amen.

---

76. Attilly, éc. Férolles, ca. Brie-Comte-Robert, ar. Melun (Cf. t. I, p. 251).
77. Conflans-l'Archevêque, éc. Charenton-le-Pont, ar. Sceaux (Cf. t. I, p. 132).
78. Cf. t. I, p. 247, note 366.
79. Vitry-sur-Seine. ca. Ivry-sur-Seine, ar. Sceaux (Cf. t. I, p. 37).
80. Corrigez « Aredilo » : c'est Arcueil, ca. Villejuif (*Villa Judea*), ar. Sceaux (Cf. t. I, p. 37).
81. Aunay, près Saint-Cloud (Cf. t. I, p. 200, note 312).
82. Belleville, incorporé dans Paris (Cf. t. I, p. 247, note 366).
83. L'alinéa qui suit, emprunté, textuellement et sans variantes, à la bulle de Calixte II (t. I, pp. 247-249), nous a paru inutile à reproduire.
84. Mareuil, ca. Betz, ar. Senlis, sur l'Ourcq, entre Acy-en-Multien (même canton, cf. t. I, p. 181) et La Ferté-Milon (autrefois La Ferté-sur-Ourcq). Il parait par le rapprochement de Mareuil et d'Acy que « Coiacum » répond à Coye, sur la Thève. De même que le cours de l'Izieux servait de contact entre l'Oise et le Parisis, le cours de la Thève, autre affluent de l'Oise, appartenait au pays de Meaux qu'il reliait à cette grande voie fluviale.

Ego Innocentius, catholice Ecclesie episcopus.

Ego Wilelmus, *Prenestinus* episcopus.

Ego Gregorius, diaconus cardinalis SS. *Sergii et Bacchi.*

Ego Theodevinus, *Sancte Rufine* episcopus.

Ego Lucas, presbiter cardinalis tituli SS. *Johannis et Pauli.*

Data *Pisis* per manum Almerici, Sancte Romane ecclesie diaconi cardinalis et cancellarii, xiii Kl. Augusti, indictione xiii[a], Incarnationis Dominice anno M° C° XXX° VI°, pontificatus vero domni Innocentii pape II. anno vi°.

(a) quinta B. — (b) Falleuio B (Chaillot). — (c) agro B. — (d) Ici s'arrêtait B avant le collationnement, et s'arrêtent les copies suivantes, qui reprennent le texte après les souscriptions.

A. Original, L 226, n° 11. — B. Copie de 1209, LL 1351, fol. 5'-7, avec note : « Visum et collatum fuit presens diploma ad suum autographum, e quo bulla plumbea, olim adpendens, cecidit ». — C. Copie du xve siècle, LL 1352, fol. 4-5, non collationnée. — D. Copie du xvie s., LL 1353, fol. 5-6. — D. Copie du xviie s., LL 1354, fol. 36.

Edit. a. Marrier, *Monasterii S. M. de Campis historia*, p. 169 (extrait).
b. Robert de Lasteyrie, *Cartulaire général de Paris*, t. I, p. 257, n° 258.

Ind. Jaffé-Wattenbach, *Regesta Pontificum Romanorum*, t. I, p. 867, n° 7723.

216. — *Eudes, sous-prieur de St-Martin, assiste avec l'évêque de Paris Etienne et le comte Raoul de Vermandois, à la confirmation donnée par le roi Louis à une libéralité de Lucienne de Montlhéry-Rochefort au prieuré de Longpont* [Extrait].

(1137)

Luciana, soror Hugonis de Creciaco (85), dedit Deo et *Sancte Marie de Longoponte* et monachis ejusdem loci, totam partem terre

---

85. M. Marion a proposé de fixer la donation de Lucienne à l'année 1140. Elle est antérieure à cette date. Il y est en effet question de Manassé de Tournan, premier mari de Béatrice de Rochefort, sœur de Lucienne (Cf. t. I, p. 292). Or Béatrice, devenue veuve, était en 1143 remariée à Dreux, sire de Pierrefonds, dont elle avait déjà trois enfants. D'autre part, Lucienne agit ici comme « dame

sue quam habebat apud *Agglias* (86) et *Buxiacum* (87), cum redditibus suis. Quod donum Ludovicus, *rex Francorum*, quia ex ejus feodo erat, laudavit, et concessit eisdem monachis et perpetuo confirmavit possidendum, videntibus et audientibus istis : Stephano, *Parisiensi episcopo*, Odone *suppriore Sancti Martini de Campis*, Hugone de Creciaco, Arnulfo monacho, Radulfo comite, Manasse de Turnomio, qui hoc idem ibidem concessit. Item, idem Manasses et Beatrix, uxor ejus, apud *Creciacum* prefatum donum laudaverunt et sepedictis monachis concesserunt atque in manu Johannis *prioris* (88) per quandam portiunculam ligni miserunt, ut ex parte eorum super altare Sancte Marie poneret — —

A. Original perdu. — *B.* Copie de 1153, ms. lat. 9968, n° 292.
Édit. [Marion], *Cartulaire du prieuré de Longpont*, p. 236.

216 *bis.* — Louis VI donne à St-Martin-des-Champs, pour y fonder son anniversaire, la dîme de Marles (89) qu'il avait acquise de Thibaud de Moret (90).

(Peu avant le 1ᵉʳ août 1137)

---

de soi » sans l'autorisation d'un époux ; la charte se place donc après la mort de Guichard III de Beaujeu (1137) qui avait accepté pour femme la fiancée rebutée de Louis VI, et qui, sur la fin de sa vie, se fit moine à Cluny. Nous proposons de fixer à cette même année 1137 la date de cet acte ; le roi dont le concours fut demandé serait Louis le Gros lui-même. — Hugues de Crécy mourut un 31 juillet (Nécrologes de St-Denis et de St-Martin-des-Champs, dans Molinier, *Obit. de la prov. de Sens*, I, 320, 452). Ce fut en 1147, d'après les diptyques funèbres de St-Martin (son obit précède celui de l'abbé Serlon de Beauvais, 25 septembre 1147). Il s'était fait moine à Saint-Denis après le meurtre de son parent Milon de Bray en 1118 (Luchaire, *Annales de la vie de Louis VI*, n° 246).

86. Egly, ca. Arpajon, ar. Corbeil.
87. Boissy-sous-Saint-Yon, ca. Dourdan-nord, ar. Rambouillet.
88. D'après la chronologie de M. Marion, le prieur Jean Iᵉʳ s'intercale entre Landri (1136) et Macaire (1141). Pierre Iᵉʳ était indubitablement prieur de Longpont en 1142.
89. Marles, ca. Rozoy-en-Brie, ar. Coulommiers, à peu de distance de Tournan, Pontault, Berchères où St-Martin-des-Champs possédait des églises et des dîmes (de préférence à Mériel, ca. l'Isle-Adam, ar. Pontoise, identification proposée par Luchaire).
90. Moret, ar. Fontainebleau (Seine-et-Marne). — La donation revêt un caractère testamentaire : elle fut peut-être verbale, en tous cas les préoccupations qu'elle indique la rapprochent des derniers moments de Louis le Gros.

Ind. a. Diplôme de Louis VII (1137), n° **235**. — *b.* Luchaire, *Annales de la vie de Louis VI*, n° 622, p. 270 ; *Actes de Louis VII*, n° 16.

217. — *Thibaud II, prieur de St-Martin, cède à Robert I, abbé de Corbie, pour une rente d'un marc d'argent, poids hustin, les autels de Bonnay et de Courcelles et l'église de Wahagnies, dont Gui de Wahagnies s'est dessaisi à Cluny, entre les mains du Pape, qui en a investi le Prieur.*

(Saint-Martin-des-Champs, 1ᵉʳ janvier *ou* 10 avril — 2 août 1132)

Notum fieri volumus tam p. q. f. quod ego frater Teobaldus prior *Sti Martini de Campis*, consilio fratrum nostrorum et assensu capituli nostri, ecclesiam de *Vuanneio* cum appendiciis suis, altare vid. de *Bonaio* et altare de *Curcellis*, a venerabili patre nostro Warino Dei gratia *Ambianensi episcopo*, nobis concessam, et a Widone de Wanneio qui eam possederat, apud *Cluniacum* in manu Apostolica libere refutatam, nobis ab ipso Apostolico libere redditam, et in perpetuo habendam mansuro privilegio confirmatam, *Corbeiensi abbati* Rotberto et ecclesie cui, Deo auctore, presidebat, perpetuo possidendam concessimus ; tali videlicet conditione ut in Nativitate Sti Johannis Baptiste apud *Sanctum Martinum de Campis*, singulis succedentibus annis, ecclesie nostre marcam puri argenti et hustini ponderis persolvant. Quod si neglexerint, statutum est, prefato abbate diligenter annuente, ut infra xv dies reddant constitutam marcam argenti cum lege x sol. parisiacensium. Quod si iterum neglexerint, prefata ecclesia de *Wanneio*, cum omnibus que ad eam pertinent, ad nostram proprietatem redibit. Hoc etiam decretum est, ut nunquam ibi monachi desint, qui Deo serviant. Ego autem, frater Rotbertus, *Corbeiensis abbas*, hanc conventionem per omnia, sicut definita est, communi assensu capituli nostri, concessi, ac sigilli nostri impressione firmavi.

Hujus conventionis testes sunt ex parte Sti Martini : Odo custos ordinis, Ricardus armarius, Albericus Fulco qui hanc cartam scripsit, Wido sacrista, Almaricus camerarius, Manasses, Ricardus,

Radulfus, Acardus, Odo, subdiaconi, et cum his totus conventus ejusdem monasterii. Adfuerunt etiam clerici : Girardus, Rainaldus, Daniel frater ejus. Adfuerunt etiam laici : Germundus, Herluinus Filius-matris-sue, Petrus custos hospicii, Odo faber, Jordanus, Albertus de *Ancto*, Warnerius de *Ancto*. Item fuerunt ex parte abbatis *Corbeiensis* : INGRANO subprior, JOHANNES sacrista, GODEFRIDUS capellanus, JOHANNES camerarius, JOHANNES cellerarius, Nicholaus, Goszuinus, Adam, Radulfus. Item de clericis : SIMON archidiaconus, Hugo, Walbertus, Rorgo, Herbertus. Item de laicis : Wibertus, Radulfus, HUGO prepositus, Walterius, Lambertus, Winemannus.

A. Orig. S 1333, n° 8. Sceaux à légende détruite en partie. — B. Copie de 1138, *Liber Testamentorum*, fol. 93. — C. Copie de 1209, LL 1351, fol. 80, collationnée et complétée sur A. En marge de la charte se trouve cette devise tirée des Psaumes : « Veritas de terra orta est, et justitia de celo prospexit. THEOBALDUS ». — D. Copie du xv° siècle, LL 1352, fol. 87. — E. Copie du xvi° s., LL 1353, fol. 105. — F. Le Cartulaire de Corbie (copie du xvii° siècle de la main de Dom Estiennot, ms. lat. 17142, fol. 316) contient un texte de la même pièce reproduit sans modifications jusqu'à : « AMALRICUS camerarius » ; les noms des cinq sous-diacres qui suivent sont remplacés par la mention : « et alii ». Les cinq noms qui suivent « Herluinus Filius-matris-sue », sont remplacés par : « et alii » ; il en est de même pour les deux noms qui suivent « Goszuinus » et pour les trois noms qui suivent « Hugo prepositus ». L'acte se termine par la mention suivante :

« Actum est hoc anno ab Incarnatione Domini 1132, indict. 5, anno vero unctionis domni LUDOVICI regis vigesimo quarto, LUDOVICI quoque junioris primo. »

Les années de Louis VI sont comptées du 2 août 1108 et celles de Louis VII de son premier sacre, le 25 octobre 1131.

Ind. a. Gallia christiana nova (X, 1275), dans la biographie de Robert I, abbé de Corbie ; « Robertus ex monacho Sti Dionysii Parisiensis, agente Sugerio abbate, Corbeiensibus praefectus est anno 1123. — Huic Drogo, Corbeiae castellanus, dedit anno 1135 ecclesiam de Guagniaco, et Innocentius II bullam concessit, qua confirmat donatas a Warino, Ambianensi episcopo, et Theobaldo, priore Sti Martini a Campis, ecclesias de Vanneio. » (Voir n° **210**.)

VIII.

Donations à Saint-Martin non suivies d'effet sous le règne de Louis VI

218. — *Hyon le Blanc, châtelain de La Ferté-Milon, étant à Lagny dans la chambre de l'abbé Geofroi, en présence de Geofroi II, évêque de Chartres, et de Thibaud IV, comte de Blois, donne avec le consentement de ce dernier, à St-Martin-des-Champs tout ce qu'il possède au Vivier et approuve toutes les conventions que les chanoines résidant au Vivier pourront faire avec les moines de St-Martin.*

(1116 — 1123)

Notum [sit] omnibus hominibus tam p. q. f. quod HIIO ALBUS DE FIRMITATE (91) dedit monachis *Sti Martini de Campis* quicquid

---

91. Il ne saurait y avoir le moindre doute sur la lecture « Hiio ». Elle est du reste confirmée par la mention comme témoin d'une charte donnée entre 1079 et 1085 (Cf. tome I, p. 50, n° **25**) de « Helo nepos Helonis de Firmitate ». L'historien du Valois, Carlier, a supposé sans fondement que l'institution d'un châtelain à la Ferté-Milon remonterait seulement au départ de Hugues de Crépy pour la Terre-Sainte en 1102 (*Hist. du duché de Valois*, III, 368). Il reconnaît lui-même que dès 1096 se rencontre la souscription d'un « Hugo Albus » sur une charte de Hugues de Pierrefonds, évêque de Soissons. La forme « Hugo » qu'a revêtue le nom de ces châtelains vers la fin du règne de Louis VI, provient d'une mutation de *Hyon* en *Huon* ou *Huyon*, suite d'une confusion qui n'est point un phénomène rare en onomastique. — Le château de la Ferté-sur-Ourcq (ou en Orceois) possédait les reliques de saint Voulgis qui y furent, dit-on, placées par son fondateur Milon, au VIII° ou peut-être au début du IX° siècle (*Acta Sanctorum Octobris*, I, 193). Mais l'église du pays, dédiée à saint Vaast, était soumise aux chanoines de Ste-Geneviève de Paris (Cf. *Cartulaire ms. de Ste-Geneviève,*

in villa que *Vivarium* (92) nuncupatur [habebat]. Hoc vero donum concessit T. *Blesensis comes*, de cujus feodo erat, priori ecclesie Sti Martini, apud *Latiniacum* in camera G. abbatis. Si autem cano-

---

fol. 239), qui avaient pour lieu de refuge Marisy, bourg fortifié par Aimyaud, comte de Meaux au IX° siècle (Cf. Carlier, III, 197). Le châtelain Thion de la Ferté (*Theudo de Firmitate que appellatur Urc*) renonça, sous Henri I", aux coutumes qu'il avait injustement établies sur Marisy (Ibid. Pièces justif., n° 1. — Tardif, *Monuments hist.*, n° 280). Cet acte est antérieur à 1047 (*Gallia*, VII, 705).

En 1086 « Hugo de Firmitate Milonis » est témoin d'un acte d'Aimon de Crépy en faveur de Saint-Quentin de Beauvais (Coll. Moreau, XXXIV, 189). Le titre suivant prouve qu'il fut aussi seigneur de Braisne : « Notum sit t. f. q. p. quod MANASSES, *Suessorum episcopus*, altare de villa que vocatur *Lostria*, post mortem HUGONIS clerici, qui illud in personatico habuerat, reddidit *ecclesie Sancti Johannis* ad canonicos regulares integre et perpetuo habendum, poscente hoc et imperante domno HUGONE ALBO, *domino Branensi*, optimo principe, et circa amorem prefate ecclesie laudabiliter fervente, tempore domni PETRI ejusdem loci reverendi abbatis... » (Arch. de la mense abbatiale de St-Jean-des-Vignes, copie de D. Grenier, Coll. Moreau, XLII, 128-129, avec la date : « vers l'an 1106 »). — Pierre I", abbé de St-Jean (élu après 1089), disciple de saint Bruno, paraît dans la charte de l'évêque Manassé, confirmant la donation de la chapelle de Saint-Vougis dans le château de La Ferté-Milon en 1100 ; il mourut un 5 mai, entre 1108 et 1121 (*Gallia christiana*, IX, 457). D. Grenier identifie *Lostria* avec *Loatre*, *Louâtre*, cant. de Villers-Cotterets (Matton, *Dict. topogr. de l'Aisne*, p. 458).

En 1096 « Hugo Albus » souscrit, le premier d'entre les laïcs, une charte de Hugues, évêque de Soissons (Poupardin, *Rec. des chartes de St-Germain-des-Prés*, I, 115).

Lisiard, évêque de Soissons, relate, dans un acte de 1110, que « Hugo Albus dominus de Firmitate Milonis et Helvidia uxor ejus, assensu filii sui Guillelmi et uxoris ejus Sybille, capellam Sancti Vulgisi in eodem castro sitam, liberam... Petro abbati Sancti Johannis de Vineis... reddiderunt. » (Carlier, III, Pièces justif., n° 9). — Ce donateur est bien identique à l'auteur de la cession du Vivier à St-Martin-des-Champs, puis à l'ordre de Prémontré. « Hugo Albus » fut témoin d'une charte de St-Arnoul de Crépy en 1106 (Coll. Moreau, XLII, 126) et d'une donation d'Aubri d'Oulchy, à N.-D. de Nanteuil en 1121 (Du Plessis, *Hist. de l'église de Meaux*, t. II, Pièces justificatives, n° xxxv, p. 23).

92. L'église du Vivier est comprise, dans une bulle du pape Honoré II, du 17 février 1127, parmi les possessions de l'ordre de Prémontré ; la communauté dont elle était le siège prit la dénomination plus élégante de *Vallis serena* (Valsery) sous laquelle elle est connue (commune de Cœuvres, ca. Vic-sur-Aisne, ar. Soissons). La *Gallia christiana* (IX, 485) aussi bien que l'historien de la congrégation, Hugo d'Etival, a ignoré la pièce que nous publions ici. L'abbé Hugo, dans les *Annales ordinis Praemonstratensis*, reproduit une concession de Lisiard, évêque de Soissons, portant que « Hugo Albus » de la Ferté-Milon, sa femme « Helvidis » (Avoie) et leur fils, à la prière de Norbert, donnèrent à l'abbé Henri et à ses frères l'église du Vivier, par les mains du prélat. Mais l'acte est douteux. A la date de 1121 qu'il porte, l'ordre de Prémontré n'existait

nici supradicte ville Vivarii vellent eisdem monachis dare, vel aliqua conditione concedere et dimittere, hoc quod ibi habent, concessit similiter T. comes, ibidem audiente GALFREDO *Carnotensi episcopo* et G. *Latiniacensi abbate* (93).

A. Original perdu. — B. Copie du xiie siècle, *Liber Testamentorum*, fol. 80. — C. Copie de 1209, LL 1351, fol. 105, non collationnée.

219. — *Adèle, comtesse de Vermandois, son mari Renaud II de Clermont et son fils Raoul, notifient à l'évêque de Laon, Barthélemi, la donation à Cluny de l'abbaye de Bucilly pour être unie à St-Martin-des-Champs.*

(27 novembre 1119 — 18 novembre 1120)

B(ARTHOLOMEO), Dei gratia *Laudunensium* venerabili *episcopo* (94), A(DELA), *Viromandorum comitissa*, ejusque maritus R(EGI-

---

pas encore. La vie primitive de Norbert, éditée par l'abbé d'Etival en 1704, dit qu'il fut consacré en 1126, à son retour de Rome, abbé pour l'église du Vivier ; l'institut de Prémontré fut approuvé par le Pape le 28 juin 1126. Il dut y avoir entre le prieur Mathieu 1er qui se trouvait à Rome cette même année, et le fondateur de la nouvelle congrégation, saint Norbert, un échange secret de promesses qui fit passer Le Vivier, et comme nous allons le voir, Bucilly aux mains des Prémontrés, moyennant des compensations convenues. Notre charte prouve, en tout cas, qu'il y avait au Vivier des chanoines dès 1123.

93. L'évêque et l'abbé sont homonymes. Geofroi, abbé de Lagny après Arnoul qui vivait encore en 1105, est cité de 1107 à 1122 ; il mourut le 5 avril 1123 ou peut-être 1124 ; en cette dernière année paraît son successeur Raoul II (*Gallia*, VII, 495). Comme Ives de Chartres, prédécesseur de l'évêque Geofroi II, mourut le 23 décembre 1115, la notice se place entre 1116 et 1123.

94. Bucilly, ca. Hirson, ar. Vervins, « village de la Thiérache sur la rive droite du Thon, entre Vervins et Aubenton » d'après D. Grenier (*Coll. de Picardie*, vol. 196, p. 176), est nommé *Boccileium* dans les actes de saint Foran (*Acta SS. Aprilis*, III, 816, n° 5). Barthélemi de Jeux (et non de Vir), évêque de Laon, sacré en 1113, se démit de sa charge pour devenir moine de Cîteaux en 1151. — Cette charte est de beaucoup postérieure à la mort de Hugues le Grand, comte de Vermandois, premier mari d'Adèle et père de Raoul de Péronne (18 octobre 1101). D'ailleurs la donation de Bucilly n'est pas relatée dans la bulle de Calixte II en 1119. Elle se place donc entre le 27 novembre 1119, date de cette bulle, et le 18 novembre 1120, date funèbre d'Adèle. Veuve de Hugues le Grand, Adèle s'était remariée à Renaud II, comte de Clermont (*Art de vérifier les Dates*, t. II, pp. 697, 706).

NALDUS), necnon et filius R(ADULFUS), salutem. Pastoralem vos habere sollicitudinem ac studium meliorationis, ad ecclesias vestre diocesis, cognovimus et approbamus. Hac nos intentione ducti, et amore propagande religionis provocati, abbatiam juris nostri que dicitur *Buciliacus* (94), quam ad religionis statum reparari desideramus, liberam et absolutam in manu vestra ponimus, ut cam cenobio *Cluniacensi*, ad *locum Sti Martini de Campis* specialiter pertinendam, rata et inviolabili donatione tradatis, quatinus sub proprio jure Sti Martini de Campis redigatur, et a Priore et fratribus ejusdem loci, monachorum illic congregatio regulariter disponatur. Valete.

A. Original perdu. — *B*. Copie de 1129, *Liber Testamentorum*, fol. 90'. *Edit. a*. Mabillon, *Annales ordinis Sancti Benedicti*, t. III, p. 473. — *b. Gallia christiana nova*, t. IX, col. 688, d'après *a*.

220-222. — *Documents concernant l'abbaye de Bucilly, antérieurement à la donation faite à St-Martin-des-Champs, et constatant l'inexistence d'une communauté organisée et l'administration des biens par l'évêque et les avoués séculiers.*

(1113 — 1120)

220. — *Barthélemi, évêque de Laon, délimite les droits de deux avoués de Bucilly, Roger de Pierrepont, fils d'Enguerran, et Marc, seigneur de Vesles, et signale les difficultés sociales du temps.*

(1113)

In nomine sancte et individue Trinitatis, amen. Ne res digne relatu temporis curriculo depereant, et a memoria decidant, scripto retinente posteros certificare prisca Patrum consuevit sagacitas. Eapropter ego BARTHOLOMEUS, Dei gratia *Laudunensium episcopus*, notum fieri volumus tam futuris quam presentibus, quod INGOBRANDUS, *dominus de Petroponte*, advocatiam hominum *Sancti Petri Buciliensis* ecclesie, in territorio de *Petroponte* manentium, non satis rationabiliter aliquandiu tenuit, quam nullus predecessorum suorum antea tenuerat. Sed (110) post eum ROGERO, filio ejus, denominate, permissu nostro et curie nostre consilio, ipsa *Buciliensis ecclesie* eandem advocatiam concessit, tum propter ipsorum indignam rusticorum repugnationem, tum propter nobilium circummanentium nimiam erga eos feritatem. Ita tamen quod ipse advocatus non prosequetur eos extra territorium de *Petroponte*. Et quod alodium de *Cuiriex* a pie memorie ELBERTO, *Viromandensi comite* (95), predicte ecclesie fundatore, eidem ecclesie liberaliter collatum fuerat, hanc preter advocatum ecclesia detinuit in eodem alodio et habuit dignitatem, omnes legitimos redditus, bannum, sanguinem et justiciam, terram et nemus incolis ad excolendum distribuere. Et sicut libertatem habet et habuit distribuendi, sic, succedente tempore, seu per elemosinam, seu per redemptionem vel etiam forisfactum, habuit recipiendi. Advocato vero, dum advocabitur dumtaxat, concessit tertiam partem de commisso de aliquo sibi resistente. Preterea, si quid incole, sine ulla reclamatione ad ecclesiam facta, de suo vellent ei dare, sine offensa ecclesie

---

95. Dans une notice sur l'origine du *comte Eilbert*, fondateur de *Waulsort* (tir. à part des *Annales du Congrès archéologique de Liège*, 1909) nous avons fait remarquer que la plupart des données de l'*Historia Walciodorensis* sur sa généalogie pouvaient se contrôler et se justifier par des documents de sources diverses étrangers au milieu où vivait l'auteur de cette chronique. Eilbert, l'*Ybert de Ribémont* des chansons de geste, est un personnage parfaitement authentique et de haut lignage : il a bien exercé les fonctions de comte, ce que démontre une charte de Richeud (Richilde) veuve de l'empereur Charles le Chauve, pour l'abbaye de Gorze. Les sources de l'histoire de Saint-Michel-en-Thiérache, qu'il fonda aussi, s'accordent à lui reconnaitre ce titre, et les détails fournis par la charte recognitive de l'évêque Barthélemi confirment sa qualité de comte de Vermandois. On lui connait par l'*Historia Walciodorensis* — qui lui attribue bien la fondation de Bucilly — une maitresse, Marcene abbesse d'Origny, et deux femmes, Hersende et Ermentrude, compagnes de son âge mûr et de sa vieillesse. L'acte publié ici lui donne une autre épouse légitime, Gertrude, qui fut nécessairement la première. Le texte précis de notre document ne laisse aucun doute sur l'identité d'Eilbert et coupe court à toute tentation de le confondre avec un membre de la maison de Senlis-Vermand tel que Herbert II ou Aubert Ier. — Cf. *Gallia christiana nova*, IX, 687 ; d'Achery, *Spicilegium* (in-4°), VII, 522.

poterit accipere. Advocatus nichilominus concessit ecclesie omnem vicinitatem terre sue, wionagium, theloneum et pasturas; et si quid etiam de feodo suo rationabiliter ulterius acquirere posset. Mesi (97) etiam quos rustici diu injuste reclamaverant, tam curie nostre consilio quam multorum nobilium judicio, rei veritate subtiliter examinata coram nobis adjudicati sunt ecclesie. MARCO quoque, *domino* DE VEELE, sicut et predecessoribus suis fecerat, permisit ecclesia accipere corveias ab incolis de *Cuiriex*, eo quod tam curtis ecclesie sita ad *Cuiriex* quam homines ejusdem ville omnem vicinitatem et pasturas haberent in territorio de *Veele*. Ut autem hujus pagine tenor perpetuum illibatumque vigorem obtineat, sigilli nostri impressione et testium subscriptione roborari dignum duximus et in eos qui perturbare presumpserint, nisi resipuerint et ad condignam satisfactionem venerint, anathematis sententiam promulgamus.

Signum domni BARTHOLOMEI episcopi, qui hoc scriptum fieri jussit. S. GUIDONIS decani et archidiaconi. S. RADULFI archidiaconi. S. BLIARDI cantoris. S. ROBERTI, decani *Sancti Johannis*. S. GAUFRIDI cantoris. S. CLARENBALDI DE ROSEITO (111). S. EILBERTI vicedomini. S. NICHOLAI castellani (98). S. BLIARDI DE ERCRI. S. MARCI DE VEELE. S. ODONIS DE ABBATIA (96). S. BARTHOLOMEI DE BOUMONT. S. ROGERI DE BOLONIA. Actum apud *Laudunum*, anno Incarnati Verbi M° C° XIII°. Ego RADULPHUS cancellarius *Sancte Marie Laudunensis ecclesie* relegi et subscripsi.

A. Original perdu. — B. Copie du XIII° siècle, *Cartulaire de Bucilly*, Bibl. Nationale, ms. lat. 10121, fol. IX.

96. Cuirieux, Vesles, ca. Marle, ar. Laon (Cf. la charte n° **221** *infra*). — Erquery, ca. Clermont (Oise). — L'Abbaye, com. Bucilly. — Boulogne-la-Grasse, ca. Ressons-sur-Metz, ar. Compiègne.

97. Les chartes du Soissonnais opposent à la tenure à meix (*ad mesum*), la tenure à cens (*ad censum*). Sur ce terme, cf. Ducange, édit. Herschel, IV, 386.

98. Ybert II, vidame de Laon, avait épousé depuis peu la veuve de son devancier Adon II tué le 25 avril 1112 dans l'émeute des Communiers où périt l'évêque Gaudri. — Le châtelain Nicolas venait de succéder à son père Guinemar III, qui fut aussi l'une des victimes de cette commotion populaire.

221. — *Barthélemi, évêque de Laon, fait relire et transcrire une charte du comte Eilbert de Vermandois (Ybert de Ribémont) et de sa femme Gertrude, qui ayant fondé l'église du Vieux Bucilly sur leur propre alleu, la dotèrent d'un grand nombre de domaines allodiaux.*

(1120)

Ego Bartholomeus, Dei gratia *Laudunensium episcopus*. Quia, seculo senescente, cuncta simul deficiunt, ita ut etiam scripta, que ad servandam hominum memoriam fieri solent (*a*), nimia vetustate solvantur, necessitate compulsi sumus ecclesiis nobis a Deo commissis (*b*), quas in exordio episcopatus nostri ex magna parte destructas repperimus, in hoc prudenter et fideliter subvenire, et eorum privilegia, fere consumpta et attrita, renovari et nostro munimine confirmari faceremus. Eapropter notum fieri volumus t. f. q. p. quod, inter aliarum ecclesiarum privilegia, etiam *Buccelliensis ecclesie* antiqua privilegia que, ob sui vetustatem pene deperierant, in conspectu generalis synodi precepimus afferri et rescribi, rescripta sigillo nostro firmari, firmata coram personis astantibus recitari. Inter autem privilegia unum erat vetustissimum, sub nomine Elberti, *Viromandensis comitis*, ejusdem *Bucellensis ecclesie* fundatoris conscriptum ; quod, propter auctoritatem ejusdem fundatoris, diligentius audiri, et ipsius continentiam presenti scripto fecimus inseri (98). Ipse quippe comes, ob remedium anime sue et predecessorum suorum, instinctu nobilissime uxoris sue Gertrudis (95), fundavit (*c*) ecclesiam de *Veteri Buciliaco* in alodio suo in honore beati Petri, apostolorum principis, et sanctimoniales ibi ad serviendum Deo constituit ; et que subscripta sunt, sicut in eodem privilegio reperta sunt, libere eidem ecclesie contulit : Totum alodium suum de *Buciliaco* cum appendiciis suis (74). Alodium de (*d*) *Harcignis* (99). Alodium de

---

99. Harcigny, ca. Vervins.

Effris (100). Alodium de *Perveriis* (101). Alodium de *Leheris* (102), de *Angoriis* et (e) de *Lentis* (103), cum legitimis redditibus eorumdem alodiorum, scilicet censibus, terragiis, silvagiis, banno, justicia et sanguine, et aliis justis consuetudinibus. Medietatem silve que dicitur de *Communione*. Medietatem totius territorii de *Martigniaco* (104). Molendinum super *Ysaram* (e), apud *Novas Domos* (105). Sed quia predicta alodia ex magna parte nemorosa erant et infructifera (106) ut non sufficere possent ad victum habitantium, in *Buciliensi ecclesia* prefatus comes, ad supplementum annone et vini, contulit eidem ecclesiæ territorium totius ville de *Cairues* cum redditu ejus (96) et quartam partem *Hermondiville* (107) quæ nimirum antea fuerant *ecclesiæ Sancti Quentini Viromandensis* (108) ; sed ipse comes pro redemptione dedit eidem ecclesiæ crucem auream gemmis insignitam ; que crux ad memo-

---

100. Effry, ca. Hirson, ar. Vervins. — « Effry, Curieux et Harcigny ressortent de l'abbaye. » (Note de C., fol. 422).

101. « L'abbaye de Bucilly a le domaine du terroir de Pervierez en Thiérache, mais le patronage appartient à celle de St-Michel, et les habitants sont de la paroisse de Wimy, d'après un accord de 1193. » (Coll. D. Grenier, vol. 196, p. 177, d'après le Cartulaire de St-Michel en Thiérache, ms. lat. 18375, fol. 55).

102. Lierres, ca. Norrent-Fontes, ar. Béthune.

103. Angres, ca. Lens. — Lens, ar. Béthune.

Par un acte qu'on croit être de 1116-1117, l'église de Bucilly (*ecclesia Sancti Petri Bucellensis que tunc temporis erat*) s'engage à rendre à celle de St-Michel en Thiérache, autre fondation d'Eilbert, un trécens pour la dîme et les autres droits que St-Michel avait dans le territoire des paroisses « de Leheris, de Angoriis et de Lenti ». (*Coll. de Picardie*, vol. 196, p. 177, d'après le *Cartulaire de St-Michel*, fol. 53).

104. Martigny, ca. Aubenton, ar. Vervins (Aisne).

105. Neuve-Maison, ca. Hirson, ar. Vervins. — Hirson est transcrit « Yrechon » dans la charte **223**.

106. Cette situation ne se conçoit que pour les localités de l'Artois qui, au début du Xe siècle, ayant particulièrement souffert des incursions normandes, avaient pu voir leur territoire revenir plus ou moins à l'état sylvestre.

107. Hermonville, ca. Fismes, ar. Reims.

108. L'échange que le comte Eilbert fit accepter au chapitre de St-Quentin, de ces deux propriétés contre une croix d'or enrichie de gemmes, montre bien qu'il exerça la tutelle durant la minorité de son frère de mère, beaucoup plus jeune, Herbert II de Vermandois, fils d'Herbert Ier, comte et abbé de St-Quentin, et de Berthe, veuve du comte Ebroïn. L'abbaye était unie au comté et le demeura jusqu'à l'institution d'une réforme.

riam hujus facti, usque hodie dicitur « *crux Buciliensis* ». Servos etiam et ancillas quos in predictis locis seu villis idem comes habebat, libere donavit prefatae Buciliensi ecclesie, nullo sibi vel posteris suis dominatu seu jure retento ; et tam eos quam ecclesiam in omni loco dominationis sue ab omni tributo, vuionagio et theloneo (*g*) liberos reddidit. Insuper etiam ad augmentum tenere plantacionis sue, quicquid ulterius de feodo (*h*) suo rationabiliter acquirere posset, eadem ecclesie gratanter annuit, ipsamque ecclesiam sub custodia sua et successorum suorum materiali gladio defendendam ut capellam propriam detinuit (*i*). Nos igitur, eandem ecclesiam paterno affectu diligentes et priorum benefacta, sicut digna memoria celebrantur, pie et fideliter amplectentes, omnia hec que prescripta sunt, libere et quiete ipsi ecclesie imperpetuum possidenda, pontificali auctoritate confirmamus. Si qua ergo ecclesiastica vel secularis persona (*k*) contra hanc paginam venire et prefatam ecclesiam super his temere inquietare presumpserit, secundo terciove commonita, si non resipuerit et ad condignam satisfactionem venerit, anathemati subjaceat. Ut autem hec permaneant, et illibatum et perpetuum robur obtineant, et sigilli nostri impressione, et testium subscriptione communiri fecimus.

Signum domni Ba[r]tholomei episcopi qui hoc scriptum fieri jussit.

S. etc. (*l*).

Actum *Lauduni*, in generali synodo, et confirmatum, anno Incarnati Verbi M° C° XX°.

(*a*) C possent. — (*b*) C nostris commissis a Deo. — (*c*) C fundaverat. — *d* (C) Itercignys. — (*e*) Angoriis et Delentis. — (*e*) C supra Izaram. — (*f*) C infructuosa et — (*g*) C seu theloneo. — (*h*) C a feodo. — (*i*) C detinuit. — (*k*) C place ici un « etc. » remplaçant toute la fin de l'alinéa supprimée. — (*l*) Toutes les copies portent cet « etc. ».

A. Original perdu. — B. Copie du xiiie s., *Cartulaire de Bucilly*, ms. l. 10121, fol. 1-2. — C. Copie du xviiie s., faite pour Hugo d'Etival, *Monumenta ordinis Præmonstratensis*, Bibl. munic. de Nancy, ms. 992⁴, fol. 421-422.

222. — *Barthélemi, évêque de Laon, fait relire en présence de Thomas I*er*, seigneur de La Fère, un privilège de son père Enguerran I*er *exemptant des droits de guidonnage et de pontonnage sur ses terres de Marle et de La Fère, l'abbaye de Bucilly.*

(1120)

In nomine sancte et individue Trinitatis — — ego Bartholomeus, Dei gratia *Laudunensium episcopus*, universis quos oportet scire notum facimus quod privilegium Engelranni, domini de *Fara*, in curia nostra, presente Thoma, ejusdem successore, allatum et relectum fuerit, eo quod plus cera quam littera deficeret, cujus hec erat continentia : « Ego Engelrannus, dominus de *Fara* (109), ob anime mee et predecessorum meorum remedium, libere in perpetuum concedo ecclesie *Buciliensi*, per totam terram meam de *Marla* et de *Fara*, cum voluerit transire, et quicquid placuerit absque wionagio, pontonagio et ulla penitus exactione, ducere et reducere. » Thomas autem, cum non ignoraret predictam ecclesiam admodum pauperem, non solum donum patris laudavit, sed, ut munimine nostro et auctoritate renovaretur, expetiit. Insuper etiam omnem terre sue vicinitatem et aisentias contulit, et, si quid de feodo suo ulterius rationabiliter adquirere posset, annuit. Verum, quia nostrum est nobilium benefacta approbare, approbata pontificali auctoritate roborare, et testes subscribi, et sigillo nostro precepimus muniri. Signum Guidonis decani et archidiaconi. S. Radulphi archidiaconi. S. Blihardi cantoris. S. Thome domini de *Marla*, qui hoc scriptum renovari fecit. S. Rogeri, *domini* de Pe-

---

109. Enguerran Ier, de la maison de Boves-Coucy, ne prenant dans cette charte que les titres de seigneur de La Fère et de Marle, et non celui de comte d'Amiens, qu'il acquit en 1085 et transmit en mourant à Thomas Ier, en 1115, l'acte en faveur de Bucilly doit remonter à 1080 environ. Thomas Ier fut dépouillé d'Amiens par Louis VI en 1117, mais conserva ses autres seigneuries. Sur sa biographie, cf. notre étude : *Les Comtes de Beaumont-sur-Oise et le prieuré de Conflans-Sainte-Honorine*, tir. à part (augmenté d'appendices) du *Bulletin de la Commission des Antiquités et des Arts de Seine-et-Oise* en 1911, pp. 28-30, 245.

TRAPONTIS (110). Et ceterorum. Actum *Lauduni*, in curia nostra, anno Incarnati Verbi M° centesimo XX°. Ego RADULPHUS cancellarius *Sancte Marie Laudunensis* relegi, scripsi et subscripsi.

A. Original perdu. — B. Copie du XIIIᵉ s., *Cartulaire de Bucilly*, ms. l. 10121, fol. IX-X.

223. — *Barthélemi, évêque de Laon, fait avec Clérembaud de Rozoy une convention concernant Bucilly, alors occupé par une congrégation de femmes* (Extrait).

(1135)

Ego BARTHOLOMEUS Dei gratia Sancti *Laudunensis ecclesie minister* indignus. Quia in domo Israel, divina opitulante clementia, gradu et officio preminentes, dispensatoris vice fungimus, licet omnibus in comune fidelibus pastoralia impertiri suffragia debeamus, *congregationibus* tamen *sanctimonialium* (112), devotam Domino servitutem exhibentium, precipuam compassionis ac supportationis vicem debere profitemur — — notum igitur fieri volumus tam posteris quam modernis quia, cum CLAREMBALDUS DE ROSETO ecclesie Sancti Petri de *Buceiliaco* decem libras bone monete, tempore nostro, injuriose abstulisset, tandem, nostra ammonitione Deique respectu compunctus, factique penitens, pro hiis que predicto abstulerat monasterio, in ablatorum restauratione, de suis aliqua impertiri disposuit — — Erat ipsi consuetudo quod,

---

110. Roger de Pierrepont, fils d'Enguerran, lui avait succédé dès 1113 (n° **219**).

111. Clérembaud de Rozoy et sa femme Elisabeth firent une donation pieuse en 1142, conjointement avec Henri II comte de Grandpré et sa femme, sœur de l'évêque Barthélemi de Laon (Archives des Ardennes, II 73).

112. Il y eut à Bucilly pendant quelque temps une abbaye de femmes. Une abbesse du nom de Livoie (*Ledvidis*) est commémorée au nécrologe de Saint-Remi de Reims. Hugo d'Etival (*Annales ordinis Præmonstratensis*, t. I, p. 334) le relate. Barthélemi de Jeux donna Bucilly aux fils de saint Norbert pour y substituer aux nonnes des prêtres obéissant à la règle de leur fondateur, et desservant les nombreuses paroisses dépendant de l'abbaye.

in crastino Natalis Domini, apud *Bucciliacum* xii panes de ecclesia, vel sex de oblatis, cum sex etiam cervisie sextariis, vel tribus vini, sex frusta carnis accipiebat, que predicto cenobio imperpetuum habenda remisit — — S. Widonis archidiaconi. Et ceterorum. Actum *Lauduni* anno Incarnati Verbi M° C° XXX° quinto.

A. Original perdu. — *B*. Copie du xiii° s., ms. l. 10121, fol. xxxiii.

224. — *Barthélemi, évêque de Laon, confirme à l'abbé Percy le monastère de Bucilly, pour y instituer une communauté de l'ordre de Prémontré; il énumère les privilèges et les possessions de cette abbaye* (Extrait).

(1148)

Ego Bartholomeus Dei gratia, *Laudunensium* episcopus (113). Quoniam sine vero cultu religionis nec caritatis unitas potest subsistere, nec Deo gratum exiberi servicium, expedit ecclesiastice dignitati religiosas personas diligere et religiosa loca pastoralis auctoritatis munimine confovere — — Eapropter, dilecte in Domino fili Persice abbas, tuis justis peticionibus annuentes, *ecclesiam Sancti Petri de Buciliaco* cui, auctore Deo, preesse dinosceris, ubi prius moniales fuerant, secundum tenorem ordinis *Premonstratensis*, sub Beati Augustini regula confirmamus, tibique, posterisque tuis, episcopali auctoritate firmantes perpetuo concedimus ut, a sacerdotibus canonice professionis tueque posterorumque tuorum subjectionis, boni testimonii viris, altaria propria ecclesie nostre dyocesis, salvo tamen jure pontificali, procurari facias (112). Preterea statuimus quascumque possessiones, quecumque loca prefata ecclesia in presentiarum juste et canonice possidet — — firma tibi et tuis successoribus et illibata permaneant. In quibus

---

113. Nous reproduisons la partie essentielle de cette charte, bien qu'elle ait un intérêt accessoire pour notre sujet, parce qu'elle éclaire l'importance considérable du don que la comtesse Adèle voulait faire au prieuré de St-Martin-des-Champs, et dont bénéficièrent les Prémontrés.

hec propriis duximus exprimenda vocabulis : Ipsam videlicet ecclesiam de *Bucillis* (94). Ecclesiam de *Effreis* (100). Ecclesiam de (a) *Cuirues* (96). Ecclesiam de *Harcennies* (99), cum villis et omnibus legitimis redditibus earumdem villarum. Que nimirum ville lege et consuetudine *Buciliensis ville* tractantur, et judicio *majoris Buciliensis*, seniorum et saniorum Buciliensium. Si de jure ecclesie dissenserint, in camera abbatis apud *Bucil.* judicabuntur. Altare de (b) *Novis Domibus* (105) cum tota decima et dote. Alodium quod dedit Ado de (c) Yrechon (105) in quo sibi nichil juris detinuit, nisi terciam partem de commisso quando ut advocatus advocabitur. Dimidium territorii quod dicitur *de Communione*, cum tota decima tocius territorii. Altare de *Perueries* (101) cum tota decima, totoque territorio et omnibus legitimis redditibus ejus. Altare de *Ohies* (114) cum dote. Altare de (d) *Buires* (114) cum dote, et terram quam dedit Fulco Levrinus. De *Leheries* (102) territorium et decimam. Similiter de (e) *Angozis* et de *Lentis* (103). Altare de *Espersi* cum dote. Altare de (f) *Gerci* (114) cum dote et appenditiis suis. Altare de *Martigniaco* (104) et medietatem totius ville, totiusque territorii et medietatem omnium legitimorum reddituum, absque casa ecclesie. Molendinum de *Fossa*. Alodium de *Luinies*. Apud *Anie* — quosdam campos et quedam prata. Apud *Bulbinies* — quosdam campos, silvas et prata. De territorio de *Blici* quartam partem tam in decima quam in terragio ceterisque redditibus. — In ecclesia Sancti Michaelis modium avene. *Voiane* — pratum unum et unam terre carrucatam. Apud *Froimont* quosdam campos qui cognomine dicuntur *prati S. Petri* cum silva.

---

114. Ohis, Buivre, Eparcy, ca. Hirson, ar. Vervins; Gercy, ca. Vervins. Ces autels ne proviennent pas de la dotation d'Eilbert.

115. Cette rente d'une quantité de cire valant une obole, imposée à toutes les paroisses des deux doyennés de la Thiérache, ayant été confirmée par les évêques Auberon, Lierri et Elinand, prouve que l'abbaye de Bucilly eut une existence bien reconnue au cours du X⁰ et du XI⁰ siècle : durant cette période elle était indépendante des évêques de Laon ; ceux-ci n'auraient pas eu à renouveler ses privilèges sur certaines de leurs ouailles s'ils l'avaient directement administrée.

Apud *Agicourt* quosdam campos. Altare de *Lusoir* cum dote. Apud *Novas Domos* (105) molendinum super *Ysaram*. Ab unaquaque domo de duabus decaniis que sunt in *Terrasia*, obolatam cere, ecclesie singulis annis persolvendam, quam pie memorie predecessores nostri ADALBERON, LEOTERICUS et ELINANDUS eidem ecclesie confirmaverunt. De *Albunies* totam decimam et terciam partem de terragio.

Ut autem hec rata et inconvulsa permaneant, proprii sigilli impressione et testium subscriptione roborari precepimus.

Signum domni BARTHOLOMEI episcopi qui hoc scriptum fieri jussit. S. GALTERI decani. S. HUGONIS abbatis *Premonstratensis*. Et ceterorum. Actum *Lauduni* sollempniter, anno Dominice Incarnationis M° C° XLVIII°.

(*a*) Cuiralt *C*. — (*b*) Domimusa *C*. — (*c*) Trabehan *C*. — (*d*) Buiri *C*. — (*e*) Angozies *C*. — (*f*) Geni *B C*.

A. Original perdu. — *B*. Copie du xiiie siècle, *Cartulaire de Bucilly*, ms. l. 10121, fol. 2-3. — *C*. Copie du xviiie s., Bibliothèque de Nancy, ms. 994⁴, fol. 423.

Edit. Hugo (d'Étival), *Annales ordinis Præmonstratensis*, t. I, p. 334, d'après *C*.

IX.

Diplômes supposés ou suspects de Louis VI concernant Saint-Martin-des-Champs (1119-1128)

225. — *Diplôme de Louis VI plaçant sous la sauvegarde et la tutelle des rois de France l'abbaye de Cluny et quarante-quatre de ses filiales, en premier lieu le prieuré de St-Martin-des-Champs; les forteresses, châteaux et ouvrages militaires qu'il conviendra de faire pour la défense du royaume seront tenus dans la main de la Couronne de France* (Faux de la fin du XIIIe siècle) (a).

(Orléans, 1er janvier ou 30 mars — 3 août 1119).

In nomine sancte et individue Trinitatis. Amen. Ego Ludovicus, Dei gratia *Francorum rex*. Notum fieri volumus cunctis fidelibus t. p. q. f., quod nos, pro salute nostra et stabilitate regni nostri, ad preces archiepiscoporum, episcoporum et principum regni nostri, *monasterium Cluniacense*, nobilius membrum nostri regni, cum omnibus prioratibus, possessionibus et pertinentiis in regno nostro constitutis, in nostra et successorum nostrorum regum Francie defensione, garda et tutela recipimus. Et quia certum est quod singuli prioratus ad abbatem et monasterium Cluniacense pertinentes per abbates Cluniacenses acquisiti sunt et eis dati ad suam et

---

(a) Malgré le caractère criant de fausseté que présente ce document, nous le reproduisons, ainsi que l'a fait M. Bruel, en raison de son importance, notamment quant à l'état d'esprit qui régnait au temps de Philippe le Bel. On y sent la mainmise de l'État substituant son patronage et sa tutelle sur les établissements monastiques à la protection qu'aux siècles précédents les congrégations cherchaient auprès des Papes.

monachorum suorum et pauperum Christi sustentationem, et quod a fundatione ordinis Cluniacensis est observatum quod abbas Cluniacensis prioratus suos committit regendos et custodiendos, sicut rem suam propriam, cuicumque voluerit de suis monachis, sine aliqua distinctione, electione vel certe persone requisitione vel nominatione, et eosdem removet quando sibi bonum videtur et utile ; ideo, ad tanti gregis Dominici unitatem sub potestate et dominio et obedientia abbatis et monasterii Cluniacensis regendam perpetuo, ad requisitionem abbatis et conventus Cluniacensis, et ad preces priorum et monachorum prioratuum Cluniacensium, nomina prioratuum in quibus abbas Cluniacensis habet et exercet supradicta ad suam voluntatem, presentibus litteris inseri fecimus. Sunt autem hec nomina, videlicet : prioratus Beate Marie de Karitate supra Legerim, quem Gauffridus, Autissiodorensis episcopus, et Guillelmus comes Nivernensis, et Barnardus de Ch[a]ilant et alii fideles nostri regni, ad quos locus ille de Caritate, cum villa et pertinentiis suis omnibus in spiritualibus et temporalibus totaliter pertinebat, Hugoni abbati et monasterio Cluniacensi et eorum successoribus dederunt et concesserunt, absque ulla retentione per se vel et monachos suos professos omni tempore habendum, tenendum et possidendum ; *prioratus Sancti Martini de Campis Parisiensis* ; et alii prioratus qui sequuntur, videlicet de Lehuno, de Montedesiderio, de Abbatisvilla, de Crispeyo, de Nantolio, de Autolio, de Grandicampo, de Sancta Margareta, de Consiaco, de Gaia, de Vandopera, de Turribus super Maternam, de Sancto Theobaldo, de Sancta Margareta, de Floriaco, de Vergeio, de Troaldo, de Magombrio, de Longo ponte, de Nongento, de Gacicuria, de Peuvers, de Ponte-monachorum, de Prato juxta Donziacum, de Sancto Stephano Nivernensi, de Sancto Salvatore Nivernensi, de Sancto Reveriano, de Luperciaco, de Borbonio, de Paredo, de Amberta, de Carololoco, de Marcigniaco quem Hugo, abbas Cluniacensis, fundavit in patrimonio suo, de Re[u]milliaco, de Wasto, de Bugisent, de Domna petra, de Silviniaco, de Rivis, de Celsiniis, de Volta, de Sancto Floro, de Portu sancti Saturnini prioratus.

Statuimus insuper et concedimus et promittimus quod nos et successores nostri reges Francie tenemur abbates qui pro tempore fuerunt et eorum successores et monasterium Cluniacense et prioratus predictos manutenere, deffendere et custodire sicut res proprias, et ipsi abbati et monasterio Cluniacensi garentire cum omnibus bonis et rebus suis in regno nostro positis, vim et violentiam removere, dampna et injurias, a quocumque inferantur, facere emendari promittimus et tenemur, pro nobis et successoribus nostris *regibus Francie*, quotiens nos vel successores nostri reges Francie per abbatem et conventum Cluniacenses fuerimus requisiti. Fortalicia (*a*) autem, castra et munitiones, propter necessitates et defensiones Corone regni Francie (*b*) publice faciendas, in manu Corone Francie habebimus, abbate et conventu Cluniacensibus prius requisitis; predicta autem aliquo casu extra manum et Coronam regni Francie non poterunt ad aliquam aliam personam aliquo modo transferri sive pervenire.

Astantibus in palatio nostro hiis quorum subtitulata sunt nomina, facta sunt hec : videlicet Guillelmo dapifero, Gisleberto buticulario, Hugone constabulario, Guidone camerario (*c*).

Ut autem hec memorie traderentur, scripto commendavimus, et sigilli nostri impressione, ne a posteris infirmari posset vel infringi, corroboravimus.

Actum publice *Aurelianis*, anno Incarnati Verbi millesimo centesimo nono decimo, regni notri undecimo. S. Guillelmi, dapiferi nostri. S. Gisleberti, buticularii. S. Hugonis, constabularii. S. Guidonis, camerarii.

Data per manum Stephani cancellarii.

(*a*) Ce mot était en usage, d'après le glossaire de Ducange, de 1226 à 1312 (t. III, p. 375).
(*b*) Il n'y a pas un exemple de cette locution dans le glossaire de Ducange.
(*c*) Pour remarquer le caractère insolite de cette rédaction, il suffit de la comparer à la formule stéréotypée des précédents diplômes de Louis VI qui ne comporte aucune répétition superflue.

B. Prétendu vidimus du 1er décembre 1294, Nouv. acq. lat. 2274, n° 2. Édit. intégralement et fidèlement par Bruel, *Chartes de Cluny*, V,

5.

296, n° 3942, avec l'indication des principales copies et reproductions de seconde main et la note suivante : « Avant la Révolution, cet acte ne se trouvait plus en original à Cluny, mais il était vidimé en plusieurs diplômes royaux (Coll. Moreau, vol. 283, fol. 197), et entre autres, dans un diplôme de saint Louis donné à Mâcon, au mois d'avril 1270, et vidimé lui-même dans un diplôme de Philippe le Bel, donné à Vincennes au mois d'octobre 1294. C'est sur ce dernier, ayant encore le sceau royal, que Lambert de Barive a pris la copie de la Coll. Moreau (vol. 212, fol. 225).

226. — *Lettres patentes de Louis VI en faveur de l'abbaye de St-Denis, par lesquelles il interdit notamment d'élever des constructions contre le gré des moines, dans l'espace qui sépare leur bourg de l'église St-Laurent, près du pont de St-Martin-des-Champs.* (Faux du xiiie siècle.)

(Paris, 12 mars — 3 août 1122)

In nomine Patris et Filii et Spiritus Sancti, Amen. Regiæ dignitatis et officii est, Deum per quem reges regnant, ut Regem regum timere — — Ego igitur Ludovicus, Dei gratia *rex Francorum*... notum facio præsentibus et posteris quoniam præsentiam nostram adiit Suggerius venerabilis pastor et abbas ecclesiæ beatissimorum Dionysii, Rustici et Eleutherii, humiliter et devote implorans ut pro remedio animæ meæ, conjugis et prolis, et salute prædecessorum meorum, quasdam exactiones et consuetudines opprimentes quas in burgo Sti Dionysii antiquitus obtinueram, a prætaxata villa et ejusdem pertinentiis penitus extirparem et tam ea quæ tempore administrationis ejus, quam ea quæ tempore antecessoris ejus, Deo inspirante, beatis Martyribus contulimus, auctoritatis nostræ præcepto, in præsentia Archiepiscoporum, Episcoporum, et regni nostri Optimatum confirmaremus. Hujus itaque justæ petitioni et piæ devotioni, spe supernæ remunerationis et amore Beati Dionysii gloriosi patroni nostri et cæterorum quos eadem fides et passio confederavit, pie, prout dignum erat, assensum præbuimus, et subscriptas consuetudinum exactiones, quod et in tempore antecessoris ejus, Nos jam fecisse meminimus, omnino in perpetuum condonantes relaxamus, ne videlicet servientes nostri ullatenus exigant, ut annuatim solebant, in præscripto burgo, tempore vindemiarum, in foro piscem, fructum, circellos, conchas et salem et, in pistrino monachorum, panes. — — Et quoniam ipsa eadem ecclesia a tempore Dagoberti... fundatoris... in castro suo per septem septimanas, a festivitate B. Dionysii usque ad festum B. Andreæ hanc habet consuetudinem quam vulgo pedagicum sive pulveraticum vocant, per reliquum anni hanc consuetudinem in consuetis locis superaddidimus, ita ut de reda (id est quarreta) duos nummos, de equo 1, de asino unum obolum, a commeantibus mercatoribus deinceps persolvenda, nostra liberalitate, abbas et fratres ejusdem loci obtineant, exceptis hominibus *Vulcassini* et *comitis Bellimontis*, et pertinentibus ad *castrum Montmorenciaci*. Præterea mansiones quas, quorumdam ministerialium nostrorum suggestione et consultu, a *loco Indicti* usque Parisius facere disposueramus, prædicti abbatis precibus imperpetuum fieri, Nostræ Majestatis auctoritate, prohibuimus et prohibemus. Quoniam exinde magnum detrimentum et molestiam gloriosorum martyrum ecclesiæ posteris temporibus accidere posse providimus, interdicimus itaque regiæ Majestatis auctoritate et prohibemus, ne qua mansio vel inhabitatio a prædicto burgo usque ad *ecclesiam Sancti Laurentii*, quæ sita est prope *pontem Sancti Martini de Campis*, et ex altera parte *stratæ regiæ* ab eadem *villa Sti Dionysii* usque ad alium *pontem prope Parisium* juxta *domum Leprosam*, versus etiam *Sequanam* ab eadem *villa Sti Dionysii* usque ad *Montem Martyrum*, a quoquam deinceps fiat, nisi ad jus dictorum martyrum pertineat, excepto *Clypiaco* quod ex antiquo ad fiscum regium pertinere dinoscitur; ex altera etiam parte ab eadem *villa Sancti Dionysii* usque ad regiam stratam quæ ducit ad *Luperam*. Has, et omnes alias quas in eadem villa habebamus consuetudines, sicut Beato Dionysio in tempore antecessoris ejus, sic et in tempore hujus, confirmamus et reformamus — — (*a*).

Actum *Parisiis* publice, anno Incarnati Verbi 1122, regni nostri 14, Adelaydis reginæ 7. Astantibus in palatio nostro quorum nomina subtitulata sunt et signa : Signum Stephani dapiferi.

Signum Gisleberti buticularii. Signum Hugonis constabularii (*b*).
Data per manum Stephani cancellarii.

(*a*) Le reste du diplôme concerne la concession : dans le *bourg St-Denis* de « quinque mansiones Judæorum cum familiis suis propriorum servorum ecclesiæ » ; — de l'église de *Cergy* avec la ferme (*curiam et curiæ domos*), et la voirie ; l'abandon d'un muid de vin et douze deniers de rente à *Rueil* ; de droits royaux à *Beynes*.
(*b*) La mention du chambrier est omise.

B. Vidimus du xiii° siècle, K 22 n° 1 (Extrait). — C. Copie du xiii° s., *Cartulaire blanc de St-Denis*, LL 1157, fol. 48. — D. Copie du xiv° s., ms. lat. 5415, fol. 111.
Edit. *a* : Doublet, *Antiq. de St-Denis*, p. 851. — *b*. Bréquigny, *Ordonnances des rois de France*, t. XI, 181-183, d'après *a*. — *c*. R. de Lasteyrie, *Cartulaire général de Paris*, t. I, p. 214, n° 193, d'après B.
Ind. Luchaire, *Louis VI*, n° 315, p. 145.

227. — *Louis VI, à la sollicitation du prieur Eudes Ier, accorde aux hommes de St-Martin le privilège de ne pouvoir être pris, sauf le cas de flagrant délit, par la justice royale ; si le roi ou ses hommes ont quelque débat avec eux, il sera porté devant la justice du prieur ; les hommes de St-Martin ne pourront être appelés à aucun service militaire, si ce n'est de leur bon vouloir et sous l'agrément du prieur. Le roi amortit par avance tout ce que ses vassaux pourront donner au monastère* (Acte suspect).

(1er janvier *ou* 22 avril — 10 mai 1128)

In nomine sancte et individue Trinitatis, ego Ludovicus, Dei misericordia in regem Francorum sublimatus, notum fieri volo cunctis fidelibus tam futuris quam et instantibus, quod pro peccatorum nostrorum remissione, Deo et ecclesie *Bti Martini de Campis*, digna et humili peticione domni Odonis, honestissimi prioris ejusdem loci, et fratrum ibi Deo servientium, in perpetuum concedimus quod Nos, vel heredes nostri, nunquam Bti Martini homines vel hospites capiemus, nisi in presenti forefacto fuerint deprehensi, et si Nos, vel homines nostri, querelam adversus eos aliquam habuerimus, in curiam Beati Martini ibimus et justiciam per manum prioris et monachorum inde suscipiemus. Concedimus etiam quod Beati Martini homines nunquam in expeditionem vel equitatum ex consuetudine, nisi ex amore solummodo et pace et voluntate, et licentia prioris, ibunt. Preterea quicquid de feodo meo eis datum est, vel in futurum poterunt, largiente Domino, adipisci, illis jure perpetuo concedimus et confirmamus. Quod ne valeat oblivione deleri, scripto commendavimus, et ne possit a posteris infirmari, sigilli nostri auctoritate et nominis nostri karactere subterfirmavimus.

Actum *Parisius*, anno Incarnati Verbi M⁰ C⁰ XXVIII⁰, regni nostri xx⁰ (*a*). Astantibus in palatio nostro quorum nomina substitulata sunt et signa. S. Ludovici buticularii. S. Hugonis constabularii. S. Alberici camerarii. Dapifero nullo (*b*). Algri(nus) notarius relegendo subscripsi (*c*).

(*a*) La fin du diplôme est omise dans C et les copies faites d'après lui. — (*b*) L'absence de la souscription du chancelier montre, dit Luchaire, que le diplôme fut donné pendant la vacance de la chancellerie qui suivit la chute d'Étienne de Garlande et précéda la nomination de Simon, c'est-à-dire avant le 10 mai. — (*c*) L'insertion de ce diplôme dans une partie ancienne du *Liber Testamentorum* où ne figure aucun document du règne de Louis VII, impressionne de prime abord en sa faveur. Mais il est au moins surprenant que l'original d'un acte si précieux ne se soit pas conservé et qu'on n'en ait pas pris de vidimus. On y trouve des privilèges exceptionnels, qu'aucune considération préalable ne justifie. Cette absence du préambule est étrange. Puis l'exonération complète des charges militaires est contredite par les restrictions énoncées dans un diplôme qui, d'après la remarque de Luchaire, est postérieur en date; dans le n° **188** (t. I, p. 302 du *Recueil*), Louis VI réserve expressément le service d'ost et de chevauchée que lui doivent les hommes de St-Martin résidant à Pontoise.

A. Original (?) perdu. — B. Copie du xii⁰ siècle, *Liber Testamentorum*, fol. 77. — C. Copie de 1209, LL 1351, fol. 21', non collationnée à l'original. — D. Copie du xv⁰ siècle, LL 1352, fol. 21.

Edit. *a.* Marrier, *Monasterii S. M. de C. historia*, pp. 25, 165. — *b.* Robert de Lasteyrie, *Cartul. gén. de Paris*, t. I, p. 234, n° 222.

Ind. Luchaire, *Annales de la vie de Louis VI*, p. 190, n° 409.

X

Actes concernant les fondations anglaises dépendant de Saint-Martin sous Henry Ier (1108-1135)

228. — *Guillaume Giffard, évêque de Winchester, donne, pour l'âme de Raoul de Tosny, sa terre sise au marché de Londres, qu'il avait eue de l'évêque Eudes de Bayeux.*

(11 août 1107 — 24 mai 1108)

De terra que est in foro Lundonie (a).

Notum sit cunctis Ecclesie fidelibus t. f. q. p. quod ego WILLELMUS GIFARZ, *Guintoniensis episcopus* (116), pro salute anime mee et anime RADULFI DE TUINO, do terram meam que est in *foro Londonie* quam habebam de ODONE, *Baiocensi episcopo* (117) ecclesie *Sancti Martini de Campis*, ita ut ejusdem ecclesie Prior eam, cum suis redditibus, sic libere possideat in perpetuum, ad opus fratrum

---

116. Élu en 1100, mais consacré seulement le 11 août 1107, Guillaume Giffard mourut le 25 janvier 1129 (Gams, *Series episcoporum*). La charte reproduite ici est postérieure à sa consécration, puisqu'il a cessé d'employer la formule d'attente : « electus episcopus » ; sa date est très voisine de celle que porte la pièce suivante. D'après l'ordre suivi pour l'énumération des possessions du Prieuré des Champs en Angleterre, dans la bulle de Calixte II en 1119, celle-ci est la première qu'il ait acquise.

Raoul III de Tosny, seigneur de Conches, descendait en ligne directe de Malahule, oncle paternel de Rollon (Guill. de Jumièges, VII, 2). Il épousa Adelize fille de Waldhof, comte de Huntingdon.

117. Eudes Ier, évêque de Bayeux, l'un des personnages qui figurent dans la célèbre tapisserie, frère utérin de Guillaume-le-Conquérant, issu du mariage d'Arlette avec Helloin de Conteville, mourut en 1097. C'est lui qui donna à Guillaume Giffard l'emplacement concédé par celui-ci à St-Martin-des-Champs.

in predicta ecclesia Deo famulantium, sicut ego unquam liberius illam possedi. Hujus rei testes sunt : Hannicus archidiaconus, Grimaldus medicus, Gualterus presbiter, Ricardus presbiter, Godefridus de Andeleio, Jordanus de Salchavilla (118), cum fratribus suis Willelmo et Roberto ; Ricardus de Ricardivilla (118), Rogerius de Sancto Laurentio, Ricardus de Herbertivilla (119).

(*a*) Mention contemporaine, au verso de l'original.

A. Orig. L 875, n° 36 (Traces de sceau). — *B*. Copie du xii° s., LL 1351, fol. 87', non collationnée. — *C*. Copie du xvi° s., LL 1353, fol. 103'.

Edit. *a*. Marrier, *Monasterii S. M. de Campis historia*, p. 421. — *b*. Dugdale, *Monasticon Anglicanum*, new edition by Caley and others, 1825, t. V, p. 200, note.

229. — *Le roi Henry I*ᵉʳ *d'Angleterre mande à l'archevêque de Cantorbéry, Anselme, à l'évêque de Londres, Maurice, aux barons français et anglais, qu'il a concédé à St-Pierre de Cluny et à St-Martin-des-Champs, neuf manses de terre dans la grand' rue de Londres, qu'avait données à Guillaume Giffard l'évêque Eudes de Bayeux.*

[Londres], 24 mai 1108)

Henricus *rex Anglorum* A[nselmo] *archiepiscopo* Cantuarie (120) et Mauricio *episcopo* Lundonie, et Hugoni de Bochelanda et omnibus baronibus Francis et Anglis Lund(onie), salutem. Sciatis me concessisse *Sto Petro de* Cluniaco *et Sto Martino de Campis* novem mansiones terre in Lundonia, quas Odo, *episcopus Baiocensis*, dedit Willelmo Giffardo, que sunt in magno vico Lund(onensi) in per-

---

118. Sauqueville, ca. Offranville, et Ricarville-du-Val, ca. Envermeu, ar. Dieppe.

119. Herbouville, com. de Royville, ca. Bacqueville, ar. Dieppe.

120. Saint Anselme de Bec, sacré archevêque de Canterbury le 5 décembre 1093, mourut le 21 avril 1109. Maurice, évêque de Londres depuis 1085, décéda le 24 septembre 1108.

petuum possidendas; et volo et firmiter precipio ut ita bene et honorifice et quiete teneant sicut WILLELMUS GIFFARDUS, *episcopus Wintonie*, eas melius et honorabilius et quietius tenuit; et ita habeant sacam et socam, et toll et team, et infangenteof, et omnes alias consuetudines suas, sicuti predictus WILLELMUS melius et honorabilius habuit.

† Signum Regis HENRICI.

† Signum Regine MATHILDIS. II (*a*).

† Signum WILLELMI GIFFARDI *episcopi Wint(onie)*.

† Signum EUDONIS dapiferi.

† Signum ROBERTI BLOET *episcopi Linc(olnensis)*.

† Signum ROG(ERII) BIGOD.

† Signum ROG(ERII) *episcopi Seriberie* (121).

† WILLELMI DE WERELWAST.

† (Sans indication).

(*a*) Marrier a ajouté ici le chiffre II qui figurait sans doute sur une copie pour distinguer la seconde reine Maud (Mathilde) fille de Malcolm III d'Écosse et femme de Henri Ier, de sa belle-mère homonyme, femme de Guillaume le Conquérant.

A. Orig. avec croix autographes, K 21, n° 1⁴.

Edit. a. Marrier, *Monasterii S. M. de C. historia*, p. 421. — *b.* Tardif, *Mon. hist.*, n° 337, p. 199 (avec date de 1108). — *c.* Dugdale, *Monasticon Anglicanum*, new edit., t. V, p. 200, note.

230. — *Juhel de Totnes mande à Guillaume Ier, évêque d'Exeter, qu'il a constitué à Barnstaple un prieuré de Clunisiens dépendant*

---

121. Guillaume Giffard fut consacré évêque de Winchester, et Guillaume de Warelwast évêque d'Exeter, le 11 août 1107. Robert Bloet était évêque de Lincoln depuis 1093 et Roger, de Salisbury, depuis le 13 avril 1103. C'est l'évêque de Lincoln qui disparut le premier d'eux tous, le 9 janvier 1123 (Gams, *Series episcoporum*). — La comparaison de ces diverses dates avec celles indiquées plus haut donne comme limites à la date de l'acte le 11 août 1107 et le 26 septembre 1108. Il n'est pas douteux que les signatures de tous ces prélats n'aient été apposées lors du Concile de Londres, qui se tint à la Cour de la Pentecôte, le 24 mai 1108 (*Art de vérifier les Dates*, I, 185).

de St-Martin-des-Champs, dans lequel il veut se retirer pour y vivre sous l'habit de saint Benoît. Ayant fait vœu de doter l'église de la Madeleine située hors des murs de son château de Barnstaple, il lui affecte diverses propriétés, notamment l'église de Tawestock, et transfère ce bénéfice aux moines par les mains du prélat diocésain.

(1108 — 1117)

In nomine sancte et individue Trinitatis. Incipit carta JOHELIS (a) filii ALVREDI (122). Reverentissimo (b) patri et domino WILLELMO,

---

122. Après la conquête, Guillaume le Bâtard confia le château de Totnes à un chevalier que le *Domesday Book* appelle « Judhel de Totenais » et dont le nom très breton de Juhel est ici transformé, par une allusion intentionnelle à sa future vocation religieuse, en celui d'un prophète hébreu. Ainsi en fut-il pour Joël, abbé de la Couture au Mans, son contemporain. Juhel appela des moines de St-Serge d'Angers pour desservir l'église de Totnes, comme le montre une notice reproduite par George Oliver (*Monasticon diœcesis Exoniensis*, p. 217). Ce document nous apprend qu'à la mort de son père (1087), Guillaume le Roux bannit Juhel et gratifia de ses biens confisqués Roger de Nonant (ca. Bayeux, Calvados, ou peut-être Nonant-le-Pin, ar. Argentan, Orne). Roger, ayant d'abord molesté les moines angevins, se réconcilia avec eux ; l'abbé de St-Serge, Achard (1082-27 mars 1093, cf. *Gallia*, XIV, 646), profita d'un voyage de Guillaume le Roux en Normandie, accompagné de Roger, pour obtenir que la fondation de Juhel fût consolidée : «... Juhellus filius Alvredi dedit Deo et sanctis martyribus Sergio et Bacho — — ecclesiam Sancte Marie de Totencio — — et decimam maneriorum suorum. — — Fecit hanc elemosinam pro Willielmo rege Anglorum de quo illum honorem habebat — — Fecit etiam hoc donum pro semetipso et pro animabus antecessorum suorum... et fratris sui Rotberti — — Mortuo autem Willielmo rege filius ejus Wilielmus successit in regnum, et Juhello de Totenesio expulso, hereditatem ejus Rogerio de Nonant donavit. Qui Rogerius in primis monachis mala plurima intulit, sed postea, interventu ipsius regis, Sancto Sergio sicut Juhellus in eisdem verbis omnia concessit et a monachis viginti libras illius monete accepit et uxor ejus dimidiam marcam auri. Contigit autem ut idem rex in Normanniam veniret et cum eo iste Rogerius. Domnus vero abbas Achardus regem adiens, ut concessionem suam confirmaret ipso Rogerio interveniente rogavit. Rex vero beneficium loci suppliciter petiit, et illud accipiens a domno abbate, sigillum suum gaudens et ampliora promittens donavit. Hujus rei testes sunt comes Hugo et Rotbertus filius Aimonis. »

La supplique de Juhel adressée à un prélat qui fut consacré le 11 août 1107, démontre clairement que le successeur de Guillaume II rendit la faveur royale à l'ancien châtelain de Totnes et lui confia la défense de Barnstaple en le gratifiant de nombreux fiefs aux alentours. Le vœu accompli par Juhel fut apparemment fait durant sa disgrâce.

Exoniensi episcopo (123), et universis sancte matris Ecclesie filiis ad quos presens scriptum pervenerit, Johel (*a*) filius Alvredi salutem in Domino. Cum nos omnes a Xristo vocemur Xristiani, et (*c*) Salvatoris sequi debeamus vestigia, illos quos Xristus, ob seculi contemptum et religionis sue meritum, filios specialiter vocat, pia devotione venerari convenit, et eorum sancto proposito devote prestare subsidium. Ea propter (*d*) universitati vestre notum fieri volo me, pro salute anime mee et patris et matris mee et omnium parentum et amicorum meorum, constituisse quandam obedienciam *monachorum Cluniacensium* apud *Barnestaple* (124), ad honorem Dei et Domini nostri Ihesu Xristi, sancteque Marie et sanctorum apostolorum Petri et Pauli et sancte Marie Magd[alene], et ipsam obedienciam ecclesie *Sancti Petri de Cluniaco* et *ecclesie Sancti Martini de Campis* subdidisse, ad quam divina providente clementia devotus confugiam, habitum monastice religionis suscepturus ; ibidemque, onere carnis deposito, et anima ad Conditoris sui gloriam suspirante, misericordiam ipsius fiducialiter prestolabor. Et quia ex voto teneor *ecclesie Sancte Marie Magd[alene] extra castellum meum* fundatæ tantum beneficii conferre unde sacer monachorum conventus constitui et sustentari possit (*a*), ad sustentacionem ipsorum quasdam particulas terre mee donavi eis, scilicet : *Pillonam* cum bosco et marisco, et *Pillandam*, utrasque liberas et quietas, cum omnibus appendiciis suis, sicut unquam eas liberius et quietius habui et tenui. Donavi etiam eis molendinum de *Barnestaple* (*f*) liberum et quietum cum moltura tocius ville et castelli, ita quod burgenses ad aliud molendinum, molendino monachorum

---

123. Guillaume de Warelwast, qui mourut le 25 janvier 1129, fut le premier évêque d'Exeter qui ait porté ce prénom. Les lettres de Juhel sont donc postérieures au 11 août 1107, jour de sa consécration. Mais Calixte II, en 1119, confirme à St-Martin « in Anglia apud Lundoniam terram censualem... apud castrum Barnastabale, ecclesiam... » De l'ordre suivi dans ces énonciations, il se déduit que la seconde libéralité fut faite après le 24 mai 1108, date où fut confirmée la donation d'un terrain à Haymarket.

124. Barnestaple, situé sur la côte nord du Devon, au fond d'une baie qui reçoit les eaux du Taw, vit, à l'ombre de son château, s'élever une ville commerçante, qui eut de bonne heure une commune, ainsi que le prouvent des

integro existente, molere non poterunt. Et totam terram extra muros que est inter *portam de North* et *portam de Yest*, simul cum fosso usque ad contiguam viam. Et totam aquam, prout terra eorum extenditur. Et totum tractum piscium ipsius aque, tam in terra ipsorum quam in terra mea proxima : ipsis quoque monachis exclusam piscarie in terra mea firmare licebit, in quantum terra eorum extenditur ex altera parte aque. Insuper autem eis concessi omnes terras suas, et homines, possessiones et elemosinas quas habent, vel in posterum jure ac legaliter adquirere poterunt infra fines tocius terre mee et feudi mei, habeant et teneant solutas, liberas et quietas ab omnibus exactionibus, hund[redis], placitis, querelis, et omni servitio et opere servili, et omnibus consuetudinibus que excogitari poterunt. Si quid vero forefacti vel querele inter homines eorum quacumque occasione inciderit, monachi plenarie de qualibet causa curiam suam et justitiam habeant propriam et emendationem. Et quia hec predicta pred. fratrum sustentationi minime sufficere estimavi, divini amoris instinctu, totam *ecclesiam de Barnestaple* (*f*) cum omnibus pertinenciis suis, capellis, decimis, obventionibus, et omnimodis fructibus, et cum *capella* (*g*) *Sancti Salvii* (125) et oblationibus suis (*h*), et totam ecclesiam *Tavistochi* et totum jus advocationis illius ecclesie, cum omnibus ad eam pertinentibus, liberam et quietam ab omni seculari servitio et exactione. Et (*i*) per manus venerabilis Willelmi, *Exoniensis episcopi*, cujus consilio et assensu prefatam obedientiam constitui, hec predicta (*j*) in proprios usus suos habenda et in perpetuum ele-

---

chartes qu'on trouvera plus loin et de nombreux textes des *Close rolls* (Cf. D. Guilloreau, *Les prieurés anglais de l'ordre de Cluny*, dans la *Revue Mabillon*, 8ᵉ année, n° 29, 1912, p. 20). Marrier (*Monasterii Sancti Martini a Campis historia*, p. 404) consacre un chapitre au « Prioratus Beatæ Mariæ Magdalenæ de Barnastapola, Exoniensis diœcesis, ubi debent esse, Priore computato, sex monachi ».

125. Le texte de B porte « capella Sancti Sabini ». — Les *Close rolls* nous fournissent deux formes usitées aux xɪvᵉ et xvᵉ siècles : « capella Sancti Salphini » le 29 mai 1400 (Henry IV, 1399-1401, p. 296) et « capella Sancti Saphini » en 1408 (Henri VI, 1408-1413, pp. 24, 49). C'était la chapelle castrale de Barnstaple. Une autre était dédiée à saint Thomas.

mosinam possidenda (*k*) super altare Sancte Marie Magdalene devote obtuli per hoc scriptum. Contuli etiam eisdem monachis duas partes decime de dominio meo de *Fremington* (*l*), et totam decimam piscium. Hec autem omnia sepedictis monachis (*m*) contuli, sicut dominus fundi melius, plenius et liberius donare potest. Et ne aliquis ex heredibus meis, vel quilibet alius indevotus hanc donationem meam revocare, vel in aliquo perturbare possit in posterum, ipsam presenti scripto sigilli mei impressione signato roboravi. Hiis (*n*) testibus : Ascelino archidiacono, Osberto capellano episcopi, Herveo capellano episcopi, Ailrico (*o*) decano, Godwino *sacerdote Exonie*, Willelmo de Framigton (*p*), Willelmo de Raelega (*q*), Willelmo de Cuvert, Alvredo filio Nigelli, Radulfo de Cruna, Alvredo de Zoignies, Malgero de Sancto Albino, Walterio de Sancto Albino, Rogerio Poeir (*r*).

(*a*) Joelis, Joel *a. b.* — (*b*) reverendo *b*. — (*c*) « illius ut Salvatoris » *b*. — (*d*) « Eapropter ego Johel filius Alvredi » *b*. — (*e*) poterit *b*. — (*f*) Bardestaple *b*. — (*g*) Sancti Sabini *b*. — (*h*)-(*i*) Tout le passage compris entre ces deux points est omis par *b*. — (*j*) Ces deux mots ont disparu en *b*, et plus loin « habenda » et « possidenda » deviennent « habendam » et « possidendam ». — (*k*)-(*l*) Le passage compris entre ces deux points est remplacé par « donavi. Et duas partes decimæ de Ferminglun » en *b*. — (*m*)-(*n*) Au texte séparé par ces deux notes *b* substitue celui-ci : « donavi et jure proprietatis transactavi, ita quod in eos nec michi, nec alicui ex hæredibus meis aliquid violentæ potestatis exercere licebit, nisi tantummodo contra adversantium molestias defensionis auxilium. Et ne aliquis indevotus contra hanc meam donationis paginam diabolica inspiratione ire præsumat vel aliquam inferat molestiam, ipsam sigilli mei impressione corroboravi, coram hiis... » — (*o*) Ailtrio *b*. — (*p*) « de Framtton in armata manu » *b*. — (*q*) Raalega *b*. — (*r*) Poier *a*. Porer *b c*. — Les mots « Nos autem, etc. » qui suivent le texte dans l'édition *b* appartiennent à la formule finale de l'*inspeximus* ou vidimus *B*.

A. Original L 875, n° 34. — *B*. Copie figurée, du xiii° siècle, L 875, non cotée. — *C*. Vidimus (*Inspeximus*) d'Edward II, Nottingham, 25 décembre 1316. *Charter roll*, 10 Edw. II, n° 39. — *D*. *Inspeximus* du vidimus de 1316, 8 mai 1401 ; ind. *Calendar of the State papers, Close rolls*, Henry IV, 1399-1401, p. 485.

Edit. a. Marrier, *Monasterii S. Martini de Campis historia*, p. 404. — *b*. Dugdale, *Monasticon Anglicanum*, new edit., t. V, pp. 197, d'après C. — *c*. Oliver, *Monasticon diœcesis Exoniensis*, p. 199, num. ii, d'après *b*.

231. — *Guillaume, roi [associé] d'Angleterre, confirme la donation du prieuré de Barnstaple à Cluny et à Saint-Martin-des-Champs.*

(1117)

Ego WILLELMUS, Dei gratia *rex Anglorum* (126), concedo *Sancto Petro de Cluniaco* in obedienciam *Sancti Martini de Campis* que es

---

126. S'agit-il ici, comme l'ont cru Dugdale et Oliver (cf. *Monasticon diœc. Exon.*, p. 196 et note 1), de Guillaume le Conquérant? Cette opinion semble résulter d'une étude insuffisante des documents. Ces lettres ne peuvent être antérieures au 14 juillet 1096, puisque la bulle d'Urbain II (t. I, pp. 121-123, n° **75**) ne laisse soupçonner aucune extension de la communauté de St-Martin au-delà de la Manche. La même objection tirée du silence de Pascal II dans sa bulle de 1107 (t. I, pp. 187-189, n° **118**) est opposable à l'hypothèse qui mettrait en scène Guillaume le Roux, puisqu'il périt le 2 août 1100.

Comme nous l'avons indiqué plus haut (note 122), le vœu que Juhel exécuta dut être formulé durant son exil d'Angleterre, dans l'espoir du recouvrement de sa fortune. La réalisation de ce vœu dut précéder de très peu de temps le moment où le fondateur du prieuré de la Madeleine appela son évêque à sanctionner ses projets. Il ne serait pas soutenable d'envisager la création d'un pareil établissement sans le concours de l'ordinaire; il est toujours sollicité en France, le présent recueil l'atteste sans cesse; à plus forte raison devenait-il indispensable pour appeler dans un diocèse une congrégation résidant en pays étranger. La fondation de la Madeleine de Barnstaple est donc concomitante à l'épiscopat de Guillaume I" et s'est effectuée après la rentrée en grâce de Juhel.

Dès lors l'intérêt du document que nous reproduisons est singulièrement accru : cette pièce unique jusqu'ici montre que le prince Guillaume (William Atheling) fils de Henry I" et de Maud d'Écosse (qui furent unis le 11 novembre 1100) exerça effectivement les fonctions de roi-associé. « Les rois d'Angleterre, écrit Léopold Delisle (*Recueil des actes de Henry II*, p. 274), donnaient à leurs fils aînés « une association purement honorifique, comme le furent en France les associations des héritiers présomptifs du trône sous les premiers Capétiens, notamment celle que Louis le Gros fit en 1120 de son fils Philippe, alors âgé de quatre ans. » (Cf. note du même auteur dans le *Journal des Savants*, 1898, p. 736). « Henry Courtmantel, fils de Henry II (28 février 1155 — 11 juin 1183), n'est pas seulement cité dans des chartes... mais il avait un sceau, attaché à un acte de 1170, portant : *Henricus rex Anglorum et dux Normannorum et comes Andegavorum.* »

Dans la pièce que nous reproduisons, il n'est point question d'apposition de sceau : le roi-associé ne parle que de son seing manuel. Elle est nécessairement antérieure au 26 novembre 1120, date où la catastrophe de la *Blanche nef* engloutit l'héritier du trône et sa suite; mais la présence d'un témoin nous amène à rapprocher cet acte de l'année 1117 qui fut apparemment celle de l'association. Les chartes relatives à Henry Courtmantel, citées par L. Delisle, prou-

Parisiis, scilicet pro salute anime mee et antecessorum meorum et pro anima Juheli, qui hujus dator est elemosine et parentum suorum, ecclesiam de *Barnestapla* (*a*), cum omnibus rebus que eidem ecclesie pertinent ; hoc solo excepto quod ejus capellano attinet, et hoc est tantummodo domini sueque familie oblatio. Quod autem superest, plurimorum testimonio, trium solidorum numerum non excedit per annum. Preterea hoc quod idem habet in *Pillona*, tam in terra quam in hominibus. Terra quidem duabus carrucis sufficit, quæ in dominio est, homines vero decem solidos per (*b*) annum reddunt. Preter hec etiam quicquid (*c*) ipse in *Pallanda*, videlicet similiter terram in dominio que duabus carrucis sufficit et homines qui per singulos annos quindecim solidos reddunt, et unum molendinum quod (*d*) singulis annis viginti solidos reddit ; et in *Tawestoc* (*e*) quindecim solidatos redditus. Preter hec autem omnium dominicarum suarum duas partes, tam animalium quam segetum, lane et caseorum seu ceterorum. Et nominatim decimam molendini de *Boui* (*f*), et decimam piscine *Framinctorine* (*g*) et illius piscine que est apud *Tawestoc* (*e*). Et decimam viginti solidorum quos ipse habet in *Barnastapla* (*a*), videlicet duos solidos et unum burgensem apud *Essecestram* qui per annum reddit duos solidos. De hoc itaque elemosina ego Willelmus *rex Anglorum* concedo ut *ecclesia* prefata *Sti Martini de Campis* quadraginta solidos singulis annis propriis usibus habeat. Quod autem superfuerit fratres qui loco predicto, id est ecclesie de *Barnestapla* (*h*) deservient, in suis necessariis habeant. Et ut hec largitio firma inconcussaque omni tempore permaneat, sigillo sancte Crucis manu propria ego ipse confirmo † huicque confirmationi fideles meos subscriptos testes adhibeo : Johelem ; Robertum, Balduini filium ; Rog(erium) de Nonant (*i*), Ra(dulfum) *episcopum* fratrem (127)

---

vent que les bénéficiaires de privilèges royaux s'adressaient à l'héritier désigné pour obtenir de lui une confirmation anticipée. Ce fut apparemment ce que firent les Clunisiens de Barnstaple.

127. Cet évêque, frère du roi Henry Ier, doit être regardé comme un fils naturel de Guillaume le Conquérant. Nous proposons de l'identifier avec Raoul, évêque de Coutances, nommé en 1093, et qu'on fait mourir en 1110. Mais son

H(ENRICI) regis, HENR[ICUM] *comitem de Warwick* (128), Ro(GERIUM) RICARDI filium, RA[DULFUM] BIGOT.

(a) Barnstapola *a*. — (b) in *a*. — (c) quicquit *B*. — (d) qui *a*. — (e) Tavestoc *a*. — (f) Boni *a*. — (g) framinctorie *a*. — (h) Barnastapala *a*. — (i) Novant *a*. — (j) de Frem. *a* ; de fratrem *B*. Le nom du diocèse était resté en blanc sur *A* ou n'avait pas pu être déchiffré par le cartulariste.

A. Original perdu. — *B*. Copie de 1129, *Liber Testamentorum*, fol. 79. Edit. *a*. Marrier, *Monasterii S. Martini de Campis historia*, p. 408. — *b*. Dugdale, *Monasticon Anglicanum*, new edition by Caley a. o., t. V, p. 198, num. 11, « ex ipso autographo apud Sanctum Martinum de Campis, Paris ». — *c*. George Oliver, *Monaslicon diœcesis Exoniensis*, p. 198, num. 1, d'après *b*.

232. — *Guillaume Ier* (Warelwast), *évêque d'Exeter, à la sollicitation de son diocésain Johel, confirme la fondation et la dotation par celui-ci, en exécution d'un vœu, du prieuré clunisien de la Madeleine de Barnstaple, soumis à Saint-Martin-des-Champs.*

(1108 — 1117)

Omnibus ad quod presens scriptum pervenerit, WILLELMUS, Dei gratia, *Exonensis episcopus* (123), salutem in Domino. Noverit universitas vestra quod nobilis vir JOEL, filius ALVREDI, pro salute anime sue et patris sui et matris sue, et omnium parentum et amicorum suorum, constituit quandam obedientiam monachorum Cluniacensium apud *Barnathab'* (*a*), ad honorem Dei et Domini nostri Ihesu Xristi, sancteque Marie et sanctorum Apostolorum Petri et Pauli et sancte Marie Magdalene, et ipsam obedientiam *ecclesie Sti Petri de Cluni* et *ecclesie Sti Martini de Campis* subdidit,

---

successeur, Roger, n'apparaît qu'en 1118. Marrier et Dugdale ont imprimé à tort : « Ra. episcopum de Frem. H. Regis » comme si Raoul avait dirigé un diocèse de *Frem*... tout à fait imaginaire, et comme si « H. Regis » était un H. Fitz-Roy.

128. Henry comte de Warwick, fils de Roger, seigneur de Beaumont-le-Roger, eut pour frère Robert Ier, comte de Meulan de 1191 à 1118 (Depoin, *Cartulaire de St-Martin de Pontoise*, Appendices, pp. 312-318).

ad quam divina providente clementia, devotus confugere et in ea habitum monastice religionis suscipere disposuit. Et quia ex voto tenetur *ecclesie Ste Marie Magdelene* extra *castrum* suum *de Barnast'* (b) fundate, tantum beneficii conferre, ut sacer monachorum conventus constitui et sustentari possit, ad sustentationem ipsorum quasdam particulas terre sue donavit eis, scilicet : *Pillonam* cum bosco et marisco, et *Pillandam*, utrasque liberas et quietas, cum omnibus appenditiis suis, sicut ipse umquam liberius et quietius habuit et tenuit. Donavit etiam eis molendinum de *Barnest'* liberum et quietum, cum moltura tocius ville et castelli, ita quod burgenses ad alium molendinum, molendino monachorum integro existente, molere non poterunt ; et totam terram extra muros que est inter *portam de North* et *portam de Yest*, simul cum fosso usque ad contiguam viam, et totam aquam, prout terra eorum extenditur ; et totum tractum piscium ipsius aque, tam in terra monachorum quam in terra sua proxima. Ipsis quoque monachis concessit exclusam piscarie in terra sua firmare, in quantum terra corum extenditur ex altera parte aque. Insuper autem concesit ipsis monachis ut omnes terras suas et homines et possessiones et elemosinas quas habent, vel imperpetuum jure ac legaliter adquirere poterunt, infra fines tocius terre ipsius et feudi sui, habeant et teneant solutas, liberas et quietas ab omnibus exactionibus, hundriis (c), placitis, querelis et omni servicio et opere servili, et omnibus consuetudinibus que excogitari potuerunt. Si quid vero forefacti vel querele inter homines monachorum inciderit, monachi plenarie de qualibet causa, curiam suam et justiciam habebunt propriam et emendationem. Et quia memoratus Joel hec predicta prefatorum monachorum sustentationi minime sufficere estimavit, divini amoris instinctu, totam *ecclesiam Sti Petri de Barnast'* cum omnibus pertinenciis suis, capellis, decimis, obventionibus, et omnimodis fructibus, et cum *capella Sti Salvii* et oblationibus suis, per manum nostram et per assensum nostrum in proprios usus monachorum habendam, et in perpetuam elemosinam possidendam donavit, et jure proprietatis transactavit; et duas partes decime sue de *Freminton'* et totam decimam piscium ; que omnia sepedictis monachis donavit, et sigillo suo confirmavit; ita quod in eos nec sibi nec alicui ex heredibus suis aliquid violente potestatis exercere licebit; nisi tantummodo contra adversantium molestias defensionis auxilium.

Quod ne tractu temporis vel malignantium versuciis in dubium revocetur, ego sicut diocesanus episcopus, ad petitionem jam dicti JOELIS, presenti scripto et sigilli mei appositione ipsis monachis concessi et confirmavi, hiis testibus : ASCELINO archidiacono, OSBERTO capellano episcopi, et aliis.

(a) *a* Barnstaple. — (b) *a* Barnastapla. — (c) *a* remplace par des points ce mot, peut-être laissé en blanc dans la copie D.

A. Orig. perdu. — B. Copie de 1209, LL 1351, fol. 87, non collationnée. — C. Copie du xv⁰ s., LL 1352, fol. 85. — D. Copie du xvi⁰ s., LL 1353, fol. 102'. — E. Vetustissimum exemplar in Bibliotheca Cottoniana.

Edit. a. Marrier, *Monasterii S. M. de C. historia*, p. 412. — b. Dugdale, *Monasticon Anglicanum*, new edit., t. V, p. 199, num. VII, d'après E. — c. Oliver, *Monasticon diœcesis Exoniensis*, p. 199, num. III, d'après b.

233. — *Le roi Henry Ier, en mémoire de la feue reine Maud, donne aux moines de Barnestaple deux terres à Pilton et Churchill.*

(Westminster, février — 29 mai 1121)

H[ENRICUS] rex Anglorum, WILLELMO *Exoniensi episcopo*, et vicecomiti *Devenescire*, et omnibus baronibus et fidelibus suis *Devenescire*, salutem. Sciatis me clamasse quietam Deo et *Sancto Martino de Campis* et monachis de *Barnestapula*. I. virgatam terre de *Piltona* et. 1. ferdingum de *Cherchilla*, de omnibus geldis et danegeldis, et hidagiis, et placitis, et auxiliis, et omnibus consuetudinibus, a proximo Pentecoste postquam duxi ADELIZAM reginam (129), inan-

---

129. Henri Ier épousa Alice, fille de Godefroi de Louvain, en février 1121. Il avait perdu sa première femme, Maud, le 1er mai 1118 (*Art de vérifier les Dates*, I, 800). La charte est antérieure à la Pentecôte de l'année du mariage (29 mai).

tea semper et inperpetuum, pro statu et incolumitate regni mei, et pro salute anime mee et patris et matris mee, et MATHILDIS regine uxoris mee, et praedecessorum et successorum meorum. Et prohibeo ne super hoc inde aliquid exigatur vel capiatur. Testibus WALTERO DE GLOECESTER et HENRICO DE POMEREDA. Apud *Westmonasterium*.

A. Original A. N. K 22, n° 5⁸.
Edit. a. Tardif, *Mon. hist.*, n° 403, pp. 224-225 (avec la date : 1100-1128).

234. — *Le roi Henry Iᵉʳ confirme à St-Martin-des-Champs et à la Madeleine de Barnestaple diverses propriétés, parmi lesquelles les terres qu'il a précédemment données après son second mariage.*

(Périers, 1125 — 1ᵉʳ décembre 1135)

HENRICUS, Dei gratia *rex Anglorum* (a), episcopo *Exonie* et vicecomiti, et ALVEREDO DE TOTENEIS (b), et omnibus baronibus et fidelibus suis Francis et Anglicis de *Devenescira* (c) salutem. Sciatis me donasse et firmiter concessisse Deo et *Sancto Petro de Cluniaco* et *Beatissimo Martino de Campis*, ecclesiam *Sancte Marie Magdalene de Barnestapla*, cum omnibus appendiciis suis, sicut venerabilis memorie JOHEL et alii fideles Xristi, pro statu et incolumitate regni mei, et pro salute anime mee, et patris et matris mee, et MATHILDIS regine uxoris mee et WILLELMI filii mei, et predecessorum et antecessorum meorum (130). Et volo et firmiter precipio quod bene et in pace et honorifice et libere teneant unam virgatam terre de *Pillona* cum luco (d) et aquis et pratis, et alteram virgatam de *Pillanda* (e), cum luco (f), et molendinum de *Barnestapla*, cum multura totius castelli, et alteram virgatam de *Kimelanda* (g), et 1.

130. L'omission de prières pour la reine Alice, disgraciée dès 1125 en raison de sa stérilité, donne lieu de penser que ce mandement, postérieur à son mariage (on y confirme les dons faits après ses noces), se place entre 1125 et le 1ᵉʳ décembre 1135, date funèbre de Henry Iᵉʳ.

ferlingum terre de *Cerchilla*, et unum ferlingum terre de *Cokoslega*, et unum ferlingum de *Witefelda*, cum luco (*d*); et quinque solidos de molendino de *Almondesworde*, et quinque solidos quos Henricus de Soratona dedit ; et duos solidos de molendino de *Langatriva* (*h*). Et sciatis me clamasse quietam totam supradictam terram, de omnibus geldis, et danegeldis, et hidagiis et placitis et auxiliis, et omnibus consuetudinibus, cum socca et sacca, et toll et theam (*i*) et in fanguenetes, in bosco et in plano, aquis, pratis, viis, semitis (*j*). Testibus (*k*) Johanne *episcopo* (131) *Luxoviensi* (*l*), Roberto de Sigillo, Roberto *comile de Gloucester* (*m*) et *comite de Auco*, Baldwino de (*n*) Ridvers (132), Willelmo filio Odonis, Willelmo de Verneto (*o*), Ilberto de Laci (*p*), Roberto de Curci (*q*). Apud *Pirarios* (133).

(*a*) Angliæ *B*. — (*b*) Totnes *B*. — (*c*) Devonshire *B*. — (*d*) luto *B*. — (*e*) Pillauda *a*. — (*f*) et lutum *B*. — (*g*) Kunelanda *B*. — (*h*) Langaton *B*. — (*i*)-(*j*) teme et viis et semitis *B*. — (*k*) Teste *B*. — (*l*) Lexoviensi *B*. — (*m*) Gloec[ester] *A'*. — (*n*) Redveriis *B*. — (*o*) Vern[um] *A'*, *B*. — (*p*) Lacy *B*. — (*q*) Curcy *B*.

A. Original Arch. Nat. K 22, n° 8⁶. — A'. Autre original, L 875, n° 30. — B. Vidimus (*Inspeximus*) d'Edward II, 25 décembre 1316, *Charter rolls*, 10 Edw. II, n° 39. — C. Inspeximus du vidimus de 1316, 8 mai 1401, ind. *Calendar of the State papers*, *Close rolls*, Henry IV, 1399-1401, p. 485.

Edit. a. Marrier, *Monasterii S. Martini de Campis historia*, p. 409. — b. Tardif, *Monuments hist.*, pp. 230-231, n° 417 d'après A. — c. Dugdale, *Monasticon Anglicanum*, new edit., t. V, p. 198, num. III, d'après B. — d. Oliver, *Monasticon diœcesis Exoniensis*, p. 199, num. V, d'après c.

131. Jean, évêque de Lisieux (1107-1141).
132. Futur bienfaiteur de St-Martin-des-Champs et fondateur du prieuré de St-James d'Exeter.
133. Périers-sur-le-Dun, ca. Douvres, ar. Caen.

X

Actes concernant Saint-Martin-des-Champs sous le règne de Louis VII
(1137-1180)

235. — *Le roi Louis VII approuve la donation à St-Martin, par Hugues Tirel, de la terre de Bouffémont; il confirme une libéralité de son père Louis VI.*

(Paris, 1ᵉʳ août 1137 — janvier 1138)

In nomine sancte et individue Trinitatis. Quia evangelica ammonitione instruimur ut nobis de iniquo mammona amicos faciamus, dignum est ut eos a quibus in eterna tabernacula recipiemur, terrenorum beneficiorum participes faciamus, ut eorum spiritalia mereamur. Iccirco ego Ludovicus, Dei gratia *rex Francorum* et *dux Aquitanorum*, elemosinam quam (134) Hugo Tirels ecclesie *Sancti Martini de Campis* et monachis ibidem Deo servientibus dedit, predicto Hugone humiliter rogante, laudavi et confirmavi : villam scilicet *Bofesmont* (135), cum agris et terris ad eandem villam pertinenti-

---

134. Hugues Tirel Iᵉʳ, châtelain de Poix en Picardie et de la tour de Poix à Pontoise, seul héritier de Gautier Tirel III par suite de la mort de son frère aîné Gautier IV, se croisa en 1147 avec Louis VII, ainsi que le prouve une fondation qu'il fit alors au prieuré de Conflans-Ste-Honorine où sa mère s'était retirée pour passer religieusement son veuvage et avait été inhumée ; cet acte est daté « secundo die Penthecostes, rege Francorum pergente Iherusalem et ipso Hugone cum illo. » Hugues ne paraît pas être revenu de ce voyage, et Gautier Tirel V, son fils, le remplaçait en 1157. (Depoin, *Cartulaire de St-Martin de Pontoise*, Appendices, pp. 454-456. — *Les comtes de Beaumont-sur-Oise et le prieuré de Ste-Honorine de Conflans*, charte n° 36.)

135. Bouffémont, ca. Ecouen, ar. Pontoise.

bus, supradicto Hugone nichil penitus in ea, sive justicie, sive cujuslibet redditus, retinente, sed eam omnino libere concedente, et ita quod hospites predicte ville semper habebunt in ipsius Hugonis nemore, quod proximum est eidem ville, que prius solebant habere, necessaria scilicet ad reficiendos tantum parietes, et corilum et spinam et mortuum nemus tantum ad comburendum, et truncum veterem, quando eum rusticus impulsu pedis sternere poterit, ita tamen quod illos redditus quos rustici jam dicto Hugoni pro suo nemore dare solebant, monachi Sancti Martini in perpetuum habebunt.

Confirmavi etiam decimam de *Marileo* (89) quam pater meus rex Ludovicus, a Tebaldo de Moret (90) emit, Sanctoque Martino, ob remedium anime sue, ut omni tempore et maxime in anniversario ipsius die ejus memoria haberetur, devotissime concessit. Quod ut firmum maneat, sigilli mei auctoritate roboravi.

Actum *Parisius* in palatio nostro, anno Incarnati Verbi M° C° XXX° VII°, regni nostri IIII^{to}, astantibus in palati nostro quorum nomina subtitulata sunt et signa. Signum Radulfi *Viromandorum comitis* et dapiferi nostri. S. Willelmi buticularii. S. Hugonis constabularii. S. Hugonis chamerarii.

Data per manum Algrini (*monogr. royal*) cancellarii (136).

A. Orig. K 23, n° 2². — B. Copie de 1209, LL 1351, fol. 25, incomplète des souscriptions des grands-officiers. — C. Copie du xv° s., LL 1352, fol. 23. — D. Copie du xvi° s., LL 1353, fol. 22.
Edit. Tardif, *Monuments historiques*, n° 433, p. 238.
Ind. Luchaire, *Actes de Louis VII*, p. 103, n° 16, avec la date : 1138, janvier au 2 avril.

---

136. Le calcul des années du règne de Louis VII a pour point de départ, dans cette charte et plusieurs autres, son accession à la chevalerie, que Luchaire a proposé de fixer à janvier 1134, dans son introduction aux *Actes de Louis VII*. Le compte des années de ce règne peut s'établir aussi de trois autres façons : de la première consécration de Louis le Jeune, alors âgé de onze ans, le 25 octobre 1131 ; de l'abdication momentanée de Louis VI au début de novembre 1135 ; enfin du jour où sa mort rendit le trône vacant, le 1er août 1137.
La donation confirmée par Louis VII et par l'évêque Étienne ne nous est pas parvenue, mais elle est rappelée dans un acte postérieur de Hugues Tirel.

236. — *Etienne, évêque de Paris, approuve le don de la terre de Bouffémont à Saint-Martin-des-Champs par Hugues Tirel.*

(Paris, vers janvier 1138)

In nomine sancte et individue Trinitatis. Quia disponente Deo, ad prelationis fastigium et speculationis locum in sancta Ecclesia provehimur, ut provida vigilantia tocius ecclesie paci, secundum nominis nostri proprietatem superintendamus, dignum ducimus eorum maxime providere tranquillitati, qui mundo renuntiantes, Deo vocante (a) mundana, prout possunt, devitant negotia. Ideoque, sagaci provisione, que in futurum obesse possent sunt precavenda, ut pacis firmentur stabilimenta. Iccirco ego STEPHANUS, Dei gratia *Parisiorum episcopus*, notum fieri volo t. f. q. p. quod HUGO TIRELS me devote rogavit, ut donum quod ipse fecerat monasterio *Sti Martini de Campis* et monachis ibidem Deo servientibus, assensu domini *regis Francorum* LUDOVICI, in palatio ipsius, me presente, de villa videlicet *Bofesmont* (135), cum omnibus redditibus et appenditiis suis, sigillo meo firmarem, et omnes ejus invasores anathematis sententia feriam. Ego autem, secundum rationabilem pred. Hugonis petitionem, istud prefatum donum sigilli mei attestatione confirmo, et divina auctoritate omnes ejus malignos invasores et direptores excommunico et a cetu fidelium et pace ecclesia sequestrandos censeo, et nisi resipiscentes satisfecerint, a justorum grege remoti, cum Sathane angelis, eternis deputentur suppliciis. Amen.

Actum *Parisius*, anno ab Incarnatione Domini M^o C^o XXX° VII°, ordinationis autem mee anno XIIII^{mo} (137).

(a) vocantes B.

A. Original perdu. — B. Copie de 1209, LL 1351, fol. 44, non coll. — C. Copie du xve siècle, LL 1352, fol. 43. — D. Copie du xvie s., LL 1353, fol. 44'.

---

137. L'épiscopat d'Etienne n'a pas pu commencer avant février 1124, car son devancier Girbert (Gilbert II) est mort le 24 janvier de cette année (Depoin, *Essai sur la chronologie des évêques de Paris*, p. 26 ; *Bulletin historique et philologique*, 1906, p. 239). Sa 14e année s'est donc poursuivie au moins jusqu'en février 1138.

237. — *Hugues III, archevêque de Rouen, confirme la donation de la terre de Bouffémont à Saint-Martin-des-Champs.*

(Vers janvier 1138)

In nomine sancte et individue Trinitatis. † Quia, disponente Deo, ad prelationis fastigium et speculationis locum in sancta Ecclesia provehimur ut provida vigilantia totius ecclesie paci, secundum nominis nostri proprietatem, superintendamus, dignum ducimus eorum maxime providere tranquillitati qui, mundo renunciantes, mundana devitant negotia; ideoque, sagaci provisione, que in futurum obesse possent sunt precavenda, ut pacis firmentur stabilimenta. Iccirco ego Hugo, Dei gratia, *Rothomagensis archiepiscopus*, donum quod Hugo Tirels fecit *monasterio Sancti Martini de Campis* et monachis ibidem Deo servientibus, assensu domini Ludovici *regis Francorum*, de villa videlicet *Bofesmont* (135), cum omnibus redditibus et appendiciis suis, sigilli mei attestatione confirmo et divina auctoritate omnes ejus malignos invasores anathemate feriendo excommunico et a cetu fidelium sequestrandos censeo, nisi resipiscentes satisfecerint, a justorum grege remoti, cum Satane angelis eternis deputentur suppliciis. Amen.

A. Orig. scellé, S 1339, n° 7. — B. Copie de 1209, LL 1351, fol. 29. — C. Copie du xvᵉ s., LL 1352, fol. 29'. — D. Copie du xvɪᵉ s., LL 1353, fol. 28'.

238. — *Hugues Tirel, ayant donné la terre de Bouffémont à Saint-Martin-des-Champs en se réservant une rente viagère de sept livres, renonce à ce revenu moyennant un capital de cinquante livres que lui verse le prieur Thibaud II, à Pontoise, dans l'église Saint-Pierre. Plus tard, sa femme Adèle et son fils Gautier Tirel IV confirment cet accord au château de Poix en Picardie.*

(Pontoise, 14 décembre 1137 — 1138)

Quoniam generatio venit et generatio preterit, et universa tendunt ad interitum, ego Hugo cognomine Tyrellus (134) omni notifico generationi, tam future quam presenti, quod ecclesie *Bti Martini de Campis*, pro anima mea et patris mei, et matris mee, et omnium antecessorum meorum in elemosinam concesserim *Bofesmontem* (135), quandam videlicet villam de meo alodio et hereditate propria, que sita est in *episcopatu Parisiensi* et tunc quedam accipiens de caritate ipsius ecclesie, dedi hanc in elemosinam tali conditione ut in vita mea monachi de eadem villa septem mihi libras redderent, et post decessum meum totum haberent, totumque possiderent. Donum autem hujus elemosine coram domno rege Ludovico, et Radulfo comite, feci et auctoritate sigilli donni Stephani, *Parisiensis episcopi*, confirmavi (136). Postea vero, bonorum virorum admonitione, supradictas libras septem quas memorata villa, me vivente, reservaveram, ecclesie *Bti Martini de Campis* et monachis condonavi, ne amplius in perpetuum redderent, et de caritate ipsius ecclesie quinquaginta libras accepi. Concessi ergo monachis ex tunc et scripto presenti, quod mei sigilli caractere firmavi, ut prefatam villam absque omni calumpnia tam mei quam omnium successorum meorum, liberam et quietam usque in evum possideant, ita quod hospites predicte ville semper habebunt, in meo nemore quod proximum est eidem ville, que prius solebant habere necessaria, scilicet ad reficiendos tantum parietes, et corilum, et spinam, et mortuum nemus tantum ad comburendum, et truncum veterem quando eum rusticus impulsu pedis sternere poterit; ita tamen quod illos redditus quos rustici michi vel servientibus meis pro nemore dare solebant, monachi Sancti Martini in perpetuum habebunt.

Facta est hec donatio apud *Pontisaram* in *ecclesia Beati Petri* (138), super altare, presente ipso Theobaldo *priore Sancti Martini de Campis* et, ex parte ipsius, monachis Petro suppriore (a), Wale-

---

138. Dans le recueil de chartes et documents qui fait suite à notre notice sur *les Comtes de Beaumont-sur-Oise et de Sainte-Honorine de Conflans*, nous avons constaté l'existence d'un prieur Robert vers 1128 et à la date du 14 décembre 1137. Roger I doit s'intercaler entre ce prieur et un titulaire homonyme vivant en 1147, que nous avions cru devoir identifier avec le premier Robert. La charte de Hugues Tirel oblige à les distinguer.

L'abbaye du Bec possédait le prieuré de Conflans et celui de St-Pierre de Pontoise où se passa l'acte de Hugues Tirel. L'absence d'un prieur de St-Pierre

ranno, Arnulfo, Rogerio priore de *Conflent* (138). De laïcis : Almarico Rufo, Lamberto de Bofesmont, Hugone Variato, Gisleberto, Roberto magistro, Odone de Grisiaco (139), Odone de Vallo, Radulfo Strabone, Hugone filio Hermari. Ex parte vero Hugonis Tirelli, sunt testes : Gaufredus de Fonte, Adam de Valmundeis (140), Adam frater Anselli de Insula Adam (140), Galterius de Conflens, Guillelmus de Argentolio, Galterius de (*b*) Cambly (141), Radulfus Caperons, Hubertus coquus (*c*), Bernardus Waifols (*d*).

Postmodum hanc donationem concesserunt et confirmaverunt, apud *Peiz* (142), uxor ejus Adela et filius Galterius (134), coram testibus quorum hec sunt nomina : Garnerius prior canonicorum, Hugo prior canonicorum, Ruricius canonicus, Radulfus canonicus (142), Goszo capellanus, Gaufredus filius Wiardi, Alveredus de Sancta Maria, Alveredus de Curcellis (143), Rainerius de Arguel (143), Guido hostiarius, Drogo puer, filius Gaufredi.

(*a*) Ici s'arrête *B*. — (*b*) Canbli *D*. — (*c*) cocus *D*. — (*d*) Waifels *D*.

A. Original perdu. — *B*. Copie de 1209, LL 1351, fol. 108, collationnée sur l'original, alors scellé de cire verte sur double queue de cuir. — *C*. Copie du xve siècle, LL 1352, fol. 112. — *D*. Copie du xvie s., LL 1353, fol. 135. — *E*. Copie du xviie s., LL 1354, fol. 143.

---

parmi les témoins donne lieu de penser que Roger occupait ce poste et venait de recevoir sa nomination à Conflans.

139. Grisy, ca. Marines, ar. Pontoise.

140. Valmondois, ca. l'Isle-Adam, ar. Pontoise. Adam de Valmondois appartenait à la maison des châtelains de l'Isle-Adam, et ne doit pas être confondu, cet acte le prouve, avec son contemporain Adam de l'Isle, frère cadet d'Anseau Ier qui fonda l'Abbaye du Val-Notre-Dame.

141. Chambly, château des comtes de Beaumont-sur-Oise, a donné naissance à toute une lignée illustre de chevaliers, issue vraisemblablement d'une branche cadette de la maison de Senlis, à qui les fonctions de vicomte furent données à Beaumont.

142. Poix-de-la-Somme, ar. Amiens. Les châtelains, de la famille des Tirel, furent au nombre des soutiens de l'ordre naissant de saint Norbert, et appelèrent à Selincourt, une de leurs terres, les chanoines de Prémontré dès 1132.

143. Courcelles-sous-Moyencourt, ca. Poix. — Argoules, ca. Rue, ar. Abbeville, Somme.

239. — *Le roi Louis VII concède à Gente* [filleule de son père] *une maison et un four au faubourg de Champeau, qui passèrent depuis dans le patrimoine de St-Martin* (144).

(2 août 1137 — janvier 1138)

In nomine sancte Trinitatis, amen. Ego Ludovicus, Dei gratia *rex Francorum* et *dux Aquitanorum*, notum fieri volumus cunctis fidelibus tam futuris quam et instantibus, quod consilio et prece domne et matris nostre (*a*) Adelaydis regine, et plurimorum hominum et fidelium nostrorum, domum quandam et furnum in eadem domo quos Adelendis, que Genta cognominatur (145), *Parisius in foro novo*, in loco videlicet qui in suburbio Parisiensi *Campellus* appellatur, de suo proprio edificavit et construxit, cum hospitibus in eodem loco manentibus, nos eidem Gente perpetuo ita (*b*) concedimus, quod quilibet famuli aut ministeriales nostri ibi nullatenus manum mittant; sed et domus et furnus liberi omnino ab omni consuetudine et exactione, cum hospitibus ibi manentibus, perpetuo existant neque ullo modo aliquis, excepta predicta Genta, ibi aliquid exigat aut potestatem aliquam ibi exerceat, et eidem Gente et successoribus suis quicquid voluerint inde facere, libere liceat. Precipimus etiam ut idem furnus ita in predicto foro et loco solus et unicus perpetuo habeatur, quod nunquam a nobis, neque ab alio aliquo furnus ibi alius ullatenus construatur. Quod ut per-

---

144. « Quod gallice dicitur *le fief de la Rappée*, au *Marché aux Poirées*, ou *Marché Champeaux* ». (Note de D. Marrier, *Monasterii Sti Martini de Campis historia*, p. 31).

145. L'italien Obizon, médecin de Louis VI, fit en 1128 un échange important d'immeubles avec sa femme Gente, en présence du roi et de la reine. Vers 1147, Gente, apparemment leur fille, donnait aux Templiers un moulin sous le Grand-Pont de Paris « pro anima nobilissimi Francorum regis venerande memorie Ludovici, qui me benignitate regia enutrivit » (Tardif, *Mon. hist.*, n⁰⁸ 402, 420, 498). Une charte de la reine Adélaïde, veuve de Louis VI, donnée vers 1149, porte les souscriptions de trois dames de sa suite : « Signum domine Gente puelle. Signum domine Avicie. Signum domine Richildis de Alvers » (Auvers-sur-Oise). Cf. *Cartulaire de St-Martin de Pontoise*, p. 86, n⁰ CIX.

petue stabilitatis optineat munimentum, presenti scripto memorie commendari, et sigilli nostri authoritate, et nominis nostri caractere corroborari precipimus.

Actum *Parisius* in palatio nostro, anno Incarnati Verbi M° C° XXX° VII°, regni nostri IIII°, astantibus in palatio nostro quorum nomina subtitulata sunt et signa.

Signum Radulfi, *Viromandorum comitis* et dapiferi nostri. S. Willelmi buticularii. S. Hugonis constabularii. S. Hugonis chamerarii.

Data per manum Algrini (*Monog. royal*) cancellarii.

(a) *a* omet « et matris nostre ». — (b) *a* omet « ita ».

A. Original scellé. A. N. K 23, n° 2 (Musée des Archives, n° 147). — B. Copie du XIII° siècle, LL 1351, fol. 21'. — C. Vidimus de 1395, L 870, n° 8. — D. Copie du XV° s., LL 1352, fol. 22'. — E. Copie du XVI° s., LL 1353, fol. 21'. — F. Copie du XVI° s., S 1392, n° 7.

Edit. a. Marrier, *Monasterii S. Martini de C. historia*, p. 31. — b. Tardif, *Mon. hist.*, p. 237, n° 432. — c. Robert de Lasteyrie, *Cartulaire général de Paris*, t. I, p. 263, n° 267.

Ind. *Table des Diplômes*, t. III, p. 6 ; Luchaire, *Actes de Louis VII*, n° 5, p. 99. *Recueil de fac-similés de l'Ecole des Chartes*, n° 96.

240. — *Manassé II, évêque de Meaux, confirme au prieur Thibaud II l'église de Vieux-Crécy, et apaise un différend survenu entre le prieur et le chanoine Gautier de Crécy, donateur de cette église.*

(Meaux, 2 août 1137 — 1er janvier ou 2 avril 1138)

In nomine sancte et individue Trinitatis. Ego Manasses, Dei gratia *Meldensis episcopus*, Theobaudo *priori Bti Martini de Campis*, suisque successoribus imperpetuum. Notum facimus tam presentibus quam posteris quod controversia illa que erat inter *ecclesiam Bti Martini de Campis* et domnum Gauterium canonicum nostrum, de ecclesia de *Veteri Creccio* (146), in hunc modum sopita est :

---

146. Crécy-en-Brie, ar. Meaux.

WALTERIUS siquidem tam de predicta ecclesia quam de omnibus ejus appenditiis in manus nostras sese divestivit. Nos vero de eadem ecclesia et ejus appendiciis THEOBALDUM priorem Sti M. de C., ipsius assensu, investivimus. Predictus deinde prior ipsam ecclesiam prefato Gauterio in vita sua tenendam tali conditione concessit, quod, singulis annis, seped. Gaulterius, de redditibus ipsius ecclesie, xx sol. pruviniensis monete monachis ibidem habitantibus reddet. Si vero casu aliquo monachi defuerint, priori et monachis Bti Martini vel misso eorum persolvet, medietatem scilicet in Pascha, altera vero medietatem in festivitate Omnium sanctorum. In mense etiam augusto, sextarium annone, minam videlicet unam frumenti, alteram tramesii, et in tribus illis sollempnitatibus in quibus predictus Gauterius oblationes solet accipere, panem unum cum candela predictus prior sibi retinuit. De cetero vero toto anno ad manum monachorum venerit, vel etiam quidquid, seu a defunctis, seu a vivis, ei dimissum fuerit, totum ipsorum erit. Hoc excepto quod in illis festivitatibus tantum que feriantur a populo et in dominicis diebus ex quo sacerdos missam cantare inceperit, monachatus non cantabit, donec « Sanctus, Sanctus » dicatur. Si vero necessitas monachum cantare coegerit, in spatio illo hostia claudet, et nullum parrochianorum recipiet. Deinde diffinitum est quod canonici de *Creceio* qui aliud cimiterium non habent nisi in predicta ecclesia, cum mortuum suum sibi sepeliendum attulerunt, quicumque seu de clericis seu de monachis, missam sive unam, sive plures, celebraverint, beneficium illud tam monachis quam clericis per medium dividetur. Statutum est etiam quod monachis non licebit de ecclesia illa sacerdotem removere, vel alium introducere quamdiu domnus Walterius eam tenuerit. Defuncto ipso Walterio vel de seculo ad religionis propositum, Dei nutu, promoto, monachorum erit ecclesie sue presbiterum querere et episcopo presentare. Quod si inter monachos et eundem Wauterium aliqua forte querela surrexerit, que causidicorum susceptationibus egeat, in presentia nostra deducenda est, ibique domnus WAUTERIUS, nostra censura, quod justum fuerit exequetur. Postremum autem diffinitum est, amodo monachis licere circa illud monasterium domos suas edificare, ex quacunque parte voluerint ; hoc tantummodo determinato quod si, infra edificia sua, domum alicujus occupaverint, pacem congruam cum ipso facere procurabunt. Quod ut ratum et inconcussum permaneat, presente scedula adnotari et sigilli nostri auctoritate precipimus roborari.

Huic pacto laudabiles persone interfuerunt et nomina sua subscribi preceperunt. Signum NATALIS, abbatis *Resbacensis*. S. SERLONIS, abbatis *Sti Luciani*. S. HELIE, *Cagiensis* abbatis (147). S. ODONIS, *subprioris Sti Martini*. S. GAMONIS, *Gornacensis* prioris. S. ROGERII, prioris de *Choseio*. S. HUGONIS, prioris de *Crispeio*. S. WILELMI, monachi de *Resbaco*. S. AMAURICI, monachi de *Columnis*. S. WIDONIS, monachi de *Charle*. De canonicis etiam *Meldensibus* : S. HUGONIS, decani. S. THEOBALDI, archidiaconi. S. Pagani et Rainoldi presbiterorum. S. Rainoldi diaconi. S. Biselli, Guibaldi, Ade, Ursionis, subdiaconorum.

Actum est hoc *Meldis* in domo episcopali, assensu capituli, anno ab Incarnatione Domini MCXXXVII, regnante LUDOVICO *rege Francorum*, LUDOVICO patre suo eodem anno defuncto, HENRICO etiam metropolitane *Senonensis* ecclesie presidente, THEOBAUDO *Blesensem* consulatum administrante.

A. Orig. S 1367, n° 9. — *B*. Copie de 1209, LL 1351, fol. 61, coll. et complétée sur *A* à partir de la date, « ex ipso autographo ex quo sigillum excidit ». — *C*. Copie du xv° s., LL 1352, fol. 77'. — *D*. Copie du xvi° s., LL. 1353, fol 64. — *E*. Copie du xviii° s., ms. fr. 15504, fol. 60'.
Edit. a. Marrier, *Monasterii S. Martini de Campis historia*, p. 378. — b. Toussaint du Plessis, *Histoire de l'église de Meaux*, t. II, Pièces justificatives, p. 32, n. LIV.
Ind. Gallia christiana nova, VIII, 613.

A'. La pièce S 1367, n° 10, constitue une autre édition de cet acte, de même date, avec de légères variantes ; elle est aussi transcrite en *B* et en *C* aux fol. 60. Elle se termine ainsi (nous ne relevons que les variantes) :
« Huic rei interfuerunt Natalis... WAMO prior de *Gornaio*, REGERIUS prior

---

147. Noël, élu abbé de Rebais en 1133, abdiqua en 1147 (*Gallia*, VIII, 1683). — Serlon, abbé de St-Lucien de Beauvais dès 1129, mourut le 25 septembre 1147 (*Gallia*, IX, 781). — Hélie, abbé de Chaage, élu en 1135, en charge en 1152, remplacé dès 1153 (*Gallia*, VIII, 1716).

de *Coseio*... AMAURICUS monachus de *Columbis*, WIDO monachus de *Charli*. De canonicis *Meldensibus* : Paganus et Rainoldus presbiteri, Rainaldus et Hugo diacones ; subdiacones : Bisolus, Wibaldus, Adam, Ursio. Rainoldus de Pruvino. De laicis : LANDRICUS thelonearius, ODO cellerarius, BERTINUS camerarius, Bovo architenens, SYMON DE COSEIO. Actum *Meldis*,... THEOBALDO *comite* consulatum administrante.

D'. Copie du XVIe s., LL 1353, fol. 65.

241. — *Eudes, abbé de St-Remi de Reims, concède l'association aux prières de sa communauté et un tricenaire, après sa mort, à Ives, moine de St-Martin et prieur de Marolles.*

(1118 — 1137)

Domnus ODO abbas, omnisque conventus, concessit OBERTO, *Sancti Bertini* monacho, societatem nostram —. — GUILLELMO *Cluniensi* monacho — — concessum est beneficium et societas hujus loci et post obitum tricenarium dedit ei domnus ODO abbas (a), communi omnium fratrum assensu. Idem etiam eque concessum est IVONI monacho *Sti Martini de Campis, ac priori de Maerolis*.

(a). Il s'agit ici d'Eudes Ier, religieux de Morigny, élu abbé de St-Remi en 1118 et mort en 1137 (*Gallia christiana*, IX, 232). Il est question, immédiatement après cette mention, d'accords conclus avec Pierre le Vénérable, élu abbé de Cluny en 1122, et avec l'abbé Boson du Bec-Hellouin (1124-1139).

Un peu plus loin, se trouve relatée une association de prières accordée à Pierre, moine de St-Martin-des-Champs.

(Nécrologe de St-Remi, Bibl. de Reims, ms. 346, fol. 198.)

242. — *Le roi Louis VII accorde à St-Martin-des-Champs la confirmation générale des bienfaits de ses devanciers et des autres dons faits par ses vassaux.*

(Paris, 1er janvier — 2 avril 1138)

In nomine sancte et individue Trinitatis. Amen. Quia preordinante Spiritu sancto, per Ysaiam de Ecclesia dicitur quod « Mamilla Regum lactabitur, et Reges erunt nutricii ejus », regalis serenitas decet tranquillitati et paci Sancte Ecclesie per omnia providere quatinus ipsius Ecclesie filii a malignantium infestationibus aliquatenus relevati, Dei servitio attencius vacare, et catholicum regem ad regni gubernationem orationum assiduitate propensius adjuvare valeant. « Multum enim valet », ut habet Jacobi epistola, « deprecatio justi assidua ; orante nempe justo Moyse, Israel superabat regem Amalech. »

Hac igitur ratione, spe et devotione ego, Dei gratia, Ludovicus, *rex Francorum* et *dux Aquitanorum*, dignum duxi ut ista que predecessores nostri, *Francorum reges*, de morte anime meditantes, Deo et *Bto Martino de Campis* caritative tribuentes, tradiderunt, more regio, nostri nominis caractere et sigilli corroboratione confirmaremus : ipsam videlicet in primis *Bti Martini de Campis ecclesiam*, cum terris que circa eandem ecclesiam habentur, immo cum theloneis et fredis et justiciis earundem terrarum. Preterea, *Parisius* ad *Magnum Pontem*, molendinum unum de elemosina patris mei pie recordationis Ludovici regis. Alterum vero ad eundem pontem, de elemosina Odonis filii Stephani. Alterum et supra predictum pontem, de elemosina Guerrici de Porta (148). Iterum alium in *Mibrai* de elemosina Roberti Pisel. Terram etiam *Albertivilla-*

---

148. Ces quatre moulins sont compris dans la bulle d'Innocent II délivrée en 1136 (p. 42 et note 62 *suprà*). Celle de Calixte II en 1119 n'en mentionne que deux sur le Grand-Pont (t. I, p. 245). Le moulin de Mibrai appartenait à Saint-Denis-de-la-Châtre qui, antérieurement à son union au Prieuré en 1133 (t. II, p. 11), l'avait reçu de Robert Pisel. Le troisième moulin du Grand-Pont fut donné par Louis VI entre 1119 et 1136. L'un des deux premiers figure déjà dans la dotation confirmée par Henri Ier (t. I, p. 16) à Saint-Martin constitué en collégiale (1059-1060) : c'est celui que donna Eudes, fils d'un Etienne qui pourrait être le prévôt de Paris en charge au début du règne de Philippe Ier. Ce prince, à la prière du reclus Jean, concéda un autre moulin de son domaine, sis au Grand-Pont, à l'hôpital de Saint-Martin en 1070 (t. I, p. 34) ; mais le prieuré clunisien n'en hérita pas, car en 1111 Louis VI ne confirma aux moines qu'un seul moulin (t. I, p. 220). La donation du second des deux moulins cités par Calixte II se place entre 1111 et 1119 : le donateur Guerri de la Porte, chevalier mantais, fut frère de Raoul-Mauvoisin II et oncle de l'archevêque de Reims Sanson, légat de du Pape en France sous Louis VII (Depoin, *Cartulaire de Saint-Martin de Pontoise*, Appendices, p. 272). Sur l'emplacement de ces moulins, voir note 156 *infrà*.

ris (149). *Noisiacum* villam (72) cum omnibus redditibus terre, tam silve quam vinearum et pratorum et aque *Materne*. *Anetum* villam (150) cum omnibus redditibus terre, tam in silvis quam in vineis, et pratis et pascuis, et aqua, et portu. Omnem vero decimam pastionis *Leigii* et *Bierie* (151). *Bonzeias* (73) insuper cum omnibus redditibus libere sibi adjacentibus. Et *Disiacum* villam (152) in *Laudunensi* territorio. Quas quatuor villas dedit attavus meus rex Henricus cum altaribus *Hienville* (39) et *Noveville* (153). Gordum etiam piscium, apud *Pissiacum*, in *Sequana*, de dono patris mei. Ex dono etiam ejusdem patris mei, apud *Pontisaram* habet ecclesia Bti Martini de Campis terre sue consuetudines, scilicet libertatem exactionum, seu quarumlibet inquietationum quas ibi habebant predecessores nostri, quod pater meus concessit ad peticionem dompni Mathei, venerabilis *episcopi Albanensis* (154) et precibus matris mee Adelaidis *regine*. Ita tamen quod expeditiones nostras et equitatus nostros tantummodo in hominibus in predicta terra morantibus retinemus ; qui tamen neque a preposito neque ab aliquo ministrorum nostrorum submoneantur nisi ex precepto nostro et dapiferi nostri.

Viginti etiam solidos in pedagio *Bonzeiarum* (73) de elemosina Alberti militis, cognati Willelmi de Warlanda (155) quos concessit predictus Willelmus de jamdicto pedagio. Exaltacionem quoque servorum Bti Martini quos omnes pater meus rex Ludovicus, humili pontificum suorum rogatu, comitumque et procerum assensu, prerogativa regie majestatis indifferenter honestavit, quatinus in omnibus causis, placitis et querelis contra universas ingenue potes-

---

149. Aubervilliers, ar. Saint-Denis (Seine). Terre royale donnée par Henri Ier à la collégiale de Saint-Martin (t. I, p. 11).

150. Annet-sur-Marne, ca. Claye-Souilly, ar. Meaux. Don de Henri Ier (Ibid.).

151. Sur ces deux forêts, cf. t. I, p. 221, note 399.

152. Dizy-le-Gros, ca. Rozoy-sur-Serre, ar. Laon. Don de Henri Ier.

153. Neuvy-en-Beauce, ca. Janville, ar. Chartres. Don de Henri Ier (t. I, p. 27).

154. Voir les chartes du roi et du cardinal, t. I, pp. 302-303.

155. Aubert de Bric, mort avant 1126, donna la terre de Chenou au prieuré de Gournay-sur-Marne (t. I, p. 292).

tatis personas, veritatis testimonium regali instituto usque in sempiternum exaltati, ut testes legitimi proferant, et proferendo asserant, salvo et integro jure et timore, cujus sunt, ecclesie; ac deinceps dampnum vel repulsam se in hujusmodi regociis perferre nullatenus doleant, vel erubescant, et eorum probationes liberi aut suscipiant, aut contradicendo falsificent. Dignum est enim super ceteros servos exaltare qui Ei serviunt Cui « servire est regnare ».

Ecclesiam quoque *Sti Dyonisii de Carcere*, que tempore patris mei ad manus regias reducta fuerat, quam ipse, ex consensu, peticione et voluntate *dompne* ADELAIDIS *regine*, matris mee, me etiam jam in rege sublimato assentiente, et domno HENRICO fratre meo, ejusdem ecclesie abbate, in posterum jure perpetuo possidendam concessit, cum omnibus ad eandem ecclesiam pertinentibus, scilicet molendino uno in *Menbrai* (156), furno etiam uno eidem ecclesie proximo. Villa de *Funtanis* cum ecclesia, et decima, et nemore, et portu. Villa etiam de *Limogiis* (157) cum ecclesia et decimis. Villa de *Furcis* (157) cum ecclesia et decima, terra et pratis in loco qui dicitur *Rondel*, et cum domo et curia MATHEI DE MAULA (158) pro

---

156. Ce moulin dit ici de *Menbrai* n'est autre (cf. p. 11 *suprà*) que celui de *Mibrai* dont l'origine est indiquée note 149. Le colonel Borrelli de Serres, qui a fort éclairé la topographie de la Cité dans son étude : *L'agrandissement du Palais sous Philippe le Bel*, écrit (*Mémoires de la Société de l'Hist. de Paris*, t. XXXVIII, p. 9) : « Le pont le plus ancien prolongeait la voie venant du Petit-Pont à la berge de Mibray ; un autre a été construit plus près de la pointe occidentale de l'île, quand les rois y ont fixé leur résidence. A celui-ci, sur piliers de pierre, a été reporté le nom de Grand-Pont, tandis que l'ancien devenait une passerelle, « la planche de Mibray ». — L'auteur ne cite que « deux moulins de St-Martin *subtus Magnum Pontem* en 1135 (c'est-à-dire construits sur le *Pont aux Meuniers*) et un seul plus tard » (p. 71). D'après un document de 1298, en effet, St-Martin n'avait plus qu'un moulin au « pont des Molins, là où soloit estre le viez grand pont de pierre », et l'on apprend par une sentence de 1323 que le moulin « assis au lieu que l'on dit les planches de Mibray, un an en ça s'en estoit alé au val de l'yaue, pour la ruine et force de la grande yaue par la glace que faisoit » (p. 76).

157. Limoges-Fourches, ca. Brie-Comte-Robert, ar. Melun (t. I, pp. 8-11). — Fontaine-le-Port, ca. Le Châtelet-en-Brie, ar. Melun ; et son église Saint-Martin (D. Marrier, p. 520).

158. La terre située au lieu dit « Rondel » appartenait à St-Denis-de-la-Châtre avant l'union à St-Martin (p. 12 *suprà*). C'est donc entre 1108 et 1132 que Louis VI fit avec Mathieu de Maule et Payen Bigot l'arrangement ici rappelé.

qua pater meus concessit predicto Matheo terram PAGANI BIGOT, de *Casellis* ; et cum universis ceteris appendiciis, eo duntaxat modo quo prefate ecclesie clerici tenuerant. Insuper quinque solidos quos ego debeo de censu predicte *ecclesie Sti Dyonisii*, de terra que est in *Campeaus*, in qua pater meus stabilivit novum forum ubi habent locum venditores mercium et pars cambiatorum, quos denarios ego precipio, ab eisdem mercium venditoribus, singulis annis prefate ecclesie de meis redditibus reddi. Centum etiam solidos *ecclesie Cluniacensi* et quadraginta *ecclesie Sti Martini de Campis*, quos dedit BURCARDUS DE MONTE MORENCIACO, de pedagio suo quod est in *camino Pontisarensi*, confirmatos a patre meo, de cujus erant feodo, piis et devotis ipsius Burcardi precibus ; qui centum solidi statuti sunt persolvi in Capite Jejunii, et quadraginta in Transitu Sti Martini (159). Donationem etiam quam fecit pater meus, pie memorie *rex* LUDOVICUS, monachis Sti Martini de Campis, temporibus et humili prece domni ODONIS, ejusdem loci *prioris* ; scilicet quod nos vel heredes nostri nunquam Beati Martini homines vel hospites capiemus, nisi in presenti forefacto fuerint deprehensi ; et si nos vel homines nostri, querelam adversus eos aliquam habuerimus, in curiam Bti Martini ibimus, et justiciam per manum Prioris et monachorum inde suscipiemus. Concedimus etiam quod Bti Martini homines (160) nunquam in expeditionem, vel equitatum, ex

---

159. En 1116 (t. I, p. 231).

160. Ce passage viserait la pièce n° **227** ci-dessus sur laquelle nous avons formulé des réserves que semble justifier le texte du présent diplôme. En effet, Louis VII n'attribue à son père que la concession relative au droit de justice. Il présente nettement comme une concession personnelle l'exemption du service militaire. Encore ici, peut-être les mêmes réserves sont-elles du mise. Il est étrange que Louis VII, accordant une exemption générale, se croie obligé d'y faire exception pour les Pontoisiens, parce que son père avait retenu leur service lors de la mesure généreuse qu'il prit en 1128, à la prière du cardinal Mathieu (t. I, p. 302) en exonérant de toutes autres charges les dépendances du monastère à Pontoise. La réserve faite alors était toute naturelle, puisque la prérogative royale était intacte. Le maintien par Louis VII de cette réserve pour Pontoise, alors que la pièce suspecte n° **227** ne la formule pas, nous paraît établir une contradiction entre les deux documents. Il est regrettable que l'original du présent diplôme, existant au temps de Marrier, ait disparu ; son examen aurait sans doute mis fin à tous les doutes.

consuetudine, nisi ex amore solummodo et prece, et voluntate et licencia Prioris, ibunt, exceptis hominibus de *Pontisara* quorum ista retinuit pater meus, sicut superius scriptum est. Preterea quicquid de feodo nostro predictis monachis Sti Martini datum est, vel in futurum poterunt, largiente Domino, adipisci, illis jure perpetuo confirmando concedimus. Quod ne valeat oblivione deleri, scripto commendavimus ; et ne possit a posteris infirmari, sigilli nostri auctoritate et nominis nostri karactere subterfirmavimus.

Actum *Parisius* in palatio nostro publice, anno Incarnati Verbi Mº Cº XXXº septimo, regni nostri quinto. Astantibus in palatio nostro quorum nomina subtitulata sunt et signa. S. RADULFI *Viromandorum comitis* et dapiferi nostri. S. WILLELMI buticularii. S. HUGONIS constabularii. S. HUGONIS camerarii.

Data per manum ALGRINI cancellarii.

A. Original perdu. — *B.* Copie de 1209, LL 1351, fol. 23, incomplète, non collationnée. — *C.* Vidimus de février 1275, L 870, commençant par ces mots : « Universis p. l. i. Officialis curie Parisiensis, salutem in Domino. Notum facimus nos, anno Domini Mº Cº LXXmo quarto, die dominica, post Purificationem Beate Marie Virginis, litteras inferius annotatas vidisse in hec verba. » Notre texte est établi d'après ce vidimus. — *D.* Copie du xvᵉ siècle, LL 1352, fol. 23'. — *E.* Copie du xviᵉ s., LL 1353, fol. 22'. — *F.* Copie du xviᵉ s., LL 1399, fol. 16-29. — *G.* Copie du xviiᵉ s., LL 1364, fol. 87'. Toutes ces copies dérivent de *B*.

Edit. a. Marrier, *Martiniana,* fol. 19'. — *b.* Marrier, *Monasterii S. Martini de Campis,* p. 26, d'après *A* (fac-similés du sceau et contre-sceau). — *c. Gallia christiana,* VII, Instrum., col. 59, tous deux d'après *a*. — *d.* Felibien, *Hist. de Paris,* III, 53-54. — *e.* R. de Lasteyrie, *Cartulaire de Paris,* p. 265, nº 271.

Ind. Luchaire, *Actes de Louis VII,* nº 14, p. 102.

243. — *Le pape Innocent II confirme à Saint-Martin l'église du Vieux-Crécy que les évêques de Meaux Bouchard et Manassé II lui ont donnée.*

(Rome, Palais de Latran, 11 avril 1138)

INNOCENTIUS episcopus servus servorum Dei, dilectis filiis TEOBALDO priori et fratribus monasterii *Beati Martini in Campis,* t. p.

q. f. regulariter substituendis in perpetuum. Que piis et religiosis locis, largitione episcoporum, liberalitate regum, conferuntur, libenti animo Apostolice Sedis munimine roboramus. Eapropter, dilecti in Domino filii, ecclesiam de *Veteri Creceio* (146), cum atrio omnibusque suis appenditiis, a venerabilibus fratribus nostris Burcardo *Meldensi episcopo* vobis pia devotione donatam, et a Manasse ipsius successore postmodum confirmatam, vobis vestrisque successoribus, et per vos monasterio B. Martini in perpetuum, presentis scripti pagina confirmamus ; statuentes ut nulli omnino hominum liceat eandem donationem infringere vel mutare, aut huic nostre confirmationi ausu temerario contraire. Si quis autem hoc audaci presumptione attentaverit, iram Dei omnipotentis et Beatorum Petri et Pauli apostolorum ejus incurrat. Datum *Lateranis*, per manum Almerici, sancte Romane ecclesie diaconi cardinalis et cancellarii, III idus Aprilis, indictione I, Incarnationis Dominice anno M° C° XXXVIII°, pontificatus vero domni Innocentii pape II anno VIIII°.

A. Original perdu. — *B.* Copie de 1209, LL 1351, fol. 7. — *C.* Copie du xv° s., LL 1352, fol. 6.

Edit. a. Marrier, *Monasterii S. M. de Campis historia*, pp. 379-380.

244. — *Guérin, évêque d'Amiens, confie à Saint-Martin-des-Champs l'église Saint-Gervais d'Encre, restituée par les laïcs qui la possédaient, en présence du légat Alberic et des évêques de Soissons et Châlons-sur-Marne.*

(1ᵉʳ janvier *ou* 3 avril 1138 — 1ᵉʳ janvier *ou* 23 avril 1139)

In nomine sancte et individue Trinitatis. Quia in corpore Xristi, quod est Ecclesia, prelatis tanquam oculis, major vigilantie cura super fideles et maxime religiosis imponitur, dignum est ut beneficia nostra conferamus quorum precibus pax nobis et securitas concedatur. Iccirco ego Guarinus (*a*) Dei gratia *Ambianensis episcopus*, ecclesiam *Sti Gervasii de Encra* (161), que diu contra Apostolica decreta in manu fuerat laica cum peste symoniaca, monachis *Sti Martini de Campis* libere et absolute do in elemosinam, cum omnibus appendiciis suis, in presencia domni ALBERICI *Hostiensis episcopi* et *Apostolice Sedis legati*, et donni GAUSLENI, *Suessionensis episcopi*, et donni GAUFREDI, *Cathalaunensis episcopi*. Teste donno GUARINO (*b*) *Ambianensis* ecclesie thesaurario, et magistro RAINERIO, *Cathalaunensi* archidiacono. Actum est anno Incarnati Verbi M° C° XXX° VIII°.

(*a*) Gaurinus *B.* — (*b*) Gaurino *B.*

A. Original perdu. — B. Copie de 1209, LL 1351, fol. 85'. — C. Copie du xvᵉ siècle, LL 1352, fol. 84. — D. Copie du xvıᵉ s., LL 1353, fol. 100. *Edit.* Marrier, *Monasterii S. M. de C. historia*, p. 298.

245. — *Pierre, évêque de Senlis, confirme à Pierre, prieur de Saint-Nicolas d'Acy, la propriété de tous les biens et bénéfices concédés à l'église Saint-Nicolas dans son diocèse.*

(Senlis, 1138)

In nomine sancte et individue Trinitatis. Notum sit omnibus, tam posteris quam et instantibus, domnum PETRUM, priorem eccle-

---

161. L'église Saint-Gervais d'Encre (aujourd'hui Albert, ar. Péronne, Somme), avait été donnée dès 1118, par l'évêque d'Amiens Enguerran à St-Martin-des-Champs, par des considérations identiques (t. I, p. 240).

La main laïque qui jusqu'alors avait retenu ce bénéfice était celle de Hugues II Candavène comte de Saint-Pol, que Baudoin VII, comte de Flandre, chassa d'Encre en 1115 et qu'il eût dépouillé de tous ses honneurs en lui enlevant Saint-Paul en 1117, s'il n'eût été retenu par la médiation d'Eustache III, comte de Boulogne. Ces événements sont visés par la charte de l'évêque Enguerran. Ce Hugues, qualifié *senior*, succéda dès 1083 à Gui Candavène; suivant une charte de Molesmes, il avait en 1095 deux fils, Enguerran I et Hugues III. Ils se croisèrent l'année suivante, et l'aîné succomba en Terre-Sainte au bout de deux ans. Hugues III, qualifié *junior* dans les textes, fut associé à son père, puis demeura seul comte, et c'est à lui qu'il faut attribuer la seconde restitution de Saint-Gervais en 1138. Ainsi l'affirme une charte de Thierri, évêque d'Amiens, donnée en 1154 et qu'on trouvera plus loin. Hugues III Candavène fit approuver cet acte par Anseau, son fils aîné; mais après sa mort, sous le pontificat de Thierri (donc après 1145), ses trois héritiers, Anseau, Enguerran II et Gui II,

sic *Sancti Nicholai de Aci*, precibus suis impetrasse ut ego Petrus, gratia Dei *Silvanectensis* ecclesie *episcopus*, altaria et decimas et cetera beneficia, que eidem ecclesie Sancti Nicholai et monachis ibi Deo famulantibus in elemosinam a fidelibus, pro animarum suarum remedio, collata sunt et in episcopatu nostro continentur, autoritate nostra laudarem et confirmarem, et sigilli nostri impressione corroborarem. Inprimis prebendam quam dedit illis bone memorie Clarembaldus, antecessor noster. Deinde ecclesiam de *Oiri* (162) cum minuta decima. Ecclesiam de *Coia* (162) cum atrio et minuta decima; lucum etiam cum terra arabili. Medietatem altaris de *Braio* (162). Medietatem minute decime de *Fontanis* (162) et nonam partem majoris decime. *Ecclesiam* ipsam *Sti Nicholai* in qua consistunt monachi; hospites, terram arabilem et prata que dedit Robertus vicedominus (163). Hospites decem, quos dedit Hermengardis (a) amita ejus, qui sunt in *vico Sancti Martini*, et prata et terram que sunt secus *ecclesiam Sti Nicholai*. Quatuor etiam arpennos pratorum ibidem, de elemosina domni Odonis de Gonessa (164), et duos de elemosina Johannis de Braio (162). Terram et prata que dedit Oilardus pincerna. Terram quam dedit Hugo de Silva et pratum unum. Villam que *Avilliacus* (165) dicitur, cum bosco et plano, et molendino et pratis, et viaria et justitia, et cum omnibus ad eandem villam pertinentibus; necnon et villam que *Fons Sancti Firmini* (165) dicitur, cum luco et plano, et viaria et justitia, et cum omnibus ad eandem villam pertinentibus. De ele-

---

retinrent les prébendes de Saint-Gervais; ils ne les rendirent aux moines qu'en 1154. Hugues II et Hugues III ont été souvent confondus, en dépit des textes.

162. Orry-la-Ville, ca. Senlis (Oise). — Coye, ca. Creil, ar. Senlis. — Bray, com. de Rully, ca. Pont-Sainte-Maxence, ar. Senlis. — Fontaine-Saint-Urbain, com. de Senlis.

163. La donation du vidame Robert fut confirmée en 1106 par Hubert, évêque de Senlis (t. I, p. 182). — Sur ces bienfaiteurs, voir t. I, pp. 65-66, notes 86 et 95. Ermengarde épousa Landri et en eut un autre fils nommé Gui, seigneur de Raray, qui en 1106 occupait la charge du vidame.

164. Sur Eudes I⁰ʳ de Gonesse, voir t. I, p. 84.

165. Avilly, com. de St-Léonard, ca. Senlis, était dès 1106 une propriété de St-Nicolas-d'Acy (t. I, p. 181). — Fontaine-Saint-Firmin, aujourd'hui Saint-Firmin, ca. Senlis, lui fut donné entre 1106 et 1124 (t. I, p. 279).

mosina domni Odonis Percebot (7) et uxoris ejus, duos hospites in *urbe Silvanectensi*, domum videlicet Oilardi Palmarii et domum Stephani que juxta prefatam domum sita est; apud villam que *Silve rivus* (8) dicitur, medietatem totius ville, quicquid etiam ad eos pertinebat apud *Loisiacum* (9) et de censu apud (10) *Barbariacum* (*b*), iiii^{or} solidos. Item, apud *Barbariacum* (*c*), terram quam ab Hugone, Elinandi filio, commutavit domnus Guido de Turre (166). Item, in *urbe Silvanectensi*, domum de *Solomonte* (167) et terram et vineam quam dederunt in elemosinam Ingelrannus et Odo frater ejus, et masuram Guidonis Parvi, cum vinea et torculari, et masuram Aszonis de Clea (168). Medietatem quoque (*d*) altaris de *Curtoilo* (169) et totam majorem decimam. Et terram et censum, et hospites quos dedit Hugo de Salice. Et terram quam dedit Robertus Brito. Presbiter vero, qui in *ecclesia Sti Nicholai* parochianis prefuerit, episcopo et archidiacono et canonicis *ecclesie Silvanectensis* debitam subjectionem exhibeat. Preterea sciendum est quod major et minor decima predicte ville que *Avilliacus* dicitur (165) et alterius ville que *Fons Sti Firmini* appellatur (165), canonicorum *ecclesie Sancte Marie* est, excepta tamen decima omnium animalium que proprie monachorum sunt in villa *Aci* et *Avilliaco*. Igitur ego Petrus, gratia Dei *Silvanectensis* episcopus, Prioris supradicti petitionem suscipiens, hec omnia suprascripta pro anime nostre et antecessorum nostrorum salute confirmamus, et jure perpetuo habenda et possidenda ecclesie S. Nicolai concedimus. Quod ne valeat oblivione deleri, scripto commendavimus, et sigilli nostri authoritate corroboravimus.

Actum *Silvanectis* publice, in capitulo Sancte Marie, anno Verbi Incarnati M. C. XXXVIII (*e*), episcopatus autem nostri v^{to}; astantibus quorum nomina subtitulata sunt et signa.

---

166. Avant 1124 (t. I, p. 279). Sur Gui de la Tour, regardé comme le fondateur du prieuré d'Acy, voir t. I, p. 183, et les Appendices au *Cartulaire de St-Martin de Pontoise*, pp. 281-283.
167. Ces propriétés furent acquises postérieurement à 1124.
168. Claye-Souilly, ar. Meaux.
169. Courteuil, ca. Senlis.

S. domni Petri *episcopi*. S. Hilberti decani. S. Oilardi archidiaconi. S. Bartolomei precentoris. S. Goisberti canonici. S. Odonis canon. S. Petri *prioris*. S. Giroldi. S. Radulfi, monacorum. S. Guarneri canon. S. Haymonis canon. S. Burdini canon. S. Landrici canon. S. Stephani canon. S. Drogonis canon. S. Odonis canon. S. Nevelonis canon. S. Renoldi prepositi.

(*a*) Hermengardis mater ejus *a*. — (*b*)-(*c*) ce passage est omis par *a*. — (*d*) altaris de Curtolio *a*. — (*e*)La copie *B* reproduite par D. Marrier s'arrête ici.

A. Orig. Arch. de l'Oise, H. 2577² ; portant au revers cette mention : « De ecclesia de Oyri . de Coic . de Braio . de Curtolio . de Fontanis Petri episcopi de omnibus que in episcopatu Silvanectensi habemus. » Traces de sceau appendu. — *B*. Copie incomplète, *Cartulaire de Saint-Nicolas d'Acy* (perdu ; cf. H. Stein, *Bibliographie générale des Cartulaires français*, nº 11, p. 2). — *C*. Copie certifiée par deux notaires du bailliage de Senlis, le 13 février 1609. Arch. de l'Oise, H 2577³. — *D*. Copie d'Afforty, *Collection de Senlis*, t. XIII, p. 850. — *E*. Copie de 1709, coll. Clairambault, vol. 562, fol. 362.

Edit. Marrier, *Historia S. Martini de Campis*, p. 292, d'après *B*.

Ind. Vattier, *Cartulaire du prieuré de Saint-Nicolas d'Acy* (publié dans les comptes-rendus et *Mémoires du Comité archéologique de Senlis*, 3ᵉ série, t. I, 1886, pp. 50-80).

246. — *Aluise, évêque d'Arras, donne à St-Martin-des-Champs et au prieur Thibaud II l'église de Pas-en-Artois, pour être unie au prieuré dont la construction va commencer dans cette paroisse.*

(Arras, 1138)

In nomine Patris et Filii et Spiritus sancti. Amen. Quoniam inter omnia veteris ac nove institutionis precepta duo maxime caritatis ubera commendantur, amor videlicet Dei et proximi, ego Aluisus (33), Dei gratia *Atrebatensis episcopus*, ecclesiam *Bli Martini de Campis* et fratres ejusdem loci maximo semper in Deum et propter Deum diligens et complexus affectu, ecclesiam de *Pas* cum appendiciis suis acthenus sub manu laica ancillatam, eo qui eam hucusque tenuerat et filiis ejus, canonicis etiam ipsius loci in hoc nobis assensum prebentibus, ad cellam ibi sub jure et ecclesia Sti Martini de Campis construendam et permansuram, Theobaldo venerabilii *priori Sti Martini*, ejusque successoribus, hujus presentis pagine auctoritate, salvo in omnibus jure et consuetudinibus Atrebatensis episcopi et archidiaconi, ministrorumque ejus, contradimus, et in libertate spiritus deinceps jure perpetuo possidendam, sigilli nostri impressione confirmamus; eo videlicet tenore ut presbiter parrochialis et ei deinceps successuri, qui a Priore ejusdem loci episcopo presentabuntur, et de manu episcopi curam ibi in populo agendam suscipient, unam de septem prebendis, primam scilicet que evenerit in futurum, perpetua successione obtineant. Presbiter vero interim, donec prebenda aperta sit, de jure parrochiali ibi vivat. Quicquid autem, vel in varia suppellectile, vel in agrorum et reddituum possessione, in vita clericorum ex devotione fidelium predicto loco conferetur, tam hoc quam ceteri ecclesie redditus fraterne inter clericos et monachos, sicut ad prebendas attinet, ex equo dividantur; nisi quid ab aliquo fidelium specialiter ipsis fratribus denominetur, proprium erit monachorum. Post mortem vero clericorum, presbiter parrochialis in eo statu in quo tunc prebende erunt, suam deinceps, sine participatione succedentis augmenti, obtinebit. Ipso autem presbitero decedente, tam domus ejus cum supellectile quam libri et ornamenta sacerdotalia ad ecclesiam et usum presbiteri substituendi remanebunt. Cetera vero ejus quelibet possessio, tam de mobilibus quam de immobilibus, in jus monachorum transibit. Hoc preterea adicientes sanximus et statuimus, quatinus prior et fratres de *Pas* ecclesie Bti M. de C. ad quam pertinent, duas uncias auri, unam in festivitate Bti Martini que est in hieme, et alteram in ejusdem festivitate que est in estate, annuatim persolvant. Volumus etiam et hoc in futurum conservari precipimus, quatinus prout res exterior, Deo largiente, in dies augebitur, ita numerus monachorum Deo servientium pro rerum facultate, ibidem multiplicetur, et sic ad hoc creverit ut, juxta *Cluniacensis* monasterii constitutionem, ex integro ordo ibidem conservetur. Ut autem hoc libertatis donativum ratum et inconvulsum permaneat, in augmentum firmitatis fideles testes adnotare procuravimus.

Signum domni Hugonis, *Atrebatensis* archidiaconi. S. donni Roberti, *Ostrevadensis* archidiaconi. [S. donni Gozuini, *Aquicinen-*

sis abbatis. S. d. Leonis, abbatis *Sti Bertini.* S. d. Absalonis, abbatis *Sti Amandi.* S. d. Hugonis, *Hansonensis* abbatis. S. d. Liberti, *Marcianensis* abbatis. S. d. Gileberti, abbatis *Sti Nicolai.* S. d. Hugonis, abbatis de *Monte Sti Eligii.* S. d. Ursionis, abbatis *Sti Remigii Remensis.* S. d. Balduini, abbatis *Sti Vincencii Silvanectensis.* S. d. Gervasii, abbatis *Sti Nicasii de Aridagamantia*] (171).

Si quis autem in crastinum, hujus nostre institutionis tenorem sciens, contra eam venire, temerare, minuere aut quolibet modo infringere presumpserit, si secundo terciove commo(nitus) non resipuerit et ecclesie Dei satisfecerit, hunc talem presumptorem et sanctorum canonum contemptorem excommunicationis severitati innodatum subicimus.

[Ego Alvisus, Dei miseratione, *Atrebatensis episcopus*, hoc libertatis donativum relegi, subscripsi † et in nomine Patris et Filii et Spiritus sancti, propria manu confirmavi.

Actum *Atrebati* in synodo, in basilica Bte Marie semper Virginis, Domine nostre, anno Dei Christi MCXXXVIII, indict. i, concurr. v. epacta vii, anno autem pontificatus domni Alvisi *Atrebatensis episcopi* vii] (172).

---

170. Pas-en-Artois, ar. Arras (Pas-de-Calais).

171. Goswin, abbé d'Anchin, élu 1131, † 7 octobre 1166 (*Gallia*, III, 411). — Léon, abbé de Saint-Bertin de Sithieu, élu 1138, † 26 janvier 1163 (*Gallia*, III, 498). — Absalon, abbé de Saint-Amand en 1123, † 19 septembre 1145 (*Gallia*, III, 262). — Hugues I, abbé de Hasnon, cité de 1129 à 1139 (*Gallia*, III, 402). — Libert, abbé de Marchiennes, cité de 1133 à 1138 (*Gallia*, III, 396). — Gilbert, abbé de Saint-Nicolas-aux-Bois, cité de 1133 à 1153 (*Gallia*, IX, 612). — Hugues, abbé du Mont-Saint-Eloi dès 1129, † 12 août 1151 (*Gallia*, III, 396). — Orson, abbé de Saint-Remi de Reims, omis par la *Gallia* (IX, 232), s'intercale entre Eudes, mort en 1137, et Hugues III, cité dès 1141. — Baudoin II, abbé de Saint-Vincent de Senlis, élu en 1138, † 17 octobre 1147 (*Gallia*, X, 1493). — Gervais, abbé d'Arrouaise élu en 1121, abdiqua en 1147 (*Gallia*, III, 634).

172. Aluise succéda comme évêque d'Arras à Robert Ier qui mourut un 20 février. L'inscription funèbre tracée sur une lame de plomb qui fut en 1633 trouvée dans le tombeau de Robert porte que son corps y fut placé en 1131 (1132, nouveau style). La 7ᵉ année de son successeur a commencé au plus tôt le 21 février 1138. Mais en raison de l'emploi de l'année pascale, les limites de date sont à restreindre du 3 avril 1138 au 23 avril 1139 (Cf. *Gallia*, III, 396).

A. Original perdu. — B. Copie de 1209, LL 1351, fol. 85', complétée des passages entre crochets, sans indication de collationnement à l'original. — C. Vidimus de l'Officialité de Paris en 1269 (*Catalogue de la collection Joursanvault*, n° 1036, t. I, p. 181). — D. Copie du xv⁰ siècle, LL 1352, fol. 84. — E. Copie du xvi⁰ s., LL 1353, fol. 100.

Edit. Marrier, *Monasterii S. M. de Campis historia*, p. 352.

247. — *Thibaud IV, comte de Blois, approuve l'accord intervenu entre Gautier, chanoine de Meaux, et St-Martin-des-Champs, au sujet de l'église de Vieux-Crécy.*

(1ᵉʳ août 1137 — 1138)

Ego THEOBAUDUS, *Blesensis comes*, laudo et confirmo et volo ut utrobique teneatur firmiter concordia illa, que pacta est inter monachos *Sancti Martini de Campis* et GAUTERIUM DE CRE[CE]IO, *Meldensem* canonicum, de ecclesie *Veteris Crecii* (146), per manum *episcopi Meldensis*, et per cirographum sigillo ipsius episcopi confirmatum. Ut autem hec concordia firma et inconvulsa imperpetuum teneretur, auctoritate sigilli mei per has litteras confirmavi. (a)

(a) Cette charte, ou du moins l'extrait qui nous est parvenu, ne comporte pas d'indications chronologiques. Elle a suivi d'assez près, sans doute, la confirmation accordée par l'évêque Manassé II, n° 240.

A. Original perdu. — B. Copie de 1209, LL 1351, fol. 115; non collationnée. — C. Copie du xv⁰ s., LL 1352, fol. 125. — D. Copie du xvi⁰ s., LL 1353, fol. 148'.

248. — *Fragment d'une charte de Josselin de Vierzy, évêque de Soissons, confirmant au prieuré de Ste-Gemme en Soissonnais, dépendant de St-Martin-des-Champs, un certain nombre de libéralités récentes.*

(1ᵉʳ août 1138 — 31 juillet 1139)

Cum ex debito officii nostri omnium ecclesiarum *Suessionensis diocesis* debitores simus, illis precipuum affectum debemus impendere que religione eminenti... (173)

173. Cette pièce, que nous n'avons rencontrée dans aucun cartulaire, émane de Josselin ou Jolin de Vierzy qui succéda à Lisiard de Crépy sur le siège épiscopal de Soissons dès 1126.

..... *Ste-Gemme* (174) bonorum contulit devocio, que videlicet et mediante *Sti Martini de Campis monasterio*, ad *Cluniacense*...

... DE CAMPIS dedit alodium suum de *Asceio* ecclesie *Ste Gemme*, scilicet VIII sol. censuales et II modios vini...

... heres jus, ALBERICUS DE ULCHEIO, NICHOL... DE CURTE LANDONIS, ROBERTUS filius ejus, monachus ejusdem ecclesie, dedit...

... RODULFUS DE ORBET dimidium modium, HELUIT DE VILLARE dimidium modium, DROGO filius amite...

... dedit ecclesie *Ste Gemme* hospitem unum ad *Curtem Hergis* in alodium. Minutam decimam...

... his testibus : Walcherius et nepos ejus, Hugo filius Widonis, TEODERICUS filius DROGONIS. Altaria de *Lerneis* (175)...

... nostre confirmationis formulam perturbare vel temerario ausu irritare temptaverit, secundo...

... episcopatus autem nostri x° III°, LUDOVICO LUDOVICI filio anno II regnante in *Francia*.

A. Orig. très mutilé, S 1434, n° 16. Sceau perdu.

249. — *Le chapitre de Senlis accorde aux moines de Saint-Nicolas d'Acy l'exemption de la dîme en leur jardin, moyennant six deniers de cens.*
(Senlis, 1139)

In Dei nomine, omnibus Christi fidelibus tam presentibus quam futuris, notum facimus quia domnus PETRUS, *prior Sti Nicholai de Achi*, cum ceteris fratribus ibidem Deo famulantibus humiliter nos-

---

174. Sainte-Gemme, ca. Châtillon-sur-Marne, ar. Reims. L'autel fut donné à St-Martin en 1096 par Hugues, évêque de Soissons (t. I, p. 118).
175. Largny, ca. Villers-Cotterets, ar. Soissons ; l'autel et l'église entière furent donnés à St-Martin par la comtesse Adèle de Vermandois en 1120 (t. I, p. 255). — Parmi les localités citées dans cette pièce : Acy, ca. Braisne, ar. Soissons ; Oulchy, ar. Soissons ; Courlandon, ca. Fismes, ar. Reims ; Orbais, ca. Montmort, ar. Épernay ; Courthiézy, ca. Dormans, ar. Épernay.

tram presentiam adeuntes, instanter petiverunt quatenus decimam orti sui retro ecclesiam suam positi, etiamsi ampliori capacitate idem locus possit dilatari, et quicquid intra murorum suorum ambitum continetur, sub aliquo censu eidem ecclesie concederemus. Quorum petitionem ego HIBERTUS, *ecclesie Beate Marie decanus*, OILARDUS archidiaconus, BARTHOLOMEUS precentor, cum ceteris canonicis nostris dignam ducentes, voluntati eorum satisfaciendo adquievimus et sub censu sex denariorum totam orti decimam, ut superius dictum est, ecclesie beati Nicholai unanimiter concessimus. Hoc siquidem actum est domno PETRO *episcopo* impresentiarum assistente et hoc statutum nostrum laudante. Preterea omne beneficium tam in decimis quam in redditibus aliis quod idem Petrus infra episcopatum suum beato Nicholao confirmaverat, laudavimus et assensum unanimiter prebuimus. Quod ratum et inconvulsum in perpetuum permanere volentes, sigilli nostri auctoritate et probabilium personarum astipulatione presentem paginam munimus.

Actum *Silvanectis* publice in capitulo Ste Marie, anno Verbi incarnati millesimo centesimo trigesimo nono, episcopatus domni Petri sexto, astantibus quorum nomina subtitulata sunt et signa.

S. Domini PETRI episcopi. S. HIBERTI decani. S. OILARDI archidiaconi. S. BARTHOLOMEI precentoris. S. Goisberti canonici. S. Odonis canonici. S. PETRI prioris. S. Radulfi monachi. S. Garnerii canonici. S. Haimonis canonici. S. RENOLDI prepositi.

Scellé en ovale en cire blanche brunée sur double corroye de cuir blanc. Une figure assise tenant de chaque main un bâton. SIGILL. SCE MARIE, sans contrescel.

A. Original perdu. — B. Copie d'Afforty, *Collection de Senlis*, t. XIII, p. 198, d'après les Archives de Saint-Nicolas, n° 4.
Édit. Vattier, *Cartulaire du prieuré de St-Nicolas d'Acy.*

250. — Eudes II, évêque de Beauvais, donne à St-Martin-des-Champs une nouvelle charte confirmant les bénéfices situés dans

son diocèse, déjà énumérés en 1136, et en outre la grande dîme de Viarmes, donnée par Dreux de Pierrefonds fils de Nivelon, et sa femme Béatrice; les églises de Noël-Saint-Remi et autres.

(Beauvais, 1140)

Quoniam (*préambule du n° 214, p. 39*) — instruantur. Ego frater Odo (*texte du n° 214, p. 40, se continuant jusqu'à* decime de Leencurte). Altare etiam de *Meru* (52) liberum a circata (a) cum atrio, omnibusque ad altare pertinentibus, necnon et decimam de *Mediacurte* (53). Ecclesiam quoque de *Wirma* (54) liberam a circata, cum decima ortorum qui *inter Sepes* dicuntur, et cum omni minuta decima quam Nevelo de Petrefonte (176) predicte ecclesie Sti Martini concessit; et majorem decimam de eadem *Wirma*, quam Drogo de Petrefonte filius prefati Nevelonis, et Beatrix uxor ejus, eidem ecclesie devote concesserunt, et ipsi confirmari rogaverunt. Ecclesiam etiam de *Noa Sti Remigii* (177), cum tota minuta decima, et duabus partibus majoris decime. Ecclesiam quoque du *Villa Bernosa* (178) cum quinque partibus totius decime. Ecclesiam etiam de *Roveredo* (178), et atrium, et medietatem totius decime. Ecclesiam insuper *Sti Audomari* (*suit la fin du texte du n° 214, pp. 40-41, jusqu'à* : sententie supponimus).

[Hujus rei testes sunt Henricus et Theobaldus archidiaconi, quorum concessione hoc factum est, Rogerus decanus, Johannes cantor, Ursio succentor, Arnulphus presbiter, Gualerannus et Matheus diaconi, magister Helinandus, Evrardus de Castanedo et Hilduardus decani, Hugo de Credulio, Guillelmus clericus noster.]

---

176. La donation de Nivelon est de 1127 ou un peu antérieure, comme on le voit par la charte de l'évêque Pierre, ci-dessus.

177. En marge, écr. du xiv° s. : « Auprès de St-Nicolas de Senlis ». Noël-St-Remi, éc. Roberval, ca. Pont-Ste-Maxence, ar. Senlis.

178. Brenouille, ca. Liancourt, ar. Clermont (Oise). — Rouvroy-les-Merles, ca. Breteuil, ar. Clermont.

Actum *Belvaci*, anno Incarnati Verbi M° C° XL, [episcopatus autem nostri VIII].

(a) Bien que la transcription de cette charte ait été revue sur l'original, il subsiste ici dans le ms. LL 1351 une lacune de dix-huit mots, dénaturant gravement le sens du texte.

A. Original S 1359, n° 3. Sceau perdu. — B. Copie de 1209, LL 1351, fol. 73', collationnée et complétée des passages entre crochets, sur l'original dont le sceau était déjà perdu. — C. Copie du xv° siècle, LL 1352, fol. 71'. — D. Copie du xvi° s., LL 1353, fol. 82.
Ind. Marrier, *Monasterii S. Martini de Campis historia*, p. 507.

251. — *Accord avec les Moines de Josaphat au sujet du bois des Tables.*

(1140)

De censu quem debent nobis monachi de Josaphat apud Carnotum. — Noverint in commune t. p. q. f. Ecclesie fideles quod monachi de *Josaphat* apud *Carnotum* ab anno Dominice Incarnationis M° C° XL° debent de censu, singulis annis, monachis *Sti Martini de Campis* de terra que dicitur de *Tabulis*, solidos xxv et iiii denarios et obolum, in festivitate Sti Remigii apud *Carnotum* persolvendos in perpetuum die ipso. Si autem de eadem terra amodo amplius acquisierint monachi de *Josaphat*, aut emptione aut dono, concessimus usque ad xxx sol., et non ulterius sine assensu nostro; ita tamen ut, datis prius debitis consuetudinibus acquisite terre, census pro modo et quantitate ejus in hoc ipso cirographo subscribatur.

A. Original perdu. — B. Copie de 1209, LL 1351, fol. 75'. — C. Copie du xv° siècle, LL 1352, fol. 73. — D. Copie du xvi° s., LL 1353, fol. 84'.

252. — *Louis VII confirme à St-Martin les cinq marchés annuels tenus, à des jours de samedi déterminés, soit à Janville, soit au Puiset, concédés par Ebrard III et précédemment approuvés par*

Philippe Ier et Louis VI, avec faculté pour les moines de les « commettre » à qui leur plaira.

(Paris, 1er janvier ou 7 avril — 24 octobre 1140)

In nomine sancte et individue Trinitatis. Quia, preordinante Spiritu sancto, per Esaiam de Ecclesia dicitur, quod « mamilla regum lactabitur et reges erunt nutricii ejus, » decet regalem pietatem tranquillitati et paci sancte Ecclesie per omnia providere, quatinus ipsi Ecclesie filii attentius Deo vacent, et catholicum regem ad regni gubernationem, orationum assiduitate, propensius adjuvare valeant. Hac igitur ratione ego Ludovicus, Dei gratia *rex Francorum et dux Aquitanorum*, concedo et confirmo *monachis Sancti Martini de Campis* donum, quod fecit eis Ebrardus de Puteacio (179), sicut confirmaverunt et concesserunt avus meus *rex Philippus* et pater meus *rex Ludovicus*, quinque scilicet mercata singulis annis, ubicumque sint in statutis terminis, sive apud *Hienvillam*, sive apud *Puteacium*, scilicet : mercatum secundi sabbati aprilis, et sabbati ante nativitatem sancti Johannis, et primi sabbati Septembris, et sabbati ante festum sancti Martini, et sabbati post octabas Epiphanie ; ita ut liceat monachis commendare mercatum suum cui voluerint. Et ut firmiter et perhenniter possideant, sigilli nostri auctoritate roboramus. Actum *Parisius* anno Incarnati Verbi M° C° XL°, regni nostri IX°.

A. Original perdu. — *B.* Copie de 1209, LL 1351, fol. 25, non collationnée, incomplète des souscriptions des grands officiers. — *C.* Copie du xve siècle, LL 1352, fol. 25. — *D.* Copie du xvie s., LL 1353, fol. 24. — *E.* Copie anal. du xviie s., coll. Duchesne, XX, 232.

Ind. Luchaire, *Actes de Louis VII*, n° 51, p. 115.

253. — *Etienne, évêque de Paris, concède et confirme aux moines de Cluny le tiers de la dîme de Bobigny, qui lui a été aumônée pour l'âme du chevalier Foulques de Jouarre.*

(Paris, 1er janvier ou 7 avril — 24 octobre 1140)

In nomine sancte et individue Trinitatis. Quia, juxta prophetiam

---

179. Sur cette concession d'Ebrard III du Puiset, cf. t. I, pp. 153 et suiv.

et evangelicam vocem, « veritates a filiis hominum diminui » et, refrigescente caritate, iniquitatem, proh dolor! videmus habundare, oportunum, immo necessarium est nos operam omnimodis dare quatinus iniquitatis multiplicitati et habundantie, per bonorum operum incrementa valeamus insistere. Hac igitur ratione, ego Stephanus, Dei gratia *Parisiorum episcopus*, concedo et confirmo monachis *Cluniacensibus* terciam partem decime de *Balbiniaco* (181), tam majoris quam minute, que data est eis pro anima Fulconis militis Jotrensis (182). Et ut hec rata et firma permaneant, presentem cartam sigilli nostri auctoritate firmari fecimus, signisque canonicorum nostrorum corroborari precepimus.

Actum *Parisius* anno ab Incarnatione Domini M° C° XL°, regnante Ludovico rege anno IX° (180).

A. Original perdu. — *B*. Copie de 1209, LL 1351, fol. 44, non collationnée. — *C*. Copie du xv° siècle, LL 1352, fol. 43'. — *D*. Copie du xvi° s., LL 1353, fol. 45.

254. — *Manassé II, évêque de Meaux, confirme la fondation du prieuré de St-Jean-Baptiste de Mauregard, par les frères Raoul et Gautier II d'Aulnay-les-Bondy.*

(Meaux, du 4 janvier au 7 avril 1140 — du 4 janvier au 30 mars 1141)

Omnibus ad quos presens scriptura pervenerit, Manasses, Dei miseratione, dictus *Meldensis episcopus*, salutem in Domino. Noverit universitas vestra quod domnus Radulphus de Alneto et domnus Walterius frater ejus, divina inspiratione commoti, pro animabus suis et predecessorum suorum, in villa que dicitur *Malregart* (183), ecclesiam quandam in honore Bti Johannis Baptiste

---

180. Le chancelier fait partir le début du règne de Louis VII du jour de son sacre comme roi-associé le 25 octobre 1131. L'année 1140 a commencé le jour de Pâques, 7 avril.
181. Bobigny, ca. Noisy-le-Sec, ar. Saint-Denis (Seine).
182. Jouarre, ca. La Ferté-sous-Jouarre, ar. Meaux.
183. Mauregard, ca. Dammartin-en-Goële, ar. Meaux.

8.

fundaverunt et, consensu et assensu nostro, monasterio *Cluniacensi* in elemosinam dederunt, cui etiam ecclesie, ad sustentationem monachorum, ibidem Deo et Sancto Johanni Baptiste servientium, de proprio redditu assignaverunt : Ipsam videlicet ecclesiam de *Malregart*, cum atrio et pertinenciis suis, in qua presbiter parochialis nichil omnino habet, preter medietatem oblacionum que ad manum ejus venerint, et confessiones suas, et in festivitate Sancti Johannis Baptiste tantummodo IIII denarios et in mense augusti modium unum ybernalis annone ; qui presbiter ab ipsis monachis eligendus et in eadem ecclesia ponendus est. In ipsa villa furnum unum, et tam majorem decimam quam minorem, et totam decimam de essartis qui ad rogum sunt, et XIV sol. censuales ibidem, et duas partes decime in rupticiis ultra, et totum nemus quod appellatur *Briteil* et usuarium suum in silvis prefati WALTERII, ultra *Monciacum*, ad comburendum et edificandum. Terram eciam quandam juxta eandem villam, a pred. RADULFO emptam. Hec quidem omnia in episcopatu nostro habita (*a*), per manus nostras investituram seped. monachis irrevocabiliter donaverunt. Et quicquid ipsi monachi in posterum jure ac legaliter acquirere poterunt, infra fines terre et feodi ipsorum, ipsis monachis possidendum concesserunt. Preterea, sub nostra testificatione, quedam alia in aliis episcopatibus sita, eisdem monachis concessa et donata sunt : In episcopatu videlicet *Parisiensi*, in villa que dicitur *Tournedos* (*b*) furnum unum ; et juxta *Villampictam*, molendinum unum quod vocatur *Molendinellum* (*c*). Medietatem decime quam RADULPHUS, *infirmarius de Sto Martino*, in vadio apud *Cevrent* accepit pro XL lib. pruviniensium ; cujus alteram medietatem infirmarius habet eo tenore ut si suprad. decima redimatur, ecclesia de *Malregart* C et X sol. par. super medietatem suam obtineat. In villa eciam que *Monciacus* dicitur, pratum unum. In episcopatu *Silvanectensi* modium unum annone in molendino de *Hermanevilla* (*d*) quod *Comitissa de Domnomartino* pro anima comitis (*e*) ipsi ecclesie contulit. Quod (*f*) ne tractu temporis vel malignantium versutiis in dubium revocetur, petitione domni RADULPHI DE ALNETO et WALTERII fratris ejus, presenti scripto et sigilli nostri appositione confirmavimus (*g*). Actum *Meldis*, Incarnationis Domini M° C° XL° anno, ordinationis nostre septimo (184).

(*a*). *D* vel in posterum jure et legaliter adquerenda, per manus nostre investituram sepedictis monachiis inrevocabiliter donaverunt. Preterea, etc. — (*b*). *D* Tornados. — (*c*). *D* Molinellum. — (*d*). *D* Ermenovilla. — (*e*) *D* « in elemosinam contulit. » — (*f*). « ne malinantium versutiis. » — (*g*). Ici s'arrête la copie *D*.

A. Original perdu. — *B*. Copie de 1209, LL 1351, fol. 62, non collationnée. — *C*. Vidimus de Michel Boursier, notaire apostolique, du 29 août 1464. S 1422, n° 18. — *D*. Autre édition du même privilège, comportant les variantes indiquées en note : copie de 1209, LL 1351, fol. 63', non collationnée. — *E*. Copie du xv° siècle, LL 1352, fol. 61', d'après *D*. — *F*. Copie du xvi° s., LL 1353, fol. 67, d'après *D* ou *E*.

Edit. a. Marrier, *Monasterii S. M. de Campis historia*, p. 396. — *b*. Toussaint du Plessis, *Histoire de l'église de Meaux*, t. II, Pièces justificatives, n° LXII, p. 36.

Ind. Gallia christiana nova, VIII, 1614.

255. — *Etienne, évêque de Paris, concède et confirme aux moines de Saint-Martin-des-Champs les églises de Drancy et de Charonne, avec quelques parties des dîmes de ces paroisses.*

(Paris, 1ᵉʳ janvier ou 7 avril 1140 — 1ᵉʳ janvier ou 30 mars 1141)

In nomine sanctæ et individuæ Trinitatis. Quia juxta propheticam et evangelicam vocem, veritates a filiis hominum diminui, et, refrigescente charitate, iniquitatem, proh dolor! videmus habundare, oportunum, imo necessarium est nos operam omnimodis dare, quatenus iniquitatis multiplicitati et habundantiæ, per bonorum operum incrementa, valeamus resistere. Hac igitur ratione, ego STEPHANUS, Dei gratia *Parisiorum episcopus*, concedo et confirmo monachis *Sancti Martini de Campis* qui manent juxta *Silvanectis*, in villa quæ dicitur *Acy*, ecclesiam de *Derenciaco* (185) cum omni

---

184. L'épiscopat de Manassé II a commencé en 1134, après le 3 janvier, date funèbre de son devancier Bouchard.

185. Drancy, ca. Noisy-le-Sec, ar. Saint-Denis (Seine); l'église fut concédée à St-Martin en 1098 (t. I, p. 132).

minuta decima, et tertia parte majoris decimæ, tam vini quam segetis. Et ecclesiam de *Carrona* (186) similiter, cum omni minuta decima, et tertia parte majoris decimæ, tam vini quam segetis. Et ut hæc in sempiternum rata et firma permaneant, præsentem cartam nostri authoritate sigilli firmari fecimus.

Actum *Parisius* publice in capitulo Beatæ Mariæ, anno Incarnati Verbi M. CXL.

A. Original perdu. — B. *Cartulaire du prieuré d'Acy*, perdu. — C. Copie d'Afforty, *Coll. de Senlis*, t. XIII, p. 872.
Édit. Marrier, *Monasterii S. M. de Campis historia*, p. 296, d'après A.
Ind. Vattier, *Comité archéol. de Senlis*, 1886, d'après C.

256. — *Eudes, sous-prieur de Saint-Martin-des-Champs, et Hugues de Crécy, religieux de ce monastère, sont au nombre des arbitres qui réconcilient le roi Louis VII et Augrin, archidiacre d'Orléans* (187).

Hic est modus pactionis et pacis quæ inter dominum *regem Francorum* Ludovicum et Algrinum, *Aurelianensem* archidiaconum, per manum religiosissimi viri Bernardi abbatis *Clarevallensis*, et Hugonis *Autissiodorensis episcopi*, et Sugerii abbatis *Beati Dionisii* et Imari *Monasterii-Novi*, et Andreæ de Baldemento (31) et Gauterii de Mesalam et Hugonis de Creceio et Odonis subprioris *Beati Martini de Campis* et aliorum religiosorum virorum, apud *Crispiacum* castrum Radulfi *Viromandorum* comitis facta est et concessa.

---

186. Charonne, anc. commune englobée dans l'agglomération parisienne. Le don de l'église est une adjonction aux bénéfices de St-Martin ; dans la bulle de 1147, les églises de Drancy et Charonne sont confirmées au monastère.

187. Cette pièce n'est point datée. Dom Bouquet et Luchaire ont proposé de la placer « vers 1140 ». Nous croyons qu'elle se rapproche davantage de la date de la charte suivante. On remarque, en effet, dans cette dernière, l'intervention des deux archidiacres naguère ennemis, Henri (pour qui son frère avait pris parti) et Augrin, maintenant réconciliés, et leur intercession s'exerce en faveur de Saint-Martin-des-Champs, dont le sous-prieur Eudes fut l'un des amiables compositeurs du traité.

Prædictus siquidem dominus *Rex Francorum* bonam et plenam et firmam pacem de se et de omnibus hominibus suis, et de Henrico et Roberto fratribus suis, specialiter prædicto Algrino et omnibus rebus et hominibus suis tam clericis quam laicis, composuit. — (*Suivent les autres clauses de l'accord.*)

A. Original perdu.
Edit. a. Duchesne, *Hist. Franc.*, IV, 764. — b. Bouquet, *Recueil des Historiens de France*, XVI, 6-7, d'après a.
Ind. Luchaire, *Actes de Louis VII*, n° 67, p. 121.

257. — *Hélie, évêque d'Orléans, à la demande de Louis VII et de Henri, son frère, archidiacre d'Orléans, et de l'archidiacre Augrin, confirme Saint-Martin-des-Champs dans ses droits sur les paroisses de Janville et Neuvy-en-Beauce.*

(Orléans, 1ᵉʳ janvier ou 19 avril — 2 août 1142)

In nomine sancte et individue Trinitatis. Notum esse volo omnibus sancte Dei Ecclesie curam gerentibus t. p. q. f. quod ego Helias Dei gratia *Aurelianorum episcopus*, precibus domini nostri nobilissimi *regis Francorum* Ludovici, et Gaufridi, venerabilis *Carnotensis* episcopi, Apostolice Sedis legati, et archidiaconorum nostrorum Henrici videlicet predicti *Regis fratris*, et Algrini, concedo monachis *Sti Martini de Campis* apud *Hienvillam* (153) Deo servientibus, in ipsius *Hienville ecclesia*, que eorum est, duas partes oblationum que ad altare capellani offeruntur, vel per manus capellani ipsius recipiuntur; et omnes candelas et omnes panes sine parte capellani, et duas partes omnium lessorum mobilium rerum; terra vero si donata vel dimissa fuerit, monachorum erit. Duas etiam partes sponsalium et injuramentorum. Et in *Noveville* (153) *ecclesia*, que similiter ipsorum monachorum est, medietatem de cunctis oblationibus et, annualibus festis, duas partes panum et candelarum sicut et jampridem habuerunt, tempore predecessoris mei, bone memorie Johannis. Quod ut ratum et inconcussum permaneat, sigilli nostri auctoritate confirmo.

Actum *Aurelianis*, anno ab Incarnatione Domini M° C° XLII°, regnante Ludovico *juniore*, anno regni ejus quinto.

A. Orig. perdu. — B. Copie de 1209, LL 1351, fol. 78'. — C. Copie du xve siècle, LL 1352, fol. 76. — D. Copie du xvie s., LL 1353, fol. 89.

258. — *Manassé II, évêque de Meaux, adresse à Thibaud II, prieur de Saint-Martin, des lettres confirmant l'abandon fait en faveur du prieuré par Marguerite de Marnoue de ses droits sur les églises d'Esse (?) et de Mareuil, entre les mains de Bouchard, évêque de Meaux, prédécesseur de Manassé II.*

(Meaux, 1142)

Manasses, Dei gratia *Meldensis* ecclesie humilis *minister*, Theobaudo (*a*) *priori Bti* (*b*) *Martini de Campis* suisque successoribus in perpetuum. Ex injuncto pontificatus officio nobis imminet (*c*) ecclesiis Dei paternam sollicitudinem impendere, et tam utilitati quam quieti earum imposterum providere : ut igitur scientium participatione ab oblivionis interitu defendatur (*d*), tam posteris quam modernis, presenti pagina, notum habeatur quatenus Margareta (*e*) de Marnoa (188), Dei amore (*f*) et anime sue salute, dedit Deo et *ecclesie Bti Martini de Campis* per manum predecessoris nostri, pie recordationis (*g*) Burchardi (189) quicquid habebat in ecclesia de *Asceia* (190), in magnis decimis et parvis, et (*i*) in oblationibus. Preterea eisd. monachis quicquid habebat in ecclesia (*j*) de *Marolio* (190) per manum prefati Burcardi (*g*) similiter dedit. Huic (*k*) pacto laudabiles persone interfuerunt et nomina sua subscribi preceperunt : Theobaudus (*l*) archidiaconus, Hugo decanus, magister Gerricus (*m*). Postremo ut hoc donum stabile permaneat et incon-

---

188. Marguerite de Marnoue paraît dans une charte précédente, de 1126-1129 (n° **208**). V. p. 25, note 29.

189. Bouchard, év. de Meaux (1120-4 janvier 1134).

190. Esse, com. de St-Augustin, ca. et ar. Coulommiers? — Du Plessis a lu *Marnoa*, mais les cartulaires portent *Marolio*; l'église de Mareuil est en effet mentionnée par Innocent II en 1143 (n° **265**), mais la bulle d'Eugène III en 1147 (n° **295**) omet Mareuil et indique seulement « capellam de Marnoa ». Cf. note 84, p. 43.

cussum, presentibus litteris adnotari et sigillo nostro precepimus corroborari. Si quis vero, quod absit, hoc donum ausu temerario violare presumpserit, Dei auctoritate et ligandi atque solvendi ab eo nobis concessa potestate, anathema sit.

(*n*) Actum *Meldis*, anno ab Incarnatione Domini MCXLII.

(*a*) Thetbaudo *a*. — (*b*) S. *a*. — (*c*)-(*d*) passage omis par *a* et remplacé par « etc. » — (*e*) Marguareta *a*. — (*f*) et sue salutis *a*. — (*g*) Buchardi *a*. — (*h*) Asceio *B C D*, Acia *a*. — (*i*) tam in magnis decimis et in parvis quam in *a*. — (*j*) de Marnoa *a*, de Marolio *B C D*. — (*k*) facto *a*. — (*l*) Theobaldus *a*. — (*m*) Guericus *a*. — (*n*) La date est omise par *B C D*.

A. Orig. jadis « in Tabulario Monasterii Sancti-Martini de Campis ».
B. Copie de 1209, LL 1351, fol. 64, non coll. — *C*. Copie du xv⁰ siècle, LL 1352, fol. 62. — *D*. Copie du xvi⁰ siècle, LL 1353, fol. 69.
Edit. *a*. T. du Plessis, *Hist. de l'église de Meaux*, t. II, Pièces just., p. 39, n⁰ LXV, d'après *A*.
Ind. *Gallia christiana nova*, VIII, 1614, d'après *a*.

259. — *Etienne, évêque de Paris, s'accorde avec Saint-Martin au sujet d'une carrière qui, récemment établie à Saint-Cloud, a amené la démolition de deux maisons qui étaient la propriété commune du chapitre et du prieuré. Par compensation, le prélat abandonne aux moines, tant que ces maisons n'auront pas été rebâties, l'avouerie, vulgairement appelée la voirie, des vignes du prieuré à Saint-Cloud.*

(1124 — 1143)

In nomine Patris et Filii et Spiritus sancti, amen. Quoniam que ecclesiis concedimus, ut ea quiete possideant, summopere curare debemus, ego Stephanus *Parisiace sedis episcopalis minister*, licet indignus, cujusdam vinee in territorio *Sancti Clodoaudi* (*a*) site advocationem, que vulgo viaria (*b*) dicitur, monachis *Sti Martini de Campis* imperpetuum habendam concedo. In hac vinea mansiones duorum hospitum habent; sed cum de alio loco de quo, ad usus nostros et aliorum, modo lapides extrahantur, duo alie mansiones, michi et ipsis communes, hac de causa dirute sunt, et sic usumfructum earum in parte amittant (*c*), ne eos molestem quorum utilitati debeo providere, mutua recompensatione, hujus viarie que nostra erat, dampnum restituo, sub tali tamen conventione quod si forte contingeret (*d*) in loco lapidum predictas mansiones reedificari, vel episcopus eas ex integro haberet, vel hec viaria ad jus episcopale rediret. Ne ergo alicui successorum nostrorum calumpnia vel alia inquietatione deinceps tali recompensationi licitum sit obviare, nostra auctoritate interdicimus ; et ut ratum et stabile permaneat hoc in futurum, sigilli nostri munimine sanccimus et, presenti scripto, memorie posteritatis commendamus (*e*).

(*a*) Sancti Theobaldi *C D E*. — (*b*) Maria *C D E*. — (*c*) quittant *C D E*. — (*d*) contigerit *C D E*. — (*e*) commendavimus *C D E*.

A. Original K 23, n° 6^{1b}. — B. Copie de 1209, LL 1351, fol. 43, collationnée sur A et rectifiée. — C. Copie du xv° s., LL 1352, fol. 42, d'après la copie B primitive, avec cette mention marginale : « une vigne au terrouer St-Thibault, qu'on appelle la Marie ». — D. Copie du xv° s., LL 1358, fol. 32, d'après C. — E. Copie du xvi° s., LL 1353, fol. 42', d'après B fautif ou d'après C.

Edit. Tardif, *Monuments historiques*, n° 460, p. 251.

260. — *Henri Sanglier, archevêque de Sens, reconnaît à Saint-Martin-des-Champs le droit de présentation à la cure de Dormelles, avec partage du casuel.*

(1131 — automne 1143)

Ego HENRICUS, *Senonensis archiepiscopus* (191), notum fieri volo t. p. q. f. fidelibus quod TEOBAUDUS, venerabilis *prior Sti Martini de Campis*, humiliter a nobis petiit ut partem oblationis quam in ecclesia de *Dormilla* (192) habent, memorie litterarum traderemus et confirmaremus. Pars monachorum est omnis medietas in omnibus oblationibus, tam in dominicis quam in festivis diebus, et in celebratione missarum pro defunctis, dum corpus presens est. Habent

---

191. Henri Sanglier fut archevêque de Sens du 25 décembre 1122 au 10 janvier 1145. Les limites sont celles du priorat de Thibaud II.

192. Dormelles, ca. Moret, ar. Fontainebleau.

eciam medietatem ovorum et caseorum, vel eorum que pro his dantur, in Pascha et in Rogationibus. Defuncto autem predicte ecclesie presbitero, monachi alium presentabunt, et si idoneus fuerit, per manum eorum in ecclesia substituatur. Hoc autem ut ratum et inconcussum permaneat, sigilli nostri impressione firmavimus.

 A. Original (non daté), avec sceau épiscopal, L 876, n° 71. — B. Copie de 1209, LL 1351, fol. 34, collationnée. — C. Copie du xv° s., LL 1352, fol. 35. — D. Copie du xvi° s., LL 1353, fol. 34'.
 Edit. Marrier, *Monasterii S. Martini de C. historia*, p. 523.

261. — *Accord entre le prieur Thibaud II et Ausende, femme du banquier Evrard, devenue religieuse de Montmartre, ayant laissé ses biens au prieuré de St-Martin-des-Champs sous réserve d'une rente viagère.*

(1134 — automne 1143)

Ego frater THEOBALDUS, *prior Sti Martini de Campis,* et totus conventus ejusdem ecclesie, t. p. q. f. notum fieri volumus quod domina AUSENDIS, conjunx EVRARDI, creditoris nostri, quando in ecclesia de *Montemartirum* se conversioni dedit, tam in domibus quam in vineis vel agriculturis quicquid possidebat, pro remissione peccatorum suorum et salute anime sue, Deo et ecclesie *Bti Martini de Campis* in jus hereditarium æternaliter possidendum concessit; excepto quod septem quarteria vinearum sibi retinuit, cetera nobis omnino relinquens. Hoc tamen tali pactione ab ipsa nobis concessum, et sigilli nostri impressione confirmatum est, ut et nos propter rei hujus assertionem, eidem AUSENDI x libras in continenti daremus, et in futurum, singulis annis quibus ipsa vixerit, modium frumenti et xx solidos ei persolveremus. Post mortem vero ipsius, de modio frumenti et de xx solidis necquicquam a nobis requiretur, quoniam totum condonatum erit, et quicquid ecclesie nostre in helemosinam dedit, absolute et libere ex tunc et deinceps possiderimus. Ad memoriam igitur helemosine quam nobis fecit, ei concedimus ut tantum in morte sua, pro ipsa fiat quantum pro quodam de monachis nostris facere solemus. Si qua vero placita interim propter ipsam exorta fuerint, ea pro posse nostro ad bonam finem perducere curabimus, *abbatissa de Montemartirum* ab illis absoluta permanente, preter quod si quicquam pecunie pro placitis terminandis oportuerit dari, *abbatissa de Montemartirum* medietatem dabit, et nos etiam medietatem dabimus. *Cirographum* (193).

A. Orig. S 1359, n° 27. Sceau perdu.

262. — *Laurent, prieur de Saint-Denis de la Châtre, avec l'assentiment de Thibaud II, prieur de St-Martin-des-Champs, abandonne à l'abbaye de Saint-Germain-des-Prés deux arpents de vigne au terroir d'Issy, moyennant la somme de douze livres.*

(1137-1143)

Notum sit omnibus t. p. q. f. quod LAURENTIUS, *prior Sancti Dionisii de Carcere*, assensu domini THEOBALDI, *prioris* ecclesie *Cluniacensis* necnon et *Sancti Martini de Campis*, et assensu tocius ecclesie ejusdem capituli, duo arpenta vinearum que ecclesia Sancti Dyonisii de Carcere habebat apud villam que dicetur *Exitus* (194) ecclesie *Sancti Germani de Prato* pro duodecim libris in perpetuum concessit. Quod ne valeat oblivione deleri, scripto commendavimus et sigilli nostri impressione firmavimus.

A. Original perdu. — B. Copie du xiiie siècle, *Cartulaire AB de Saint-Germain-des-Prés*, LL 1025, fol. 36'. — C. Copie du xive s., LL 1029, fol. 61.
Edit. René Poupardin, *Recueil des chartes de Saint-Germain-des-Prés*, t. I, p. 146.

---

193. Cette pièce ne figure pas au *Recueil de Chartes de l'abbaye de Montmartre* édité par Edouard de Barthélemy. L'original ne porte aucune date. Les limites à fixer sont, d'une part, la constitution à Montmartre d'une abbaye de femmes ; de l'autre, l'élection du prieur Thibaud II à l'évêché de Paris.

194. Les copies des deux Cartulaires portent cet intitulé : « Hec littera est de duobus arpentis apud Issiacum ». Aussi, avec M. Poupardin, traduisons-nous par Issy, encore que *Issou*, plus voisin comme son de *issue*, répondît mieux à « Exitus ». Il n'est stipulé aucun cens, et la « concessio » est bien une cession

263. — *Le prieur Thibaud II relate les nombreuses libéralités de Hugues* (de Brunoy) *fils de Garnier* (de Paris) *et de sa femme Havise* (Avoie), *qui a donné vingt marcs pour acheter la dîme de Viarmes : leur anniversaire auquel sont associés leurs fils et leurs filles sera célébré avec le même éclat que celui de l'archidiacre Dreux* (de Mello), *bienfaiteur de St-Martin.*

(1138 — 1143)

Notum sit omnibus t. p. q. f. domnum Hugonem filium Warnerii uxoremque ejus Havidem ecclesie *Sti Martini de Campis* redditum quendam adquisisse, emptum xx lib. parisiensis monete, qui inter *Sanctum Marcellum* et *Sanctum Victorem* habetur. Preterea memorata Havis dedit marcas xx, pro decima ville que dicitur *Wilma* (54). Hanc igitur decimam memoratumque redditum ad coquinam in servitio ordinavit fratrum. Ego autem Tebaldus, *prior*, omnisque conventus, pro tantis beneficiis, concedimus ut anniversarium memorati Hugonis ipsiusque Havidis atque *filiorum* ejus atque *filiarum* annis singulis fiat. In quibus fratres a cellerario plenam habeant refectionem, sicut fieri solet in anniversario domni Drogonis *archidiaconi* qui dedit elemosinam de *Mairolis* (75). Concessimus etiam ipsi Havidi festivitatem Ste Marie Magdalene sollempnius fieri qua fieri consuevit, in qua etiam siquidem prioribus, refectionem a cellerario fratres recipiant, fiatque memoria eorum ipsa die a fratribus in capitulo. Concedimus etiam in obitu Hugonis atque Havidis tantumdem fieri quantum pro monacho *Cluniacensi*. Preterea ad hec que supra diximus addiderunt etiam dimidium modium frumenti per singulos annos in *molendinis* que sunt sub *ecclesie Sancti Landerici*, et decimam unam in

---

de propriété consentie pour la très grosse somme de six livres par arpent. Les dates extrêmes établies par M. Poupardin sont celles de la dernière mention de Henri, prédécesseur de Laurent, et de l'élection au siège de Paris du prieur Thibaud II. Cet acte nous apprend que Thibaud II, de même que son devancier Mathieu Ier, fut appelé temporairement à remplir la charge de grand prieur à Cluny, sans pour cela renoncer à la direction de la communauté parisienne. Voir note 22.

pago *Trecasino* sitam, in vico qui dicitur *Montineum*, et redditum domus quam nobis, supra *Pontem magnum*, edificaverunt, et modium frumenti in decima ville de *Clemmaart* (4) que proprie data sunt ad cenas monachorum, quas etiam per manum subprioris, quicumque sit ille, administrari instituimus. Concedimus quoque per singulos annos memorate Havidi post diem anniversarii ejus qui apud nos sollempniter celebrabitur, pro anima ejus tricenarium fieri, et quousque finiatur panis et vinum datur.

Copie du xiv° siècle, Ms. lat. 17742, fol. 332 v°.

264. — *Eudes Percebot III, petit-fils d'Eudes Percebot I*[er]*, revendique une terre à Barbery que son aïeul avait possédée et qu'ensuite dame Agnès et son mari Jean donnèrent à St-Nicolas d'Acy. La reine-douairière Adèle (Adélaïde) et son second mari Mathieu (de Montmorency) en qualité de suzerains (Adèle étant dame de Barbery) négocient une transaction : Eudes reçoit des moines vingt livres et un muid de froment, sa femme vingt sous, plus une rente de quatre muids de grain. Parmi les témoins : Thibaud II, prieur, et Pierre, sous-prieur de Saint-Martin ; Aimar II, prieur de Saint-Leu d'Esserent ; Gautier Torel, prieur de Saint-Nicolas ; Pierre, prieur de Saint-Adrien ; le vidame Ives de Senlis, Pierre de Gonesse et son fils Thibaud ; Evroin et Boniface, clercs de la Reine.*

(1141 — automne 1143)

Notum sit presentibus et futuris quod *Ecclesia Beati Nicolai Silvanectensis* tenebat per elemosinam Domine Agnetis et mariti illius nomine Johannis, apud villam que dicitur *Barberi* (10), quamdam culturam et terram que fuit Odonis qui dictus est Percebot, quam calumpniatus est Odo qui ipse dicebatur Percebot, nepos predicti Odonis (7) et usque adeo Ecclesiam Beati Nicolai pro eadem terra persecutus est, quod excommunicationem incurrit. Ad ultimum, tam ipse quam monachi prefate ecclesie in presentia Domine Adele *regine* et Domini Mathei mariti ejus, sub quorum dominio tunc temporis terra illa erat (195), convenerunt et isto fine firmissimam concordiam inierunt. Monachi dederunt predicto Odoni viginti libras et unum modium frumenti, et uxori illius viginti solidos. Concesserunt iidem Odoni insuper singulis annis quatuor modios annone que crescit in prefata terra ad modium Silvanectensem, duos videlicet modios ivernagii et duos modios avene qui usque ad festivitatem omnium Sanctorum debent solvi, et ipse Odo vel ad *Sanctum Nicholaum* vel ad *Barberi* veniet eos querere. Ipse autem totam prefatam culturam et terram libere et absolute monachis possidendam, vel quidquid de ea facere vellent concessit et adversus omnes calumpnias se eam monachis patrocinaturum promisit, et per fidem suam hanc conventionem se tenere pepigit; *Regina* vero et Dominus Matheus hujus pactionis pro eodem Odone erga monachos obsides fuerunt et sui sigilli impressione hanc conventionem confirmaverunt. Hujus rei testes sunt : De monachis, Theobaldus *prior Sti Martini*, Petrus subprior; Haimardus, prior *Sti Lupi*, Walterius, prior *Sti Nicholai* (196); de

---

195. L'intervention de la reine douairière, Adélaïde de Maurienne, veuve de Louis le Gros, remariée en 1141 à Mathieu Ier de Montmorency (*Art de vérifier les Dates*, II, 646), s'explique par le fait que le domaine de Barbery fut compris dans sa dot. Elle en disposa en faveur de l'abbaye de Montmartre, ce que Louis VII confirma par un diplôme de février-mars 1155. Cette approbation royale était indispensable pour une aliénation du domaine de la Couronne concédé en douaire; elle fut accordée en 1146 pour le moulin de Barbery; mais un jugement de la Cour, en 1155, ordonna la restitution par Pierre le Queux d'une terre que la reine avait en sa faveur démembrée du même domaine, de son propre chef; en 1156 un autre concessionnaire d'une portion de ce domaine, Guillaume le Normand, fut autorisé à l'engager à l'abbaye de Montmartre, sous la réserve qu'il ne pourrait le vendre qu'aux religieuses de ce monastère, devenues dames de Barbery (Luchaire, *Actes de Louis VII*, n°s 172, 341, 360, 376, pp. 154, 209, 216, 221).

196. Le premier prieur de St-Nicolas d'Acy, suivant la *Gallia christiana*, se nommait Gautier et mourut peu avant 1138. A cette date et en 1139 on rencontre le prieur Pierre Ier (n^{os} **245** et **249**). Le prieur Gautier II, qui souscrit ici, est vraisemblablement celui dont le Nécrologe d'Acy note le décès au 1er mai : « Kal. Maii, obiit Galterius Torel, prior hujus loci. » Le surnom n'est ordinairement donné qu'en cas de succession immédiate ou très rapprochée de deux homonymes, pour différencier *le second*. Le sous-prieur des Champs, Pierre, remplaça Gautier II Torel peu de temps après que cette charte fut écrite, et ce prieur Pierre II vécut jusqu'au 24 septembre 1163. Le Nécrologe de Notre-Dame

clericis, PETRUS, prior *Sti Adriani*, EBROINUS et BONIFACIUS, *clerici Regine*. [De laicis, RADULPHUS DE CHIRODONO, RAINOLDUS COCUS, et ROBERTUS, frater ejus ; RICHARDUS castellanus et JOHANNES, frater ejus, PAGANUS, ejus sororius ; BERNARDUS TORCHARDUS, PETRUS SEPARATUS, JOSCO DE FONTE SANCTI FIRMINI (165), et FRIDERICUS ejus filius ; MARTINUS, sororius ejus ; RADULPHUS, major de *Esviliaco* ; FULCO DE ASCI, Wasco, Robertus. Uxor vero ipsius Odonis, tempore hujus pactionis, de puerperio jacebat (197). Propterea, cum ad Sanctum Nicholaum venisset, hoc pactum concessit coram testibus his subnotatis. Ex parte sui : HERBERTO DE INSULA, RAINALDO filio WARNERII clerici, GUIDONE PARVO, GARNERIO filio RADULFI, PAGANO, patre HERBERTI. Ex parte monachorum : IVONE, *vicedomino* (198), PETRO DE GONESSA et THEOBALDO filio ejus (199), MALENUTRITO (?), Adam deffosse, GILONE filio RADULFI, FRIDERICO, ROBERTO COCO] (200).

A. Original scellé, jadis aux Archives Saint-Nicolas, n° 13. — B. Copie de 1209, LL 1351, fol. 119', non collationnée. — C. Copie du xv° s., LL 1352, fol. 132. — D. Copie du xvi° s., LL 1353, fol 155'. — E. Copie du xviii° s., par Afforty, t. XIII, p. 898, d'après A, dont il décrit le sceau en ces termes : « Scellé en oval en cire blanche brunée : Une femme debout, un voile sur la tête, son bras droit tendu, la main ouverte, avec une longue manche. Un pan de sa robe retroussé sur son bras gauche ; une fleur de lis à la main. SIGILLUM ADELAIDIS. » — F. Copie du xviii° s., Coll. Moreau, t. LIX, fol. 88.

---

de Senlis note ainsi son obit : « VIII kal. Octobris. Obiit vir religiosus domnus Petrus, prior Sti Nicolai de Aciaco super Onetam (la Nonette) qui dedit nobis xx solidos parisienses ». (Vattier, *Notes historiques sur le prieuré de St-Nicolas d'Acy*, dans les pub. du Comité archéologique de Senlis, 1886).

197. La femme d'Eudes Percebot III, qui n'est point désignée nominalement, s'appelait Eudeline, comme le prouve un acte de 1140, cité plus haut, p. 8, note 7.

198. Ives, vidame de Senlis, se rattache apparemment à Gui de Raray, qui occupait cette charge en 1106. Les prénoms d'Ives et de Gui se juxtaposent chez maintes lignées féodales de ce temps, dans l'Ile-de-France, la Picardie, l'Anjou.

199. Pierre Ier de Gonesse, fils d'Eudes Ier et petit-fils d'Eudiarde, bienfaitrice de St-Martin-des-Champs, eut pour fils Thibaud Ier. Cette famille de chevaliers se ramifia beaucoup au xiii° siècle.

200. La date de cet acte se place entre le convol de la reine-douairière (cf. note 195) et l'élection du prieur Thibaud II comme évêque de Paris.

Edit. a. Duchesne, *Hist. de la maison de Montmorency,* Preuves, p. 43' (d'après A, et pourtant incomplet de toute la partie du texte mise entre crochets).

265. — *Bulle du pape Innocent II adressée à Thibaud II, prieur de Saint-Martin-des-Champs et confirmant les propriétés de son monastère.*

(Rome, Latran, 23 mars 1143)

INNOCENTIUS episcopus, servus servorum Dei, dilecto in Xristo filio TEOBALDO priori monasterii *Sancti Martini de Campis* ejusque successoribus regulariter promovendis in perpetuum. Quociens illud a nobis petitur — — suffragium. Eapropter, dilecte in Domino fili TEOBALDE prior, tuis peticionibus annuentes — — — cuncta etiam que in presenti VI^a indictione — — (*texte de la bulle de 1136, n° 215, sauf les variantes qui suivent.*) — — In *Monte Savias* (82), torcularia et vineas. In *Parisiacensi civitate*, ecclesia que dicitur *Sancti Dionisii de Carcere*, cum omnibus que clerici ante possederant. Apud *Monciacum Sancte Oportune*, ecclesiam ejusdem sancte cum ap. s. (201) — — In *Carnotensi* pago, ecclesiam de *Bonella* (202) cum atrio et hospitibus, et appendiciis suis; *Ursionis villam* (202) cum ecclesia et appendiciis suis. *Bolovillam* (203) cum ap. s. et *Escum* et *Placemontem* et villam *Goilum* (204) cum ecclesia et decima; apud *Mondonvillam* (205) hospites et terram; apud *Capellam* (206) hospites et terras; *Rodenis villam* (207) cum ecclesia et appendiciis suis; apud *Carnotum* in *burgo Sti Caralni* (208), hospites et censum; apud villam que *Tabulas* dicitur, censum denario-

---

201. Moussy-le-Neuf, ca. Dammartin, ar. Meaux, Cf. t. I, p. 94, note 133.
202. Bonnelles, ca. Dourdan, ar. Rambouillet. Cf. t. I, p. 121. — Orsonville, même canton. Cf. t. I, p. 111.
203. Boulonville, éc. Sainville, ca. Auneau, ar. Chartres. Cf. t. I, p. 125.
204. Gouillons, ca. Janville, ar. Chartres. Cf. t. I, p. 82.
205. Mondonville, ca. Auneau, ar. Chartres. Cf. t. I, p. 123.
206. Chapelle-d'Aunainville, ca. Auneau, ar. Chartres. Cet article ne figure pas aux bulles précédentes.
207. Roinville, ca. Dourdan, ar. Rambouillet. Cf. t. I, p. 41.
208. Le Bourg Saint-Chéron, à Chartres.

rum et decimam de *Berceriis* (209); apud *Crisperias* (210), ecclesiam et decimam et hospites; villam *Boull, Sanctum Hilarium* (211) cum ecclesia et appendiciis suis; gordum de *Pissiaco* (212); apud *Medendam* (213) de transverso per aquam de singulis navibus tres obolos ex dono GERVASII dapiferi et concessione PHILIPPI regis.

In *Aurelianensi* pago, *Hyemvillam* (39) cum ecclesia et tota parrochia de *Puteacio* (214) et decimam mercati, cum omnibus appendiciis suis, et altare de *Novavilla* (53).

In *Senonensi* pago, ecclesiam et atrium de *Pringi* et *Vovas* (215); apud *Conam* (216) ecclesiam et atrium cum ap. suis.

In *Meldensi* pago, *Anetum* villam (50) cum ecclesia et decima; et decimam de *Aci* (190) et altare de *Marolio villa* (190).

In *Suessionensi* pago, villam que (174) *Sancta Gemma* dicitur cum ecclesia et ap. s.; et terram de *Monte Aldonis* (217).

In *Laudunensi* pago, *Disiacum* villam (52) et alodium de *Brienna* (17) cum ap. s.

In *Noviomensi* pago, ecclesiam de castro quod (1) *Capi* dicitur, cum ap. s.; altare de *Herlicurte* (218) et altare de *Revelone* (218).

In *Ambianensi* pago, ecclesiam de *Ligniaco* cum ap. s. (21); apud *Ruam, Vertunum* et *Waben* (219) redditus salis et aquarias piscium,

---

209. Berchères-la-Maingot, ar. Chartres. Cf. t. I, p. 179.
210. Crespières, ca. Poissy, ar. Versailles. Cf. t. I, p. 232.
211. Behoust, ca. Montfort, ar. Rambouillet. Cf. t. I, pp. 122, 248.
212. Poissy, ar. Versailles.
213. Mantes-la-Jolie. Sur les dons de Gervais de Châteauneuf-en-Thimorais, sénéchal de France sous Philippe Ier, cf. t. I, p. 202. Il n'est plus question de ce droit en 1147, pas plus que des revenus touchés à Conty (Somme) et Milly (Oise) et provenant du même bienfaiteur. Ceux-ci reparaissent encore en 1145 dans une charte épiscopale (n° 286).
214. Le Puiset, ca. Janville, ar. Chartres.
215. Pringy, ca. et ar. Melun. Les Vosves, éc. Dammarie-les-Lys, ca. et ar. Melun. St-Martin-des-Champs aliéna ces bénéfices entre 1143 et 1147. L'identification donnée t. I, p. 127, est à rectifier.
216. Cannes, ca. Montereau, ar. Fontainebleau. Cf. t. I, p. 110.
217. Monthodon, ca. Condé-en-Brie, ar. Château-Thierry. Cette terre fut aliénée ou échangée entre 1143 et 1147.
218. Corr. *Heldicurte* : Heudicourt, Revelon, ca. Roisel, ar. Péronne (t. I, p. 185).
219. Rue, ar. Abbeville; Verton et Waben, ca. de Montreuil-sur-Mer. En 1147

apud *Encram* (161) ecclesiam *Sancti Gervasii* cum ap. s. Apud *Contiacum* castrum, de dono Gervasii dapiferi (213) decimum diem in redditu pedagii.

In *Belvacensi* pago, apud *Bellummontem* (50) ecclesiam *Sancti Leonorii* cum ap. s. et decimam de *Medianacurte* (53); apud *Nusiacum* (56) terram et censum. Apud *Meruacum* villam (52), altare et atrium et decimam cum ap. s., et altare *Sancti Audomari* (55) cum ap. s.; apud *Miliacum* castrum (213) de dono Gervasii dapiferi, decimum diem de redditu pedagii ; *Cressonessart* ecclesiam (48) cum decima et uno furno ; ecclesiam de *Wlma* (54) ; apud *Belvacum* ecclesiam *Sancti Pantaleonis* (220).

In *Silvanectensi* pago, monasterium *Sancti Nicholai de Aciaco* cum ap. s. ; apud *Sorvillare* (221) ecclesiam, atrium, decimam et hospites.

In *Tarvanensi* pago, altare de *Ferentiaco* cum ap. s. (222).

In *Anglia* apud *Lundoniam*, terram censualem et hospites, ex dono Radulfi de Tuin (117), et concessione Henrici *regis* (223) ; apud *Barnstable* castrum (124), ecclesiam cum appendiciis suis, et cetera que predecessorum nostrorum — — — eterne pacis inveniant. Amen. Amen. Amen.

(*Rota*). Ego Innocentius catholice ecclesie episcopus.

Ego Conradus *Sabinensis* episcopus.

Ego Gregorius cardinalis SS. *Sergii et Bacchi*.

Ego Albericus *Hostiensis* episcopus (224).

Ego Otto diaconus cardinalis *Sti Georgii ad Velum aureum*.

---

ces salines avaient cessé d'appartenir à St-Martin ; et l'église Saint-Gervais d'Encre lui avait été enlevée par les fils de Hugues III Candavène. Elle lui fut rendue en 1154. Cf. note 161.

220. On voit ici reparaître l'église Saint-Pantaléon de Beauvais, qui n'avait plus été comprise dans la dernière confirmation des bénéfices ressortissant de l'ordinaire de Beauvais ; mais on ne la retrouve pas en 1147.

221. Survilliers, ca. Luzarches, ar. Pontoise. Cf. t. I, p. 64.

222. Frévent, ca. Auxi-le-Château, ar. Saint-Pol. Son autel apparaît ici pour la dernière fois ; il fut cédé à l'abbaye de Cercamps avant 1147.

223. Saint-Martin-des-Champs aliéna ses propriétés de Londres entre 1143 et 1147.

9.

Ego Stephanus *Prenestinus* episcopus.
Ego Hubaldus diaconus cardinalis *Ste Marie in Via lata*.
Ego Imarus *Tusculanensis* episcopus (224).
Ego Gerardus diaconus cardinalis *Ste Marie in Dominica*.
Ego Gregorius cardinalis tituli *Sti Calixti*.
Ego Petrus presbiter cardinalis tituli *Pastoris*.
Ego Goizo presbiter cardinalis tituli *Ste Cecilie*.
Ego Thomas presbiter cardinalis tituli *Vestine* (a).
Ego Hubaldus (b) presbiter cardinalis tituli *Ste Praxedis*.
Ego Petrus *Ste Marie in Porticu* diaconus cardinalis.
Ego Nicolaus S. R. E. diaconus cardinalis.

Data *Lateranis* per manum Gerardi, Sancte Romane ecclesie presbiteri cardinalis et bibliothecarii, x. Kal. Aprilis, Incarnationis Dominice anno. M°. C°. XL. II., indictione vi., pontificatus vero domni Innocentii. II. pape anno. xiiii. (224).

(a) Corr. d'après Jaffé-Wattenbach : « Sancti Vitalis tituli Vestinæ. » — (b) Le nom « Hubaldus » n'a pu être lu par le correcteur de *B*. Cf. Jaffé-Wattenbach, t. I, p. 840.

A. Original avec traces de sceau, L 226, n° 17. — B. Copie de 1209, LL 1351, fol. 4-5, collationnée « ex ipsissimo autographo » et complétée du dessin de la *rota* ainsi que des souscriptions. — C. Copie du xv° s., LL 1352, fol. 3-4, collationnée. — D. Copie du xvi° s., LL 1353, fol. 3. — E. Copie notariée de 1550 ; LL 226, fol. 18. — F. Copie du xvii° s., LL 1354, fol. 38'.

Edit. a. Marrier, *Monasterii S. M. de C. historia*, p. 170. — b. *Bibliotheca Cluniacensis*, col. 603 (extrait).

Ind. Jaffé-Wattenbach, *Regesta Romanorum pontificum*, t. I, p. 910, n° 8352 (5915 a). — Bruel, *Charles de Cluny*, t. V, p. 428, n° 4075. — R. de Lasteyrie, *Cartulaire général de Paris*, n° 298, p. 285.

---

224. « Conçue dans les mêmes termes que la bulle du Pape de 1135, elle peut aider à fixer le commencement de l'épiscopat de l'évêque de Paris Thibaud. Il était en effet prieur de St-Martin-des-Champs lorsqu'il fut élu évêque. Or cette bulle prouve qu'il n'avait pas encore quitté son prieuré à la fin de mars 1143. Nous n'avons du reste trouvé aucune mention de son épiscopat avant la fin de 1143. » (Note de M. R. de Lasteyrie, *Cartulaire général de Paris*, t. I, p. 285.) — Voir la note suivante. — Les cardinaux Aubri et Imier étaient d'anciens moines de St-Martin (Lesort, *Cartulaire de St-Mihiel*, Mettensia, VI, 315-316).

266. — *Henri de France, abbé de Notre-Dame d'Etampes, approuve le don d'une des prébendes de son chapitre, fait à Saint-Martin par le préchantre Aubert.*

(1142 — 3 avril 1143)

In nomine sancte et individue Trinitatis. Amen. Quoniam quidem (*a*) « mundus transit et concupiscentia ejus », sicut immobilis Veritas per organum suum Johannem testificatur, ideo insolubili rationis, immo fidei argumento colligitur, illud solum suis possessionibus veraciter permanere, quod de sinistra hujus seculi per elemosinam trajectum in dexteram, in celestibus thesaurizatur. Ea nempe quibus temporaliter fruimur, vix permanent nobiscum dum vivimus, morientes vero quoniam sequi non possunt, non solum nudos, verum etiam suis illecebris reos factos, ad penam dimittunt. Illa autem que pauperibus subveniendo omnipotenti dextere committimus, ad quem « fures non accedunt et rapina nil proficit », et tunc incipiunt veraciter possideri cum morimur, et nunc interim spei bone solatium nobis prestant, dum vivimus. Ilis (*b*) igitur atque hujusmodi rationibus pollicitus (*c*), ego (*d*) Henricus, Dei gratia, *abbas ecclesie Ste Marie Stampensis*, anime patris mei bone memorie Ludovici *regis* et fratris Philippi, seu eciam mee, vel aliorum antecessorum meorum, solacium aliquod in alteram vitam transmittere curavi (*e*); et quoniam *ecclesia Bti Martini de Campis* ab ipsis (*f*) antecessoribus meis fundata, et pro merito religionis dilecta, honorata et aucta est, Ego quoque, non decrescente religione et acrescente numero monachorum, beneficia augere destinavi, persuasus (*g*) igitur et timore Dei et amore majorum meorum, insuper et precibus domini et fratris mei, gloriosi Ludovici *regis*, et matris mee plurimum actus (*h*), eidem ecclesie prebendam unam in *ecclesia Ble Marie Stampensis* hoc ordine dedi : Domnus Albertus (*i*) cantor in illa ecclesia prebendam habebat, et quoniam monachis de Campis maxima astringebatur amicicia (*j*), eam in manibus meis per panem et librum reddidit ; et ego consequenter, similiter per panem et librum, in manibus venerabilis Theobaldi *prioris de Campis*, eam seposui (*k*), et per illum ecclesie cui preerat in perpetuum possidendam contradidi. Quod ut ratum sit et immobile perseveretur, sigilli mei munimine et testibus subnotatis confirmavi. S. Ludovici regis. S. Adele regine. S. Suggerii *abbatis Sancti Dionisii*. [S. Marchari *abbatis Mauriniacensis* (*l*). S. Auberti (*m*) cantoris (*n*). S. Hugonis de Creciaco (*o*). S. Mathei de Montemorenciaco (*p*). S. Willelmi buticularii.]

(*a*). *D* quicquid. — (*b*). *D* Nil. — (*c*). *B* pellectus. — (*d*). *B* Henrichus. — (*e*). *D* transmittere curam. — (*f*). *D* istis. — (*g*). *D* personaliis. — (*h*). *B* auctus. — (*i*). *D* Abbatus. — (*j*). *D* amicia. — (*k*). *D* deposui. — (*l*). *B* Morinensis. — (*m*). Resté en blanc dans *B*. — (*n*). *D* Abbatis cantatoris. — (*o*). *D* Cressocio. — (*p*). *D* Montemorencio.

A. Orig. existant autrefois aux archives de St-Martin. — *B*. Copie de 1209, LL 1351, fol. 99, collationnée et complétée des passages entre crochets, d'après *A* ou *C*. — *C*. Copie du xv° s., LL 1358, fol. 31. — *D*. Copie du xvi° s., L 876, n° 96. — *E*. Copie du xvi° s., LL 1353, fol. 122.

Edit. *a*. D. Fleureau, *Antiq. de la ville d'Etampes*, 290.

Ind. Duchesne, *Hist. de la maison de Montmorency*, Preuves, pp. 44-45, d'après *A*. — Luchaire, *Actes de Louis VII*, p. 130, n° 95.

267. — *Le roi Louis VII confirme la donation d'une prébende à Notre-Dame d'Etampes approuvée par son frère, l'abbé Henri.*

(Paris, 1ᵉʳ août 1142 — 1ᵉʳ janvier ou 4 avril 1143)

In nomine sancte et individue Trinitatis. Ego Ludovicus, Dei gratia, *rex Francorum* et *dux Aquitanorum*. Noscat presens etas ac postera *precentorem Parisiensem* Aubertum prebendam quam in ecclesia *Beate Marie Stampensis* habebat, in manu charissimi fratris nostri Henrici qui ejusdem erat ecclesie abbas, ex propria voluntate sine ulla retentione dimisisse, optantem votis et postulantem precibus ut prebenda illa ecclesie *Bti Martini de Campis* tribueretur. Moti sanctitate loci et religiosa conversatione que illic divino famulatui incessanter incumbit, pro remedio anime genitoris nostri venerande memorie Ludovici, nostrorumque pro indulgentia reatuum, predicte ecclesie Bti Martini prebendam istam, charissimi fratris nostri Henrici benigno assensu, in ecclesia *Ste Marie Stampensis* integre, perpetuoque possidendam donavimus. Quod, etc.

Actum *Parisius* anno Incarnati Verbi M° C° XL° II°, regni nostri vero VI°.

A. Orig. perdu. — B. Copie de 1209, LL 1351, fol. 25'. — C. Copie du xv° siècle, LL 1352, fol. 25'. — D. Copie du xv° s., LL 1358, fol. 31'. — E. Copie du xvi° s., L 876, n° 89. — F. Copie du xvi° s., LL 1353, fol. 24'.
Edit. a. D. Fleureau, *Antiq. de la ville d'Etampes*, 290.
Ind. Duchesne, *Hist. de la maison de Montmorency*, Preuves, 44-45. — Luchaire, *Actes de Louis VII*, p. 130, n° 95.

268. — *Le prieur Thibaud II, élu mais non encore intronisé évêque de Paris, préside le chapitre de Saint-Martin-des-Champs où est acceptée la fondation par le frère Hugues, qui fut longtemps prieur de Gouillons, d'une pitance générale de poissons, annuellement faite le jour de sa mort et s'élevant à 20 sous parisis, prélevés sur le revenu d'une terre qu'il acquit à Bondy.*

(Automne 1143)

Noverint tam presentes quam posteri, quod frater Hugo, qui diu tenuit *Goilum* (294), emit quandam terram apud *Bonzeias* (73) de cujus redditu camerarius faciet conventui singulis annis generale piscium xx sol. parisiensium, in die obitus sui. Et ne hoc mutetur vel diminuatur in perpetuum, domnus Teobaldus, *Parisiensis episcopus*, assensu totius capituli, sub anathemate interdixit (225).

Copie du xiv° s. Ms. lat. 17742, fol. 333.

---

225. L'évêque Etienne de Senlis mourut non pas le 6 mai, comme le porte le nécrologe de la Cathédrale du xiv° siècle, mais le 30 juillet, date fournie non seulement par un obituaire de Notre-Dame écrit en 1529, où il est clairement désigné par ces mots « *Stephanus Sylvanectensis* », mais par tous les nécrologes de Paris et des environs : Saint-Denis, Argenteuil, Saint-Magloire, Saint-Victor; ce dernier est d'autant plus important à considérer qu'il associe à l'obit d'Etienne celui de *son neveu Barthélemi* évêque de Châlons, prélat mort en 1151. La date funèbre du 31 juillet 1143 était d'ailleurs inscrite sur la tombe d'Etienne à

269. — *Simon de Vermandois, évêque de Noyon, donne à St-Martin-des-Champs l'autel de Liancourt-Fosse.*

(1125 — 1144)

In nomine sancte et individue Trinitatis, Patris et Filii et Spiritus sancti. Ego SIMON, *Noviomensis*, Dei gratia, *episcopus*, saluti anime mee consulens, ecclesiarum cultoribus, Deo servientibus, in quantum possum, debeo necessaria ministrare. Sciat igitur presens etas et postera quod altare de *Liencurte* (226) ob recordationem anniversarii mei, do ecclesie *Beati Martini de Campis* in perpetuum possidendum. Quod scilicet altare in manum nostram venerat, decedente GALTERIO filio WARNOLDI DE NIGELLA, qui in personatu illud a nobis tenuerat. Fiet autem anniversarium nostrum singulis annis et refectio plenaria XL solidorum fratribus ex redditu altaris, ita ut reliquum in usus fratrum deveniat. Sic autem hoc eis beneficium largimus, salvo jure nostro et archidiaconi, et presbiteri, et ministrorum nostrorum, ut ex more sinodalia jura quotannis solvantur (*a*).

Signum HONESTI archidiaconi, BALDUINI decani (227), TEODERICI

Notre-Dame; et les auteurs de la *Gallia*, en repoussant toutes ces concordances pour faire foi au seul témoignage de l'ancien obituaire, ne nous semblent pas devoir être suivis. L'exemple de la transcription de plusieurs nécrologes, dont il subsiste des textes juxtaposés, montre qu'on modifiait souvent les dates d'anniversaires; mais on ne saurait admettre qu'une modification faite à Notre-Dame entre 1320 et 1529 aurait influé sur les inscriptions portées antérieurement au xiv° siècle sur quatre obituaires différents de la région parisienne. C'est bien en 1143 que Thibaud fut élu évêque de Paris, suivant le *Chronicon breve Sancti Dionysii* (*Spicilegium*, II, 809). Toutes les chartes qu'on rencontrera plus loin donnent aussi l'année 1143 comme point de départ de son pontificat. Mais il dut commencer seulement au milieu de l'automne. La lettre 224 de saint Bernard déplore le veuvage prolongé de plusieurs églises, notamment celle de Paris, par suite du retard apporté par le roi à faire parvenir aux clergés de ces églises l'autorisation de procéder à des élections canoniques. Les termes de cette épître supposent une période dilatoire très prolongée : on ne saurait guère la réduire à moins de quatre mois. — Thibaud fut consacré évêque après le 13 octobre 1143 (n° **300**).

226. Liancourt-Fosse, ca. Roye, ar. Montdidier.

227. Baudoin I succéda après 1124 à Foucher ; il est cité de 1130 à 1142, et était remplacé par son neveu Baudoin II en 1145 (*Gallia*, IX, 1032). — L'évêque Simon siégea de 1123 à 1148.

thesaurarii, Hugonis cancellarii, Petri prepositi de *Capi*, Wilberti capellani, Gervasii.

(a) Ici s'arrêtait *B*.

A. Orig. sans sceau. L 876, n° 70. — *B*. Copie incomplète de 1209, collationnée et complétée, LL 1351, fol. 82. « Collata hæc carta ad suum autographum, e quo sigillum excidit. » — *C*. Copie du xv° siècle, LL 1352, fol. 80. — *D*. Copie du xvi° s., LL 1353, fol. 94 ; l'une et l'autre d'après *B* primitif.

270. — *Manassé II, évêque de Meaux, constate les libéralités faites à St-Martin du Vieux-Crécy, par les frères Arnoul, Hugues et Jean de la Chapelle.*

(Meaux, 1ᵉʳ janvier *ou* 4 avril 1143 — 1ᵉʳ janvier *ou* 25 mars 1144)

In nomine sancte et individue Trinitatis, Manasses, Dei gratia, *Meldensis ecclesie* humilis *minister*, ecclesie *Bti Martini de Campis* et ecclesie de *Veteri Creceio*, imperpetuum.

Pontificalis est officii nostri ecclesiis Dei nobis commissis sua jura servare, et tam hutilitati quam quieti earum in posterum providere. Noverint igitur universi ad quorum notitiam littere iste pervenerint, Arnulfum et Hugonem de Capella (228) atque Johannem, fratres, Dei amore et animarum suarum predecessorumque salute, omnes minutas decimas suas, preter decimam lini et canabi, et insuper omnem redecimationem tam decimarum quam omnium annonarum suarum, atque vini, ecclesie Bti Martini de Veteri Creceio, assensu et concessione matris eorum et omnium filiorum, filiarumque suarum, per manum nostram dedisse. Insuper etiam, assensu eorumdem, prefatus Johannes, ex propria parte sua, Deo dedit et supradicte ecclesie de *Veteri Creceio*, unum modium frumenti in communibus decimis singulis annis habendum ; et tam ipse quam Hugo frater ejus, data fide in manu nostra, firmaverunt idipsum firmiter observaturos et contra omnes calump-

---

228. La Chapelle-sur-Crécy, ca. Crécy-en-Brie, ar. Meaux.

nias tutelam atque protectionem se esse laturos ; ARNULFO eorum majore fratre etiam hoc laudante. Et si, quod absit, minime observarent, sine ulla declamatione et submonitione sese anathemati subjacere concesserunt. Hujus rei testes sunt : HELIAS *abbas Cagiensis* (229), HUGO decanus, TEOBAUDUS archidiaconus, STEPHANUS cantor; GUIBAUDUS DE PUTEO, GAUCHERIUS RUFUS de *Collegiaco* (230), Odo filius Arnulfi, monachi de *Creceio*.

Actum est hoc et recognitum *Meldis* in presentia nostra, anno ab Incarnatione Dni M° C° XL° III°. Si quis vero, quod absit, huic dono contraire presumpserit, Dei auctoritate et ligandi atque solvendi ab eo nobis concessa potestate, anathema sit.

A. Orig. L 876, n° 54 ; Sceau perdu. — *B*. Copie de 1209, LL 1352, fol. 61', non collationnée. — *C*. Copie du xv° siècle, LL 1352, fol. 61. — *D*. Copie du xvi° s., LL 1353, fol. 66.
Edit. Toussaint du Plessis, *Histoire de l'Église de Meaux*, t. II, Pièces just., n° LXVI, p. 40.
Ind. Gallia christiana nova, VIII, 1614.

271. — *Le roi Louis VII, à la prière de Suger, abbé de Saint-Denis, monopolise en faveur de sa communauté le droit de bâtir dans la zone comprise entre le bourg de Saint-Denis et l'église Saint-Laurent située près du pont de Saint-Martin-des-Champs.* (Extrait.)

(Paris, 1ᵉʳ août 1143 — 1ᵉʳ janvier ou 25 mars 1144)

In nomine Patris et Filii et Spiritus Sancti — — Ego igitur LUDOVICUS, Dei gratia *rex Francorum* et *dux Aquitanorum* — — notum facio... quoniam presentiam nostram adiit SUGERIUS, venerabilis pastor et abbas ecclesie beatissimorum martyrum Dyonisii, Rustici et Eleutherii, humiliter et devote implorans ut — — ea que pater meus eidem ecclesie contulit... nos ipsi confirmaremus. Hujus itaque juste peticioni... assensum prebuimus, et quecumque

---

229. Chaago, abbaye d'Augustins, dans les faubourgs de Meaux. Cf. note 147.
230. Collégien, ca. Lagny, ar. Meaux (S.-et-M.).

patris mei larga munificentia contulit... concedimus et confirmamus : — — mansionum vel inhabitationum, si non sint ejusdem ecclesie, omnimodam remotionem a predicto burgo usque ad ecclesiam Sancti Laurentii que sita est prope *pontem Sancti Martini de Campis* et ex altera parte strate regie, ab eadem villa Sancti Dionisii usque ad alium pontem prope *Parisius* juxta *domum Leprosorum.*

Actum *Parisius* anno Incarnati Verbi M° C° XL° III°, regni vero nostri VII°.

A. Original scellé. K 23, n° 8. — *B.* Registre *A* de Philippe-Auguste (Bibl. du Vatican, fonds Ottoboni, ms. 2796), fol. 83. — *C.* Cartulaire de Saint-Denis, LL 1156, fol. 64'.
Edit. a. Doublet, *Histoire de Saint-Denis*, p. 866. — *b.* Félibien, *Hist. de Saint-Denis*, p. 105. — *c.* Tardif, *Monuments historiques*, n° 446, p. 254.
Ind. Luchaire, *Actes de Louis VII*, p. 135, n° 111.

272. — *Le roi Louis VII approuve la convention passée devant sa mère la reine Adélaïde et son beau-père le connétable Mathieu de Montmorency, entre Saint-Nicolas d'Acy et Eudes Percebot III.*

(Paris, 1ᵉʳ août 1143 — 1ᵉʳ janvier ou 25 mars 1144)

In nomine sancte et individue Trinitatis. Quoniam ore prophetico de Ecclesia sancta olim predictum est quod « mamilla regum lactabitur », Ego Ludovicus, Dei gracia *Francorum rex* et *dux Acquitanorum*, ecclesie *Sti Martini de Campis*, non solum ad lactandum mamillam, verum ad protegendum, alas imperii nostri porrigendas esse decrevi. Proinde, ad posterorum usque transmitto notitiam, quod domus *Sti Nicholai Silvanectensis* que ad jus predicte ecclesie respicit, tenebat per elemosinam cujusdam Agnetis et mariti illius nomine Johannis, apud villam que dicitur *Barberi*, quamdam culturam et terram que fuit Odonis qui dictus est Percebot, quam calumpniatus est Odo nepos predicti Odonis. Unde tam ipse quam prefate domus monachi, in presentia matris mee domine Adelaidis *regine* et domini Mathei mariti ejus, sub quorum dominio tunc temporis terra illa erat, convenerunt et hoc pacto firmissimam concordiam inierunt. Monachi dederunt — — (*Suit le texte du n° 264*) — — se tenere pepigit.

Quibus omnibus hoc ordine consummatis, idem Odo per matrem meam michi mandavit quatenus ipso consentiente et laudante prefatam possessionem monachis in eternum habendam, sub ea que premissa est conditione confirmarem. [Ego igitur et utilitati Ecclesie et posterorum nostrorum concordie in longum usque providens, hec ut pretaxata sunt permansura esse decrevi, et ut rata sint et inconvulsa perseverent, sigilli nostri munimine et testibus subnotatis corroboravi.

Actum publice *Parisius*, anno Incarnationis Dominice millesimo centesimo quadragesimo tertio, regni vero nostri septimo, astantibus in palatio nostro quorum nomina subtitulata sunt et signa. S. Radulfi *Viromandorum comitis* et dapiferi nostri. S. Guillelmi buticularii. S. Mathei camerarii. S. Mathei constabularii.

Data per manum Cadurci cancellarii.]

A. Original jadis conservé aux Archives de Saint-Nicolas (layette *Barbery*, n° 10), et portant cette mention : « Représentées le 24 novembre 1741 et transcrites et insérées dans les registres de la Chambre des Comptes en exécution de la déclaration du Roi du 14 mars 1741. Sceel brisé. (*Signé*) Ducornet. » — *B*. Copie de 1209, LL 1351, fol. 117', non collationnée, incomplète des passages mis entre crochets. — *C*. Copie du XV° s., LL 1352, fol. 128', d'après *B*. — *D*. Copie du XV° s., LL 1353, fol. 152, d'après *B*. — *E*. Copie authentique, K 189, n° 104, d'après *A*. — *F*. Copie d'Afforty, *Collection de Senlis*, t. XIII, p. 899, d'après *A*.

Edit. Duchesne, *Histoire de la maison de Montmorency*, Preuves, p. 43, d'après *A* (manque la souscription du chancelier).

Ind. Luchaire, *Actes de Louis VII*, p. 135, n° 110.

273. — *Le roi Louis VII confirme les dons de ses ancêtres au prieuré de Janville.*

(Lorrez-le-Bocage, 1ᵉʳ août 1143 — 1ᵉʳ janvier ou 25 mars 1144)

In nomine sancte et individue Trinitatis. Ego Ludovicus, Dei gratia, *rex Francorum* et *dux Aquitanorum*. Notum fieri volumus

t. f. q. p. quoniam beneficia, quecumque et ubicumque sint, que Henricus rex, sive alii predecessores nostri *monasterio Bti Martini de Campis* et *ecclesie Beate Marie* que est apud *Hyenvillam* (39), pro amore Dei in elemosinam contulerunt, nos habenda et possidenda eidem ecclesie, quemadmodum eorum temporibus tenuit et nostris, imperpetuum concedimus, et quantum ad nostram pertinet Majestatem, regia auctoritate confirmamus. Beneficia quidem ista sunt : Decima videlicet culturarum nostrarum, et quinta pars tocius annone que est in granchia nostra *Hyenville*. Si quis autem eidem monasterio et fratribus ibidem Deo servientibus terram aliquam donaverit, nos eis concedimus liberam et quietam ab omni consuetudine et exactione, preter decimam et campipartem, si hoc ipsa terra debuerit. Damus etiam eis et concedimus servum quendam apud *Hyenvillam*. Petrum videlicet, filium Rainardi, cum omnibus heredibus suis jure perpetuo possidendum. Consuetudinem vero nullam in curia monachorum sive in claustro habemus ; extrinsecus vero, ab eorum hospitibus in die solummodo qua mercatum in villa est, omnem consuetudinem nobis retinemus. Quod ne valeat oblivione deleri, scripto commendari precepimus, et ne possit a posteris infirmari, sigilli nostri auctoritate et nominis nostri karactere subterfirmavimus.

Actum publice *Lorredum* (231), anno Verbi Incarnati M° C° quadragesimo III°, regni nostri vii. Astantibus in palatio nostro quorum nomina subtitulata sunt et signa. Signum Radulfi dapiferi, *Viromandorum comitis*. S. Guillelmi buticularii. S. Mathei camerarii. S. Mathei constabularii.

Data per manum Ca(*monogramme royal*)durci cancellarii.

A. Orig. scellé, K 23, n° 8². — *B*. Copie de 1209, LL 1351, fol. 24 (portant *Parisius* au lieu de *Lorredum*). — *C*. Copie du xv° s., LL 1352, fol. 24. — *D*. Copie du xvi° s., LL 1353, fol. 24. — *E*. Copie du xvii° s., ms. lat. 12739, fol. 568.

Edit. a. Marrier, *Monasterii S. M. historia*, p. 372. — *b*. Robert Hubert, *Antiq. de St-Aignan d'Orléans*, preuve 41. — *c*. Duchesne, *Hist. de Mont-*

---

231. Lorrez-le-Bocage, ar. Fontainebleau (Seine-et-Marne).

morency, preuves, pp. 45-46 (extrait). — d. Tardif, Mon. hist., n° 467, p. 254.

Ind. Table des diplômes, t. III, p. 73. — b. Luchaire, Actes de Louis VII, p. 140, n° 125.

274. — *Eudes II, évêque de Beauvais, confirme à St-Nicolas d'Acy les bénéfices que cet établissement a reçus dans son diocèse, les églises de Noël-Saint-Remi, Rouvroy-les-Merles et Brenouille.*

(1140 — 27 juin 1144)

ODO Dei gratia *Belvacensis episcopus*. Nominis Xristiani dignitate signatis omnibus fidelibus, in Domino salutem. Notum fieri volumus omnibus t. f. q. p. omnia que habent monachi *Sti Martini de Campis* qui manent apud *Sanctum Nicholaum* in villa que vocatur *Aci* juxta *Silvanectensem* urbem, me episcopali auctoritate concedere et confirmare, ea scilicet que in meo episcopatu noscuntur habere. Ecclesiam de *Noa Sti Remigii* (177) cum omni decima. Ecclesiam de villa *Bernoz* et quinque partes decime (178). Ecclesiam de *Roveredo* (178) et atrium et minutam decimam totam, et medietatem magne decime. Et si qua alia, elemosina fidelium, in meo habent episcopatu concedo et confirmo, et omnes qui hec inquietare, auferre aut minuere presumpserunt, auctoritate Dei omnipotentis anathematizo. Et ut hec firmitatem perpetuam obtineat, sigillo meo corroboro (232).

A. Orig. Arch. de l'Oise, H 2577⁴. (*Traces de sceau sur pendants de cuir*). — B. Copie d'Afforty, *Coll. de Senlis*, t. XIII, p. 875.

---

232. La date de 1140 mentionnée au revers, d'une écriture moderne, a été inspirée par la connaissance de la charte n° **250**, avec laquelle celle-ci peut avoir été concomitante. Pourtant cette précision rigoureuse n'est en rien justifiée par le contexte. La charte émane d'Eudes II, puisqu'il confirma ces mêmes églises au monastère de Paris en 1140 : d'ailleurs son successeur Eudes III est désigné dans les documents de sa chancellerie par la formule « *Odo secundus.* » — Le *terminus ad quem* est le jour funèbre d'Eudes II, fourni par le nécrologe de Ninove, abbaye de Prémontrés fondée en 1137 : « V. Kal. Julii. [Depositio] Odonis episcopi, fundatoris, Belvaci, et cari conversi in Parco. » (Fol. 106 v°, Arch. de l'État belge, à Gand). D'autre part nous verrons plus loin que l'épiscopat d'Eudes III a commencé en 1144.

275. — *Eudes II, évêque de Beauvais, confirme la cession de l'église de Presles à Saint-Martin-des-Champs par Simon l'Orphelin et sa femme Basle, dite Pucelle.*

(12 juin 1143 — 27 juin 1144)

In Xristi nomine. Ego ODO, *Belvacensis episcopus* (233), ad noticiam t. f. q. p. pervenire volumus, quod SYMON ORPHANUS et uxor ejus BASILIA, cognomento PUELLA, admoniti consiliis bonorum virorum, pro se et antecessoribus suis, *ecclesiam de Praeriis* (234) cum minuta decima, quam non secundum Deum tenuerant, nobis libere reddiderunt, et precibus ipsorum monasterium Bti Martini per manum nostram de prefata ecclesia cum decima investivimus. Hanc investituram factam predicto monasterio confirmamus, et sigilli nostri impressione hoc scriptum inde factum, salvo jure Belvacensis ecclesie et archidiaconi corroboramus. Huic confirmationi interfuerunt *abbas* GALTERIUS *Sti Synphoriani* (235); GAUFREDUS *abbas* (a) *Sti Quintini* (236); HENRICUS archidiaconus; PETRUS prior *Sti Luciani*; Bernardus et Odo, canonici *Bti Petri*; JOHANNES precentor; URSIO subdiaconus qui tunc agebat vices archidiaconi; HELINANDUS capellanus episcopi.

(a). Ici s'arrête *B*.

A. Orig. L 878. — B. Copie de 1209, LL 1351, 74', complétée et collationnée. — C. Copie du xv⁰ siècle, LL 1352, fol. 71'. — D. Copie du xvi⁰ s., LL 1353, fol. 83. — E. Copie du xviii⁰ s., ms. fr. 15504, fol. 64'. — F. Copie du xviii⁰ s., Coll. Moreau, t. LX, fol. 96.
Edit. Marrier, *Monasterii S. Martini de C. historia*, p. 505.

---

233. D'après une notice du même carton L 878, il s'agirait d'Eudes II, mort en 1144, et cette donation fut aussi approuvée par Eudes III, vers 1145.

234. En marge de *B*, d'une écr. du xv⁰ s. : « Prailles, au Celerier. » C'est Presles, ca. l'Isle-Adam, ar. Pontoise.

235. Gautier remplaça dès 1141 Roger, mort le 14 septembre 1140; il mourut le 25 mars 1166 (*Gallia*, IX, 808).

236. Geofroi succéda à Renaud mort le 21 juillet 1141; il vivait encore en 1157 et fut remplacé dès 1161 (*Gallia*, IX, 20).

276. — *Thibaud, évêque de Paris et prieur de Saint-Martin-des-Champs, détermine une option laissée en suspens par un accord fait sous son prédécesseur Etienne entre l'église de Paris et le prieuré, au sujet de la voirie de Saint-Cloud.*

(Paris, 12 mars — automne 1144)

† Ego Teobaldus Dei gratia *ecclesie Parisiensis minister*, licet indignus, notum fieri volo omnibus t. f. q. p. quod Stephanus bone memorie, ejusdem *Parisiensis ecclesie episcopus*, in terra que dicitur *Haune* que communis est tam monachis *Sancti Martini de Campis* (23) quam *episcopo Parisiensi* (237), duas masuras, propter extraendos lapides, destruxit et delevit. Ne autem propter dannum quod supradictis intulerat monachis aliquod apud Deum in anima pateretur detrimentum, pro recumpensatione, viariam quandam, quam in vinea quam ab *ecclesia Sti Clodoaldi* usu censuali, memorati tenebant monachi, possidendam cuncessit, sub tali tamen cunditione quod si forte cuntingeret in loco lapidum predictarum, masuras reedificari, vel episcopus eas ex integro haberet, vel hec viaria ad jus episcopale rediret. Nunc autem quod [Deo permit] tente, michi datum est utriusque ecclesie utilitatibus providere, supradictas masuras in jus proprium retineo, et viariam, omni remota cunditione, memoratis Sti Martini fratribus perpetuo possidendam cuncedo. Ut autem inconcussum permaneat, sigilli nostri impressione roboramus. Actum *Parisius*, anno Incarnationis Dominice M° C° XL° IIII°, anno pontificatus donni Luce pape II primo, nostri autem episcopatus similiter primo.

A. Orig. S 1355, n° 14 ; queue de cuir épais sans trace de sceau. — *B.*

---

237. Cette pièce prouve qu'il faut identifier Thibaud II, prieur de Saint-Martin depuis 1133, avec Thibaud, évêque de Paris. Il semble, d'après le texte, que ce prélat administrait encore Saint-Martin-des-Champs dans la première année de son épiscopat, postérieurement au 12 mars 1144, date de l'élection de Luce II ; les premières chartes du prieur Eudes II devraient alors être reportées à 1144 au plus tôt.

Copie de 1209, LL 1351, fol. 44, collationnée sur l'original « cui sub duplici cauda coriacea adpendet sigillum in quo figura sedentis pontificis cum his verbis; SIGILLUM THEOBALDI PARISIENSIS EPISCOPI. ». — C. Copie du xv° siècle, LL 1352, fol. 44, avec cette mention : « ungue vigne au terroer St-Thibault qu'on appelle la Marie ». — D. Copies du xv° siècle, LL 1358, fol. 32' et 55. — E. Copie du xvi° s., LL 1353, fol. 45.

277. — *Hugues III, évêque d'Auxerre, et saint Bernard, abbé de Clairvaux, statuent sur un différend entre Saint-Martin-des-Champs, à qui l'évêque Thibaud venait de concéder une prébende à Notre-Dame, et l'abbaye de Saint-Victor, jouissant du droit d'annates sur toutes les prébendes de la Cathédrale : ils fixent à dix sous par an le droit d'abonnement compensateur que St-Martin devra payer à St-Victor.*

(Septembre 1144)

Ego Hugo, Dei gratia *Autisiodorensis episcopus* ; Ego Bernardus, *Clarevallensis abbas* ; notum fieri volumus tam posteris quam presentibus quod domnus Theobaldus, Dei gratia *Parisiensis episcopus*, in *ecclesia Beate Marie*, assensu capituli, prebendam unam monachis *Sancti Martini* imperpetuum dedit. Ecclesia vero *Sancti Victoris* que in prefata Beate Marie ecclesia annualia prebendarum habet, hujus ipsius prebende que monachis data fuit, annuale suum ex integro habuit. Sed quia de eadem prebenda, que monachis imperpetuum data erat, jam de cetero ecclesia Sancti Victoris annuale habitura non erat, ne in hoc dono ecclesia Sancti Victoris lederetur, si unius prebende annuali beneficio imperpetuum privaretur, quia id ex precepto predicti Theobaldi *episcopi*, assensu utriusque capituli, videlicet Sancti Martini et Sancti Victoris, consilio nostro et considerationi nostre impositum est, decrevimus et statuimus ut monachi Sancti Martini, pro recompensatione annualis supradicte prebende sibi date, per singulos annos ecclesie Sancti Victoris, in festo sancti Pasche, decem solidos et persolvant et mittant. Quod ne valeat oblivione deleri, scripto commendavimus, et ne possit a posteris infirmari, sigillorum nostrorum impressione firmavimus (238).

A. Original L 888ª, n° 7, portant les sceaux de l'évêque d'Auxerre et de l'abbé de Clairvaux. — *B*. Copie du xvɪᵉ s., ms. lat. 14679, p. 298.
Édit. R. de Lasteyrie, *Cartulaire gén. de Paris*, p. 292, n° 312.

277. — *Thibaud, évêque de Paris, ayant concédé, avec l'agrément du chapitre, aux moines de St-Martin-des-Champs une prébende en l'église Notre-Dame, approuve les conditions imposées à ceux-ci par Hugues III, évêque d'Auxerre, et saint Bernard, abbé de Clairvaux, pour désintéresser les chanoines de Saint-Victor.*

Theobaldus, Dei gratia, Parisiensis episcopus. — — Hec sunt nomina clericorum qui interfuerunt : Magister Robertus Pullanus; Ivo, Parisiensis archidiaconus ; magister Gauterus, canonicus; Guido de Cala ; Germundus, canonicus.

A. Original scellé, L 888ª, n° 6.
Édit. R. de Lasteyrie, *Cartulaire gén. de Paris*, p. 292, n° 313.

278. — *Le prieur Eudes II confirme la convention précédente.*
(Paris, 20 septembre 1144)

Ego frater Odo, Dei gratia *prior Sancti Martini de Campis*, notum fieri volumus t. p. q. p. quod dominus Theobaldus, per Dei gratiam de nostro monasterio assumptus et *Parisiensis* ecclesie *episcopus* factus, prebendam unam in eadem Bte Marie ecclesia, assensu capituli, nobis in perpetuum dedit. Ecclesia vero Sancti Victoris, que in prefata — (*Suit le texte du n° 276*).

---

238. Comme l'a remarqué très justement M. de Lasteyrie, cet acte et les suivants furent concomitants ; les deux premiers pourraient, comme le troisième, être datés du 20 septembre 1144.

Signum Odonis *prioris*. Signum Thome *abbatis* (240). S. Petri subprioris. S. Simonis de Marnoa. S. Simonis de Angiviler. Hec sunt nomina clericorum qui interfuerunt : magister Robertus Pullanus ; Ivo, *Parisiensis* archidiaconus ; magister Gauterus, canonicus ; Guido de Cala, canonicus ; Guermundus canonicus.

Actum publice in capitulo *Sancti Martini*, vigilia Sancti Mathei apostoli, anno Incarnati Verbi millesimo centesimo quadragesimo quarto.

A. Original scellé, L 882, n° 31.
Edit. R. de Lasteyrie, *Cartulaire général de Paris*, p. 293, n° 314 (extrait).

280. — *Le prieur Eudes II rappelle qu'il a acquis certains revenus au moyen d'un prêt consenti par Ouri de Corbie, sous réserve d'un précaire pour lui et son fils Etienne ; il rétrocède, afin de faire cesser ce précaire, à Ouri et à son fils une rente d'un marc d'argent due à Saint-Martin par l'abbaye de Corbie, pour l'église de Wahagnies.*

(1144)

Cyrographum de reditu Ganniaci (titre au verso). Quod, disponente Deo, facere decrevimus, ego siquidem Odo, *prior* ecclesie *Sti Martini de Campis*, et conventus, ad perpetuam tam presentium quam futurorum memoriam scriptum edidimus. Accidit namque reditum quemdam, estimationem unius marce argenti aut circiter, tantum per annum referentem, venditione fuisse expositum. Nobis autem visum est ex eo comparato domui nostre, eoquod prope esset, aliquid commodi provenire posse. Sed cum facultas nobis minus ad comparandum suppeteret, Deo consulente, dominum Olricum Corbeiensem super hoc postulavimus : in qua autem postulatione divina nobis astitit gratia, ut qui postulabatur nostre non deesset postulationi. Comparavit igitur nobis memoratum redditum, sed comparatum in tota vita sua sibi propria manu tenere placuit. Ecclesia quippe *Corbeiensis* debitum nobis censum, unam scilicet marcam argenti hustini ponderis, de ecclesia *Wagniaci* singulis annis in die Nativitatis Sti Johannis Baptiste referre consueverat. Unde communi assensu, parique concessione, nostrique capituli et ipsius domini scilicet OLRICI, effectum est ut redditu, quem sibi sicut dictum est, obtinere decreverat, nobis derelicto et quiete concesso, censum de *Wagniaco* ipse, suusque filius STEPHANUS, uterque siquidem in tota vita sua tenueret, et Corbeiensis ecclesia eadem conventionis ratione que solebat nobis referre, eisdemque ipsis referret. Post decessum vero utriusque, in memoriam eorumdem, ad ecclesiam de Campis ad refectionem fratrum juxta pristinam consuetudinem reportaretur. De *conventu Corbeiensi* testes hujus conventionis : abbas NICHOLAUS, ARNULPHUS prior, GOTSUINUS subprior, RICHERUS tercius prior, JOHANNES sacrista, item JOHANNES camerarius, ANSCHERUS capellanus. De *conventu Sti Martini de Campis*, ego jamdictus ODO *prior* ; PETRUS subprior, RICARDUS tercius prior ; ODO qui fuit *abbas Sti Simphoriani* (239), THOMAS qui fuit *abbas de Moriniaco* (240), PETRUS prior *Capiaci*, MANASSERUS sacrista (241), FULCO armarius, magister GIRARDUS, WILLELMUS ANGLICUS.

Item de conventu *clericorum Corbeie* : HUGO *sacerdos Sti Petri* ; item HUGO, *sacerdos Sti Johannis* ; WALBERTUS, JOHANNES, *sacerdotes Sti Albini* ; clerici : RORGO, PAGANUS.

A. Orig. S 1333 B, n° 9. Sceau perdu.

---

239. Eudes I, abbé de Saint-Symphorien de Beauvais, résigna ses fonctions vers 1126 pour se retirer à Saint-Germer d'où il fut envoyé en 1132 à Beauvais afin d'en rapporter des reliques du patron de cette dernière abbaye (*Gallia*, IX, 808). On voit par cette charte qu'il quitta Saint-Germer de Fly pour Saint-Martin-des-Champs.

240. Thomas, abbé de Morigny, en mauvais termes avec l'archevêque de Sens Henri, quitta brusquement son monastère à la mi-carême de 1140 pour aller habiter Saint-Martin-des-Champs, dont la discipline était renommée pour sa sévérité. Il y resta cinq ans, puis, après la mort de son successeur, revint à Sens rappelé par ses anciens moines, le clergé, la noblesse et le peuple. Mais le légat Albéric d'Ostie s'étant opposé à ce choix, Thomas se retira à Coulombs où il mourut en 1145 (*Gallia*, XII, 179).

281. — *Les évêques Thibaud de Paris, Josselin de Soissons et Hugues III d'Auxerre, arbitres désignés par le pape Célestin II, se trouvant réunis à Froidefontaine avec l'archevêque de Reims Sanson Mauvoisin, pour assister à l'entrevue du roi Louis VII et du comte Thibaud IV de Champagne, promulgent leur sentence, acceptée par les parties, réglant le différend entre Saint-Martin-des-Champs et Saint-Victor au sujet des annates réclamées sur la prébende de Notre-Dame.*

(Froidefontaine, fin mars 1144)

Theobaldus, Dei gratia *episcopus Parisiensis*, Goslenus *Suessionensis*, Hugo *Autisiodorensis*, universis fidelibus, tam posteris quam presentibus, in perpetuum, notum fieri volumus quod querelam illam que inter ecclesiam *Sancti Martini de Campis* et ecclesiam *Sancti Victoris* erat, precepto domni Celestini *pape*, discutiendam suscepimus. Unde autem querela illa orta sit, ad majorem evidenciam paucis aperimus. Proinde sciendum est quod in ecclesia *Bte Marie Stampensis* monachi *Sti Martini de Campis* prebenda una imperpetuum data est. Cumque canonici Sti Victoris qui, in predicta Ste Marie ecclesia sicut et in aliis regalibus ecclesiis, annualia prebendarum sibi jam olim data ac *(a)* privilegiis confirmata obtinerent *(b)*, annuale *(c)* prebende monachis date, jure sibi debito, vellent habere; nolebant monachi dare. Tandem res in querelam *(d)* ducta et usque ad audienciam domni Celestini *pape* perducta, ab eodem ipso domino Papa, sicut supradictum est, nobis discutienda et, si fieri posset, terminanda commissa est; quam hoc modo terminavimus :

Primo quidem decrevimus ut ecclesia Bti Victoris illius prebende que ecclesie Sti Martini data erat *(e)* annuale suum ex integro haberet *(f)*, quod et factum est. Deinde etiam, quia de eadem prebenda que monachis data erat, jam de cetero ecclesia Sti Victoris annuale habitura non erat, nostra consideratione nostroque consilio, domnus Odo, *prior Sancti Martini*, et totus conventus ejusdem loci, communi assensu, statuerunt ut, pro recompensatione annualis *(g)* supradicte prebende, per singulos annos ecclesie Sti Victoris decem (*h*) solidos in festo sancti Remigii et persolvant et mittant.

Hanc autem pacem et pacis conventionem quam, precepto domini Pape, inter utramque ecclesiam fecimus, ne aliqua valeat oblivione deleri, scripto commendavimus et, ne possit a posteris infirmari, sigillorum nostrorum auctoritate firmavimus et, etiam ad testimonium, quorumdam nomina qui hujus pacis compositioni interfuerunt adscripsimus : SANSON *Remensis archiepiscopus*, et magister BERNARDUS, *Parisiensis* archidiaconus. De monachis *Sti Martini* : ODO prior, MANASSES et PETRUS. De canonicis *Sti Victoris* : HUGO, ROMANUS, GAUTERUS, ADELARDUS et ERNUIS (*i*).

Actum publice, in nostra et suprascriptorum presentia, inter *Moretum* et *Musterolium*, apud *Frigidum Fontem* (241), ubi ad colloquium regis LUDOVICI et comitis THEOBAUDI conveneramus, anno ab Incarnatione Domini M° C° XL° IIII°.

(*a*) de *B C*. — (*b*) obtinent *a*. — (*c*) annualem *B C*. — (*d*) querellam *C*. — (*e*) est *C*. — (*f*) habeat *C*. — (*g*) annalis *B C*. — (*h*) x. *C*. — (*i*) Ervius *B C*.

A. Original scellé. K 23, n° 11². — B. Copie collationnée sur A, du 26 septembre 1560, signée de « J. LEMAIRE, sergent royal au Chastellet ». — C. Copie du xvii° s., L 876, n° 89.

Edit. Tardif, *Monuments historiques*, n° 471, p. 256, d'après A.

281 *bis*. — *Donations à St-Martin énumérées ci-après :*

En *Angleterre*, les églises Saint-James d'*Exeter* et Saint-Pierre de *Tiverton*, et diverses terres (242).

---

241. Froide-Fontaine, commune de La Grande-Paroisse, ca. Montereau-Faut-Yonne, ar. Fontainebleau (Seine-et-Marne), entre Montereau et Moret. — Dans ses *Actes de Louis VII*, Luchaire ne fait aucune mention de cet acte, auquel d'ailleurs le roi n'a point directement collaboré. L'entrevue de Froide-Fontaine se place très probablement dans la semaine de Pâques qui, en 1144, tombait le 26 mars. Aucune allusion n'est faite par les prélats à la mort de Célestin II, survenue le 9 mars ; les nouvelles de cet événement et du couronnement de Luce II qui se fit trois jours après, n'étaient point encore parvenues à la Cour de France.

242. Les actes de donation se retrouveront dans la division XI, consacrée aux *Prieurés anglais de St-Martin-des-Champs*.

En *Artois*, l'église de *Pas* (243).

Une prébende à Notre-Dame d'*Etampes* (244).

Une prébende à *Sainte-Geneviève-du-Mont* (244). — (Acte perdu.)

Au diocèse de *Châlons-sur-Marne*, cinq églises et la chapelle du château de *Dampierre* (245). — (Actes perdus.)

(23 mars 1143 — 5 décembre 1144)

Ind. Bulle de Luce II, n° **282**.

282. — *Le pape Luce II confirme au prieur Eudes II et à son monastère les bénéfices acquis depuis le plus récent privilège apostolique* [23 mars 1143].

(Rome, Latran, 5 décembre 1144)

Lucius episcopus, servus servorum Dei, dilectis filiis Odoni, priori *Sancti Martini de Campis* ejusque fratribus t. p. q. f. regulariter substituendis imperpetuum. Ad hoc nobis Ecclesie catholice cura a sumno Pastore Deo commissa est ut Dei servos paternis affectibus diligamus, et eo amplius studeamus ipsorum devotionem modis omnibus confovere quo ferventius ipsi disciplinis ecclesiasticis ex sanctorum Patrum regulis inherere noscuntur. Tunc enim Deo gratus apostolicus impenderit famulatus, si sanctorum locorum salubris institutio, rigor et ordo nostris patrociniis in religionis puritate fuerint conservata. Eapropter, dilecti in Domino filii, venerabilis fratris nostri Theobaldi, *Parisiensis episcopi*, qui, per Dei gratiam eidem loco utiliter prefuisse dignoscitur, precibus inclinati, vestris justis postulationibus clementer annuimus et

---

243. On ne s'explique pas l'omission de ce bénéfice dans la bulle de 1143 puisqu'il avait été conféré à St-Martin dès 1138 (n° **246**).

244. La prébende d'Etampes n'est pas comprise dans la bulle de 1143, sans doute en raison de l'opposition de Saint-Victor. Cf. n°⁵ **266, 267** et **281**. — Les archives de St-Martin ne contiennent point l'acte de donation d'une prébende à Sainte-Geneviève de Paris ; la première bulle qui en fasse mention est en 1147 (n° **294**).

ecclesiam Beati Martini, in qua divino mancipati estis obsequio, sub Beati Petri et nostra protectione suscipimus. Statuentes ut quascumque possessiones, quecumque bona eadem ecclesia inpresentiarum juste et canonice possidet, aut in futurum, concessione pontificum, largitione regum vel principum, oblatione fidelium, seu aliis justis modis, Deo propitio, poterit adipisci, firma vobis vestrisque successoribus et illibata permaneant. In quibus hec propriis duximus exprimenda vocabulis :

In episcopatu *Exoniensi, ecclesiam Sancti Jacobi,* et ecclesiam *Sancti Petri de Tivertonia,* cum capellis, terris et omnibus pertinentiis suis (242). Terram de *Cocheleia* et de *Crauvelia.*

In episcopatu *Ambianensi,* ecclesiam *Sancti Gervasii de Enchra* (161) cum capellis et omnibus p. s.

In episcopatu *Atrabatensi,* ecclesiam de *Passu* (160) cum capellis et o. p. s.

In archiepiscopatu *Senonensi,* in ecclesia *Sancte Marie de Stampis,* prebendam unam. In ecclesia *Sancte Genevefe* (244), prebendam unam (244).

In episcopatu *Belvacensi,* ecclesiam de *Prateriis* (234).

In episcopatu *Cathalaunensi,* ecclesiam de *Walemonte* (245). Ecclesiam de *Frisivilla* (245) cum capella. Ecclesiam de *Nigroloco* (245). Ecclesiam de *Espancis* (245). Ecclesiam de *Verreriis* (245). Capellam secus castrum *Domni petri in Estanneio,* cum omnibus earum pertinenciis (245).

Porro locus ipse in obediencia et subjectione *abbatis Cluniacensis,* ad cujus jus pertinere dinoscitur cum omnibus que ad ipsum pertinent perpetuo maneat. Decernimus — — eterno pacis inveniant. Amen. Amen. Amen.

(*Rota*). Ego Lucius catholice ecclesie episcopus.

---

245. Nous n'avons pas retrouvé l'acte de donation de ces églises dont trois, celles d'Epense, Noirlieu, ainsi que la chapelle de Dampierre-le-Château, sont situées dans le canton de Dommartin-sur-Yèvre; Voilemont et Verrières-sur-Aisne sont du canton de Sainte-Menehould ; enfin *Frisivilla* paraît se placer à Vrizy, canton de Vouziers.

Ego Conradus *Sabinensis* episcopus.

Ego Theodeuinus *Sancte Rufine* episcopus.

Ego Petrus *Albanensis* episcopus.

Ego Gregorius presbiter cardinalis tituli Calixti.

Ego Rainerius presbiter cardinalis tituli Ste Prisce.

Ego Guido presbiter cardinalis tituli SS. Laurentii et Damasi.

Ego Nicolaus presbiter cardinalis tituli S. Ciriaci.

Ego Manfredus presbiter cardinalis tituli Ste Savine.

Ego Hugo presbiter cardinalis S. R. E., tituli S. Laurentii in Lucina.

Ego Julius presbiter cardinalis tituli S. Marcelli.

Ego Gregorius diaconus cardinalis SS. Sergii et Bacchi.

Ego Guido diaconus cardinalis SS. Cosme et Damiani.

Ego Octavianus diaconus cardinalis S. Nicholai in carcere Tulliano.

Ego Radulfus diaconus cardinalis S. Lucie in septa Solis.

Ego Johannes diaconus cardinalis S. Adriani.

Ego Gregorius diaconus cardinalis S. Angeli.

Ego Astaldus diaconus cardinalis S. Eustachii.

Ego Johannes diaconus cardinalis Ste Marie nove.

Ego Berardus diaconus cardinalis Sancte Romane Ecclesie.

Datum *Lateranis* per manum Baronis, sancte Romane ecclesie subdiaconi, nonis decembris, indictione viii., Incarnationis Dominice anno M° C° XL° IIII°, pontificatus vero domni Lucii II pape anno I°.

A. Original L 227 B, n° 5. — *B.* Copie de 1209, LL 1351, fol. 7', collationnée et complétée des souscriptions. — *C.* Copie du xv° s., LL 1352, fol. 6-7. — *D.* Copie du xvi° s., LL 1353, fol. 6'. — *E.* Copie du xvii° s., LL 1354, fol. 34.

Edit. a. Marrier, *Monasterii S. Martini de Campis historia*, p. 176. — *b.* Migne, *Patrologia latina*, t. 179, col. 918.

Ind. Jaffé-Wattenbach, *Regesta Pontificum Romanorum*, t. II, p. 17, n° 8674 (6105). — R. de Lasteyrie, *Cartulaire général de Paris*, p. 294, n° 317.

283. — *Béatrice de Rochefort, femme de Dreux de Pierrefonds, cède aux moines du Vieux-Crécy les droits de péage qu'elle possède par héritage à Crécy.*

(1ᵉʳ janvier ou 26 mars 1144 — 1ᵉʳ janvier ou 15 avril 1145)

Noverint tam presentes quam posteri Ecclesie fideles, quod uxor domini Drogonis de Petrafonte, domina Beatrix (85), pro se et pro viro suo et filiis suis Widone, Hugone atque Johanne, hoc ipsum ipsis laudantibus, dedit imperpetuum *ecclesie Bti Martini* et monachis Deo servientibus apud *Vetus Creceium*, decimam sue partis, ubicumque colligatur *pedagium de Creccio*, quod sibi contingebat jure hereditario.

Factum est hoc anno Incarnationis Dominice M° C° XL° IIII°, testibus quamplurimis presentibus et audientibus, quorum nomina subscribuntur : Hugo monachus, frater ejus, et Manasses *sacristes Sti Martini de Campis*, Stephanus prior ejusdem loci (246), Ansculfus *archidiaconus Suessionensis*.

A. Original K 23, n° 11⁴. Sceau perdu. — B. Copie de 1209, LL 1351, fol. 112', collationnée et complétée par la désignation des témoins, d'après A, où pendait un sceau demi-brisé.
Edit. Tardif, *Monuments historiques*, n° 473, p. 257.

284. — *Le roi Louis VII, à la prière de Hugues de Crécy, son familier, renonce aux coutumes que les agents du fisc prélevaient sur les trois chambres du four de Saint-Denis-de-la-Châtre.*

(Paris, 2 août 1144 — 1ᵉʳ janvier ou 15 avril 1145)

In nomine sancte et individue Trinitatis. Ego Ludovicus, Dei gratia *Francorum rex* et *dux Aquitanorum*. Quoties ea que temporalia

---

246. Etienne est le prieur du Vieux-Crécy. Celui de Saint-Martin-des-Champs était alors Eudes II.

sunt usibus Deo famulantium et sustentationi conferimus, per hoc procul dubio divinam nos propitiationem promoveri confidimus. Notum itaque tam futuris quam et presentibus esse volumus quod, rogatu venerabilis monachi Hugonis de Cressiaco familiaris nostri, consuetudines omnes que ab officialibus nostris exigebantur de tribus cameris furni *ecclesie Sancti Dionisii de Carcere* que intra *mœnia urbis Parisiensis* sita est, penitus indultas esse volumus, ita ut futuris temporibus nemo unquam officialium nostrorum ab iis qui in predictis cameris mansuri sunt, aliquid omnino exigere presumant. Quod ut ratum firmumque in perpetuum permaneat, scripto commendari, sigilli nostri auctoritate muniri nostrique nominis subter inscripto caractere corroborari precipimus.

Actum publice *Parisius* anno ab Incarnatione Domini (*a*) M° C° XL° IIII°, regni vero nostri (*b*) viii°, astantibus in palatio nostro quorum nomina subtitulata sunt et signa. S. Radulphi, Viromandorum (*c*) comitis, dapiferi nostri. S. camerarii. S. constabularii. S. Willelmi (*d*) buticularii.

Data per manum Cadurci cancellarii.

(*a*) 1144 B C. — (*b*) 8 B C. — (*c*) Normandorum B. — (*d*) V. Vicillini B.

A. Original perdu. — B. Copie du xvii° s., LL 1399, p. 154. — C. Copie du xvii° s., Coll. Duchesne, t. LXXIV, fol. 99.

Ind. *a*. Ms. fr. 8054, d'après deux Registres du Châtelet, le *Recueil des Orfèvres*, fol. 464, et le *petit Livre blanc*, fol. 136. — *b*. Luchaire, *Actes de Louis VII*, n° 144, p. 145, d'après *a*.

285. — *Barthélemi, évêque de Laon, en présence d'Eudes III, évêque de Beauvais, confirme la donation faite par le roi Henri I*er *de la moitié du village de Dizy à Saint-Martin-des-Champs.*

(Reims, 1er janvier ou 15 avril 1145 — 1er janvier ou 31 mars 1146)

In nomine sancte et individue Trinitatis. Quoniam ea que geruntur, tum ex transitu temporum, tum ex defectu hominum, annullata evanescunt, necesse est scripto mandari quod convenit posteris notum fieri. Eapropter ego Bartholomeus, Dei gratia *Laudunen-*

sium episcopus, notum facio omnibus t. p. q. f. quod ca que ecclesia *Bti Martini de Campis* in pago *Laudunensi*, ex dono Henrici regis, possidet, videlicet dimidium *Disiaci* (152) excepto altari, in libera et quieta possessione, pontificali auctoritate concessimus. Si quis vero contra hoc ire presumpserit, anathema sit.

[Signum Odonis *Belvacensis episcopi*. S. Manasse abbatis *Sancti Basoli*. S. Gerardi, canonici *Belvacensis*. S. Stephani monachi. S. Petri monachi. S. Odonis succentoris *Belvacensis*. S. Radulfi canonici.]

Actum *Remis*, anno ab Incarnatione Domini M. CXLV, [indictione vii, epacta xxv, concurrente vi (*a*).

Ego Angotus cancellarius relegi.]

(*a*) L'indiction et le concurrent répondent à l'année 1144.

A. Original ayant figuré dans la collection Joursanvault. — B. Copie de 1209, collationnée et complétée des passages entre crochets, LL 1351, fol. 81. — C. Copie du xve s., LL 1352, fol. 79. — D. Copie du xvie s., LL 1353, fol. 91.

Ind. *Catalogue des archives du baron de Joursanvault*, t. I, n° 1037.

285 bis. — *Donations à St-Martin-des-Champs dans l'évêché de Beauvais* (Actes perdus).

(23 mars 1143 — 1145)

La chapelle de Notre-Dame d'*Asnières-sur-Oise* (247) restituée à l'Église par le comte *Mathieu Ier de Beaumont* et unie au prieuré de *St-Léonor*.

Deux muids de grain dans la grosse dîme de *Croy* (248).

La menue dîme de *Bernes* (249).

---

247. Asnières-sur-Oise, ca. Luzarches, ar. Pontoise.
248. Crouy-en-Thelle, ca. Neuilly-en-Thelle, ar. Senlis.
249. Bernes, ca. L'Isle-Adam, ar. Pontoise. Cette donation semble attribuable au comte Mathieu Ier, qui avait la seigneurie de Bernes. Cf. t. I, p. 217. Au xve siècle, le prieuré de Beaumont comptait dans ses revenus « apud Croiacum,

Le village et la dîme de *Hardivilliers* (250).

Ind. Lettres d'Eudes III, évêque de Beauvais, n° **286**.

285 *ter*. — *Les moines de St-Léonor ayant construit le pont de Beaumont-sur-Oise, le comte Mathieu I*er *leur accorde en compensation une rente perpétuelle de cent sols parisis et de dix mines de sel sur le travers du pont; le comte et ses fils, Mathieu II et Hugues, confirment par serment cette convention* (Acte perdu).

(23 mars 1143 — 1145)

Ind. a. Lettres de l'évêque Eudes III de Beauvais, n° **286**. — *b*. Charte de Mathieu II, comte de Beaumont, en 1160.

286. — *Eudes III, évêque de Beauvais, confirme en les énumérant tous les bénéfices ecclésiastiques restitués par des laïcs à l'Église et possédés par St-Martin-des-Champs dans son diocèse.*

(25 octobre 1145 — 1er janvier ou 31 mars 1146)

Quoniam, secundum veredictam Domini sententiam, propinquante seculi fine, jam habundat iniquitas, et refrigescit caritas multorum, qui magis aliena appetere quam propria largiri, magis bona ecclesie diripere quam tueri noscuntur, necesse est ut omnes quibus dominici gregis cura committitur, Ecclesie fidelibus in posterum provideant, et bona ipsorum contra impios pervasores munimentis quibus possunt tueantur et muniant. Ego igitur Odo secundus, Dei gratia, humilis *Belvacensis episcopus*, consilio et assensu ecclesie nostre, confirmamus et sigilli nostri munimine roboramus omnia que antecessores nostri ceterique fideles mona-

---

circa xi sextaria bladi et xi aveno » et « apud Bernam, minutam decimam valentem xi solidos ». Cf. Douët d'Arcq, *Rech. hist. sur les comtes de Beaumont-sur-Oise*, pp. 142-143. — Le prieuré avait, à Bernes, une grange que lui donna un comte Mathieu de Beaumont (*Ibid.*, p. 150).

250. Hardivilliers, ca. Froissy, ar. Clermont. — Hardivilliers-en-Vexin, ca. Chaumont, ar. Beauvais, faisait partie de l'archidiaconé du Vexin français, au diocèse de Rouen (Du Plessis, *Description de la Haute-Normandie*, t. II, p. 587).

chis *Sti Martini de Campis* in episcopatu nostro contulerunt. Altare scilicet de *Meru* (52), liberum a circata, cum atrio et omnibus appendiciis suis. Altare *Sti Audomari* (55) cum decima et omnibus ad altare pertinentibus, ex dono et concessione predecessorum nostrorum, ANSELLI videlicet atque GAUFREDI. Ecclesiam *Bti Leonorii de Bellomonte* (50) cum ap. s. *Capellam Bti Petri* (57), que castro eidem adjacet, cum atrio et ap. s. *Capellam Bti Marie de Asneriis* (247), quam pia peticione MATHEI comitis, qui eam diu injuste possederat, ecclesie *Bti Leonorii* et monachis ibidem Deo servientibus concessimus. Centum solidos, cum decem minis salis, de transverso pontis de *Bellomonte*, que monachis *Sti Leonorii* qui illum edificaverunt, annis singulis persolventur, ex dono predicti comitis, filiis suis MATHEO et HUGONE concedentibus, et jure jurando confirmantibus. Ecclesiam de *Fresneio* (57) cum atrio et minuta decima, et medietate majoris decime. In majori decima de *Croi* (248) duos annone modios, unum frumenti, alterum ordei vel avene. Apud *Baernam* (249) minutam decimam. Altare de *Vuirma* (54) liberum a circata, cum omni decima. Decimam de *Meencurte* (53). Altare de *Prateriis* (234) liberum a circata, cum atrio et minuta decima. Altare de *Noa Sti Remigii* (177) liberum a circata, cum omni decima. Ecclesiam de *Villa Bernosa* (178) cum novem partibus totius decime. Ecclesiam de *Roveredo* (178) et atrium dedit GALERANNUS frater GILDUINI DE MONCI (56). Transversum de *Miliaco* (55) et de *Conteio* (213) in singulis diebus, de omnibus rebus que transversum reddunt, que GERVASIUS dapifer Regis concessit. Unum modium frumenti in quodam molendino quod est in villa que dicitur *Huns* (251). *Hardrivillare* (250) cum decima. Ecclesiam de *Cressonessart* (48) cum omni decima et appendiciis ejus, et terciam partem de *Leencort* (51). Terram cum nemore et hospitibus apud *Donvillare* et apud *Copehel*, ex dono BALDUINI DE BUTINANGULO et de feodo LANCELINI BELVACENSIS. Apud *Cressonessart* furnum unum quem dedit WILLELMUS, ejusdem ville dominus (252), in remissionem peccatorum suorum,

---

251. Ons-en-Bray, ca. Auneuil, ar. Beauvais. Cf. t. I, p. 277.
252. Le four de Cressonsacq est déjà compris dans la bulle du pape Inno-

ea scilicet conditione ut si, villa crescente, oporteret alium furnum
fieri, monachi Sti Martini, quibus tantummodo liceret, in locis convenientibus quotquot essent necessarii fecerent; ligna quoque ad
suos usus et ad opus furni sive furnorum in omnibus silvis ad eum
pertinentibus, ipsi acciperent. [Preterea decimas de novalibus factis
vel imposterum faciendis intra terminos parochiarum seu decimationum ecclesie Sti Martini, in perpetuum eidem concessimus].

Hoc autem ratum et inconcussum esse, cunctis ecclesie *Belvacensis* consentientibus canonicis, statuimus, et eos qui res superius
nominatas, vi vel fraude, pred. monachis auferre vel minuere temptaverint, perpetuo anathemate dampnavimus.

[S. YVONIS decani. S. THEOBALDI archidiaconi. S. JOHANNIS archid.
S. ODONIS precentoris. S. SYMONIS succentoris. S. GERARDI prepositi.
S. HELINANDI capellani.]

Acta sunt hec anno Incarnati Verbi Mº Cº XLº Vº, [regnante LUDO-
VICO *rege Francorum* anno imperii sui quinto decimo (253), episcopatus nostri anno secundo.]

A. Orig. perdu. — *B*. Copie de 1209, LL 1351, fol. 68, collationnée et
complétée des passages entre crochets, avec cette note : « Visa fuit et collata presens carta ad suum autographum cui sub duplici cauda pergamenea adpendet oblongum sigillum, in quo figura stantis pontificis, ac
cujus circumscriptio legi nequit. ». — *C*. Copie du XVIᵉ siècle, LL 1353,
fol. 73', d'après *B* incomplet. — *D*. Copie du XVIᵉ s., LL 1353, fol. 178,
d'après *A*. — *E*. Copie du XVIIIᵉ s., par D. Pernot, d'après *A*, A. N. S
1410. — *F*. Copie du XVIIIᵉ s., Coll. Moreau, t. LXII, fol. 12, d'après *A* :
« Au bas est attaché un petit sac en parchemin dans lequel estoit un
sceau en lacs de parchemin, lequel est détruit ».

---

cent II, du 23 mars 1143 (nº **265**); il n'en est pas question dans les lettres de
l'évêque Eudes II, de 1136 (nº **214**).

253. Le 25 octobre 1145, commence la quinzième année de Louis VII à compter de son premier sacre. L'année pascale 1145 se termina le 30 mars 1146,
veille de Pâques.

253. Agnès de Montfort, issue du mariage d'Amauri II de Montfort et d'Agnès
de Garlande, fille unique d'Anseau le sénéchal, bienfaiteur du prieuré de Gournay-sur-Marne, fondé par son beau-père Gui le Rouge (Appendices au *Cartulaire de St-Martin de Pontoise*, p. 320). — Le « moûtier » donné est l'église de la
Queue-en-Brie, ca. Boissy-Saint-Léger, ar. Corbeil. Cf. nº **294**.

287. — *Galeran II, comte de Meulan, et sa femme, Agnès de Montfort, confirment à N.-D. de Gournay-sur-Marne le « moûtier » de la Queue et le four de ce village, après le décès d'Alaisie, femme de Gui Sanglier, en présence de Mathieu I de Montmorency et de nombreux vassaux.*

(Meulan, 1ᵉʳ janvier ou 15 avril 1145 — 1ᵉʳ janvier ou 31 mars 1146)

GALERANNUS *comes* Mellenti et AGNES uxor sua (253) omnibus baronibus, prepositis et ministris et fidelibus suis de *Francia*, salutem. Sciatis nos concessisse et confirmasse *Sancte Marie de Gornaio* et monachis ejusdem ecclesie, *monasterium de Cauda* et furnum ejusdem oppidi, post decessum ADELAISIE uxoris GUIDONIS APRI libere et quiete et bene et honorifice hec predicta inperpetuum tenenda. Testibus subscriptis : MATHEO DE MONTMORENCIO, RADULPHO DE MONTEAUREO (254), ALANO DE NEUILLIS, IVONE DE GAILLUM (255) et FROMUNDO fratre ejus, et ODONE fratre ejus, JOHANNE DE CAMPIS, FULCONE DE BRI (256), ROBERTO DE COMBEAUS (257) et WILLELMO capellano.

Data est hec concessio apud *Mellentum*. Anno ab Incarnatione Domini M° C° XL° V°.

A. Original perdu. — B. Copie de 1223, LL 1397, fol. 22, non collationnée.

288. — *Le pape Eugène III confirme les dispositions prises par ses devanciers Innocent II et Luce II en vue de substituer, par voie d'extinction, aux chanoines de St-Gervais d'Encre, des moines de St-Martin-des-Champs.*

(Rome, Transtévère, 20 février 1146)

EUGENIUS episcopus, servus servorum Dei, dilectis filiis ODONI

---

254. Montaure, ca. Pont-de-l'Arche, ar. Louviers (Eure).
255. Gaillon, ca. Meulan, ar. Versailles.
256. Bry-sur-Marne, ca. Nogent-sur-Marne, ar. Sceaux.
257. Combault, comm. de Pontault, ca. Tournan, ar. Melun.

priori Sti Martini de Campis, ejusque fratribus, salutem et apostolicam benedictionem.

Super controversia quæ inter vos et canonicos *Beati Gervasii de Encra* super eadem (a) diutius agitata est, utriusque partis rationes et allegationes diligenter audivimus, et fratrum nostrorum consilio eidem controversiæ finem taliter imposuimus : siquidem quod super eadem causa a Gaurino, bonæ memoriæ *Ambianensi episcopo*, religiosorum virorum consilio statutum est, et prædecessorum nostrorum felicis memoriæ Innocentii et Lucii, Romanorum pontificum, scriptis et auctoritate firmatum : ut videlicet decedentibus canonicis, ibidem monachi substituantur, salvis tamen eorum præbendis qui superstites fuerint, nos nihilominus auctoritate apostolica confirmamus, et ratum manere decrevimus, et super eadem causa perpetuum canonicis silentium imposuimus.

Datum *Transtiberim*, x kal. Martii.

(a) Le texte de la bulle portait sans doute : « canonicos ecclesie Beati Gervasii de Encra » ; c'est à « ecclesia » que se rapporterait « eadem ».

A. Original perdu. — B. Vidimus de Guillaume, évêque de Paris, juin 1255, perdu. — C. Copie du xviᵉ s., LL 1353, fol. 172, d'après B.

Edit. a. Marrier, *Monasterii S. Martini de Campis historia*, p. 303. — b. Migne, *Patrologia latina*, t. 180, col. 1107.

Ind. Jaffé-Wattenbach, *Regesta Pontificum Romanorum*, t. II, p. 40, nº 8861 (6211).

289. — *Barthélemi, doyen du chapitre de Paris, promulgue un règlement concernant la prébende affectée à St-Martin-des-Champs, d'accord avec l'évêque Thibaud et le prieur Eudes II.*

(Paris, 1ᵉʳ janvier ou 31 mars — novembre 1146)

Ego Bartholomeus, Dei gratia *Parisiensis* ecclesie *Beate* scilicet *Marie* vocatus *decanus*, et ceteri ejusdem ecclesie canonici, notum fieri volumus tam posteris quam presentibus quod monachi *Sti Martini de Campis* in nostra Beate Marie seniori ecclesia, ex dono domni Theobaldi, *Parisiensis episcopi*, et nostro prebendam unam habent, et vicarium unum sacerdotem pro eadem prebenda in servitium ecclesie assidue deputatum. Et quia justum est ut qui ecclesie serviunt, de ecclesia vivant, in primis communi totius capituli nostri (a) consilio, simul etiam consilio et laude jamdicti presulis Theobaldi, quod etiam domnus Odo *prior* et monachi *Sancti Martini* concesserunt, statutum est ut pred. vicarius pro servitio quod facit, de redditibus prebende per singulos annos xx. solidos accipiat, panem quoque et vinum Quadragesime ; ita scilicet ut infra ebdomadam singulis diebus panem solummodo unum et dimidium sextarium vini, et in dominica duos panes et sextarium vini habeat (nisi infra pred. mensuram propter vini penuriam, mensura minor a Capitulo fuerit ordinata), et non solum in Quadragesima hoc habebit, sed etiam a dominica que est ante Caput Jejunii usque ad vigiliam Penthecostes, si tantum distributio panis et vini durare potuerit. Si autem distributio illa panis et vini ultra pred. terminum duraverit, vel etiam infra terminum duplicata vel aliquo modo aucta fuerit, quicquid supra id quod determinatum est additum fuerit, totum monachorum erit. Stationes vero et (b) antiphonas, et vinum (c) libertatum habebit vicarius. Adjunctum est etiam quod quando processio ad Indictum vel ad Fossatensem ecclesiam vadit, si tunc charitas xii. denariorum facta fuerit, habebit eam vicarius. Si autem charitas ultra xii. denarios erit, habebunt ipsi eam monachi. Nullam omnino aliam charitatem, nisi illam que determinata est, habebit vicarius. Sciendum vero est quod ecclesia Bti Martini, que in nostra ecclesia prebendam habet, nullum omnino aliud servitium in eadem ecclesia nostra per se facere debet, nisi hoc tantum quod, in septimana sancti Martini, missam majorem cantat monachus, missam vero matutinalem et totum ex integro aliud servitium vicarius facere habet. Quod si pred. vicarius in reddendo debito servitio negligens fuerit, et per negligentiam suam aliquid scandalum aut servitii defectus contigerit, ad Capitulum nostrum spectabit correctio, ita quod ecclesie Bti Martini nihil omnino poterit imputari. Hanc autem reddituum assignationem, que vicario Sti Martini pro prebenda cui deservit, nostro et monachorum communi consilio constituta est, ita in perpetuum haberi ratam decernimus, ut eam nullatenus nostris successoribus ad gravamen monachorum Sancti Martini liceat immutare. Quod ne valeat oblivione deleri, scripto commendavimus et, ne possit a posteris infirmari, sigilli nostri impressione et nominum nostrorum subscriptione firmavimus.

Signum Bartholomei decani. S. Alberti precentoris. S. Stephani archidiaconi. S. Bernardi archidiaconi. S. Ivonis archidiaconi. S. Gauterii presbiteri. S. Odonis presbiteri. S. Clementis presbiteri. S. magistri Simonis diaconi. S. Herluini diaconi. S. Goslini diaconi. S. Hervei subdiaconi. S. Durandi subdiaconi. S. Philippi pueri, *fratris Regis*. S. Petri pueri. S. Hilduini pueri.

Actum publice *Parisius*, in capitulo Bte Marie, anno Incarnationis M. CXLVI, episcopatus autem domni Theobaldi anno tertio (258).

(*a*) omis par *D*. — (*b*) antifonas *D*. — (*c*) unum *D*.

A. Original perdu. — B. Copie du xiiie s., *Grand Pastoral*, LL 175, fol. 641. — C. Vidimus de 1296, jadis conservé aux Archives de St-Martin-des-Champs. — D. Copie du xviie s., LL 1353, fol. 177, d'après A.
Edit. Marrier, *Monasterii S. Martini de Campis historia*, pp. 426-428.
Ind. R. de Lasteyrie, *Cartulaire général de Paris*, p. 298, n° 323.

289 *bis*. — *Sentence arbitrale entre le prieur de St-Denis de la Châtre et les vicaires* (Acte perdu).

(1146)

Ind. LL 1399, à la table chronologique, mais sans indication de page dans le recueil.

---

258. Le règlement antérieur, promulgué par le même doyen (15 avril 1145-30 mars 1146) au sujet de la prébende dont jouissait l'abbaye de Saint-Victor, et seul reproduit au *Cartulaire de Paris* (p. 295, n° 319), quoique très analogue à celui-ci en ses grandes lignes, n'est pas identique ; les avantages assurés au vicaire, notamment, ne sont point les mêmes.

290. — *Le roi Louis VII approuve la vente qu'Adam de Villeron, du consentement de sa sœur Perrenelle, a faite de sa terre proche de Louvres aux moines de Saint-Martin, pour les besoins de son voyage en Terre Sainte.*

(1146)

Ludovicus, Dei gratia *rex Francorum* et *dux Aquitanorum*, notum fieri volumus universis quod, pro necessitate *vie Iherosolimitane*, Adam de Vilerum (259) vendidit, cum concessione sororis sue Petronille, terram suam que est juxta *Lovras* (68) monachis *Sancti Martini de Campis*. Nos quoque eandem venditionem libere concessimus et auctoritate regia confirmavimus, et ratam esse perhenniter et inconcussam stabilivimus. Quod ut ita in posterum stabile permaneret, scripto commendari et sigilli nostri impressione signari precepimus.

A. Original perdu. — B. Copie de 1209, non collationnée, LL 1351, fol. 27. — C. Copie du xve s., LL 1352, fol. 27. — D. Copie du xvie s., LL 1353, fol. 26.
Ind. Luchaire, *Actes de Louis VII*, n° 196, p. 162, d'après B.

290 bis. — *Le roi Louis VII écrit à la communauté de Chaalis pour l'informer qu'Adam de Villeron, chevalier, partant pour la Terre Sainte, lui a donné une terre qu'il possédait sous sa mouvance à Louvres, dans le cas où il viendrait à mourir sans héritiers pendant ce voyage, mais avec réserve d'usufruit viager pour son père.*

(Paris, 1146)

Ludovicus Dei gratia *rex Francorum* et *dux Aquitanorum* abbati de *Chahalit* et conventui salutem et gratiam nostram. Quod scribimus, id concedimus et regia auctoritate firmamus. Adam de Vilerum, *miles noster* (259), procedens *Jerosolimis*, pro Xristo peregrinus, terram quam habet ex feodo nostro apud *Lovras*, si tamen in

---

259. Villeron, ca. Luzarches, ar. Pontoise.

hac peregrinatione sine herede decesserit, Serenitati nostre largitur. Ceterum in hac donatione conditionem adjungit hujusmodi, ut pater suus terram illam possideat dum viveret, et quatuor ex hominibus suis proprias similiter carrugas obtineant; et sunt hec nomina : Rodulphus *de Camino*, Terricus, Renardus et Lambertus. Post horum vero decessum et post mortem patris, in possessionem nostram toto hec terra concedet, si, ut dictum est, in hac peregrinatione absque herede moriatur. Qua de re ut certitudo vos maneat, has vobis nostre auctoritatis litteras mittimus quibus concedimus et confirmamus hoc donum.

A. Original jadis aux Arch. de Chaalis « scellé en cire verte ; le roi d'un costé assis et de l'autre à cheval. » — *B.* Copie de Gaignières, ms. lat. 17113, fol. 278, d'après *A* scellé.

Suivant la remarque de Luchaire (*Actes de Louis VII*, n° 195, p. 262, note 1), cette lettre n'est datée que de 1137-1154 par la mention *dux Aquitanorum*, mais elle doit se rapporter à la préparation de la Croisade de 1147 (cf. n° **297**) à laquelle participa le seigneur de Villeron.

En 1148, Louis VI mande à Suger de prendre la défense des intérêts de ce chevalier dont il a pu éprouver le dévouement sur la terre étrangère (Ib., n° 235, p. 174; Duchesne, *Hist. Fr.*, IV, 520 ; Bouquet, *Rec. des Hist. de Fr.*, XV, 502.) — Nous reproduisons la lettre du roi aux moines de Chaalis parce qu'elle explique et complète la précédente charte.

291. — *Aveline, femme de Guillaume le Queux de Melan, donne en pure aumône à St-Martin, du consentement de ses enfants Jean et Elisabeth, toute la dîme de vin et de grain qu'elle avait à Vosves, pour fonder son anniversaire. Heudiarde dite Beline de Lissy, ainsi que Bardoul de Dammarie, dont cette dîme mouvait en fief, l'amortissent. — Lettres de Hugues de Toucy, archevêque de Sens, à ce sujet.*

(1145 — mai 1147)

Ego Hugo, Dei gratia *Senonensis archiepiscopus*, notum facio cunctis presentibus et futuris quod Avelina, uxor Willelmi Coci *de Meleduno*, concedente filiis suis Johanne et Elizabeth, totam decimam vini et annone, quam apud *Vovas* (215) habeat, *ecclesie*

Sti Martini in elemosinam tradidit atque inperpetuum habendam concessit ea videlicet conditione, ut anniversarium ejus per singulos annos monachi facient. Hoc autem donum HILDEARDIS DE LISSI (2) cognomento BELINA, de cujus feodo predicta decima erat, cum omnibus filiis suis laudavit atque concessit; et hec facta sunt coram archidiacono nostro STEPHANO, etc. (*sic*). Nos itaque, quoniam loca sancta et religiosa maxime fovere, a suis imposterum perturbationibus munire habemus, predictam donationem laudare et, ut rata in futurum permaneat, sigilli nostri auctoritate munire curavimus. Sciendum vero quod predicta AVELINA in manu STEPHANI archidiaconi nostri, predictam decimam reddidit (*a*). Archidiaconus autem in manu GALTERI, monachi *Sancti Martini*, eam similiter reddidit (262).

(*a*) reddit *B C D*.

A. Original perdu. — B. Copie de 1209, incomplète et non collationnée, LL 1351, fol. 39. — C. Copie du xve siècle, LL 1352, fol. 30. — D. Copie du xvie s., LL 1353, fol. 29.

Ego HUGO, Dei gratia, *Senonensis archiepiscopus*, notum facio cunctis p. et f. quoniam AVELINA uxor WILLELMI VOCI (*a*) omnem decimam suam de *Vovio* donavit ecclesie *Bti Martini de Campis*. Quam siquidem donationem concessit et laudavit BELINA DE LISSI (260) cum omnibus filiis suis, de cujus utique feodo pred. decima movebat. BARDOL quoque DE DONNAMARIA (261), a quo dicta BELINA feodum istud tenebat, et hoc ipsum donum cum omnibus filiis suis laudavit et concessit. Quod ut quidem ratum esset, litteris mandare et sigilli nostri auctoritate firmare curavimus (262).

(*a*) *Corr.* Coci.

---

260. Lissy, ca. Brie-Comte-Robert. ar. Melun.

261. Dammarie-les-Lys, ca. et ar. Melun. Les Vosves sont un écart de cette commune.

262. Ces deux actes sont postérieurs à 1145, date de l'intronisation de l'archevêque de Sens, Hugues. D'autre part, il n'est plus fait mention de Vosves dans la bulle d'Eugène III du 2 juin 1147. St-Martin-des-Champs a dû se défaire de

A. Orig. perdu. — B. Copie de 1209, LL 1351, fol. 29, non collationnée. — C. Copie du xv⁰ siècle, LL 1352, fol. 30. — D. Copie du xvı⁰ s., LL 1353, fol. 29.

292. — *Le prieur Eudes II cède à l'abbaye de Cercamp la chapelle de St-Hilaire-aux-Bois, près de Frévent.*

(1144 — 2 juin 1147)

Notum sit omnibus sancte Dei Ecclesie filiis, tam clericis quam laicis, p. et f., quod ego Odo, *prior Sti Martini de Campis*, ex consensu totius capituli nostri, benigne concessi domno Hugoni *abbati Caricampi* (263) et ejusdem cenobio, propter amorem Dei, *capellam Sti Hilarii* que est juxta *Frevench*, perpetuo jure possidendam cum omnibus appendiciis suis ; ea scilicet conditione quatinus predicti cenobii (a) Abbas persolvat ecclesie nostre, loco census, singulis annis unam marcham argenti ad majus pondus, in festivitate sancti Martini de obitu. Sciendum quoque est quod omnem decimam que ad altare *Sti Hilarii de Frevench* pertinet, a *valle Guntzonis* usque ad terras de *Borrech* (20), pro predicto censu similiter promisit Prior et omne capitulum *Sancti Martini*. Designavimus etiam quia idem abbas *Caricampi* pomerium quod apud *Pas* (170) habebat, Ansello, qui illud supradicto cenobio dederat, cum uxore sua et infantibus annuente atque laudante, commutavit monachis *Sti Martini* in eodem castro manentibus pro decimis que ad altare *Sti Modesti Ligniaci* (20) pertinent a *capite Haye* usque ad terras de

---

cette terre assez éloignée, après avoir obtenu qu'elle fût exonérée de la dîme.

Le moine Gautier ne fait qu'un sans doute avec Gautier de Châlons, élu prieur de St-Martin-des-Champs après Thibaud III, puis abbé de Cluny, sous le règne de Louis VII. Il est qualifié plus loin, en 1145-1147, « procurator de *Fontanis* » (n° 294).

263. Cercamp, comm. de Frévent, ca. Auxi-le-Château, ar. St-Pol. Cet acte se place avant le 2 juin 1147, car il n'est plus question de St-Hilaire-au-Bois dans la bulle d'Eugène III, n° **295**. — La cession de ce bénéfice fut confirmée à l'abbaye de Cercamp par l'évêque Milon en 1153 (n° **355**). — L'abbé Hugues de Cercamp en disposa en faveur du prêtre Baudoin (n° **355**).

Borrech, uno tantum excepto campo qui *Campania* vocatur ; quod monachi *Sti Modesti* libere laudaverunt. Hujus rei testes sunt : domnus THEOBALDUS, *Parisiensis episcopus* ; BERNARDUS et GUERMUNDUS, ejusdem archidiaconi ; THEOBALDUS, *Meldensis* archidiaconus ; et JOHANNES, clericus de *Monte Omari*.

(*a*) cencboii *B*.

A. Original perdu. — *B. Cartulaire de Frévent*, fol. 2 v°, aux Archives du Pas-de-Calais, fonds de Cercamp, série H non inventoriée.

292 bis. — *Anseau I, sire de l'Isle-Adam, confirme et accroît la dotation de l'église Notre-Dame de l'Isle unie à St-Martin-des-Champs. Elle comprend vingt sols de cens et deux courtils à Balincourt* (264) ; *des hôtes, une dîme, un cens, une terre à Frouville* (265) ; *cinq setiers de blé d'hiver dans la grange de Parmain ; tout le cens des granges contiguës au marché de l'Isle-Adam, sauf celles touchant au clos seigneurial qui acquittent un demi-cens ; la moitié du tonlieu ; dix sols d'étalage et deux hôtes au château de l'Isle ; un cens, des hôtes, une terre à Nogent ; toute la dîme de Mériel* (265) ; *une grange, une dîme, une terre à Villiers-Adam ; un droit d'usage dans les bois d'Eudes de Roissy* (266). — Acte perdu.

(5 décembre 1144 — 2 juin 1147)

Ind. *a*. Bulle du pape Eugène III, du 2 juin 1147, n° **295**. — *b*. Charte d'Adam IV de l'Isle, antérieure à 1175.

---

264. Balincourt, comm. d'Arronville, ca. Marines, ar. Pontoise.
265. Frouville, Mériel, ca. L'Isle-Adam, ar. Pontoise.
266. La charte d'Anseau 1ᵉʳ portant donation de l'église Notre-Dame de l'Isle ne nous est pas parvenue. Elle est postérieure au 5 décembre 1144 (n° **282**) et antérieure au 2 juin 1147, la bulle d'Eugène III en faisant mention, tandis que Luce II n'en parle pas. La confirmation de l'évêque Eudes III de Beauvais ne fut accordée qu'en 1148 à St-Martin ; la fondation du prieuré de l'Isle-Adam doit être de très peu antérieure à l'approbation de l'ordinaire ; on peut supposer qu'elle ne remonte pas au-delà du printemps de 1147.

293. — *Simon de Vermandois, évêque de Noyon, confirme à Pierre, prieur de Cappy, l'autel de Molliens [-Vidame], rendu à l'église par le bénéficier Milon, chanoine de Péronne. Thierri, évêque d'Amiens, en est témoin.*

(1er janvier ou 20 avril — 2 juin 1147)

In nomine Patris et Filii et Spiritus sancti. Symon, Dei gratia *Noviomensium episcopus*, karissimo fratri Petro, venerabili priori ecclesie *Sti Medardi Capiensis*, ceterisque fratribus ejusdem loci p. et f. successuris in perpetuum. Ad nostrum spectat officium ut de ecclesiis nobis commissis sollicitudinem habeamus, quatinus in ipsis Deus honoretur, et debita ei servitia exhibeantur, curiose etiam providentes ut, si aliquam earundem cui proprie facultates minus suppetunt ad sui ipsius cultum vel usum noverimus, de bonis a Deo nobis collatis, inopiam misericorditer suppleamus illius. Altare igitur de (*a*) *Mueleins* (274), quod Milo canonicus *Peronensis*, persona ejusdem altaris, in nostram manum reddidit, ecclesie *Sti Medardi Capiensis* et tibi, dilecte frater Petre venerabilis prior, tuisque successoribus ob salutem anime nostre damus et concedimus, atque assensu [Bonefacii] (*b*), archidiaconi nostri, deinceps sub perpetua libertate personaliter possidendum, presenti scripto confirmamus ; ita sane quod nobis et successoribus nostris episcopis synodalia jura persolvatis et nobis ministrisque nostris debitam reverenciam exibeatis ; salvo etiam jure presbiteri prenominato altari servientis, data et concessa ei cura de manu episcopi. Ut hoc ratum et inconvulsum permaneat, tam sigillo nostro quam testium subassignatorum testimonio corroboramus ; et ne ab aliquo ulterius violaretur, episcopali auctoritate et sub anathemate prohibemus.

S. Symonis episcopi. S. Theoderici *Ambianensis* episcopi. S. Bonefacii archidiaconi. S. Balduini decani. S. Hugonis cancellarii. S. Rainoldi archipresbiteri. S. Rogerii, Guiberti, Galberti, Johannis, presbiterorum. S. Stephani, Willelmi, Roberti, clericorum. S. Petri prioris.

Actum anno M° C° XL° VII° dominice Incarnationis. Ego Hugo cancellarius relegi.

(*a*). Niveleriis *E*. — (*b*). Nom détruit sur l'original, suppléé d'après *B* et l'ordre des souscriptions.

A. Original jadis scellé, rongé partiellement, S 1412, n° 14. — *B*. Copie de 1209, LL 1351, fol. 81, collationnée sur *A* et complétée des souscriptions des témoins et du chancelier, avec cette observation que le sceau pendant n'est point celui du prélat, mais du prieur de Saint-Martin-des-Champs. — *C*. Copie du xv° s., LL 1352, fol. 79. — *D*. Copie du xvi° s., LL 1353, fol. 93. — *E*. Copie du xviii° s., ms. fr. 15504 ; ces trois dernières d'après *A* incomplet.

Édit. Marrier, *Monasterii Sti Martini de Campis historia*, p. 346.

293 bis. — *Le même prélat confirme au prieur Eudes II et au monastère de St-Martin-des-Champs l'église de Molliens* (Même date).

Ego Symon, Dei gratia *Noviomensium episcopus*, notum volo fieri omnibus t. f. q. p. quod ego do et concedo altare de *Mueleins* (274) ecclesie *Bti Martini de Campis* et tibi, dilecte frater Odo, ejusdem ecclesie *prior* venerabilis, ad usum fratrum *Capiensis* ecclesie sub regula beati Benedicti ibidem Deo servientium, atque sub perpetua libertate deinceps possidendum, presente scripto et sigillo confirmo ; ita sane quod eadem *Capiensis* ecclesia episcopis ecclesie *Noviomensis* synodalia jura persolvat et tam ipsis quam ipsorum ministris debitam reverentiam exhibeat ; salvo etiam jure presbyteri eidem altari servientis.

Signum Symonis episcopi. S. Theoderici *Ambianensis*.

Actum anno M° C° XLVII° Dominice Incarnationis.

A. Original perdu. — *B*. Copie de 1209, LL 1351, fol. 81', non collationnée. — *C*. Copie du xv° s., LL 1352, fol. 79. — *D*. Copie du xvi° s., LL 1353, fol. 94.

294. — *Hugues de Toucy, archevêque de Sens, confirme à St-Martin l'église de Fontaine-le-Port, au temps du prieur Eudes II.*

(Melun, 1145 — 2 juin 1147)

In nomine sancte et individue Trinitatis. Pastoralem condecet sollicitudinem venerabilia et Deo dicata loca tanto amplioribus beneficiis augmentare, quanto in eis ferventius gregis devotio pro humanis excessibus supernam misericordiam nititur exorare. Eapropter ego Hugo, divina dignatione *Senonensis* archiepiscopus, predecessorum meorum vestigia sequens, ecclesiam de *Fontanis* (270) cum presbiteri electione et presentatione; atrium etiam et totam majorem decimam cum tota minore decima, exceptis xv sextariis hiemalis annone et xv avene, quos presbiter annuatim a manu ejusdem ville procuratore accipere solet, monasterio *Beati Martini de Campis*, in quo fraterna caritas et religionis ordo vigere dignoscitur, concessimus et inviolabiliter confirmavimus. Salvo per omnia jure *Senonensis* ecclesie et nostro. Quod ne tractu temporis vel malignantium versutiis in dubium revocetur, presenti scripto et sigilli nostri auctoritate muniri curavimus. [His testibus : Stephano archidiacono, Theone, Roberto, Stephano, canonicis *Senonensibus*; Galtero decano *Milidunensi* et Nicolao cantore, et Thoma cognato Archidiaconi.]

Actum est hoc apud *Milidunum*, Odone existente priore *Sti Martini de Campis*, et Galtero monacho (262) procuratore de *Fontanis* (270).

A. Orig. perdu. — *B.* Copie de 1209, LL 135, fol. 29', collationnée et complétée sur *A* des passages entre crochets. — *C.* Copie du xv⁰ s., LL 1352, fol. 30. — *D.* Vidimus de 1522, sur *A*; S 1344, n⁰ 16. — *E.* Copie du xvi⁰ s., LL 1353, fol. 29'.

Edit. Marrier, *Monasterii S. M. de Campis historia*, p. 520.

294 bis. — *Donations à St-Martin énumérées ci-après* (Actes perdus).

Au diocèse de *Paris* :

A *Roissy* un muid de froment de la dîme.

L'église d'*Attainville* et la dîme (268).

Les deux tiers de la dîme de *Villiers-Adam* (269).

La dîme de *Gretz* (270).

L'église et la dîme de *Chevry* (271).

Au diocèse de *Noyon* :

L'autel de *Longueval* (272).

Une part des dîmes, de l'aître et du casuel de *Clary* (273).

Les deux tiers de la dîme de *Barleux* (272).

L'autel de *Fontaine-lès-Cappy* (272).

La dîme des anguilles de *Gérard de Cappy*.

Au diocèse d'*Amiens* :

L'autel de *Villeret* (275).

La dîme de *Vauvillers* (272).

L'autel du *Vieil-Amiens*.

Au diocèse de *Reims* :

Le cens de *Poilly*, donné par *Gautier de Bazoches* (278).

(5 décembre 1144 — 2 juin 1147)

Ind. Bulle d'Eugène III, du 2 juin 1147, n° **295**.

294 ter. — *Sanson Mauvoisin, archevêque de Reims, et Barthélemi, évêque de Laon, décident que la moitié de Dizy-en-Laonnais, appartenant à St-Martin-des-Champs par don de Henri Ier, passera aux mains de Luc, abbé de Cuissy, à charge de payer une rente annuelle de trente sous au prieuré* (Acte perdu).

Ind. Bulle d'Eugène III, du 2 juin 1147, n° **295**.

295. — *Bulle du pape Eugène III confirmant au monastère de Saint-Martin des Champs tous ses bénéfices et toutes ses propriétés.*

(Paris, 2 juin 1147)

Eugenius episcopus servus servorum Dei, dilectis filiis Odoni *priori monasteri Sti Martinii de Campis*, ejusque fratribus t. p. q. f. regularem vitam professis in perpetuum. Religiosis desideriis dignum est facilem prebere consensum, ut fidelis devotio celerem sortiatur effectum. Eapropter, dilecte in Domino fili Odo *prior*, tuis justis petitionibus annuentes, Bti Martini monasterium cui, auctore Domino, et venerabilis fratris nostri Petri, *Cluniacensis abbatis*, institutione presides, quemadmodum cetera Cluniacensis cenobii membra, sub beati Petri et nostra protectione suscipimus et presentis scripti privilegio communimus, statuentes ut quascunque possessiones, quecunque bona idem monasterium in presentiarum juste et canonice possidet aut in futurum, concessione pontificum, liberalitate regum, largitione principum, oblatione fidelium seu aliis justis modis, prestante Domino poterit adipisci, firma vobis vestrisque successoribus et illibata permaneant, inquibus hec propriis duximus exprimenda vocabulis : In pago *Parisiensi* — *texte du n° 265*) — capellam *Sti Nicolai*. Infra urbem, unam prebendam in *ecclesia Ste Marie* matris ecclesie ejusdem urbis ; ecclesiam *Sti Dionisii* que dicitur *de Carcere*, cum prebenda alia prefate matris urbis ecclesie. In *ecclesia Ste Genovefe de monte*, unam prebendam (244). *Ecclesiam Sancte Marie* extra castrum *Gorneii* (72). Aliam ecclesiam infra ipsum castellum. *Nusiellum* villam (63) cum ecclesia et atrio, *Nusiacum* villam (72) cum ecclesia et decima. Apud *Essoniam*, (267) *ecclesiam Sti Stephani* cum atrio et decima. Ecclesiam de *Campiniaco* (69) cum atrio et tertia parte decime. *Roissiacum* (64) cum ecclesia, atrio et decima. Ecclesiam *Bercheriarum* (267) cum atrio et decima. Ecclesiam *Pontolii* (267) cum atrio et decima. Capellam de *castro* quod dicitur (253) *Cauda*, cum furno. Capellam *Canolii*, ecclesiam de *Ororio* (267) cum atrio et decima.

---

267. L'église paroissiale d'Essonnes (ca. et ar. Corbeil), dédiée à Saint-Etienne, appartenait à la dotation du prieuré de Gournay-sur-Marne, ainsi que celles de Berchères et Pontault (ca. Tournan, ar. Melun). Cf. la bulle d'Honoré II, de 1127, t. I, p. 294. — L'église d'Ozoir-la-Ferrière (ca. Tournan), déjà confirmée à St-Martin par une charte d'Etienne de Senlis, évêque de Paris, en 1124 (cf. t. I, p. 281), fut cédée au prieuré de Gournay par le prieur Eudes II en 1150 (n° **319**).

In decima de *Roissi* (64) unum modium frumenti. Ecclesiam de *Erigniaco* (66), villam de *Castaneo* (67) cum ecclesia et decima, altare de *Fontaneo* (68), ecclesiam et atrium et decimam de *Escuem* (67), ecclesiam de *Doomonte* (67). Altare de *Armenonvilla* (70), ecclesiam *Ceverenti* (70) cum decima, et capella de *Livriaco* (72), *Bonzeias* cum ecclesia (73), *Penthinum* cum ecclesia (74); apud *Luvras*, ecclesiam cum atrio et decima (68); ecclesiam de *Attenvilla* cum decima (268), ecclesiam Ste Oportune de *Monciaco* (201), ecclesiam de *Derenci* (185) cum tertia parte decime, ecclesiam de *Carrona* (186) cum tertia parte decime ; ecclesiam *Bti Martini* extra civitatem, ecclesiam de *Meru* (52), duas partes decime de *Villari Adam* (269); *Mairolas* (45) cum ecclesia et decimis; decimam de *Grez* (270), ecclesiam et decimam de *Chivry* (271), decimam de *Attilly* (76), villam de *Conflens* cum ecclesia (77); ecclesiam de *Encra* (161) cum decima. Apud *Clamart* (4), ecclesiam reddentem xxx solidos per annum cum decima ; apud *Sanctum Clodouualdum*, medietatem terre que dicitur *Anetum* (81); *Limogias* cum ecclesia et decima, *Furcas* cum ecclesia et decima (157).

In *Noviomensi* pago, ecclesiam de *Capy* (1) cum prebenda *Sancti Fursi de Perona*; altare de *Moeliens* (274) cum tertia parte decime quod ante tenuerat Gauterius filius Walvodi de Nigella; altare de *Stripeium*, altare de *Longeval* (272). In altare de *Clari* (273) bene-

---

268. Attainville, ca. Ecouen, ar. Pontoise. On n'a point l'acte de donation, mais en même temps qu'apparaît ce nouveau bénéfice parmi le patrimoine de St-Martin-des-Champs, les propriétés de Taverny, de Tour (Saint-Prix) et de Moncelles ne sont plus énumérées. Y eut-il un échange opéré dans le ressort de la baronnie de Montmorency? — Cf. p. 42, note 61 *suprà*.

On remarque aussi l'omission du four de la rue aux Juifs, à Paris, et des moulins sur la Seine (Cf. t. II, p. 42, notes 61 et 62; pp. 95 et 97, notes 148 et 156).

269. Villiers-Adam, ca. L'Isle-Adam, ar. Pontoise.

270. Grez, ca. Tournan, ar. Melun. — Fontaine-le-Port, ca. Le Châtelet-en-Brie, ar. Melun. L'église était dédiée à Saint-Martin (Marrier, p. 520).

271. Chevry-Cossigny et Ferolles-Attilly, ca. Brie-Comte-Robert, ar. Melun.

272. Barleux, ca. et ar. Péronne. — Fontaine-lès-Cappy, Vauvillers, ca. Chaulnes, ar. Péronne. — Longueval, ca. Combles, ar. Péronne (Somme). — L'église de Vauvillers appartenait à St-Martin dès 1096 (t. I, p. 121).

273. Clary, ar. Cambrai (Nord).

ficia trium festivitatum scilicet in Parasceve et die Pasche et die Purificationis beate Marie, et medietatem minute decime, et duas partes de medietate majoris decime, et medietatem atrii ; duas partes decime de *Barlus* (272), altare de *Fontenis* (272), decimam anguillarum Girardi de Capy ; altare de *Revelon*, altare de *Betencurt* (276), altare de *Heldincurt* (218), ecclesiam *Sti Hilarii* (222).

In pago *Ambianensi*, ecclesiam *Sti Modesti de Ligni* (21), altare de *Vilercy* (275), ecclesiam Sti Martini de *Arenis* (274), ecclesiam de *Vaviller* cum decima (272), altare de *Veteri Ambiano*, tertiam partem ecclesie de *Morines*, decimam molendini de *Baldus*, ecclesiam de *Vuainni* (3), ecclesiam de *Bonai* cum decima (32).

In *Atrebatensi* pago, ecclesiam de *Pas* (170).

In pago *Laudunensi*, medietatem ville que dicitur *Disi* (52) quam Lucas *abbas de Quissiaco* (277) et ecclesia sua, reddens inde prefato monasterio vestro xxx. solidos Parisiensis monete per annum, juxta institutionem venerabilium fratrum nostrorum Samsonis, *Remensis archiepiscopi*, et Bartholomei, *Laudunensis episcopi*. Alodium de *Briannia* (17) quod tenet abbatia *Sti Huberti de Ardanna*, reddens eidem monasterio duas marchas argenti per annum.

In *Remensi* pago, censum de *Poelli* ex dono Gaulcheri de Basoches (278).

In pago *Cathalaunensi* ecclesiam de *Wailemont*, ecclesiam de *Frisivilla* cum capella, ecclesiam de *Nirleu*, ecclesiam de *Curtis*, ecclesiam de *Veteri Dampetro* (245).

In pago *Suessionensi*, villam *Sancte Gemme* cum ecclesia (174) ; ecclesiam de *Lergny*, cum decima et atrio, et servis et ancillis (175), ecclesiam de *Noa Sti Martini* cum atrio et decima (279).

---

274. Airaines, ca. Molliens-Vidame, ar. Amiens. Cf. t. I, p. 230.
275. Villerot, éc. Le Catelet, ar. Saint-Quentin (Aisne).
276. Béthencourt, ca. Nesle, ar. Péronne. Cf. t. I, p. 185.
277. Cuissy, abbaye de Prémontrés, ca. Craonne, ar. Laon. — Luc, premier abbé, siégea de 1124 à 1155 (*Gallia*, IX, 671).
278. Bazoches, ca. Braisne, ar. Soissons. — Poilly, ca. Ville-en-Tardenois, ar. Reims.
279. Noël-St-Martin, éc. Villeneuve-sur-Verberie, ca. Pont-Ste-Maxence, ar. Senlis. — Cf. t. I, p. 121.

In *Belvacensi* pago, ecclesiam Sancti Leonorii de *Bellomonte* (50), decimam de *Medianacurte* (53), altare *Sancti Audomari* (55), ecclesiam de *Cressonessart* (48) cum decima ; ecclesiam de *Wirma* (54) ; ecclesiam de *Frenei* (57) cum medietate decime ; ecclesiam Beate Marie de *Insula* (266) ; ecclesiam de *Meru* (52), cum atrio et tercia parte dec'me et decima hortorum ; ecclesiam de *Prateriis* (234) reddentem xx solidos parisienses per annum, cum minuta decima ; ecclesiam Sancti Remigii de *Noa* (177) cum decima ; ecclesiam de *Villabernosa* (178) et quinque partes decime ; ecclesiam de *Roveredo* (178) cum atrio et minuta decima et medietatem majoris ; duas partes decime de *Geals* (48), tertiam partem decime de *Liencurt* (51).

In pago *Silvanectensi*, ecclesiam Sancti *Nicholai* (166) cum prebenda *Beate Marie* ecclesie civitatis ; ecclesiam de *Oiri* (162) cum minuta decima ; ecclesiam de *Sorvillers* (220) ; ecclesiam de *Coia* cum atrio et minuta decima ; medietatem altaris de *Braio* ; medietatem minute decime de *Fontanis* et nonam partem majoris (162).

In pago *Senonensi*, villam de *Fontanis* cum ecclesia et decima (270) ; ecclesiam de *Cona* (216) ; ecclesiam de *Dormella* (192) ; in ecclesia Beate Marie de *Stampis* unam prebendam.

In pago *Aurelianensi*, ecclesiam de *Hienvilla* (59) cum parochia de *Puisat* (214).

In pago *Carnotensi*, *Ursonvillam* (202) cum ecclesia ; *Gouuellum* (204) cum ecclesia et medietatem decime ; *Roenvillam* (207) cum ecclesia et decima ; decimam de *Bercheriis* (209) ; apud *Crisperias* (210), ecclesiam et duas partes decime ; *Sanctum Hilarium* (211) cum ecclesia.

In *Meldensi* pago, *Anetum* (50) cum ecclesia et tertiam partem decime ; *Choisiacum* (24) cum ecclesia et decima ; capellam de *Merroliis* (45) ; decimam de *Aci* (190), ecclesiam Sancti Martini de *Creci* (146) cum parochia et tertia parte decime et *capella Sancte Marie*, et ceteris appendiciis ; capellam de *Marnoa* (29), capellam de *Incy*.

In *Anglia*, in pago *Exoniensi*, capellam Sancti Jacobi super aquam, juxta ipsam civitatem, cum atrio et possessione GAULTERI militis; ecclesiam de *Tiuelona* (242); ecclesiam Sancte Marie de *Bernastabla* (124). Et cetera que de predecessorum nostrorum sancte memorie Urbani pape, Paschalis, Calixti, Innocentii et Lucii privilegiis continentur. Preterea predicti predecessoris nostri bone memorie pape Urbani vestigiis inherentes, statuimus ut in parochialibus ecclesiis quas tenetis, episcoporum consilio, presbyteros collocetis, quibus, si idonei fuerint, episcopi curam animarum committant, ut hujusmodi sacerdotes de plebis quidem cura episcopis rationem reddant, vobis autem pro rebus temporalibus debitam subjectionem exhibeant. Decernimus ergo ut nulli hominum — — premia eterne pacis inveniant. Amen. Amen. Amen (281).

Ego Eugenius, Catholice Ecclesie episcopus.

Ego Albericus, *Ostiensis* episcopus (224).

Ego Imarus, *Tusculanus* episcopus (224).

Ego Hubaldus, presbiter cardinalis tituli *SS. Johannis et Pauli* (280).

Ego Guido, presbiter cardinalis tituli *Sti Grisogoni*.

Ego Guido, presbiter cardinalis tit. *SS. Laurentii et Damasi*.

Ego Julius, presbiter cardinalis tit. *Sti Marcelli*.

Ego Jordanus, presbiter cardinalis tit. *Ste Susanne*.

Ego Oddo, diaconus cardinalis *Sti Georgii ad Velum aureum*.

Ego Octavianus, diaconus cardinalis *Sti Nicolai in Curcere Tulliano*.

Ego Johannes Paparo, diaconus cardinalis *Sti Adriani*.

Ego Gregorius, diaconus cardinalis *Sti Angeli*.

Ego Johannes, diaconus cardinalis *Ste Marie Nove* (280).

Ego Guido, diaconus cardinalis *Ste Marie in Porticu*.

Ego Jacinthus, diaconus cardinalis *Ste Marie in Cosmedin*.

Datum *Parisius*, per manum Hugonis, presbiteri cardinalis,

---

280. A l'exception de ces deux souscriptions, toutes les autres se retrouvent au bas d'une bulle d'Eugène III donnée à Paris le 7 juin 1147 (Migne, t. 180, col. 1235), et de plus, on y lit celle-ci après celle du cardinal Jourdain : « Ego Hugo, presbiter cardinalis tituli *in Lucina*. »

tenentis vicem domini Widonis, sancte Romane ecclesie diaconi cardinalis et cancellarii, vi nonas junii, indictione decima, Incarnationis Dominice anno M. CXLVII, pontificatus vero domni Eugenii pape tertii anno tertio (281).

A. Original perdu. — B. Copie du xii° siècle, L 228, n° 7. — C. Copie de 1209, LL 1351, fol. 8, collationnée et complétée des souscriptions du Sacré-Collège. — D. Copie du xvi° s., LL 1352, fol. 7. — E. Copie du xvi° s., LL 1353, fol. 7'.
Edit. a. Marrier, Monasterii S. Martini de Campis historia, p. 179, d'après A. — b. Bibliotheca Cluniacensis, col. 603, avec la date « vi nonas julii ». — c. Migne, Patrologia latina, t. 180, col. 1239 (d'après a) et col. 1250 (d'après b).
Ind. Jaffé-Wattenbach, Regesta Pontificum Romanorum, t. II, p. 43, n° 9069 ; — Bruel, Charles de Cluny, t. V, n° 4121, p. 464 ; tous deux donnent la préférence à la leçon « vi nonas junii ».

296. — *Galeran, prieur de St-Pierre de Cannes, et Eudes II, prieur de St-Martin-des-Champs, s'accordent avec Guérin, prieur de St-Georges de Marolles, et Rainard, abbé de Saint-Jean de Sens, au sujet d'une dîme donnée par le chevalier Daimbert, Elisabeth sa femme et leurs enfants, Guillaume et Hersende.*

(Marolles, 14 juin — 31 juillet 1147)

Cyrographum. — Notum fiat omnibus Ecclesie sancte filiis t. p. q. f. quod monachi Sancti Petri de *Conis* (216) debent canonicis Sancti Georgii de *Matriolis* (45) singulis annis, ad festum Sancti Remigii, duos sextarios annone et dimidium, mediam partem hiemalis et alteram partem martialis, ideo scilicet quia prefati canonici concesserunt prelibatis monachis libere et absolute possidere quic-

---

281. La correction « vi nonas julii » ne peut être admise. Le 2 juillet, Eugène III était sur le chemin du retour. On le voit à Rebais le 30 juin, à Auxerre le 14 juillet. Mieux vaut admettre une méprise du scribe qui a interverti les deux chiffres de la véritable date : « iv nonas junii. »
La formule d'excommunication finale est identique à celle des bulles précédentes.

quid habebant in decima de *Fusiaco*, vel in territorio circonquaque, (282) ex dono Daimberti militis et Elisabet ejus uxoris, et filiorum eorum Guilermi atque Hersendis. Si vero monachi in solvenda prescripta annona negligentes extiterint, et semel vel bis ammoniti, usque ad festum Omnium Sanctorum reddere distulerint, legem duodecim denariorum cum annona persolvant, et rem prefatam non amittant.

Facta est autem hec conventio inter monachos et canonicos in capitulo Sancti Petri, a Garino priore *Sancti Georgii*, annuente abbate suo Rainardo et toto conventu *Sancti Johannis* Evangeliste Senonensi ecclesie, et a priori *Sancti Petri* Galeranno, assistente ibi presente subpriore Petro *Sancti Martini*, assensu *priori Sancti Martini* Odonis, et ceterum fratrum. Regnante venerabili *rege* Ludovico, anno videlicet regni sui decimo, quo ipse etiam *Iherosolimam* cum exercitu properavit (a).

Ex parte monachorum sunt testes ipse prior Galerannus, et Odo *prior Sancti Martini*, et Arnulphus sacerdos et monacus ; Joscelinus miles, Simon miles ; Morinus et Gosbertus, homines ipsorum.

(a). Louis VII prit l'oriflamme à Saint-Denis le mercredi de la Pentecôte, 11 juin 1147, et s'embarqua pour la Palestine le 14 juin. La 10ᵉ année de son règne, à compter de la mort de Louis VI, se termine le 31 juillet 1147.
Rainard, abbé de St-Jean de Sens, étant témoin d'un acte passé en 1147, n'est point mort après vingt ans de prélature à compter de 1124, comme le dit la *Gallia* (XII, 196) ; son successeur Foulques n'apparaît d'ailleurs qu'à partir de 1152 dans les actes que cite cet ouvrage.

A. Original L 875, n° 74. Sceau enlevé.

297. — *Hugues de Toucy, archevêque de Sens, termine un différend entre Galeran, prieur de Cannes, et sire Guillaume de Courtenay au sujet de l'aleu de Savigny légué au prieuré par Daimbert de Montereau.*

(Vers 1147)

Ego Hugo, Dei gratia *Senonensis archiepiscopus*, notum facio cunctis p. et f. fratrem Galerannum, tunc temporis *priorem de*

Cona (216) et donum Guillelmum de Curtiniaco ante presentiam nostram convenisse et contentionem quam super alodio de *Saviniaco* (282) quod monasterio de *Cona* datum est in elemosina a donno Demberto de Musterolo invicem habebant, tandem terminatam fuisse. Donnus itaque Guillelmus, cum prefatam possessionem ad suum pertinere feodum instanter acclamaret, et hac eam de causa monasterio et Priori de *Cona* calumniaret, tandem in partem secessit, et a suis qui rei veritatem melius cognoscebant, instructus et edoctus, prefatum alodium ad suum minime feodum pertinere palam cognovit, et predicto monasterio absque omni calumnia in pace habere ac possidere concessit. Quod quidem ne alia super hoc calumnia deinceps emergeret, utrorumque, Prioris videlicet et donni Guillelmi assensu, litteris mandare et sigilli nostri munimine firmare curavimus.

A. Original perdu. — B. Copie de 1209, LL 1351, fol. 34, non collationnée. — C. Copie du xve s., LL 1352, fol. 33. — D. Copie du xvie s., LL 1353, fol. 34.

298. — *Simon III de Montfort, comte d'Évreux, confirme la donation de la terre de la Couperie, à Beynes, aumônée à Saint-Martin par son père Amauri III.*

(1140 — 31 juillet 1147)

In nomine sancte et individue Trinitatis. Ego Symon *comes Ebroicensis* (283) notum facio t. p. q. f. quod felicis memorie comes

---

282. La mention simultanée du prieur Galeran, de Cannes, et du chevalier Daimbert de Montereau, nous engage à rapprocher cet acte, comme date, du précédent. Savigny est très voisin de Montereau-sur-le-Jard. A proximité se trouve Sucy-le-Château ; *Fusiacum* du n° **296** serait-il une lecture fautive de *Susiacum* ?

283. Simon III de Montfort n'a pu prendre le titre de comte d'Évreux qu'en 1140, date où mourut son frère aîné Amauri IV (André Rhein, *Positions de thèse sur le comté de Montfort*). Hugues de Crécy, dont l'intervention est ici rappelée, sans qu'il soit l'objet d'une mention nécrologique analogue au qualifi-

AMALRICUS, pater meus, interventu domini HUGONIS DE CRECEIO, ecclesie *Sti Martini de Campis* dedit in elemosinam villam que dicitur *Cuperia* (283), cum nemore circumposito quod vulgo *Plesselum* dicitur, et terra arabili, excepto feodo quod ODO major et frater ejus de me tenent ; exceptis etiam corveiis meis et equitatuum meorum submonitionibus. Hoc itaque donum patris mei ratum habui, et ut futuris temporibus inconcussam et inviolabilem firmitatem debeat optinere, assensum meum adhibendo laudavi. Sed quoniam de terminis prefati nemoris fuerat orta contentio, prius acceptis hominum circummanentium probationibus legitimis, illud certis limitibus et metis designari feci, et ipsum ecclesie memorate possidendum cum hac immunitate et libertate concessi, ut nullus hominum meorum intra terminos ejusdem nemoris custodiam nec capturam, nec ullum omnino dominium usurpare presumat ; ut etiam monachis liceat in ipso nemore novos hospites constituere, et idem non solum ad usum proprium assumere, sed et hospitibus suis tantum ad edificandum concedere, [hoc retento ut nemus neque vendi nec extra terminos predicte ville dari possit. Quod si nemus vastari et extra dari contigerit, quod tamen testimonio hominum meorum et evidentibus indiciis monstrari possit, hospitarius Sti Martini mihi super hoc respondebit, et lege sua emendabit : et si quis hospitario de nemore violentiam intulerit, et hospitarius mihi clamorem fecerit, emendari faciam, et emendatio mea erit.] Quod ut ratum et inconvulsum permaneat, scripto presenti cum sigilli mei impressione et testium subnotatione firmavi. Hec sunt nomina testium : ALELMUS prior (283), AIGULFUS prior de *Cresperiis* (210), (a) ANDREAS hospitarius, FULCO capella-

---

catif « felicis memorie » appliqué au comte Amauri III, doit être supposé encore vivant. Nous verrons (note 284) qu'il finit ses jours le 31 juillet 1147. La bulle du 2 juin 1147 ne parle pas de la terre de la Couperie (commune de Beynes, canton de Montfort-l'Amaury) qui sans doute n'avait pas encore été confirmée aux moines par Simon III. — Le prieur Alcaume paraît être celui de St-Laurent de Montfort qui jouissait d'un quart de la dîme de Beynes (A. de Dion, *Notice sur Beynes*, p. 43 ; tir. à part des *Mémoires de la Soc. hist. de Rambouillet*, t. XI).

Saulx-Marchais, ca. Montfort-l'Amaury, ar. Rambouillet. — Gambais, ca. Houdan, ar. Mantes.

nus, Gaufredus de Marc, Winemerus de Benna, Odo Agoland, Robertus de Salmarches (283), Nivardus de Vinoliis, Radulfus prepositus de *Benna* (283), Bertelaüs, Berengarius de Gambes (283), Amalricus Galvez, Odo major, Burnellus, Balduinus, Symon de Benna (283), Symon miles, Ogerus de Vinoliis.

(a). Tout ce qui suit est remplacé dans les copies *BB, CC, DD* par « et alii ».

A. Orig. avec grand sceau équestre, brisé, S 1343, n° 2. — *B.* Copie de 1209, LL 1351, fol. 106', collat. et complétée sur *A.* — Ce cartulaire contient (fol. 106) une autre édition de la même pièce avec les mêmes souscriptions, identique à celle-ci, sauf le passage entre crochets, d'après une falsification du début du xiii° siècle (S 1343, n° 18). — *C C.* Copies du xv° s. des deux pièces, LL 1352, fol. 110-111. — *D D.* Copies du xvi° s. des deux pièces, LL 1353, fol. 133-133'.

299. — *Pierre le Vénérable, abbé de Cluny, adresse au prieur Eudes II et aux moines de St-Martin-des-Champs une épître consolatoire au sujet de la mort de leur frère Hugues* [de Crécy] *dont la perte lui est d'autant plus sensible qu'il lui confiait le fardeau des importantes affaires de son ordre depuis plus de vingt ans.*

(Août 1147)

Venerandis et charissimis fratri et filiis nostris, domno Odoni *priori* et cæteris apud *Sanctum Martinum de Campis* omnipotenti Domino servientibus, frater Petrus, humilis *Cluniacensium abbas*, salutem, et ab Auctore bonorum omnium totius gratiæ et benedictionis plenitudinem.

Quid dicam, quid loquar! Putabam in asperis casibus, et maxime in morte charissimi fratris et filii nostri Hugonis (284), me

---

284. Cette épître se place, comme date, avant l'année 1148, dans laquelle se rangent les premières lettres du livre suivant. — Le moine Hugues de St-Martin-des-Champs, dont Pierre le Vénérable déplore la mort, est l'ex-beau-frère de Louis VI, Hugues de Crécy, que l'abbé de Cluny chargeait des missions les plus délicates, notamment auprès du régent Suger, comme un mandataire de toute confiance (Migne, *Patrol. lat.*, t. 186, col. 1362). Le Nécrologe de St-Denis porte

vos prævenire scribendo, posse prævenire conquerendo, posse prævenire lacrymando. Sed ut video, et scriptis me prævenistis, et querelis præoccupastis ; sed lacrymis tamen non anticipastis. Deflestis funus ejus post mortem ejus, sed ego adhuc viventis, quia moriturum non dubitabam, deflevi ante ipsius obitum mortem ejus. Vicistis me scribendo, sed non vicistis lacrymando. Lacrymatus sum ego prior, quia prius deficientem vidi, sed prior scribere non potui, quia ab assiduis negotiis, hoc est importunis vitæ meæ tortoribus, permissus non fui. Scribo nunc, tandem aliquando permissus, et communis fratris, filii et amici defectum vobiscum pariter, licet absens, deploro. Habeo materiam deplorationis, quantam vix camelus scriptam sublimibus et fortibus humeris portare posset ; habetis vos tantam, quantam et ipsi nostis, et ego ex parte forsitan non ignoro.

Ut enim primo de propriis loquar, quis jam a viginti et eo amplius annis, de universis qui sub cœlo sunt hominibus, tam fideliter, tam constanter, tam perseveranter onera mea a me sibi imposita, et devote causa Dei et mei suscepta, tulit, toleravit, quantascumque habere potuit vires, ea tolerando et mihi collaborando, consumpsit ? Et — ut quæ sunt vestra subjungam — quis illo amplius vel adeo rempublicam vestram dilexit ? quis ita coluit ? quis tam me quam omnes nostros ad eam diligendam, protegendam, confovendam, ad defendendam animavit ?

---

au 31 juillet cette mention « Obiit Hugo de Creci » (Molinier, *Obituaires de la province de Sens*, I, 320). — Ce quantième appartient à l'année 1147. En effet la liste nécrologique conservée dans le ms. 3346 de la Bibl. Mazarine contient ces trois mentions consécutives : « Hugo de Creci. Basilius. Serlo abbas » : or la dernière concerne un abbé de Saint-Lucien de Beauvais décédé le 25 septembre 1147 (*Gallia*, IX, 783). La lettre de Pierre le Vénérable peut être rapportée conséquemment au mois d'août 1147. — Hugues de Crécy était entré comme moine à Saint-Denis en 1118 à la suite du meurtre de Milon de Bray : il passa, peu après, à St-Martin-des-Champs, où on le chargea de diverses fonctions, notamment du priorat de St-Denis de la Châtre, puis de la sacristerie du monastère. Pierre le Vénérable, qui fut bénit comme abbé de Cluny le 22 août 1122, dit qu'il l'a pris, depuis plus de vingt ans, comme son auxiliaire pour se décharger des tracas incessants qui sont les bourreaux importuns de sa vie. La collaboration de Hugues aux affaires de l'Ordre date donc au moins de 1127. Cf. la note 85, que celle-ci précise et rectifie.

Hæc omnia breviter dicta, quæ si diffusius dicerentur, alio tempore et otio indigenter admonent nos, hortantur nos ut tam dilecti, tam chari, tam unici fratris, filii et amici, etiam post mortem non obliviscamur ; sed, si veri amici fuimus vel sumus, magis nunc mortuo quam si viveret ostendamus. Deploremus pia compassione funus ejus, prosequamur magis occultis lacrymis et precibus animam ejus, ut cui jam affectum nostrum ostendere non possumus conridendo vel collætando, ostendamus orando, sacrificando vel pie pro anima ejus coram Deo collacrymando. Fiat hoc apud vos specialiter pro ipso ; fiat et pro priore nostro ; fiat, si placet, et pro multis sanctis, religiosis et magnis coram Deo hominibus nuper apud nos defunctis quorum memoria, sicut bene novi, in benedictione est, quorum recordatio coram Deo non delebitur, sed in memoria æterna erunt et ab auditione mala per Dei gratiam non timebunt. Unde cessent jam lacrymæ inanes, et inconsiderato dolore extortæ coram hominibus, et succedant gemitus pro salute istorum effusi coram Deo cum precibus.

Valeat sanctum collegium vestrum, Deo acceptum, nobis jocundum et, Deo propitio, de bono semper in melius provehendum.

A. Original perdu. — *B. Petri Venerabilis Epistolarum* lib. IV, ep. 41.
Edit. a. Pierre de Montmartre, *Petri Venerabilis epistolarum libri sex*, Paris, 1522, in-fol. — *b-y.* Rééditions diverses. — *z.* Migne, *Patrologia latina*, t. 189, p. 377.

299 bis. — *Donations au prieuré de Gournay-sur-Marne par Galeran II, comte de Meulan, et sa femme Agnès.* (Actes perdus.)

La forêt de l'eau du *Vieux Gournay*.

Vingt sous de rente sur le marché de *Gournay*.

Le four de *Pontault*.

La terre de *Champgarneis*, à *La Queue*.

Dix arpents au château de *La Queue*.

La dîme des terres d'*Archer* et de *Henri Le Grand*.

La moitié de la dîme de *Pontault*.

Concession des libéralités de plusieurs vassaux : Aimar, Gautier de Drancy, la femme d'*Ansoud de Neuilly* (pour le bois de *Montguichet* à *Gagny*).

(1127-1147)

Ind. a. Charte de Thibaud, évêque de Paris, n° **300**. — *b.* Bulle du pape Eugène III, n° **301**. — *c.* Charte de Galeran II et d'Agnès, 1165.

299 *ter.* — *Autres donations au prieuré de Gournay-sur-Marne.* (Actes perdus.)

A *Noisiel*, l'église.

La terre et la dîme de *Raoul, fils d'Elisende.*

La moitié de la terre de *Renaud de Béthisy.*

A *Corbeil*, la terre de *Josselin.*

A *Liaubon*, le champ donné par *Garnier de Courbeton* avec l'agrément de *Gaucher de Montjay* (313), et d'autres terres.

A *Roissy*, trois sous de rente laissés par *Milon.*

A *Noisy*, la dîme offerte par *Philippe de Clacy* et son frère [Pierre].

A *Monthyon*, six arpents de pré, venant de *Robert de Combault.*

A *Ferrières*, sept sous et demi de rente légués par *Gilbert de Garlande*, du consentement de son fils *Gui.*

A *Rosny-sous-Bois*, la terre et le bois de *Gui Sanglier.*

A *Gonesse*, une part de la dîme.

(1127 — 1147)

Ind. a. Lettres de Thibaud, n° **300**. — *b.* Bulle d'Eugène III, n° **301**.

300. — *Thibaud, évêque de Paris, confirme à Gamon, prieur de Gournay-sur-Marne, et au monastère de St-Martin-des-Champs, les propriétés du prieuré de Gournay.*

(Paris, 13 octobre 1147)

Teobaldus Dei gratia *Parisiorum episcopus*, dilecto filio Gamoni, *priori ecclesie Sancte Marie de Gornaio* (320), que de jure *Sancti Martini de Campis* est, et ceteris fratribus ibidem Deo servientibus t. p. q. f. in perpetuum. Beneficia ecclesiis collata ex devotione fidelium, de quibus Xristi fit hereditas, et patrimonia sunt pauperum, et redemptio animarum. Eapropter, fili in Xristo karissime GAMO, paci ecclesie tue et quieti religiosarum mentium episcopali sollicitudine providentes in posterum, bona *ecclesie Gornacensis*, que a fundatoribus usque ad presens ampliata est, presentis scripti pagina annotare curavimus, ut vivente memoria, nec malicia possint distrahi, nec oblivione deleri. Hec sunt igitur que *Sanctus Martinus de Campis* apud *Gornaium super Maternam* fluvium et ex legitima donatione possidet, et canonice tenet : ecclesiam videlicet gloriose Dei genitricis Marie sanctique Johannis evangeliste, cum suis clausuris et circumadjacente ambitu et cum omnibus ad eam pertinentibus, que ab ipsis fundatoribus GUIDONE RUBEO et ejus uxore ADELAIDA atque ANSELLO dapifero, assensu *Parisiensis* episcopi, predicto monasterio *Beati Martini de Campis* oblata est. Capellam de *Gornaio* (71). Molendinum apud *Gornaium*. Forestam aque de *Veteri Gornaio*. xx solidos in ejusdem castri foro. Ecclesiam de *Cauda* (253) et furnum, atque furnum de *Puntelz* (267), ita plane quod nullus alium furnum in prefatis opidis facere poterit. Terram de *Campo Garnoisi* et x arpennos terre in territorio ejusdem castri (253). Decimam terre ARCHERII ; decimamque terre HENRICI MAGNI ; medietatemque decime de *Pontelliis* (267). Que concesserunt GALERANNUS *comes de Mellento* et AGNES uxor ejus. Totam villam *Russiacum* (64) et adherentem ei terram terminis circumquaque fixis designatam. Silvam ejusdem ville, vobis et hospitibus vestris ad ardendum et ad hospitandum, et ad clausuram messium vestrarum vestrorumque hospitum. *Nusiellum* (63) cum ecclesia, hospitibus, terris, pratis, vineis, molendinis, silva. Terram cum decima RADULPHI filii HELISENDIS. Medietatem terre RAINALDI DE BESTISI cum aliis que ibidem habetis. Ecclesiam de *Bercheriis* (267) cum pertinentiis suis. Decimam quoque de *Bercorellis*. Ecclesiam de *Pontelz* (267) cum pertinentiis suis. Ecclesiam de *Essonia* (267) cum pertinentiis suis. Apud *Corbolium* terram JOSCELINI. Terram et silvam de *Campo mus-*

soso. Terram cum nemore que dicitur Raimundi. Apud *Canolium* quicquid Albertus vobis dedit. Ecclesiam scilicet cum pertinentiis suis, prata, terram et silvam, concedente Ansello dapifero de cujus feodo erat. Terram Haymardi et v^{que} arpennos terre Galterii de Derenci (185), et nemus uxoris Ansoldi de Nueli (289), quod in *Monte Cuceto* (289) habetis. Terram de *Luabum* (286). Campum quem dedit Garnerius de Curbetum (186), annuente Gualcherio de Montegaio, de cujus feodo erat. Terram quoque Huberti et Andree cum omnibus que ibidem habetis. Apud *Russiacum* III solidos quos Milo dedit. Vineas apud *Nusiacum* (72). Decimam quam Philippus (321) fraterque ejus de Claci (73) dederunt, cum aliis que ibidem habetis. In *vodo* quoque inter *Gornaium* et *Kalam* xv arpennos pratorum. Apud *Montium* (288) vi arpennos pratorum quos dedit Robertus de Cumbiaus (256). Apud *Torciacum* (285) medietatem decime que dicitur Sancti Martini, et decimam de vineis Anselli dapiferi; quod ipse concessit. Apud *Ferrerias* (285) vii solidos et dimidium quos dedit Gillebertus de Garlanda, Guidone filio suo concedente. Apud *Roeni* (287) terram cum nemore quod Guido Aper vobis dedit. Partem decimam quam apud *Gunessam* habetis. Hec igitur breviter annotata, ut inperpetuum calumpnie locus excludatur, sigilli nostri testimonio, cum assensu ecclesie nostre confirmamus. Signum Guermundi archidiaconi. S. Bernardi archid. S. Ivonis archid. S. Alberti cantoris. S. Roberti succentoris. S. Galterii, s[acerdotis]. S. Clementis, s[acerdotis]. S. Petri, diacon. S. Guidonis, diaco. S. Josleni, diaco. S. Hervei, diaco. S. Mauricii, subdia. S. Osmundi, subd. S. Balduini, subd. S. Johannis, subd. S. Willelmi pueri. S. Thome. S. Odonis. S. Gervasii.

Actum puplice in sede nostra *Parisius*, anno M° C° XLVII°. Verbi incarnati, regni Ludovici secundi regis anno xv°, episcopatus vero nostri anno iiii°, indictione x^{ma}, epacta xvii^a, concurrente ii^a (290).

Data per manum Algrini cancellarii, iii idus Octobris.

A. Original perdu. — B. Copie de 1223, LL 1397, fol. 11' — 12', non collationnée.

301. — *Bulle du pape Eugène III adressée à Gamon, prieur de Gournay-sur-Marne, confirmant à ce monastère toutes les libéralités de ses fondateurs et bienfaiteurs.*

(Châlons-sur-Marne, 27 octobre 1147)

EUGENIUS episcopus servus servorum Dei, dilecto filio GAMONI priori ecclesie Sancte Dei genitricis Marie et Sancti Johannis evangeliste *super Maternam* fluvium juxta *Gornaium* castrum site, que juris *Beati Martini de Campis* est, ejusque successoribus regulariter substituendis in perpetuum. Pie postulatio voluntatis effectu debet prosequente compleri, quatinus et devotionis sinceritas laudabiliter enitescat, et utilitas postulata vires indubitanter assumat. Quapropter, dilecte in Domino fili GAMO prior, predecessoris nostri felicis memorie pape HONORII vestigiis inherentes, tuis justis postulationibus clementer annuimus, et prefatam Dei genitricis Marie, sanctique Johannis Evangeliste ecclesiam, que juris Beati Martini de Campis est, cujus administrationem ex obedientia tibi injuncta obtines, sub Beati Petri et nostra protectione suscipimus, et presentis scripti privilegio communimus. Statuentes ut quascumque possessiones, quecumque bona eadem ecclesia in presentiarum juste et canonice possidet, aut in futurum concessione pontificum, largitione regum vel principum, oblatione fidelium, seu aliis justis modis, Deo propitio, poterit adipisci, firma tibi tuisque successoribus et illibata permaneant. In quibus hec propriis duximus exprimenda vocabulis : Predictam videlicet ecclesiam Beati Marie Sancti-[que] Johannis Evangeliste, cum suis clausuris et circumadjacente ambitu, et cum omnibus ad ipsam pertinentibus, que ab ipsis fundatoribus GUIDONE RUBEO et ejus uxore ADHELAIDA, atque ANSSELLO dapifero, assensu *Parisiensis episcopi*, prefato *monasterio Beati Martini* oblata est. Terram de *Luabum* (286). Molendinum apud *Gornaium*. Totam villam *Russiacum* et adherentem ei (64) terram terminis circumquaque fixis designatam. Silvam ejusdem ville, ad vestrum et hospitum vestrorum usum concessam. *Nusiellum* (63) cum ecclesia, hospitibus, terris, vineis, pratis et molendinis, silva, cum aliis que ibidem habetis. Ecclesiam de *Bercheriis*, ecclesiam de *Pontelz* (267) cum pertinenciis suis. Ecclesiam de *Essonia* (267) cum p. s.; quicquid etiam apud *Bercorellas* habetis. Ecclesiam de *Canolio* cum p. s. prata, terram et silvas. Terram AIMARDI. Quinque arpenta terre GALTERII DE DERENTIO (185) et nemus uxoris ANSOLDI. In vodo quod est inter *Gornaium* et *Calam*, xv arpennos pratorum, terram et silvam de *Campo mussoso*. Terram que dicitur RAIMUNDI. Forestam aque de *veteri Gornaio*. In foro ejusdem castri xx solidos. Apud *Caudam* (253) terram de *Campo Garnuisi* et x arpennos terre in territorio ejusdem castri. Furnum de *Cauda* (253) et furnum de *Pontel* (267) ex concessione GUALERANNI, comitis de *Mellento* et AGNETIS, uxoris ejus. Decimam terre ARCHERII, decimam terre HENRICI MAGNI, decimam de *Pontelliis* (267). Apud *Russiacum* (64) tres solidos quos MILO dedit vobis. Apud *Nuisiellum* (63) medietatem terre RAINALDI [DE] BESTISI, et terram RADULPHI filii HELISSENDIS. Decimam apud villam (a) *Luveram* (68). Decimas et vineas quas apud *Nuisiacum* (72) habetis. Quicquid apud *Torciacum* (285). Decimas quas habetis apud *Corboilum* et apud *Campos* (285). Apud *Luabum* (286) campum GARNERII DE CURBECI (286) et terram HUBERTI et ANDREE. Apud *Ferrerias* (285) vii annuos solidos et dimidium. Terram cum nemore GUIDONIS APRI apud *Roeni* (287). Apud *Montion* (288) vi arpenta pratorum. Capellam de *Gornaio* (71).

Decernimus igitur ut nulli omnino hominum liceat prefatam ecclesiam, que juris *Beati Martini de Campis* est, temere perturbare, aut ejus possessiones auferre —— subjaceat. Cunctis autem —— pacis inveniant. Amen. Amen. Amen.

Ego EUGENIUS catholice ecclesie episcopus.

---

285. Champs-sur-Marne, Ferrières, Torcy, ca. Lagny, ar. Meaux.
286. Sur *Luabum*, cf. t. I, p. 257, note 380. — *Curbeci* doit être corrigé en *Curbetum* (cf. n° **300**) : Courbeton, comm. de St-Germain-Laval, ca. Montereau-faut-Yonne, ar. Fontainebleau.
287. Rosny-sous-Bois, ca. Noisy-le-Sec, ar. St-Denis.
288. Monthyon, ca. Dammartin-en-Goële, ar. Meaux.

[Ego ALBERICUS *Ostiensis* episcopus (224).

Ego IMARUS *Tusculanus* episcopus (224).

Ego GUIDO presbiter cardinalis tit. SS. *Laurentii et Damasi.*

Ego HUGO presbiter cardinalis tit. in *Lucina.*

Ego JULIUS presbiter cardinalis tit. *Sti Marcelli.*

Ego GUIDO presbiter cardinalis tit. *Pastoris.*

Ego ODDO diaconus cardinalis *Sti Georgii ad Velum aureum.*

Ego OCTAVIANUS diaconus cardinalis *Sti Nicolai in Carcere Tulliano.*

Ego GUIDO diaconus cardinalis *Ste Marie in Porticu.*]

Datum *Catalauni*, per manum GUIDONIS, sancte Romane ecclesie diaconi cardinalis et cancellarii, VI° kal. Novembris, indictione XI, Incarnationis Dominice anno M° C° XL° VII°, pontificatus vero domni EUGENII III pape anno tercio.

A. Original, L 228, n° 10. — *B.* Copie de 1223, LL 1397, fol. 7-9, avec cette mention : « Visa et collata fuit presens bulla ad suum autographum, cui sub filis sericeis adpendet sigillum plumbeum cum his verbis : EVGENIVS PAPA TERTIVS. » Les souscriptions des cardinaux sont ajoutées en marge. — *C.* Copie du XVI° s., LL 1398, fol. 5'-7, d'après *B* incomplet. — *D.* Copie du XVI° s., LL 1353, fol. 169.

Édit. a. La Roque, *Hist. généal. de la maison d'Harcourt,* IV, 620 (fragment). — *b.* Migne, *Patrol. latina,* t. 180, col. 1291, d'après *a.*

Ind. Jaffé-Wattenbach, t. II, p. 49, n° 9154 (6357).

302. — *Le pape Eugène III mande à Suger, abbé de Saint-Denis* [régent en l'absence de Louis VII croisé] *que, pour accomplir une*

---

289. Neuilly-sur-Marne et Montguichet, com. de Gagny, ca. Le Raincy, ar. Pontoise.

290. Ces notes chronologiques correspondent toutes à l'année 1147. Le règne de Louis VII commence, pour le chancelier, en janvier 1134. Le pontifical de Thibaud a débuté dans l'automne de 1143 ; cette pièce prouve que ce fut avant le 13 octobre. Thibaud confirme au prieuré de Gournay une part de la dîme de Gonesse, qui n'est point visée par la bulle d'Eugène III, du 27 octobre 1147 : cette donation devait donc être toute récente, puisqu'on ne l'avait pas encore notifiée à Rome.

résolution prise d'accord avec le roi avant son départ, il va réformer le chapitre de Sainte-Geneviève de Paris en y plaçant pour abbé le prieur d'Abbeville ayant avec lui huit moines de St-Martin-des-Champs.

(Langres, 29 avril 1148)

Eugenius episcopus, servus servorum Dei, dilecto filio Sugerio, *abbati Sancti Dionisii*, salutem et apostolicam benedictionem.

Officii nostri nos hortatur auctoritas ad religionem statuendam diligenter intendere, stabilitam vero exacta diligentia conservare. Inde est, sicut tua novit dilectio, quod cum charissimo filio nostro Ludovico, illustri *Francorum rege* contulimus, ut in *ecclesia Sanctæ Genovefæ* religiosos fratres ad Dei servitium poneremus (291). Quod brevitate temporis prohibente, secundum ipsius et nostrum propositum nequivimus effectui mancipare. Verum, quia vices regias in *Galliarum partibus* dignosceris exercere, et quia de tua plurimum discretione confidimus, per præsentia tibi scripta mandamus, quatenus *priorem Abbatisvillæ* in abbatem liberum et absolutum ibi statuere, et octo fratres ecclesiæ *Sti Martini de Campis* ejus societati studeas deputare, ut exemplo bonæ conversationis eorum, qui nimis honeste sapiunt ad divinum officium provocentur. Nos vero *Priori Sancti Martini de Campis* per apostolica scripta mandavimus, quatenus prædictum numerum fratrum, cum tibi placuerit, exhibeat et concedat; sustentationi quorum beneficium decanatus et præbendas venerabilis fratris nostri *Silvanecten-*

---

291. Le biographe de saint Guillaume de Roskild (*Acta SS. Aprilis*, I, 623) écrit : « Cum anno 1147 Parisios veniens Eugenius pontifex, ad ecclesiam Sanctæ Genovefæ, Sancto Petro et Paulo dicatam atque Apostolicæ Sedi immediate subjectam, divertisset causa sacri dumtaxat celebrandi, ita tam ipse quam Ludovicus rex commoti sunt insolentia canonicorum ibidem consistentium, ut de mutato ordine consilium ceperint; et pontifex, cum esset Lingonis, in Italiam rediturus, Sugerio mandavit ut priorem Abbavillæum, ordinis Cluniacensis, cum octo monachis Sancti Martini de Campis immitteret in ecclesiam Sanctæ Genovefæ, qui locum canonicorum secularium ibidem acciperent. » — Le dernier doyen des chanoines était, depuis 1110, Etienne II qu'on croit être Etienne de Garlande, ancien chancelier de Louis VI, qui jouissait à Orléans du décanat des collégiales de Sainte-Croix, Saint-Samson et Saint-Aignan (*Gallia christiana nova*, VII, 709).

sis episcopi (292), Gregorii diaconi cardinalis et *Autissiodorensis* thesaurarii filiorum nostrorum, auctoritate apostolica deputamus. Ad ipsorum quoque usum omnia beneficia decendentium canonicorum assignari volumus et jubemus.

Datum *Lingonis*, iii kal. Maii.

A. Original perdu. — Le bref d'Eugène III, adressé au prieur Eudes II, est également adiré.
Édit. a. Mabillon, *Annales ordinis Sancti Benedicti*, VI, 415. — *b.* Duchesne, *Hist. Franc.*, IV, 501. — *c.* Bouquet, *Recueil des Hist. de France*, XV, 449. — *d.* Mansi, *Concilia*, XXI, 637. — *e.* Migne, *Patrologia latina*, t. 180, col. 1347.
Ind. Jaffé-Wattenbach, *Reg. Pont. Rom.*, t. II, p. 148, n° 9256 (6431).

303. — *Le pape Eugène III informe les chanoines de Sainte-Geneviève de l'arrivée du prieur d'Abbeville et des moines de Saint-Martin-des-Champs et les invite à ne molester ni troubler en rien les nouveaux-venus, sous peine des censures apostoliques.*

(Langres, 29 avril 1148)

Eugenius episcopus servus servorum Dei, dilectis filiis suis canonicis *Sanctæ Genovefæ*, salutem et apostolicam benedictionem. Quisquid Catholicæ fidei veritatem — — in ecclesiis qui Beati Petri juris existunt, religionem statuere cupimus et optamus. Inde est quod in ecclesia vestra gratam Deo veræ religionis culturam statuere cupientes, dilecto filio nostro *Abbati Sancti Dionysii* per apostolica scripta mandamus quatinus eam per dilectum filium nostrum *Priorem Abbatisvillæ* quem ibi imponi, et fratres *Sancti Martini de Campis*, quos ejus societati volumus deputari, in memorata ecclesia institueret et plantaret. Ideoque universitati vestræ per præsentia scripta mandamus, quatinus eos honeste recipiatis et, salvis præ-

---

292. Pierre Ier (1134-8 avril 1151). — Grégoire est le cardinal-diacre du titre de Saint-Auge, qui accompagnait Eugène III à Paris (Cf. bulle du 2 juin 1147, n° **296**).

bendis vestris, nullam eis molestiam aut injuriam inferatis. Quod si facere præsumpseritis, sententiam quam memoratus filius noster *Abbas Sancti Dionysii* super hoc in vos promulgaverit, nos auctore Deo ratam habebimus. Cujus sustentationi — — jubemus.

Datum *Lingonis*, III calendas Maii (293).

A. Original perdu.
Édit. a. Duchesne, *Hist. Franc.*, IV, 501. — b. Bouquet, *Recueil des Hist. de France*, XV, 450. — c. Mansi, *Concilia*, XXI, 637. — d. Migne, *Patrol. latina*, t. 180, col. 1357.
Ind. Jaffé-Wattenbach, *Reg. Pont. Rom.*, t. II, p. 57, n° 9257.

303 bis. — *Le pape Eugène III écrit à Hugues III, évêque d'Auxerre, à Josselin de Vierzy, évêque de Soissons, et à l'abbé Suger de Saint-Denis, pour l'élu d'Arras [Godechau] à propos d'un litige, concernant un canonicat, soumis précédemment à Eudes II, prieur de Saint-Martin-des-Champs comme juge unique.* (Document perdu).

(1148)

Ind. Ms. lat. 12674, fol. 69, par une note marginale du XVIIe siècle, apparemment tirée des archives de l'église d'Auxerre, à l'article « Hugo III, episcopus Autissiodorensis » : « Ad eum necnon ad Goslinum *episcopum Suessionensem et* Sugerium *abbatem, scripsit* Eugenius papa *un electo Atrabatensi, sub judicio* Odonis *prioris Sti Martini de Campis, pro canonicatu* (294). »

---

293. La mesure annoncée par ces lettres était-elle une simple menace? La faiblesse du prieur Eudes II laissa-t-elle échapper l'occasion de mettre la main sur la collégiale si renommée? Les chanoines s'adressèrent au Pape et lui remontrèrent qu'ils étaient fort disposés à suivre leur règle, et qu'il pouvait choisir dans leur ordre des réformateurs pour faire fleurir parmi eux la discipline. Eugène III, alors éloigné de France et des influences qui avaient pu agir sur lui, trouva cette requête raisonnable, et par un bref daté de Verceil, le 16 juin 1148, rapporta toutes les mesures précédentes; sur ses instructions, Suger installa à Sainte-Geneviève Eudes, prieur de Saint-Victor, comme supérieur (Cf. Jaffé, t. II, p. 58, n° 9272; *Gallia christiana*, VII, 712). Eugène III félicita Suger du succès de sa mission (Migne, *Patrol. lat.*, t. 180, col. 1334, 1368).

294. La *Gallia christiana* ne fait aucune allusion à cette lettre dans les biographies des prélats cités. Un bref d'Eugène III concernant l'élu d'Arras (Migne, *Patrol. latina*, t. 180, col. 1374), daté de 1148, est étranger à l'incident. Les

304. — *Le prieur Eudes II accorde à Avoie [veuve de Hugues de Brunoy], en remerciement de ses dons généreux, le bénéfice des charités faites à trois pauvres reçus dans l'Aumône à certaines fêtes.*

(1144 — 1148)

Ego quoque frater Odo, *prior Sti Martini*, concessi domine Havidi ut iii de pauperibus qui in Natale Domini et ad Mandatum, et in Pascha et Pentecosten, et festo apostolorum Petri et Pauli, et Assumptionem sancte Marie et transitum Sancti Martini in elemosina recipiuntur, ei proprie deputentur. De disciplinis autem quas fratres, pro remisione peccatorum suorum suscipiunt, eam participem fieri volunt, et eandem remissionem quam sibi ei concedi a Domino expetunt. Preterea predicta Havis dedit xxx marcas argenti pro decima de *Braeia* quam Bto Martino in elemosinam concessit. Dedit etiam ad Elemosinam cx solidos et ad domum Cene lx. Donavit et xxiii libras ad edificandum domum que supra *Magnum pontem* sita est.

Copie du xive s., Ms. lat. 17742, fol. 333.

305. — *Manassé II, évêque d'Orléans, pour le repos éternel de son oncle Etienne [de Garlande], à la prière de l'archidiacre Philippe, frère du roi Louis VII, et d'Augrin, détermine la part du casuel des églises de Janville et Neufvy revenant à Saint-Martin ; il confirme au Prieuré le don de l'église de Bazoches que lui fit le croisé Hugues de Bazoches, vassal d'Adam de Chailly.*

(Orléans, 1er juin 1148)

In nomine sancte et individue Trinitatis ego M[anasses] Dei gratia *Aurel[ianensis]* ecclesie humilis minister, notum facimus instan-

---

Regesta Pontificum (édit. Jaffé-Wattenbach) ne contiennent rien à ce sujet sous l'année 1148. L'élu d'Arras est Godechau (Godescalc) fort apprécié d'Eugène III : il succéda à l'évêque Aluise, mort cette même année.

tibus et futuris quod, in remissione peccatorum avunculi nostri Stephani atque precibus Philippi, fratris domni Regis, et Algrini, concedimus monachis Sancti Martini de Campis apud *Hienvillam* Deo servientibus, in ipsius *Ihenville* (39) ecclesia que eorum est, duas partes omnium oblationum que ad altare capellani offeruntur vel per manus capellani, et duas partes omnium lessorum mobilium rerum. Terra vero si donata vel dimissa fuerit, monacorum erit. Duas etiam partes sponsalium et juramentorum. Et in *Noveville* ecclesia (153) que similiter ipsorum monachorum est, medietatem de cunctis oblationibus, et in annalibus festis, duas panum partes et candelarum, sicut jampridem habuerunt, temporibus predecessorum meorum Johannis et Helie bonarum memoriarum (295).

Notificetur etiam universis quod Hugo de Basochiis (296) quando *Icherosolimitanas partes* adiit, sanctarum assertionibus Scripturarum commonitus, in manu nostra dimisit quicquid habebat in ecclesia de *Basochiis* (296), uxore sua et fratre suo concedentibus, assentiente etiam Adam de Challiaco (297) de cujus feodo predicta ecclesia consistebat. Nos autem, omnibus Religiosis pro posse nostro subvenire desiderantes, quicquid prefatus Hugo nobis in ecclesia illa dimisit, predictis monachis, pro remedio anime avunculi nostri Stephani et nostre, concedimus, et sigilli nostri auctoritate confirmamus.

Actum publice *Aurelianis*, anno Incarnationis Dominice M^{mo}. C^{mo}. XL. VIII°, regnante rege Ludovico anno XII^{mo}, ordinatis in ecclesia Sancte Crucis majoribus personis : Decano nullo, Hugone cantore, Zacharia subdecano, Radulpho capicerio (a).

Data per manum Algrini cancellarii, kal. Junii.

(a) Cet eschatocole semble un pastiche affecté des formules de la chancellerie royale.

---

295. 1096-1146.
296. Bazoches-les-Gallerandes (ca. Outarville, ar. Pithiviers, Loiret), d'après l'identification de D. Marrier (*Monasterii S. Martini de Campis historia*, p. 518) : l'église était dédiée « à l'Assomption et saint Berthier ».
297. Chailly, ca. Lorris, ar. Montargis.

A. Original jadis scellé, S 1427, n° 12. — B. Copie de 1209, LL 1351, fol. 79, collationnée sur A « cui sub duplici cauda coriacea sigillum in quo figura stantis pontificis, at cujus circumscriptio vetustate legi non potest. » — C. Copie du xve s., LL 1352, fol. 77'. — D. Copie du xvie s., LL 1353, fol. 89'. — E. Copie du xviie s., ms. fr. 15504, fol. 65'. — F. Extrait du xviie s., Coll. Duchesne, XX, 232.

Édit. Marrier, *Monasterii S. M. de Campis hist.*, p. 518.

305 bis. — *Autre édition de la même charte* (Même date).

Texte identique sauf l'addition aux droits de Saint-Martin à Neuf-vy-en-Beauce : « et in crastino Natalis Domini et Pasche, et in Rogationibus similiter, duas partes tortellorum. »

A. Original perdu. — B. Copie de 1209, LL 1351, fol. 79', non collationnée. — C. Copie du xve s., LL 1352, fol. 77'. — D. Copie du xvie s., LL 1353, fol. 90.

306. — *Eudes III, évêque de Beauvais, confirme à St-Martin-des-Champs et au prieur Eudes II l'église Notre-Dame de l'Isle-Adam, et approuve deux accords intervenus entre les moines de St-Martin et les chapelains des églises de Méru et de Presles.*

(1er janvier *ou* 11 avril 1148 — automne 1148)

Ommibus qui, auctore Dei, pastorali cure invigilant, necesse est plus prodesse quam preesse. Quod ego Odo *Belvacensis episcopus* secundus, implere desiderans, et religiosam vitam monachorum Sti Martini de Campis agnoscens, ipsis eorumque successoribus *ecclesiam Ble Marie de Insula Adam* (266) in perpetuum possidendam concedo cum appendiciis suis, que de manu laica libere et omnino absolute per manum nostram exposita est, et in sinum matris Ecclesie restituta ; donumque inde factum prefatis fratribus, presentis pagine et sigilli nostri attestatione firmamus. Insuper approbamus et sancimus compositionem factam inter *priorem* ejusdem monasterii, donnum Odonem. II. et capellanum ecclesie de

Meru (52) super medietate redditus ipsius ecclesie : que compositio hujusmodi est, quod pro medietate quam ibi habebant, vii lib. Belvacensis monete capellanus cellerario vel Priori persolvet singulis annis in perpetuum. Confirmamus etiam in ecclesia de *Prateriis* (234) xx solidos Parisiensis monete predictis fratribus, de beneficiis ipsius ecclesie, persolvendos a capellano ibidem per successiones imperpetuum servituro.

[Horum testes affuerunt : Ivo decanus, THEOBALDUS archidiaconus, JOHANNES archidiaconus, ODO cantor, SYMON subcantor, Matheus diaconus, Willelmus subd.]

Actum anno Verbi incarnati M° C° XL° VIII°.

A. Original perdu. — *B*. Copie de 1209, LL 1351, fol. 69 ; coll. et complétée du passage entre crochets, avec cette mention : « Collata fuit hæc carta ad suum autographum; cui adpendet sigillum in quo figura pontificis, sed cujus circumscriptio legi nequit. » — *C*. Copie du xv° siècle, LL 1352, fol. 67. — *D*. Copie du xvi° s., LL 1353, fol. 75.

Edit. a. Marrier, *Monasterii S. Martini de Campis historia*, p. 386.

307. — *Thibaud, évêque de Paris, avec l'assentiment de Bernard, archidiacre de Josas, assure une rente de trente sols à St-Martin en échange de ses droits sur l'église de Clamart.*

(Automne 1147 — automne 1148)

Ego THEOBALDUS, Dei gratia *Parisiensis episcopus*, concedo monachis *Sti Martini de Campis* xxx solidos per singulos annos in ecclesia de *Clamart* (4) sub hac distinctione quod portio illa quam monachi prius accipere solebant in predicta ecclesia in jus cedat sacerdotis, excepta decima magna et minuta ; utramque enim ad integrum monachis reservamus, salva mestiva sacerdotis. Monachi vero circatam et synodum adquietabunt. Presbiter autem de *Clamart* solvet monachis ad Natale Domini x sol., ad Pascha x sol., ad Assumtionem Ste Marie v sol., ad festum omnium Sanctorum v sol.

Actum est hoc sub testimonio et assensu BERNARDI archidiaconi nostri, in cujus archidiaconatu est ecclesia de *Clamart*, anno episcopatus nostri quinto. Et ut hoc imposterum ratum et inconvulsum permaneat, sigilli nostri auctoritate confirmamus.

[Testes fuerunt GUERMUNDUS archidiaconus, Johannes canonicus, Garnerius canonicus de *Sancto Marcello*.]

A. Original perdu. — B. Copie de 1209, LL 1351, fol. 45, collationnée et complétée par l'alinéa entre crochets. — C. Copie du xv° s., LL 1352, fol. 47. — D. Copie du xv° s., LL 1358, fol. 1 et 55. — E. Copie du xvi° s., LL 1353, fol. 46'. (C, D, E d'après B incomplet.)

308-310. — *Cession de la dîme de Saint-Brice au Prieuré de St-Martin-des-Champs par Mathieu Le Bel et sa famille. Du consentement de Suger, abbé de Saint-Denis, et de Mathieu Ier de Montmorency, suzerains de la dîme, le premier pour deux tiers, le second pour un tiers, Thibaud, évêque de Paris, en investit le prieur Eudes II.*

(Paris, 25 octobre 1148 — Automne 1148)

THEOBALDUS, Dei gratia, *Parisiorum episcopus*, omnibus p. et f. Sciat universitas vestra quod MATHEUS BELLUS decimam de *Sancto Briccio* (298) quam diu injuste tenuerat, utpote laicus, ad hoc in manu nostra refutavit, ut eam canonice monachis *Sti Martini de Campis* concedentes traderemus, assensum prebentibus et laudantibus his qui subscripti sunt : domno scilicet SUGGERIO, venerabili abbate monasterii *Sti Dyonisii*, cum assensu capituli sui, de cujus feodo due partes ipsius decime erant ; domino quoque MATHEO DE MONTEMORENCIACO, de cujus feodo tercia pars erat ; et ADAM filio ejus qui dicitur BELLUS (298), AMALRIGO quoque majore filio ejus et ISABELLA uxore ipsius ; et nichilominus fratribus ipsius MATHEI

---

298. Saint-Brice-sous-Montmorency, ar. Pontoise. Raoul II Le Bel et Lisoie, sa femme, donnèrent à St-Martin la moitié de la dîme des fèves de Saint-Brice, au temps du prieur Mathieu Ier (Cf. t. I, p. 281 et p. 193, note 305). — Mathieu Le Bel, fils de Raoul II, frère de Raoul III et de Jean, avait en 1148 deux fils : Amauri, l'aîné, marié à Isabelle ; et Adam, le cadet.

Radulfo et Johanne. Nos vero, rogatu ipsius et omnium predictorum, eandem decimam *Sancto Martino* tradidimus, per manum dilecti fratris nostri Odonis *prioris* ejusdem domus. Quod ut ratum sit, sigilli nostri caractere corroboravimus, cum assensu et attestatione personarum nostrarum. Signum (*a*) Clementis decani. Signum (*a*) Wermundi archidiaconi. S. Bernardi archid. S. Ivonis archid. S. Alberti precentoris. S. Philippi, *fratris Regis*.

Matheus autem de Montemorentiaco eandem decimam monachis tuendam et defendendam, super se et successores suos, contra omnem calumpniam ita suscepit ut, si eidem tuitioni se subtraheret, nos et successores nostri districtam de eis justitiam faceremus, et terram ipsorum interdicto subiceremus.

Actum est *Parisius*, anno ab Incarnatione Domini milesimo centesimo XL° VIII, regnante Ludovico *rege Francorum* et *duce Aquitanorum*, anno regni sui xviii (180).

(*a*) Secundi *B*.

A. Original perdu. — B. Copie de 1209, LL 1341, fol. 45, non collationnée. — C. Copie du xv° s., LL 1352, fol. 45. — D. Copie du xvi° s., LL 1353, fol. 45'.
Edit. a. Marrier, *Monasterii S. Monasterii de C. historia*, p. 183. — *b.* Duchesne, *Hist. de la maison de Montmorency*, Preuves, p. 48.

309. — In nomine sancte et individue Trinitatis. Amen. Quoniam, ex proprio Dei precepto, statutum in lege scientibus legem non est ambiguum, decimas levitis in proprium Dei servitium segregatis debere persolvi ; cum laica manus eas usurpat, divinis profecto decretis obviat : nec solum earum invasores nefandi maximum suarum animarum periculum incurrunt, sed etiam illi qui, quasi jure privato, deinceps illas retinentes, donec morte preveniantur, possidere minime desistunt. Quapropter ego Suggerius, Dei permissione monasterii *Sancti Dyonisii de Gallis* minister et abbas indignus, sepe rogatus a Matheo cognomine Pulchro quod duas partes decime de *Sancto Briccio* quas ipse tenebat in feodo de

Sancto Dyonisio, *Sto Martino de Campis* tenendas et possidendas concedere[m], cum omni capitulo nostro benigne concessi.

In presentia siquidem nostra, totiusque capituli nostri, prefatus Matheus predictam decimam de *Sancto Briccio* domui *Sti Martini de Campis* concessit; nobis libenter et amabiliter, propter maximum inter nos illamque domum mutue dilectionis affectum, assensum prebentibus et acte rei testimonium prebentibus.

Affuerunt etiam quamplures alii confirmationis hujus testes idonei, quorum nomina subscripta sunt : Clemens decanus ecclesie *Parisiensis*, Wermundus archidiaconus, Albertus precentor (a); Hugo, *Atrabatensis* archidiaconus ; Philippus, *frater Regis* ; Nevelo, suus magister ; Walterius filius Mainburgis, Herluinus canonicus, Symon nepos Abbatis ; Matheus *dominus de Montemorenciaco*, Ruricus de Andelii (299), Guido de Groela (299), Galterius de Alne[to], Johannes de Vinecel, Philippus frater ejus (299) ; Godardus de Sancto Briccio (298) ; Arnulphus de Yoxae (329) ; Johannes de Gonessa ; Terricus major, Evraldus hospitarius, Henricus vincarius, Tigerius, Euvrardus famulus.

Actum est hoc et hec carta anno ab Incarnatione Domini M° C° XLVIII, regnante Ludovico *rege Francorum, duce Aquitanorum*, anno regni sui xviii, abbatie vero nostre xxvii.

(a) precentus *B*.

A. Original perdu. — *B*. Copie de 1209, LL 1351, fol. 92. — *C*. Copie du xv° s., LL 1352, fol. 90'. — *D*. Copie du xvi° s., LL 1353, fol. 110. — *E.-F*. Copies du xvii° s., L 878, n°ˢ 63 et 64.

310. — In nomine sancte et individue Trinitatis, amen. Inter innumeras suorum offensas criminum, quibus iram Dei super se seculares persone provocant, ad cumulum sue vesanie pravum illud opus exagerant quod contra preceptum divinum et totius Ecclesie sancte per excommunicationem interdictum, tenere decimas et in proprios usus expendere non formidant. Cumque magnum hoc esse peccatum, et clericorum certa relatio, et non minus ipsa propria laicis ostendat ratio, sapienter agunt qui, citius illas ecclesiis dimittentes, animarum suarum saluti consulunt. Quapropter ego MATHEUS DE MONTEMORENTIACO, rogatus a MATHEO cognomine PULCHRO terciam partem decime de *Sancto Bricio* (298) que erat de meo feodo, quamque ipse, sue conjugis assensu et infantum, fratrumque suorum, pro sua eorumque animabus, ecclesie *Sti Martini de Campis* donavit, ego benigne concessi ; duas etiam alias partes quas ipse MATHEUS PULCHER ni feodo de abbate et capitulo *Sti Dionisii* tenebat, cum illa tercia parte que de meo feodo erat, voluntate et hortatu venerabilis abbatis SUGGERII, communisque capituli *Sti Dionisii*, in presentia domni THEOBALDI *Parisiorum episcopi*, me tam per me quam per successores meos contra omnem calumpniam tuendas et defendendas ecclesie *Sti Martini de Campis* omni assertione spopondi, quatinus ipsa *Sti Martini de Campis* ecclesia, libere et quiete et absque omni inquietatione, totam illam decimam imposterum possideret.

Quam tuitionem et defensionem ideo super me et successores meos firmiter tenendam suscepi, ut predicte ecclesie Deo devote juges orationes et beneficia jugiter antecessorum meorum animabus et mee, successorumque meorum, fructum salutis propensius impenderent, et Dei misericordia digniores efficerent. Hujus confirmationis testes affuerunt ydonei [CLEMENS decanus ecclesie *Parisiensis*. VERMUNDUS archidiaconus, BERNARDUS archidiaconus, ALBERTUS precentor, PHILIPPUS *frater Regis*, NEVELO suus magister, ALGRINUS canonicus, SYMON nepos Abbatis [Suggerii], MATHEUS, dominus DE MONTEMORENCIACO, RURICUS DE ANDHILLI (299), GUIDO DE GROELA (299), GODARDUS DE SANCTO BRICCIO, JOHANNES DE GONESSA, ANSELLUS canonicus, ROGERIUS, GIRBERTUS, MATHEUS, STEPHANUS frater ejus, REINOLDUS prepositus (300), BALDUINUS FLANDRENSIS,

---

299. Andilly, Groslay, ca. Montmorency, ar. Pontoise. — Vinesenil, « Viuncuel », hameau disparu près de Chambly (Oise). Cf. *Mémoires de la Société académique de l'Oise*, t. XIV, p. 349 ; *Cartulaire de St-Martin de Pontoise*, p. 31, note 177.

300. Il paraît assez probable que ce « Reinoldus prepositus » fut un prévôt de Paris. Son nom est en effet précédé de trois autres qui appartiennent à la descendance du prévôt Thiébert : Girbert, Mathieu et Etienne.

Lambertus de Boffesmunt (135), Terricus major, Euvrardus hospitarius, Henricus vincarius.

Actum est hoc et hec carta anno ab Incarnatione Domini MCXLVIII, regnante Ludovico rege *Francorum* et duce *Aquitanorum*, anno regni sui XVIII (180), Theobaldo *Parisiorum* episcopo.]

A. Original perdu. — *B*. Copie de 1209, LL 1351, fol. 113, collationnée et complétée des passages entre crochets. — *C*. Copie du xv° siècle, LL 1352, fol. 120. — *D*. Copie du xvi° s., LL 1353, fol. 143. — *E*. Copie collationnée sur *A* le 16 octobre 1654 par l'archiviste du prieuré, Dom de Beaulieu, et par les notaires Colas et Manchon. L 878, n° 65.

311. — *Le prieur Eudes II, élu abbé de Marchiennes, administre cette abbaye durant deux ans à peine ; il la quitte pour reprendre la direction de son ancienne communauté, qu'il est obligé d'abandonner peu de temps après.*

(Automne 1148 — Été 1150)

Extitit causa quod beata memoria tertius Eugenius transalpinaret in *Galliam*, a quo indicto concilio *Remis* (301) illud honorificentissime percelebratum est. Interea *Suessionensis* ecclesie *Beati Medardi*, pastore suo de medio facto, qui suscitaret semen defuncti alterius electionem domini Papæ imposuit voluntati. Dominabatur in hac ecclesia *Marchianensi* tunc temporis vir perhonestus et

---

301. Il s'agit ici du concile de Reims dont le pape Eugène III ouvrit les délibérations le 22 mars 1148. Le prieur de St-Martin, Eudes II, appelé à remplacer Ingran devenu abbé de St-Médard, s'il se confond, comme le pensent les auteurs de la *Gallia*, avec un Eudes administrant Marchiennes de 1141 à 1143, aurait quitté alors ce monastère, de gré ou de force, pour se retirer à St-Martin-des-Champs dont il serait devenu prieur après le départ de Thibaud II. Le biographe du B. Hugues affirme qu'il fut élu deux fois, mais son récit laisserait entendre qu'il ne fut qu'une fois, et pendant moins de deux ans, abbé de Marchiennes. L'allusion au retour d'Eudes à St-Martin et à sa démission forcée est confirmée par les lettres de Pierre le Vénérable à Suger, qu'on trouvera plus loin. Les articles de la *Gallia* sur St-Médard (IX, 416) et sur Marchiennes (III, 396) ne concordent pas, comme dates, avec le récit du biographe, qui semble plus sûr.

matura persona, dudum prior *Corbeie*, Ingrannus nomine. Consilio igitur tocius curiæ habito, ante Concilium eo exuit istam, et illam investivit — — Alvisus *Atrebatensis* ecclesie post electionem canonicam religiosi viri, et appellationem factam ad sedem primam pro oppressione qua opprimebatur ab eo, non deferens huic ecclesie sue quam ordinaverat, ipse pastorem... (*le texte comporte ici une lacune*)... Et suscitavit Dominus spiritum Summi Pontificis qui quicquid Episcopus fecerat cassans, suam ecclesiæ, quam habuerat ab initio eligendi quem vellet, libertatem restituit; et, septimo post ordinationem suam die, pulso incumbatore, fratres suæ primæ electioni firmiter inherentes, dominum Odonem de *Sancto Martino in Campis* satis idoneam personam, si non nimis inniteretur prudentiæ suæ, communiter elegerunt, immo reelegerunt. Qui vix biennio presidens, natalis soli dulcedine ductus, ut aiunt, suæ quam legitime desponsaverat dedit repudium, et illi alteri cui emancipatus renunciaverat, solo regimine nupsit, nec impune ferens, quoniam nec longo tempore tenuit, et ne dominaretur demum vale fecit invitus. Tunc igitur is... Ingrannus eligitur, et annis quatuor suæ prælationis officium strenue adimplevit, et nunc quoque in *Suessionensi* ecclesia feliciter præest.

Vita B. Hugonis II abbatis Marchianensis, ap. Martène, *Thesaurus Anecdotorum*, III, 1725.

312. — *Geofroi II, évêque de Chartres et Thibaud IV, comte de Chartres et de Blois, règlent, comme arbitres, un différend entre Saint-Martin-des-Champs et Josselin, seigneur d'Auneau, concernant les conditions dans lesquelles celui-ci peut exiger un droit de péage sur les denrées et les marchandises sortant d'Orsonville. Ce péage ne sera désormais imposé qu'aux trafiquants.*

(1115 — 24 janvier 1149)

Omnibus ad quos presens scriptura pervenerit, Gaufridus, Dei gratia, *Carnotensis* episcopus, et Theobaldus, eadem Dei gratia, *Blesensis* comes, salutem in Domino. Noverit universitas vestra quod controversia, que erat inter monachos *Sti Martini de Campis* et Goscelinum de Alneolo (302), auctoritate nostra, utriusque partis assensu, diffinita est et in perpetuum sopita in hunc modum : Homines de *Ursumvilla* qui, per viam de *Pirelo* (303), ibunt *Stampis*, libere ibunt, nec aliquam consuetudinem persolvent, nisi fuerint mercatores. De illis autem rebus, de quibus mercatores nominati fuerint, apud *Alneolum* pedagium reddent. Quod si prepositus *Alneoli* homini de *Ursumvilla* imposuerit quod mercatum duxerit, et ille negaverit, homo ille in curia monachi de *Ursumvilla* per justiciam ejus, sua manu tercia, jurabit, testium comperitorum, quod ei prepositus domini Goscelini nominaverat, non adduxit. Quod si unus ex competitis testibus, vel prope odium, vel propter aliam rationabilem causam, defuerit, accusatus (*a*) sua manu jurabit quia eum habere non possit causis subjunctis, et alios sibi nominatos, de eadem villa adducet. Quod si serviens domini Goscelini hominem *Ursumville*, extra villam, cum re ad mercatum pertinente inveniet, et ille se illius rei mercatorem negaverit, apud *Alneolum* ibit, et ibi sicut predictum est, cum testibus competitis jurabit. Quod si bovem, aut equum, aut equam, aut asinum, aut asinam emerit, et inde sesionem suam prefecerit, si postea vendiderit, pedagium nullum dabit. Nulla ebdomade die, de his que ad *Galardonem* ducent, vel reducent, consuetudinem dabunt. Quod si homo de *Ursumvilla* viam puplicam araverit, nullam de hoc emendationem faciet. Quod si transeuntem paraturam impedierit, si cognitum fuerit tam transeunti quam domino Alneoli, per justiciam monachorum legem suam emendabit. Si vero negaverit, manu sua purgabit. Quicumque autem homo, seu mercator indigena, vel alienigena, per *Crucem buxatam* ad Ursumvillam perrexerit et ibi aliquid emat, nullum pedagium vel coustumiam *Alneolo* reddet, imo libere et quiete veniet et recedet. Omnes itaque homines de *Ursum-*

---

302. Josselin, sire d'Auneau (ch.-l. de ca., ar. Chartres), vivait encore vers 1160 (Arch. d'Eure-et-Loir, H 1001 ; *Inventaire* rédigé par M. René Merlet, t. VIII (sér. II, vol. I, p. 114).

303. Paray, ca. Dourdan, ar. Rambouillet (S.-et-O.).

villa, hujus conventionis tenore et observatione, liberi et quieti penitus erunt, ita quod *domnus Alneoli* eos placitis vel querelis, occasionibus vel aliquibus exactionibus, vexare vel gravare nullomodo poterit. Quod ut ratum permaneat, sigillorum nostrorum impressione cum testium subnotatione corroborari fecimus (304).

(*a*) accusatu B.

A. Original perdu. — B. Copie de 1209, LL 1351, fol. 77, incomplète, non collationnée. — C. Copie du xv° s., LL 1352, fol. 78. — D. Copie du xvi° s., LL 1353, fol. 86.

313. — *Pierre II de Milly, en présence de l'évêque Eudes III de Beauvais, donne son bois d'Achy, pour l'employer à des constructions et au chauffage des moines, au prieuré de St-Omer-en-Chaussée, dépendant de St-Martin-des-Champs ; approbation de Rohais, femme de Pierre.*

(St-Symphorien de Beauvais, 1ᵉʳ janvier ou 11 avril 1148 —
1ᵉʳ janvier ou 3 avril 1149)

In nomine Patris et Filii et Spiritus Sancti. Amen. Notum sit tam presenti quam successive etati quod PETRUS DE MILLIACO (305) concessit ecclesie *Sti Martini de Campis*, ad opus videlicet monachi apud *Sanctum Odomarum* conversantis, in elemosinam pro anima patris sui et antecessorum suorum, boscum suum de *Achi* (306)

---

304. A défaut du texte complet, qui nous eût fourni la date de l'acte, les limites extrêmes de sa rédaction sont celles du pontificat de Geofroi II.
305. Il s'agit ici du fils aîné de Pierre Iᵉʳ de Picquigny, cité avec son père en 1144. Pierre Iᵉʳ devint sire de Milly-en-Beauvaisis (Milly-sur-Thérain, ca. Marseille, ar. Beauvais) par son mariage avec Amicie, fille de Sagalon III. Rohais, femme de Pierre II, est cette nièce de Manassé de Bulles (descendant de Hugues Iᵉʳ, comte de Dammartin et de sa femme Rohais) dont l'union consanguine provoqua l'excommunication de son mari. Pierre II en fut relevé par Eudes III, évêque de Beauvais, en 1146, sous condition de se croiser. Pierre Iᵉʳ, pour lequel son fils fait ici une fondation pieuse, venait de mourir. Encore vivant en 1147, il était en 1148 remplacé à Milly par son fils aîné Sagalon IV. (Oscar de Poli, *Inventaire des titres de la maison de Milly*, n°ˢ 80, 92, 97, 101.)
306. Achy, Bonnières, ca. Marseille, ar. Beauvais.

ad hospitandum et comburendum. Hec acta sunt apud Stum Simphorianum Belvacensem, coram domino ODONE, Belvacensi episcopo, in cujus manus ipse PETRUS cand. elemosinam reddidit quam et nos de manu ejusd. episcopi recepimus. Hoc concessit ROAIS uxor ipsius PETRI, audientibus et testificantibus IVONE decano, THEOBALDO ET JOHANNE archidiaconis, SUASWALONE DE MONCHELES (307), HUGONE DE HOUCURTE (308), EIRARDO DE STO AUDOMARO, DROGONE de *Sto Briccio* (309), ROBERTO DE CAINELLO (310), URSONE DE BONERIIS (306), GIRARDO cognomento SIGINO, NIVARDO majore de *Achi*, PETRO presbitero, fratre ipsius, et GALERANNO. Et ut hec elemosina rata et inconvulsa imposterum permaneat, pref. episcopus eam auctoritate sigilli sui corroborari precepit. Actum anno ab Incarnati Verbi millesimo centesimo quadragesimo octavo.

[Hoc autem non pretermittendum est, quod ita quiete et ab omnibus penitus consuetudinibus liberrime concessit hoc domnus PETRUS monachis possidere, sicut et ipso possidet, et pater ejus possedit. Illud etiam addendum, ud NIVARDUS, major de *Achi*, concessit pref. ecclesie mortuum boscum ejusdem loci, annuentibus uxore sua et filiis suis GUIDONE et GUILLELMO et ceteris omnibus videntibus et testificantibus : SAVALONE DE MONCHELES (307) et ROBERTO DE CAINELLO (310), LAMBERTO et BELENGARIO DE SANCTO-ODEMARO, RADULFO DE ULLI (311), WARNERIO filio MATHEI, WILLELMUS GALETH et multis aliis.]

A. Original perdu. — B. Copie de 1209, LL 1351, fol. 74, collationnée et complétée du dernier paragraphe d'après A, « cui adpendet sigillum, in quo figura pontificis », avec légende illisible, « utpote vetustate corrosa ». — C. Copie du XVe s., LL 1352, fol. 72. — D. Copie du XVIe s., LL 1353, fol. 82'.

---

307. Le Montchel, comm. de Savignies, ca. et ar. Beauvais.
308. Haucourt, ca. Songeons, ar. Beauvais.
309. Dreux de Mello, seigneur de Saint-Bris-le-Vineux, ca. et ar. Auxerre.
310. Le Quesnel-Aubry, ca. Froissy, ar. Beauvais.
311. Ully-St-Georges, ca. Neuilly-en-Thelle, ar. Senlis.

314. — *Ebrard IV du Puiset confirme à Saint-Martin-des-Champs un marché sur dix au Puiset que lui ont accordé ses aïeux.*

(Le Puiset, 1ᵉʳ janvier ou 11 avril 1148 — 1ᵉʳ janvier ou 3 avril 1149)

Notum sit omnibus t. p. q. f. quod ego EBRARDUS DE PUTEOLO (312) assensu uxoris mee HELUISSE et filiorum meorum HUGONIS et GALERANNI, concedo et confirmo monachis *Sancti Martini de Campis* elemosinam et donum quod predecessores nostri eisdem contulerunt : decimum videlicet mercatum de *Puteacco* cum omnibus proprietatibus que ad illum diem a summo mane usque ad noctem pertinent quando eorum est mercatum, ut nichil penitus exceptum sit quod ad manus eorum non veniat, preter medietatem egruni et preter linum : sabbatum scilicet secundum aprilis ; sabbatum ante nativitatem sancti Johannis Baptiste, primum sabbatum septembris ; sabbatum ante festivitatem sancti Martini hiemalem ; sabbatum post octabas Epiphanie. Quod si forte evenerit ut in aliquo predictorum dierum, mercatum apud *Puteaceum* non fuerit, primo sequenti sabbato, omnino sicut supra definivimus, monachi mercatum suum habebunt. Volo ut absoluta et libera ab omnibus exactionibus sive consuetudinibus parvis vel magnis mercata sua amodo, jure perpetuo, habeant et possideant. Concedo etiam et confirmo omnibus qui in burgo suo morantur, omnes exitus ville : furnum, molendinum, aquam, mercatum et cetera necessaria, ut sint eis communia sicut propriis burgensibus nostris. Que omnia ut rata et inconcussa permaneant, sigilli nostri auctoritate roboravimus.

---

312. Ebrard IV, châtelain du Puiset et vicomte de Chartres, fils de Hugues III et d'Agnès de Champagne, sœur du comte Thibaud IV et du roi Etienne d'Angleterre, succéda à son père lorsqu'en 1128 celui-ci partit en Croisade. Il survécut à son fils aîné Hugues IV, comte de Bar par son alliance avec Pernelle de Bar-sur-Seine en 1168, mort en 1189. En 1190 au plus tôt, Ebrard IV fut remplacé dans ses charges au pays chartrain par son petit-fils Milon III, comte de Bar (A. de Dion, *Les Seigneurs du Puiset*, pp. 30-32, extr. des *Mémoires de la Société archéologique d'Eure-et-Loir*, 1886).

Actum publice *Puteaceo*, anno Incarnati Verbi M^{mo} C^{mo} XL^{mo} VIII^{vo}. Presentes quoque erant hii quorum nomina subtitulata sunt : STEPHANUS archipresbiter, magister BARBA, magister THEOBALDUS, AUBERTUS BECHANA, BOVO FOARDUS, GARINUS DE ALONA (322), BRITO prepositus, RADULPHUS CLAVELLUS, Maubertus, ISEMBARDUS PARVUS, RAINBALDUS filius HENRICI DE CASTELLARIIS (322).

A. Original scellé, K 23, n° 15°. Sceau décrit par Douët d'Arcq, *Inventaire des Sceaux*, n° 3323.
Edit. Tardif, *Monuments historiques*, n° 503, p. 267, avec la traduction « Puiseux ».

315. — *Sanson Mauvoisin, archevêque de Reims, constate que Gaucher de Bazoches, du consentement de son frère Gui, a donné au prieuré de Sainte-Gemme cent dix sols de rente à Poilly, en compensation d'une somme de quatre-vingts livres et d'un cheval monté qu'il a reçus du prieur.*

(Reims, 1er janvier *ou* 11 avril 1148 — 1er janvier *ou* 3 avril 1149)

(*Chrismon.*) In nomine sancte et individue Trinitatis. Ego SANSON, divina miseratione, *Remorum archiepiscopus*, universis sancte Ecclesie filiis t. p. q. f. imperpetuum (*a*). Quia, ex officio Nobis, licet indignis, injuncti debito monilis dominici cura laboramus; licet omnibus in commune fidelibus mensuram tritici (*b*) in tempore erogandam susciperemus, precipuam tamen illorum laboribus atque negotiis compassionis ac supportationis vicem debemus qui, ut Deo soli, beate contemplationis studio, vacarent, mundi sarcinam penitus abjecerunt. Iccirco (*c*) notum fieri volumus quod nobilis vir GUALCHERUS DE BASOCHIIS (313), assensu fratris sui GUIDONIS, dedit *Sancto Martino de Campis* centum et decem solidos de

---

313. Gaucher de Bazoches (ca. Braisne, ar. Soissons) n'est autre qu'un fils de Gaucher II de Châtillon, frère cadet de Gui II; leur père, mari d'Ade de Pierrefonds, avait succombé à Laodicée le 29 janvier 1148. — Poilly, ca. Ville-en-Tardenois, ar. Reims. — Sainte-Gemme, ca. Châtillon-sur-Marne, ar. Reims.

censu, Remensis monete, apud *Poileium* (313), partim pro emptione octoginta librarum et unius equitature, partim ob remedium anime sue et parentum suorum (*d*); scilicet (*e*) LX. solidos in festo sancti Remigii, (*e*) L. mediante maio, annuatim persolventur : ita dumtaxat quod si, infra predictos terminos, rustici censum suum persolvere neglegerent (*f*), prior de *Sancta Gemma* (313) vel officiales sui post (*e*) xv. dies, sine lege et districto non excipient (*g*). Hec (*h*), ut prelibata sunt, nos presenti decreto (*i*) et metropolitana auctoritate ecclesie *Bti Martini de Campis* et fratribus ibidem Deo (*h*) militantibus, firme (*i*) et perpetuo tenenda concedimus. Et ne aliquis ecclesiastica secularisve persona contra hanc nostre institutionis seriem ausu temerario contraire presumpserit, imaginis nostre impressione (*j*) et probabilium personarum intitulatione eam (*k*) corroborari fecimus (*j*). S. JOSLENI *Suessionensis* episcopi. S. ODONIS abbatis *Sti Remigii*. S. BOSONIS archidiaconi. S. LEONIS decani. S. GREGORII cantoris. S. Henrici, S. Rogeri, S. Constantii, presbyterorum. S. Symonis, S. Hugonis, S. [Ebr]ardi, dyaconorum. S. Rogeri, S. Guidonis, S. Bosonis, subdiaconorum (*k*).

Datum (*l*) *Remis* anno Incarnati Verbi M° C° XLVIII°, (*m*) indictione XI^a (*m*), regnante LUDOVICO *Francorum rege* anno XIII°, archiepiscopatus autem domni SANSONIS anno VIIII°.

DROGO cancellarius recognovit, scripsit et subscripsit.

(*a*)-(*b*) Passage devenu illisible par l'action de l'eau ou du sulfhydrate d'ammoniaque, et suppléé d'après *B*. — (*c*) idcirco *B*. — (*d*) de quibus *B*. — (*e*) *B* traduit les chiffres. — (*f*) nolucrint *B*. — (*g*) recipient *B*. — (*h*)-(*i*) Parties devenues illisibles par l'usure du parchemin. — (*j*)-(*k*) Passages omis par *B*. — (*l*). Actum *B*. — (*m*). Ici s'arrête *B*.

A. Original endommagé, S 1434, n° 17. Sceau oblong, sur cire blanche, à demi rompu. Pontife assis, tenant la crosse à senestre : ✠ SIGILLVM SAN... — *B*. Copie de 1209, LL 1351, fol. 30, non collationnée. — C. Copie du XV° s., LL 1352, fol. 30'. — *D*. Copie du XVI° s., LL 1353, fol. 30.

316. — *Le prieur Barthélemi garantit à une femme nommée Liois, 60 sols qu'elle a prêtés au clerc Eudes, qui s'est donné depuis, lui et ses biens, au monastère ; ce prêt fut fait pour permettre d'amé-*

liorer une maison sur la Seine, dont Liois aura la moitié pour y demeurer jusqu'à ce que la dette d'Eudes soit acquittée; s'il meurt auparavant, le couvent remboursera sa créancière.

(Automne 1148 — automne 1150)

Ego BARTHOLOMEUS, prior *Sti Martini* (314), notum facio t. p. q. f. quod ODO, clericus, qui se nobis reddidit et sua post obitum suum, mutuavit a quadam femina nomine LIOIS, LX sol. ad meliorandam domum que super aquam sita est, unde etiam eidem femine concessit, assensu nostro, dimidiam partem pred. domus ad manendum vel concedendum, et mansionem in camera juxta positam, in vita sua, ita quod nec domum nec cameram invadiare vel alienare poterit. Domus vero nostra LX sol. predicte femine, post mortem ODONIS, si non fuerint ab ipso redditi, solvet. Quod ut ratum sit, sigilli nostri impressione et testium subscriptione firmavimus.

A. Original perdu. — *B.* Copie de 1209, incomplète et non collationnée, LL 1351, fol. 88. — *C.* Copie du xve s., LL 1352, fol. 86'. — *D.* Copie du xviie s., LL 1353, fol. 104; toutes deux d'après *B*.
Edit. R. de Lasteyrie, *Cartulaire gén. de Paris*, n° 389, p. 343.

317. — *Le prieur Eudes II transfère sur un autre immeuble à Paris, pour éviter toute difficulté, le cens annuel de cinq sous dû*

---

314. C'est tout à fait arbitrairement que D. Marrier a daté de 1154 cet acte, dont le texte complet ne nous est pas parvenu et qui est dépourvu de tout synchronisme. Il est constant, par les actes qui suivent, que le prieur Simon de Mello était en charge avant l'expiration de l'année 1150 (1er janvier ou 8 avril 1151) et qu'il était encore en exercice le 18 juin 1152, tandis que Guillaume Ier était déjà prieur en 1157. On peut donc admettre une gestion fort courte entre les deux, comme l'a pensé D. Marrier. Mais on sera frappé du fait qu'il n'est aucunement question de Barthélemi dans les diptyques funèbres de St-Martin où figurent Eudes II et Simon Ier, puis Gautier Ier et Guillaume Ier, morts longtemps après ceux-ci. C'est ce qui nous induit à considérer Barthélemi comme un prieur intérimaire, durant le séjour d'Eudes II à Marchiennes; le caractère précaire de sa mission l'aura fait oublier plus tard.

à St-Germain-des-Prés sur un terrain que Simon Ternel avait donné pour construire une partie du chevet de l'église Saint-Jacques.

(1144 — hiver 1150)

Cyrographum. Notum [sit] omnibus t. p. q. f. quod S[ymon] Ternellus (315) dedit quamdam terram *ecclesie Sancti Jacobi* (59) que est [de] jure *Beati Martini de Campis*, ad construendam unam partem capitis ipsius ecclesie. Sed, quoniam predicta terra singulis annis reddebat monasterio *Beati Germani de Pratis*. v. denarios de censu, ego Odo, *Beati Martini* Dei gratia *prior* (316), nolens aliquam controversiam esse inter nostram et Beati Germani ecclesiam, assensu fratrum nostrorum constitui ut ecclesia Sancti Germani. v. denarios illos *Parisius* accipiat, de domo quadam que fuit Lam[berti] bufetarii (317) et modo est nostra, que antea. iiii. tantum denarios Sancto Germano debebat, set amodo et deinceps. viiii. Hec autem concessio ut firmius roboraretur, cartam fieri jussimus, manibusque nostris firmavimus, fratribusque firmandam tradidimus.

A. Original jadis scellé, L 782, n° 101. Les parties du texte placées entre crochets sont ajoutées en interligne. — B. Copie du xii⁰ s., LL 1024, fol. 70'. — C. Copie du xiii⁰ s., LL 1025, fol. 35. — D. Copie du xiii⁰ s., LL 1026, fol. 34'. — E. Copie du xiv⁰ s., LL 1029, fol. 29.

Edit. a. R. de Lasteyrie, *Cartulaire gén. de Paris*, t. I, p. 297, n° 320, d'après A. — b. Poupardin, *Rec. des chartes de St-Germain-des-Prés*, t. I, p. 165, n° cix, d'après A, B, C, D, E.

---

315. S'agit-il ici de *Simon Ternel Ier*, qui vivait encore en 1140, ou de *Simon Ternel II*, frère d'Osmond, clerc, puis archidiacre de Paris, qui a vécu jusqu'en 1175? Sur cette branche de la maison de Poissy, cf. nos appendices au *Cartulaire de St-Martin-de-Pontoise*, pp. 430-431.

316. On pourrait hésiter entre Eudes Ier et Eudes II; MM. de Lasteyrie et Poupardin inclinent pour le second, ce qui semble justifié par la formule « Dei gratia prior » dont les prieurs Eudes Ier et Thibaud II n'ont jamais fait usage, tandis qu'Eudes II l'a employée (n° **278**).

317. Le texte du chirographe porte « bufetani », mais avec M. de Lasteyrie nous voyons ici une méprise du scribe, assez étourdi d'ailleurs pour avoir omis plusieurs mots essentiels qu'on a dû suppléer après coup.

318. — *Le prieur Eudes II octroie une rente viagère de deux muids d'avoine à Etienne de Paris, dit Boucheau, et à sa femme Cécile, en reconnaissance de ce qu'ils ont fait don de grands biens au monastère, et lui ont acquis notamment la dîme de Moisselles.*

(1147 — hiver 1150)

Ego ODO SECUNDUS, *prior Sti Martini de Campis*, presentis scripti monumento presentibus notum facio et futuris agnoscendum commendo, quod STEPHANUS PARISIENSIS, qui BUCELLUS dicitur, et uxor ejus CECILIA, multa et magna beneficia ecclesie nostre contulerunt ; inter que etiam decimam de *Mossella* (319), propriis expensis, nobis comparaverunt. Propter quod, assensu totius capituli nostri, concessimus eis quatinus duos modios avene, ad mensuram Parisiensem, accipiant singulis annis in granario nostro, quoadusque vixerunt. Quod si alter eorum forte obierit, ille qui superstes fuerit eandem annonam in vita sua nichilominus habebit ; verumptamen ad posteros suos redditus ille transire non poterit. Quod ut ratum sit et inconvulsum maneat, sigilli nostri impressione firmamus.

A. Orig. perdu. — B. Copie de 1209, LL 1351, fol. 87', non collationnée. — C. Copie du xve s., LL 1352, fol. 86. — D. Copie du xvie s., LL 1353, fol. 103'.

319. *Le prieur Eudes II concède à Gamon, prieur de Gournay-sur-Marne, l'église et la dîme d'Ozoir-la-Ferrière, la dîme du Bois-Raimond, le pressorage et la dîme d'un vignoble à Noisy-le-Sec en échange d'une rente d'un marc d'argent et d'une autre dîme que les moines de Gournay avaient à Noisy.*

(Automne 1150)

Noverint presentes et posteri quod donnus ODO, prior *Sancti*

---

319. Moisselles, ca. Ecouen, ar. Pontoise. — Il n'est point question de cette dîme dans la bulle du 2 juin 1147.

Etienne Boucheau se fit moine à St-Martin ; son nom figure dans les diptyques funèbres du xiie s., sous la forme « Stephanus Bucel », postérieurement à 1155. Cet acte montre que les Boucheau, famille de la bourgeoisie parisienne, sont une branche des Le Riche de Paris.

Martini de Campis, concessit donno Gamoni, priori *de Gornaio* (320) et ceteris fratribus ejusdem loci, ecclesiam de *Ororio* (267) cum decima ejusdem ville in perpetuum possidendum ; insuper et decimam que dicitur de *Nemore Remundi*, et pressoragium et decimam vinee que est apud *Nusiacum* ; pro una marcha argenti unoquoque anno, et pro decima quam habebat *Gornacensis ecclesia* apud *Nusiacum* de elemosina Philippi et Petri de Clagi (321). Hujus rei testes sunt : Simon subprior, Walterius, Arnulphus, Joszo, Bernerius, Gamo, Johannes, Walterius, Berengarius, Fulbertus, Thezo, Rogerius, Petrus, Anscherius, Garinus.

A. Original perdu. — *B*. Copie de 1223, LL 1397, fol. 30'.

320. — *Pierre le Vénérable, abbé de Cluny, informe Suger, abbé de Saint-Denis, que, pour sauver d'une décadence imminente le monastère de Saint-Martin-des-Champs, il a dû remplacer le prieur*

---

320. Gamon, prieur de Gournay dès 1137 (n° **240**), voulut, à l'imitation du prieur de Beaumont-sur-Oise, construire un pont et fit à ce sujet, avec Galeran II de Meulan et Agnès de Montfort, des arrangements qui ne purent aboutir. Il mourut, d'après les diptyques funèbres de St-Martin, à une date intercalaire entre le 19 avril 1152 (décès de Hugues V, abbé de St-Germain-des-Prés) et le 1ᵉʳ janvier 1155 (mort de Mathieu Iᵉʳ, comte de Beaumont-sur-Oise). Guillaume le remplaçait à Gournay dès le 5 juin 1154 (n° **336**).

Parmi les témoins, tous moines, figurent le sous-prieur Simon de Mello (n° **320**) ; Roger, prieur de Choisy dès 1137 (n° **240**), les sacristains Pierre (mort après Gamon et avant le comte Mathieu Iᵉʳ, d'après les diptyques), en charge dès 1150 (n° **324**), et Jozon. Le nécrologe écrit vers 1195 (Bibl. Mazarine 3347, ancien 1344 A) note au 19 mai (fol. 35) cet obit extrêmement intéressant : « Joszo monachus sacrista, qui jacet in capella Beate Marie quam ipse edificavit, cui concessimus ut semper in ejus anniversario missa matutinalis ibidem celebretur, et *magna signa, que ipse fecit*, pulsantur. » Il vivait encore en 1176.

Nous regardons la convention faite avec le prieur de Gournay, ainsi que les deux contrats précédents, comme étant au nombre des actes de mauvaise administration que Pierre le Vénérable impute à la faiblesse du prieur Eudes II et qui motivèrent sa retraite.

321. Clagy, écart de Noisy-le-Sec, ca. Pantin, ar. St-Denis (Cf. Luchaire, *Annales de la vie de Louis VI*, p. 373). — La donation des chevaliers de Clagy à Gournay est rappelée dans les lettres de l'évêque Thibaud en 1147 (n° **300**). L'échange s'en fit donc après cette date.

Eudes II, à cause de sa faiblesse, par le frère Simon [de Mello], naguère sous-prieur; il prie Suger de donner au nouveau supérieur secours et conseil.

(Hiver 1150)

Venerabili et charissimo domino et amico nostro Sugerio, *abbati Sancti Dionisii*, frater Petrus, humilis *Cluniacensis abbas*, salutem et sincerum in Domino dilectionis affectum.

Quia Reverentiam vestram jam ab antiquo dileximus, et in Christi charitate diligimus, a vobis quoque diligi non diffidimus. Eapropter frequenter vos pro nostrarum rerum diversis eventibus rogare non dubitamus. Nunc autem et rogamus Dilectionem vestram pro domo nostra *Sancti Martini de Campis*, quæ ob debilitatem dilectissimi fratris nostri O[donis] plurimum tam in spiritalibus quam in temporalibus attenuata est, et quotidie magis ac magis attenuatur. Unde ejus condescendentes infirmitati, a cura domus prædictæ cum more nostro absolvimus, et loco ipsius dilectum fratrem et filium nostrum domnum Simonem, quondam ejusdem loci *subpriorem* (320), substituimus, quia a nobis et fratribus nostris propter honestatem et mores optimos multum diligitur. Super quo rogamus Prudentiam vestram ut eum, causa Dei et amoris nostri respectu, diligatis, auxilium et consilium vestrum ei impendatis.

A. Original perdu. — B. Sugerii abbatis Sti Dionysii *Epistolarum liber*, ep. 127 (Cluniacensis abbatis ad Sugerium).
Edit. a. *Bibliotheca Cluniacensis*, col. 960. — b. Duchesne. *Hist. Franc.*, IV, 533. — c. Migne, *Patrologia latina*, t. 186, col. 1408.
Ind. Marrier, *Monasterii S. M. de Campis hist.*, p. 189.

321. — *Manassé II, évêque d'Orléans, constate que les difficultés qui s'étaient élevées entre Ebrard IV du Puiset et le prieur de Janville sur l'interprétation de la charte confirmative des droits du prieur au Puiset se sont aplanies, Ebrard ayant de nouveau reconnu ces droits.*

In nomine sancte et individue Trinitatis. Ego Manasses Dei gratia *Aurelianensis* ecclesie *minister* humilis. Notum fieri volumus instantibus et futuris quod Prior *Ihenville* et Ebrardus de Puteolo de elemosina predecessorum Ebrardi, quam videlicet elemosinam sigilli sui auctoritate firmaverat, in aliquibus dissencientes, nostram adierunt presenciam et ut inter eos pax firma et indissoluta confirmaretur, voce supplici, corde humili, nostram consuluerunt humilitatem. Nos vero qui, ex officio nobis injuncto, humilibus et religiosis subvenire debemus, et eorum esse refugium, ab Ebrardo impetravimus elemosinam, sicut ipse Ebrardus litteris suis prescripserat et confirmaverat, tenendam et in perpetuum constare stabilem. Ex parte vero Dei et nostra, ne queat oblivione deleri, donum istud confirmamus, sigilli nostri auctoritate corroborari precepimus.

A. Original perdu. — *B*. Copie de 1209, LL 1351, fol. 78'. — *C*. Copie du xv° siècle, LL 1352, fol. 78. — *D*. Copie du xvi° s., LL 1353, fol. 88'.

322. — *Ebrard IV du Puiset accorde une nouvelle charte reconnaissant les droits de St-Martin-des-Champs sur cinq marchés par an au Puiset.*

(Le Puiset, 1ᵉʳ janvier *ou* 16 avril 1150 — 1ᵉʳ janvier *ou* 7 avril 1151)

In nomine sancte et individue Trinitatis. Noverint tam presentes quam futuri quod ego Everardus de Puteaco (312), pro anima patris mei Hugonis et matris mee Heluise et filiorum meorum Hugonis et Galeranni, concedo et confirmo ecclesie *Beati Martini de Campis* et monachis ibidem Deo servientibus, elemosinam et donum que predecessores mei eidem ecclesie contulerunt : Quinque videlicet mercata apud *Puteacium*, singulis annis, certis denominatisque diebus per anni cursum constituta, cum omnibus proprietatibus que ad illos dies a summo mane usque ad noctem pertinent, ut nichil penitus exceptum sit quod per manus monachorum non veniat, preter medietatem egruni, et linum et canabum. Dies isti certi et denominati sunt : Secundum sabbatum aprilis; sabbatum ante festivitatem sancti Johannis Babtiste; primum sabbatum septembris, sabbatum ante festivitatem hiemalem Sti Martini, sabbatum post octabas Epiphanie. Quod si forte evenerit ut in aliquo predictorum dierum mercatum apud *Putheolum* non fuerit, primo sequenti sabbato omnino sic supra definivimus, monachi mercatum suum, sine ulla contradictione, recipiant. Volo insuper et jubeo, ut absoluta et libera ab omnibus exactionibus sive consuetudinibus parvis vel magnis amodo jure perpetuo mercata sua habeant et possideant.

Concedo etiam omnibus qui in burgo eorum amodo manserint, omnes exitus ville, sicut propriis burgensibus meis : mercata scilicet, furnos, molendina, aliaque necessaria, usui eorum utilia. Quod ne valeat oblivione deleri, scripto commendari et sigilli mei actoritate corroborari precepi.

Actum publice *Putheolo*, anno ab Incarnatione Domini M° C° L°, astantibus his quorum nomina subtitulata sunt : Stephano scilicet archipresbitero, magistro Barba, magistro Theobaldo, Garino de Alona (322), Britone preposito, Hysembardo Parvo, Mauberto, Radulfo Clavello, Auberto Beghana, Bovone Foardo, Rembaldo filio Henrici de Castellariis (322).

A. Orig. S 1427, non coté (liasse 1). Sceau perdu.

323. — *Le roi Louis VII confirme à St-Martin la cession des droits de coutume à Clamart, consentie par son père Louis VI.*

(Paris, 1ᵉʳ août 1150 — 1ᵉʳ janvier ou 7 avril 1151)

In nomine sancte et individue Trinitatis. Ludovicus, Dei gratia, *rex Francorum* et *dux Aquitanorum*, omnibus (a) in perpetuum. Ex regie (b) majestatis officio est ut ea que, a predecessoribus nostris *Francorum regibus*, Religiosis in regno nostro constitutis beni-

---

322. Allonnes, ca. Voves, ar. Chartres. — Les Châtelliers-Notre-Dame, ca. Illiers, ar. Chartres.

gne collata sunt et concessa, Nos quoque regia liberalitate concedamus et illibata conservare studeamus. Eo nimirum intuitu, religiosorum monachorum *Bti Martini de Campis* justis peticionibus annuentes, consuetudinem illam quam eis et eorum hominibus dimisit pater noster bone memorie Ludovicus apud *Clamardum* (4), que videlicet consuetudo vulgo *gregaria* nuncupatur (323), tam eis quam eorum hominibus nostra auctoritate dimittimus, et in perpetuum habendam concedimus. Volumus itaque et omnino prohibemus ne, propter gregariam illam, vel propter usus nemoris, quicquid operis agant in nemoribus illis vel illi vel homines eorum, aliqui servientum (c) nostrorum, vel prepositorum, aliquam exactionem eis inferant, vel vexationem, et omnino eos in pace dimittant, de illis videlicet rebus que ad predictam gregariam pertinent. Quod ut ratum et inconcussum in posterum permaneat, scripto commendari, sigilli nostri auctoritate muniri, nostrique nominis subterinscripto caractere corroborari precepimus.

Actum *Parisius*, anno Incarnati Verbi M° C° L°, regni nostri vero XIIII°. [Astantibus in palatio nostro quorum nomina subtitulata sunt et signa. Signum Radulfi, *Viromannorum comitis*, dapiferi nostri. S. Guidonis, buticularii nostri. S. Mathei camerarii. S. Mathei constabularii.

Data per manum (*Monogr. royal*) Simonis cancellarii.]

(*a*) omnium *B*. — (*b*) requie *B*. — (*c*) servientium *B*.

A. Original K 23, n° 15¹⁰. — *B*. Copie de 1209, LL 1351, fol. 26, incomplète (comme les suivantes) du passage final mis entre crochets, non collationnée. — *C*. Copie du xv° s., LL 1352, fol. 26. — *D*. Copie du xv° s., LL 1358, fol. 1. — *E*. Copie du xvi° s., LL 1353, fol. 25.
Edit. Tardif, *Monuments historiques*, n° 571, p. 271.
Ind. Luchaire, *Actes de Louis VII*, n° 253, p. 180.

323. Ducange (*Glossarium*, édit. Henschel, III, 564) cite *gregaria* dans le sens de *bercaria*, bergerie, étable pour les moutons. Il ne mentionne pas l'emploi de ce mot pour désigner un droit.

324. — *Les moines de St-Martin résidant au prieuré d'Airaines concèdent aux Prémontrés de Selincourt, moyennant une rente de deux muids de froment et deux d'avoine, diverses propriétés voisines de leur abbaye, Gautier étant abbé de Selincourt, et Simon prieur de Saint-Martin-des-Champs.*

(Hiver 1150 — 8 avril 1151)

In nomine Patris et Filii et Spiritus sancti. Amen. Nota sit omnibus t. p. q. f. ista memorialis actio que facta est inter fratres ecclesie *Sancti Petri de Selincurte* (324) et monachos ecclesie *Sancte Marie de Arenis* (274) atque sub presenti cyrographo consignata, et utriusque capituli scilicet *Sancti Martini de Campis*, Sanctique Petri de *Selincurte* atestatione concessa, et sigillorum impressione confirmata ; ita sane ut quicquid in territorio de *Risluez* atque in territorio de *Aldanvilete* et de *Muntennoles* monachi possidebant, necnon et decimam de *Butlainvileir* (325) de qua contentio inter eosdem monachos et ENGELRAMNUM DE SUACEMUNT (326) ecclesie Sti Petri de *Selincurte* ex integro concesserunt, tali quidem annuo censu ut in festo Sanctorum Omnium, duo modios de frumento meliori del *Faiel* (325) et duos avene, plenaliter ad mensuram de *Arenis* ipsis monachis Fratres persolvant.

Facta est autem hec actionis pactio anno Incarnationis Dominice M° C° L°, GUALTERO existente *abbate de Selincurte* et SIMONE *Sancti Martini de Campis priore*, et SIMONE priore de *Arenis*, et WICARDO priore de *Selincurte*. Isti sunt testes : frater Alelmus, frater Almaricus, RADULFUS *nobilissimus princeps* DE ARENIS et fratres ejus GUAL-

---

324. Selincourt (ca. Hornoy, ar. Amiens), abbaye de Prémontrés fondée par les Tirel, châtelains de Poix, bienfaiteurs de St-Martin-des-Champs.

325. Boulainvilliers, comm. de Tronchoy, ca. Hornoy. — Fayel, comm. de Montagne-Fayel, ca. Molliens-Vidame, ar. Amiens. — Tœufles, ca. Moyenneville, ar. Abbeville.

326. Secmont, comm. de Mons-en-Pévèle, ca. Pont-à-Marcq, ar. Lille.

terus et Hugo; Engelrannus clericus de *Tofles* (325), Nicholaus supprior, Radulfus monachus, Petrus sacrista.

A. Original en forme de chirographe, S 1410, n° 21, jadis scellé.
Édit. Marrier, *Monasterii S. Martini de Campis hist.*, p. 390.
Ind. Coll. Duchesne, vol. LXXVII, p. 10, avec cette mention : « Simon du Lys, prior Beate Marie de Arenis, 1150-1172. »

325. — *Mathieu II, comte de Beaumont-sur-Oise, obtient de Simon, prieur de St-Martin, la cession au prieuré de St-Léonor de toute la dîme d'un territoire voisin* (Mediacurtis), *moyennant quatre-vingts livres prélevées sur la somme laissée en aumône par le comte Mathieu Ier à St-Léonor.*

(St-Martin-des-Champs, 6 juillet 1151)

In nomine sancte et individue Trinitatis. Amen. Notum sit omnibus t. f. q. p. omnem decimam, magnam et minutam, quam ecclesia *Beati Martini de Campis* apud villam que *Mediancurtem* (53) vocant, ab ejusdem ecclesie conventu traditam ecclesie *Sancti Leonorii de Bellomonte* (50) jure perpetuo possidendam, necnon et duos hospites et dimidium, ceteraque universa que in eadem villa predicta ecclesia Sti Martini habebat, jamdicte ecclesie Sti Leonorii ad possidendum tradita, dante pro his omnibus *comite de Bellomonte* octoginta libras denariorum Parisiensis monete de argento illo quod pater suus Matheus *comes,* filius Yvonis *comitis, Beato Leonorio* in elemosinam dedit. Ut hoc ratum permaneat, sigilli *Sti Martini de Campis* impressione firmatum est. Hujus rei testes sunt Symon *prior de Campis,* Odo senex (327), Normannus prior de *Bellomonte*; Matheus *comes,* Hugo frater ejus; Gaufredus de Baerna (328), Rericus de Andilli (299), Arnulfus de Usseio (329), Arnulfus de Brueriis (328).

327. Il s'agit ici de l'ancien abbé Eudes qui, bientôt après, quitta St-Martin-des-Champs, ne pouvant souffrir d'y vivre sous l'autorité d'un autre. Cf. n° **311**.
328. Bernes, Bruyères, ca. L'Isle-Adam, ar. Pontoise.
329. On reconnaît ici, associé à Reri d'Andilly, comme au n° **209**. « Arnul-

Actum est in *capitulo Sancti Martini,* anno millesimo centesimo quinquagesimo primo, pridie nonas julii, primo anno consulatus ipsius Mathei.

A. Original S 1410, n° 50, jadis scellé. — B. Copie de 1209, LL 1351, fol. 90, collationnée. — C. Copie du xv° s., LL 1352, fol. 89. — D. Copie du xvi° s., LL 1353, fol. 107'.
Édit. a. Marrier, *Monasterii S. M. de Campis hist.*, p. 185. — b. Douët d'Arcq, *Rech. hist. sur les comtes de Beaumont-sur-Oise*, p. 8, d'après A.

326. — *Sanson Mauvoisin, archevêque de Reims, et Josselin de Vierzy, évêque de Soissons, sanctionnent un accord entre Simon, prieur de St-Martin-des-Champs, et Gerri, abbé d'Igny, au sujet de la dîme de Raroy, dépendant du prieuré de Sainte-Gemme.*

(Igny-le-Jard, 1er janvier *ou* 8 avril — 31 juillet 1151)

In nomine sancte et individue Trinitatis. Sanson, Dei gratia *Remorum archiepiscopus*, et Joslenus, Dei patientia *Suessorum* vocatus *episcopus*, dilectis filiis Gerrico, *Igniacensis* monasterii *abbati*, et Symoni *priori* ecclesie *Sti Martini de Campis* fratribusque sub eis monasticam vitam professis, eorumque successoribus in perpetuum. Officii nostri auctoritate compellimur ecclesiarum ac monasteriorum a Deo nobis commissorum, paci ac quieti paterna sollicitudine providere. Vestre igitur petitioni annuentes, t. f. q. p. per presentem scripturam notificare decrevimus, auctoritate nostra confirmatam esse concordiam quam monachi de *Sta Gemma* fecerunt de decima quam tenebant in territorio de *Raroi* cum fratribus Igniacensis ecclesie. Ideoque, pontificali auctoritate, sub anathemate interdicimus ne quis de his sive de illis ulterius hanc concordiam rescindere vel inquietare presumat. Ut autem hec scriptura firma et inviolabilis sit, sigillorum nostrorum impressionibus eam muniri pre[cipimus].

Ego frater Symon *prior* ecclesie *Sancti Martini de Campis*, notum

---

phus de Yoxae » qui est tout bonnement un Arnoul de la Houssoye, probablement originaire de la paroisse du Ponchon (ca. Noailles-de-l'Oise, ar. Beauvais). La grand'route de Paris à Beauvais passait par Beaumont et Noailles.

fieri volui t. p. q. f. quod fratres nostri de *Sancta Gemma* decimam quam in territorio de *Raroi* possidebant, assensu nostro nostrique capituli, *ecclesie Igniacensi* pro vi sextariis ad mensuram de *Sancta Gemma*, tribus triticeis et tribus ordaceis, ad festum sancti Dionisii singulis annis persolvendis, concesserunt. Quoniam igitur hanc conventionem ecclesia nostra et approbavit et confirmavit, potestate nostra que nobis in nostros, divina auctoritate tradita est, excommunicatum se noverit quicumque ex nostris ulterius hanc concordiam rescindere vel inquietare temptaverit, nisi resipiens satisfecerit. Ut autem hec scriptura pondus auctoritatis habeat, placuit nobis sigilli nostri impressione confirmari. S. Nicholai supprioris. S. Symonis, tercii prioris. S. Petri camerarii, monachorum de *Sancto Martino*. S. Guidonis conversi, prioris de *Sancta Gemma*, filii Guidonis de Molendino. S. Odonis secretarii. S. Mathei de Claromonte, monachorum de *Sancta Gemma*. S. Engelranni villici. S. Martini clerici, filii ejus. S. Dudonis Rosel. S. Albrici filii Ermengardis, familiarium ecclesie de *Sancta Gemma*.

Ego quoque, frater Gerricus, *Igniacensis* vocatus *abbas*, si quis ex nostris hanc concordiam, assensu nostro nostrique capituli confirmatam, aliquando perturbare temptaverit, potestate humilitati nostre a Deo in nostros concessa, excommunicatum eum pronuncio, donec resipiscens satisfecerit. Ut autem inviolabile robur hec scriptura obtineat, sigilli nostri impressione comprobare voluimus. S. Bartholomei prioris. S. Milonis supprioris. S. Henrici cellerarii. S. Hugonis, fratris Gervasii *domini* de Basochis (278), monachorum *Igniacensium*. S. Leudonis; S. Hubaudi; S. Raineri, conversorum Igniacensium. S. Fulconis; S. Hakenonis; S. Guiberti, familiarium ecclesie de *Sancta Gemma* atque *Igniaci*.

Actum est hoc anno Incarnati Verbi M° C° LI°, indictione xiiii, regnante glorioso *Francorum rege* Ludovico, Ludovici filio, anno xiiii, archiepiscopatus domni Sansonis anno xii, episcopatus domni Josleni anno xxvi.

A. Original jadis scellé, S 1434, n° 25.
Edit. Marrier, *Monasterii S. Martini de C. hist.*, p. 401.

327. — *Le pape Eugène III mande à saint Bernard, abbé de Clairvaux, qu'il a reçu les plaintes des moines de St-Martin-des-Champs, réclamant une compensation pour l'autel que leur a retiré Baudoin II, évêque de Noyon, avec l'agrément du Pape. Cette revendication étant juste, Suger devra prier l'évêque d'y satisfaire, de bonne grâce, sans qu'il soit besoin d'un recours à la justice canonique.*

(Segni, 9 janvier 1152)

EUGENIUS (*a*) servus servorum Dei B[ERNARDO] *Clarevallensi abbati* (*b*). Dilectorum filiorum nostrorum Prioris et fratrum *Sti Martini de Campis* conquestionem accepimus (*c*) de quodam altari quod a venerabili fratre nostro B[ALDUINO] *Noviomensi episcopo* ipsis auferri permisimus, gravem jacturam sustineant (*d*), ut eis super hoc paterne provideremus nos suppliciter exorarunt. Quorum necessitatibus ac detrimentis benigno compatientes affectu, (*e*) per presentia scripta mandamus quatinus apud eundem fratrem *Noviomensem episcopum* (*f*) efficias, ut predictis fratribus congruam recompensationem fraterna karitate provideat; quatinus fratres ipsi et jacture sue consolationem inveniant, et a murmuratione conquiescere debeant : alioquin pro sua justicia conquerantur et nos, post desperationem misericordie, in suo eis jure deesse non poterimus.

Datum *Signie,* v idus januarias.

(*a*) *supple* episcopus. — (*b*) *Inscriptio sine dubio hæc erat* : « Carissimo [seu dilecto] Bernardo Cl. ab., salutem et apostolicam benedictionem (*Lœwenfeld*). — (*c*) *Lœw. addit* quia. — (*d*) *Lœw. addit* et. — (*e*) *Lœw. addit* Dilectioni tuae. — (*f*) *Hic lacuna* ; *supple* taliter.

A. Original perdu. — B. Copie du XIIe siècle, *Liber Testamentorum,* ms. lat. 10977, fol. 94.

Édit. S. Lœwenfeld, *Epistolæ Pontificum Romanorum ineditæ,* p. 108.

Ind. Jaffé, *Regesta Pontificum Romanorum,* t. II, p. 76, n° 9530.

328. — *Manassé III, évêque de Meaux, confirme aux moines de St-Martin-des-Champs la dîme d'Oissery et de Chauconin, à eux léguée par Gautier Hait, qui la tenait en fief du prélat. La moitié de cette dîme est concédée gracieusement en usufruit viager à Simon, trésorier de Meaux, neveu de l'Évêque.*

(Meaux, 1ᵉʳ janvier ou 8 avril 1151 — 1ᵉʳ janvier ou 30 mars 1152)

In nomine Sancte Trinitatis, presentibus et posteris imperpetuum. Ego Manasses, Dei gratia, secundus *Meldensis* episcopus (330), concedo et sigilli mei caractere confirmo decimam quandam apud *Osseri* et *Chanconi*[n] (331), ecclesie *Bti Martini de Campis* imperpetuum possidendam, quam (332) Galterus Hait (*a*) qui eam tenebat de feodo meo, ob remedium anime sue, illi ecclesie in elemosinam legavit. Hoc autem tenore hoc confirmo, quod prefate decime medietatem Symon (*b*) thesaurarius *Meldensis*, nepos

---

330. Manassé II, évêque de Meaux, successeur de Bouchard, était neveu du devancier de celui-ci, Manassé Iᵉʳ, lequel était lui-même neveu de Gautier de Chambly qui, de chanoine de Paris, devint en 1085 évêque de Meaux. Ives de Chartres qualifie *claris natalibus ortum* Manassé Iᵉʳ, qui en 1107 est cité avec ses frères Pierre et Ansoud (Estournet, *Origines des seigneurs de Nemours*, 1912, p. 18). Il est à considérer que, dans aucun des actes précédents émanés de lui (nᵒˢ **213, 240, 254, 258, 270, 305**) dont la plupart existent en originaux, Manassé II n'a jugé bon de se distinguer de son oncle par l'épithète « secundus » qui eût pu être de mise au début de son épiscopat. On ne s'expliquerait pas pourquoi tout à coup, entre le 1ᵉʳ juin 1148 et le cours de l'année 1151, il aurait éprouvé le besoin de recourir à cette appellation distinctive, négligée durant quinze années de prélature. La solution de ce problème nous apparaît plus simplement dans la substitution à Manassé II, vers le milieu du XIIᵉ siècle, d'un homonyme qui se sera naturellement appelé *Manasses secundus*, comme Eudes III de Beauvais, succédant à Eudes II, s'est appelé *Odo secundus*.

Cette conclusion paraît confirmée par l'examen des listes nécrologiques de St-Martin. On y rencontre un « *Manasses episcopus Meldensis* » qui a dû mourir sous l'habit de saint Benoît, comme tous les frères commémorés chronologiquement, et dont on ne saurait retarder l'inscription sur ces diptyques jusqu'à la date où Simon II succéda au dernier Manassé sur le siège de Meaux.

331. Oissery, ca. Dammartin-en-Goële, ar. Meaux. — Chauconin, ca. Meaux.

332. Gautier II Hait, vicomte de Meulan, mourut probablement en 1136 ; sa fille *Basle* hérita de la vicomté et la porta à son mari Hugues IV, vicomte de Mantes (Depoin, *Appendices au Cartulaire de St-Martin de Pontoise*, pp. 334, 337). La femme de Gautier II se nommait *Ermengarde* : ce prénom et celui de sa fille et héritière se retrouvent dans la généalogie des comtes de Dammartin, dont Ermengarde était apparemment issue.

meus (333), communi favore et assensu capituli *Sti Martini*, dum in seculo vixerit, libere et quiete possidebit; et pro investitura tocius decime de medietate sua prefate ecclesie sextarium annone persolvet annuatim. Post mortem vero vel conversionem ejus, tota decima ad ecclesiam cui facta est elemosina, redibit.

Actum *Meldis* (c), anno ab Incarnatione Domini M° C° LI°.

(a) Hart *C*. — (b) Symon *C*. — (c) Ces deux mots sont omis par *B*.

A. Original perdu. — *B*. Copie du temps, L 877, n° 87. Sceau absent. — *C*. Copie de 1209, LL 1351, fol. 63, non collationnée, d'après *A*. — *D*. Copie du xv° s., LL 1352, fol. 62. — *E*. Copie du xvi° s., LL 1353, fol. 68, toutes deux d'après *C*.

329. — *Manassé III, évêque de Meaux, homologue un accord entre St-Martin-des-Champs et Simon vicomte de la Ferté-Ançoul, gendre du vicomte Geofroi II. Thibaud IV, comte de Blois, et son fils Henri, suzerains de la terre de Choisy-en-Brie, approuvent cet accord.*

(1ᵉʳ janvier *ou* 8 avril 1151 — 1ᵉʳ janvier *ou* 30 mars 1152)

In nomine sancte et individue Trinitatis. Ego Manasses, Dei gratia, secundus *Meldensis episcopus* (330), notum facio presentibus et posteris quod querela que inter *vicecomitem Firmitatis Ansculfi* Simonem et priorem *Sancti Martini de Campis* diu ventilata, de elemosina Gaufredi *vicecomitis Firmitatis* (335) et Constancie uxoris sue (25), concorditer in hunc modum sopita est : Simon vicecomes et Adela, uxor sua (30), concesserunt monachis Sti Martini apud *Chosiacum* (24) Deo servientibus totam terram *Chosiaci*, cum omnibus que infra ejusdem ville potestatem continentur, sicut Gaufredus et uxor ejus Constancia tenuerant, et ecclesie Bti Martini dede-

---

333. Simon II, évêque de Meaux (*Segemundus*, évêque capturé par les Normands en 885 = Simon Iᵉʳ), avait été archidiacre de Sens, puis trésorier de Meaux. Dans une charte de 1178, peu après son intronisation, il rappelle qu'il eut pour oncle le dernier évêque Manassé qui ait occupé ce siège. C'est donc le même personnage qui figure dans la présente charte d'un prélat que nous proposons de considérer comme l'évêque Manassé III.

rant, exceptis solis corporibus hominum et feminarum qui eo die apud *Ranchens* (334) commanebant. Universas autem consuetudines et redditus illius villule quos prius habebant, monachi retinuerunt. Statutum est etiam quod si quis hominum vel feminarum de potestate *Chosiaci* alibi proficiscatur, monachi eum sicut proprium requirent et habebunt. Similiter si aliquis ex gente vicecomitis infra supradictam potestatem venerit, Vicecomes eum ibi requiret et habebit. Feodos autem militum, concedentibus monachis, sibi et heredibus suis retinuit. Quicquid tamen predictus vicecomes Gaufredus in feodis omnibus et justiciis vel corvatis vel aliis rebus possederat, monachi possidebunt, preter in feodo Mathei Lotharingi de *Millehart* (334). Sapientum autem virorum consilio, concessit Simon, *prior Sancti Martini de Campis*, et ejusdem ecclesie monachi Simoni vicecomiti et Adele, uxori sue, justicie *Chosiaci* medietatem, in vita sua tantummodo possidendam. Heredes autem eorum nec in potestate nec in justicia amplius hereditabunt. Monachi officialem suum, ad faciendum justiciam, ponent liberum omnino ; et si quid Vicecomiti forisfecerit, in curia prioris predicte ville *Chosiaci*, quantum ipsa curia dictaverit, emendationis accipiet. Vicecomes etiam officialem suum ponet, liberum omnino, nisi terram teneat unde redditus aliquos ecclesie debeat. Quilibet siquidem officialium, sine altero, submonitionem facere non poterit nec justiciam. Confederati, inquam, erunt officiales sacramento quod unus alterum in aliquo non defraudabit. Si vero homines pr. potestatis de censu vel aliis redditibus forisfecerint, officialis monachorum in eorum curia submonitionem faciet, presente officiali Vicecomitis, et si quid pecunie pro forisfacto acceptum fuerit, medietatem uterque habebit. Si autem de aliis forisfactis causa agitabitur,

---

334. Ranchien, Millard, comm. de Marolles-en-Brie, ca. La Ferté-Gaucher, ar. Coulommiers, territoires voisins de Choisy-en-Brie.

335. Dans les diptyques funèbres de St-Martin, la mention de Geofroi II, vicomte de la Ferté-sous-Jouarre, séparée par onze noms de celle de l'abbé Serlon (31 décembre 1147), l'est par un seul nom de celle de l'évêque Eudes III de Beauvais (1149). Le 16 avril, jour de la mort de Geofroi II, doit donc correspondre au millésime 1149. Cf. p. 25, note 24.

infra villam in competenti loco uterque officialis conveniet, et ibi causa terminabitur. Licebit etiam Priori *Chosiaci* si voluerit, causis omnibus interesse. Denique, si in causis agendis, vadimonia bellorum emerserint, apud *Firmitatem Ansculfi* deducentur, ibique, finito bello vel pacificato, emendationis vel concordie medietatem Prior de *Chosiaco* habebit. Si qua monachis injuria ab aliquo illata fuerit, unde per se emendationem habere non possint, antequam ab aliqua seculari potestate vindictam requirant, ab ipso Vicecomite vel a dapifero suo requirent. Si vero ipsi non emendaverint, monachi ad quemcunque voluerint ultionem requirent. Subscripsimus etiam, ad tollendam penitus occasionem scismatis, quod in suprad. potestate heredes SIMONIS vicecomitis et uxoris sue ADELE nullatenus hereditabunt. Si quis autem huic nostre assertioni scienter obviaverit, episcopali eum gladio feriendum decernimus, nisi resipuerit.

Actum publice *Meldis* in palatio nostro, astantibus abbatibus *Sancti Petri Latiniacensis* et *Sancti Faronis Meldensis* GODEFRIDO et LAMBERTO ; TEBAUDO archidiacono nostro, HUGONE decano ; GIRARDO, ANSOLDO, HERBERTO canonicis *Sancti Stephani*. Monachis : SIMONE, *priore Sancti Martini*; MANASSE, Adam ; PHILIPPO priore *Chosiaci* (24), GOSCIONE (320). Militibus : SIMONE vicecomite, ALBERICO DE OLCHEIA (337), GISLEBERTO DE FIRMITATE, PETRO DE MERI (336), ADAM BISOLO, PETRO DE COCHEREL (336), BISOLO DE MOILEN (337), ANSCULFO DE MARNOA (29), JOHANNE CAMPANENSI. Famulis : HUBERTO majore, Euvrardo, Laurentio, Ivone, Cophino, Radulfo.

Ut autem hoc ratum permaneat, sigilli mei karactere concordiam istam confirmo, attestor etiam TEOBAUDUS, *Blesensis comes*, et HENRICUS, primogenitus meus, ad quorum feodum res tota pertinet, concordiam eandem sigillo meo, et confirmamus et attestamus, anno ab Incarnatione Domini M° C° L° I°.

---

336. Cocherel, ca. Lizy-sur-Ourcq, et Méry-sur-Marne, ca. La Ferté-sous-Jouarre, ar. Meaux.
337. Moulins, Oulches, ca. Craonne, ar. Laon.

A. Original S 1413, n° 43. Sceau fruste. — *B.* Copie de 1209, LL 1351, fol. 62, collationnée sur *A.* — *C.* Copie du xv° s., LL 1352, fol. 61. — *D.* Copie du xvi° s., LL 1353, fol. 66.

330. — *Vente faite par les Religieux de Saint-Martin-des-Champs au profit de ceux de Saint-Martin de Pontoise, de tout ce qu'ils avaient à Jouy (338), moyennant une redevance de trente-cinq sols parisis de rente.* — (Acte perdu).

(1152)

Ind. a. Archives de Seine-et-Oise. Inventaire des titres de Saint-Martin de Pontoise, rédigé en 1684, p. 165 : layette *la Seaulle [cella] de Jouy ou de Quiquempoix*, liasse 1, cote 5 (analyse ci-dessus). — La pièce ne se retrouve pas parmi les titres remis aux acquéreurs de la ferme de Quiquempoix, et qui sont aux Archives de Seine-et-Oise, fonds Nompar de Caumont, E 2798. — *b.* Depoin, *Chartrier de St-Martin de Pontoise*, p. 61.

331. — *Passage à St-Martin-des-Champs du rouleau mortuaire d'Ebles de Turenne, abbé de Tulle.*

(Vers 1152)

2. *Titulus Sancti Martini de Campis.*

Omnipotens pius, etc. (Orate) pro domno Urso priore, et pro domno Theobaldo priore, pro domno Odone abbate, et pro domno Matheo Albane episcopo, quorum nomina Deus novit in sapientia sua æternitatis (339).

Édit. a. Baluze, *Historia Tutelensis*, col. 477. — *b.* L. Delisle, *Les Rouleaux des Morts*, p. 361.

---

338. Jouy-le-Moutier, cant. et ar. de Pontoise. — Ces propriétés consistaient en une terre, un cens et des hôtises, et provenaient du moine Bérenger. Cf. t. I, p. 246 et note 363.

339. Il est permis de conclure, en comparant ce texte à celui qu'on rencontrera plus loin et qui lui est postérieur de quelques années, que les quatre prieurs ici commémorés, Ourson, Thibaud Ier, Eudes Ier, Mathieu Ier, étaient les seuls qui, en 1152, eussent cessé de vivre. D'après les diptyques funèbres de St-Martin, les prieurs Eudes II et Simon Ier, qui ne conservèrent pas leur charge jusqu'à la fin de leurs jours, s'éteignirent quelques années plus tard, avant 1173.

332. — *Le prieur Simon détache de la rente de deux marcs, au poids de Paris, que doit l'église d'Heudicourt à St-Martin pour l'autel de Revelon, trois firtons (quarts de marc) qui seront versés au prieur de Cappy pour l'autel de Longueval.*

(Paris, 18 juin 1152)

Cirographum. In nomine sancte et individue Trinitatis. Notum sit t. p. q. f. omnibus Sancte Ecclesie fidelibus quod ego frater Symon, *prior Sti Martini de Campis*, assensu tocius capituli nostri, concessi ecclesie de *Eucurth* (218) de censu quem ipsa annuatim nobis persolvere consuevit, videlicet duas marcas Parisiensis ponderis pro *Revelum* (218), amodo nonnisi v^e firtones ejusdem ponderis nobis annuatim persolvet : reliquos autem tres fertones (*sic*) ecclesie de *Capi* (1) pro altare de *Longeval* (272) persolvet. Hujus rei testes sunt Riguardus abbas *Valcellensis* (340), et Rainaudus, monachus et sacerdos; Manasses subprior (341); Joszo (320), Armandus.

Actum est anno ab Incarnatione Domini M° C° L° II°. Datum *Parisius*, xiiii. kal. julii.

A. Original jadis scellé, S 1412, n° 4.
Édit. Marrier, *Monasterii S. Martini de Campis hist.*, p. 346.
Ind. Gallia christiana nova, III, 176.

333. — *Le roi Louis VII, rappelant son pèlerinage à Jérusalem et les services que lui ont rendus alors les religieux du Mont de Sion, donne à leur congrégation l'église Saint-Samson d'Orléans, occupée par des chanoines réguliers* (a).

(Paris, 14 octobre 1152 — 1er janvier ou 8 avril 1153)

(a) Bien que cet acte ait été utilisé par D. Marrier, sa reproduction nous a semblé inutile : il montre simplement que Saint-Samson donné, par Phi-

---

340. Vaucelles, ab. de Cisterciens, sur l'Escaut, près de Marcoing, ar. Cambrai.
341. Manassé, sacristain en 1144 (n° **280**), a remplacé comme sous-prieur Nicolas, cité en 1151 (n° **326**) qui plus tard (1159-1161) devint prieur de Gournay.

lippe I"' à Saint-Martin-des-Champs, cessa bientôt après de lui appartenir et redevint une collégiale à la libre disposition du roi. Le diplôme de 1152 étant le plus ancien titre inséré au Cartulaire du xv° siècle, nous ignorons comment fut annulée la libéralité du 29 mai 1067.

A. Original perdu. — B. Copie du xv° siècle, *Cartulaire de Saint-Samson*, fol. 101', aux archives du Loiret, D 386 provisoire.

Édit. a. La Saussaye, *Annales de l'église d'Orléans*, p. 445, d'après B. — b. Labbe, *Alliance chronologique*, t. II, p. 612. — c. Marrier, *Monasterii S. Martini de Campis historia*, p. 39. — d. *Gallia christiana nova*, VIII, Instrumenta, col. 511.

Ind. Luchaire, *Actes de Louis VII*, n° 289, p. 193.

334. — *La reine-mère Adèle* [Adélaïde] *avec son mari Mathieu* [de Montmorency] *approuve, comme dame de Senlis, le don fait à St-Martin par feu le préchantre Barthélemi de vignes à Rieux.*

(1143 — 1153)

Consulens salubriter ad salutem animarum, humane utriusque sexus creature rebus transitoriis habundanti Divina sic hortatur pagina : « Abscondite elemosinam in sinu pauperis, et ipsa oret pro vobis ad Dominum, quoniam sicut aqua extinguit ignem, ita elemosina extinguit peccatum ». Quod ore audientes et corde revolventes animarumque nostrarum refrigerio peccatorum innumeris exustionibus obnoxias aliquantulum providentes, ego ADELA *regina* et vir meus, domnus MATHEUS (342), BARTHOLOMEI, episcopalis ecclesie *Silvanectensis* precentoris jam defuncti, vineas apud *Riu* (8) sitas monachis ecclesie *Sti Nicholai de Aci*, civitati *Silvanectensium* contiguis, jure perpetuo possidendas concedimus. Quasquidem

---

342. Adélaïde de Maurienne, veuve de Louis VI, remariée en 1141 à Mathieu I" de Montmorency qui lui survécut, mourut en 1154, dans l'abbaye de Montmartre où elle s'était retirée (*Art de vérifier les Dates*, II, 646). La confirmation de Louis VII en 1143 est muette sur le don de Barthélemi qui lui est donc postérieur.

vineas ipse Bartholomeus in vita sua prescripte ecclesie tali condicione in elemosina tradiderat ut, dum viveret, vineas sibi retinens, ob recognitionem sue elemosine singulis annis unum modium vini pro eis eidem ecclesie redderet. Totas autem vineas post suum decessum ecclesia *Sti Nicholai* in suas proprie reciperet. Etc. (*sic*).

A. Original perdu. — B. Copie de 1209, LL 1351, fol. 119, incomplète et non collationnée. — C. Copie du xv° s., LL 1352, fol. 132'. — D. Copie du xvi° s., LL 1353, fol. 156. — E. Copie du xvii° s., par Afforty, *Coll. de Senlis*, XIII, 911.

Édit. Duchesne, *Hist. de la maison de Montmorency*, Preuves, p. 44, d'après B.

335. — *Milon, évêque de Térouanne, confirme aux religieux de Cercamp la chapelle St-Hilaire, que ceux de St-Martin-des-Champs leur ont donnée.*

(1er janvier ou 19 avril 1153 — 1er janvier ou 4 avril 1154)

Quia in eo positi sumus ut ad removendam tocius discordie et contentionis occasionem, ex commisso nobis officio, universis in futurum consulere debemus, illis potissimum qui, sancte Religioni mancipati, ex occupatione divini cultus, non possent nec licet mundanis vaccare negotiis, ut in sancto, sine strepitu, permaneant voto ac debita tranquillitate perfruantur, nostrum est providere. Inde est quod ego Milo, per Dei patientiam *Morinensis* episcopus, et *ecclesia Tervanensis* Abbati de *Cercampo* et ecclesie sue locum qui dicitur *Sancti Hylarii* (263) a Priore et monachis *Sancti Martini de Campis* annuatim per unam marcam censualiter acceptum, cum appendiciis perpetuo tenendum, sub eodem censu concedimus et scripto confirmamus ; et ut ratum et inconcussum permaneat, proprio consignavimus sigillo.

Actum anno Domini M° C° L° III°, hiis testibus : Phillipo (*sic*) et Milone archidiaconis, magistro Odone, Balduino de Milham, Alelmo, item Alelmo de Horvilla (343).

(a) Cet arrangement n'a pu se faire qu'après la confirmation accordée par l'évêque de Térouanne, à la suite de laquelle il est inscrit au Cartulaire de Frévent. L'autre limite est la date funèbre de Hugues, abbé de Cercamp.
Vers 1134, Baudoin étant simple clerc (*clericus et nondum sacerdos*) avait reçu du prieur Thibaud II l'église St-Hilaire aux mêmes conditions (n° **206**).

A. Original perdu. — B. *Cartulaire de Frévent*, fol. 3'. Arch. du Pas-de-Calais, fonds de Cercamp, série H non inventoriée.

335 bis. — *Hugues, abbé de Cercamp, donne au prêtre Baudoin l'église Saint-Hilaire-au-Bois à titre viager (a).*

(1153 — 13 mai 1154)

Noverint tam presentes quam futuri quod ego, Hugo *abbas Caricampi*, assensu tocius capituli nostri, concessi Balduino sacerdoti, in vita sua tantum, ecclesiam *Sancti Hylarii de Nemore* cum appendiciis, quatinus in festivitate sancti Martini hyemali, marcham argenti ad magnum pondus per singulos annos persolvet, cetera vero mobilia pro nutu et voluntate sua disponet.

Signum Gunthardi abbatis *Pontiniacensis*. Signum Amaldrici abbatis *Karoliloci*. Signum G., abbatis de *Strata*. S. Bernardi prioris. S. Andree cellerarii. S. Anselmi cantoris *Atrebatensis*. S. Rogeri, prepositi comitis.

A. Original perdu. — B. *Cartulaire de Frévent*, fol. 2'; aux Archives du Pas-de-Calais, fonds de Cercamp.

336. — *Le pape Anastase IV confirme la donation de Badinton par Anseau de Garlande au prieuré de Gournay-sur-Marne.*

(Rome, Latran, 5 juin 1154)

Anastasius, servus servorum Dei. Dilectis filiis Guillelmo *priori*

---

343. Millam, ca. Bourbourg, ar. Dunkerque (Nord). — Orville, ca. Pas, ar. Arras (Pas-de-Calais).

et fratribus *Sancte Marie de Gornaio*, salutem et apostolicam benedictionem. Que piis locis intuitu pietatis ab aliquibus conferuntur, eorum oblatio inconcussa debet servari et, ne pravorum instinctu ab aliquo perturbentur, ea convenit Apostolice Sedis munimine roborari. Eapropter, dilecti in Domino filii, vestris justis postulationibus clementer annuimus et donationem quam nobilis vir Anselmus de Garlanda, videlicet *Badintonam*, vobis et ecclesie vestre fecisse dinoscitur et scripti sui munimine roborasse, Apostolice Sedis assertione firmamus et ipsam ratam et inconvulsam in futuris temporibus decernimus permanere. Nulli ergo hominum fas sit hanc nostre confirmationis paginam temerario ausu infringere, vel ei quomodolibet contraire. Si quis autem — se noverit incursurum.

Datum *Lateranis*, nonis junii.

A. Original S 1417, n° 98. Sceau de plomb intact. — B. Copie de 1223, LL 1397, fol. 8'. — C. Copie du xvi° s., LL 1398, fol. 78.

Ind. Jaffé-Wattenbach, n° 9917, t. II, p. 100, d'après l'original coté alors L 229.

337. — *Galeran II et Agnès de Meulan donnent au prieuré de Gournay cinq mille harengs à prendre chaque année à Pont-Audemer* (344).

(27 octobre 1147 — 14 décembre 1154)

Notum sit omnibus t. p. q. f. quod ego G[alerannus] *comes Mellenti*, et A[gnes] *comitissa*, uxor mea, pro salute nostra et filiorum

---

344. Cette charte se place, ainsi que les suivantes, entre le 27 octobre 1147, date de la bulle d'Eugène III où il n'est point question des donations qui y sont énoncées (n° 299) et le 14 décembre 1154, date de la bulle d'Adrien IV qui les confirme (n° 343).

Nous classons ces actes de Galeran II d'après l'ordre suivant : A) mention des enfants, sans désignation de nom, antérieurement au baptême de l'aîné des fils, Robert (n°˚ **337, 338**); — B) association de Robert à sa mère Agnès comme témoin d'actes paternels (n°˚ **339, 340**); — C) mention du consentement de Robert (n° **341**); — D) association de Robert à ses parents dans l'intitulé de l'acte (n° **342**).

nostrorum et amicorum, tam vivorum quam defunctorum, dedimus et in perpetuam elemosinam firmavimus ecclesie *Sancte Marie de Gornaio* et monachis ibidem Deo servientibus, v^que millia harengorum apud *Pontem Audomari*, reddenda sibi (*a*) intra octo dies Purificationis sancte Marie per singulos annos; ea conditione quod, intra diem tertiam a die qua prefatus nuntius monachorum illuc in prescripto termino propter ipsos harengos advenerit, sibi in pace reddentur harengi a preposito nostro, si in ipsa villa inveniri commode poterint. Si quo autem anno erit defectio harengorum, sicut contigere aliquotiens solet, tunc pro unoquoque millenario harengorum reddantur monachis (*b*) x. solidi Carnotensium ab ipso preposito, in eo termino qui prescriptus est, scilicet intra tertium diem a die qua advenerit nuntius. Si autem prepositus fecerit nuntium morari ultra tertium diem, expensas ejus deinde persolvet ex suo proprio prepositus. Hiis (*c*) testibus : Rogerio, Hilduino et Herveo, capellanis. Willelmus (*d*) de Pinu (346). Robertus (*d*) de Formevilla (346). Radulphus (*d*) Hareng. Robertus (*d*) de Spineto. Alano de Nevilla (*e*). Henrico de Ponte Audomari.

(*a*) Le copiste de *B* a omis ici : vel eorum certo nuntio ». — (*b*) monachi *B*. — (*c*) Hii sunt testes *B*. — (*d*) *B* a mis ces quatre prénoms au nominatif, laissant les autres à l'ablatif. — (*e*) Nevillis *B*.

A. Original perdu. — B. Copie de 1223, LL 1397, fol. 23, non collationnée.

338. — *Galeran II et Agnès de Meulan donnent au prieuré de Gournay un muid de sel à Meulan (344).*

(27 octobre 1147 — 14 décembre 1154)

Notum sit omnibus t. p. q. f. quod ego G[alerannus], *comes Mellenti* et A[gnes] *comitissa* uxor mea, dedimus et in perpetuam elemosinam firmavimus, pro salute nostra et filiorum nostrorum et amicorum tam vivorum quam defunctorum, ecclesie *Ste Marie de Gornaio* et monachis ibidem Deo servientibus unum modium salis apud *Mellentum*, reddendum sibi per singulos annos, quacumque die nuntius monachorum advenerit illuc propter ipsum salem, post festum Omnium Sanctorum a preposito, quicumque sit prepositus, eo pacto quod nisi prepositus, ea die qua nuntius advenerit vel in crastino, illi in pace reddiderit salis modium ad mensuram ejusdem ville ; quantumcumque illum ultra morari fecerit pro sale xpectando, expensas illius nuntii deinde persolvet prepositus. Testibus : Herveo capellano, Rogerio de Altaribus, Willelmo de Pinu, Roberto de Formavilla (346), Hugone de Mulent, Drogone de Mellento.

A. Original perdu. — B. Copie de 1223, LL 1397, fol. 21, non collationnée.

339. — *Galeran II de Meulan mande à ses vicomtes, prévôts et justices de Mantes qu'il a donné à Notre-Dame de Gournay la dîme de tout ce qu'il possède à Mantes* (344).

(1147-1154)

Galerannus comes *Mellentensis* vicecomitibus et prepositis et justiciis suis de *Medonta*, salutem. Sciatis me dedisse et concessisse Deo et *Sancte Marie de Gornaio* et monachis ibidem Deo servientibus decimam *Medonte*, de hoc quod mihi pertinet. Ideoque vobis mando et precipio quatinus eos in pace et honorifice et plenarie eam habere faciatis. Testibus subscriptis : A[gnete] *comitissa*, et Roberto filio suo. Roberto de Novoburgo. Radulpho de Magnevilla. Alano de Nevilla. Willelmo de Pinu. Roberto de Formevilla.

A. Original perdu. — B. Copie de 1223, LL 1397, fol. 23', non collat.

340. — *Galeran II de Meulan mande à ses féaux et amés qu'il a donné à Notre-Dame de Gournay la dîme entière de ses revenus de Paris* (344).

(1147-1154)

Galerannus comes *Mellenti* omnibus fidelibus et amicis suis, salutem. Sciatis me dedisse et in perpetuum concessisse in elemosinam ecclesie Dei et *Sancte Marie de Gornaio*, pro anima patris mei et predecessorum meorum, et pro salute mea et ROBERTI filii mei, et meorum, decimam plenariam totius mei redditus quod *Parisius* habeo ; et volo et precipio ut bene et honorifice et plenarie illam habeant. Et hoc feci assensu et concessu AGNETIS *comitisse*, uxoris mee, et ROBERTI filii nostri. Testibus WILLELMO DE PINU (346), RADULPHO DE MAGNEVILLA (346), RADULPHO HARENC et BALDUINO capellano.

A. Original L 877, n° 19 : Sceau brisé. — *B*. Copie de 1223, LL 1397, fol. 24'-25, avec cette mention : « Visa et collata fuit presens carta ad suum autographum, cui sub duplici cauda pergamenea adpendet sigillum utraque parte cataphracto insidente equo insignitum, sed cujus circumscriptiones vetustate corrosæ legi nequeunt. »

341. — *Galeran II, comte de Meulan, et sa femme Agnès donnent au prieuré de Gournay la moitié de deux moulins communs entre eux et lui, avec le droit de banalité sur les gens de Gournay et de Gagny ; ils concèdent aux moines la faculté d'élever un pont sur la Seine, moyennant des avantages déterminés* (344).

(27 octobre 1147 — 14 décembre 1154)

Salubre remedium est divitibus hujus seculi de propriis possessionibus Xristo inpertiri fratrumque necessitates in monasteriis ei famulantium exinde sustentare ut a quibus sejunguntur, peccatorum merito, mereantur cum eis uniri in bono opere, beneficiorum subsidio, et ita participes fieri timentium Dominum et custodientium mandata ejus. Hoc itaque intuitu ego GALERANNUS, Dei gratia *comes de Mollento*, notifico t. p. q. f. quod monachis *Beate Marie de Gornaio* medietatem duorum molendinorum, quos ibidem cum eis habebamus, ego atque (*a*) AGNES uxor mea, pro animarum nostrarum remedio. perpetuo habendam concessimus. Retinuimus tamen in manu nostra duos modios et dimidium frumenti et duos modios et dimidium multurengie, singulis annis nobis persolvendos in talibus terminis : medietatem videlicet in festo sancti Remigii, insuper duodecim solidos Pruveniensis monete, et in Pascha medietatem reliquam. Consuetudinem etiam veniendi ad eosdem molendinos ab hominibus de *Gornaio* et de *Gagniaco* (345) nobis debitam, ipsis concessimus. Quod si eos consuetudinem istam evitantes ad alios molendinos euntes, vel inde redeuntes invenerint, data est a nobis eis et eorum famulis potestas capiendi eos et summarios eorum cum annona vel farina; homines vero quos ceperint ad prepositos nostros de *Gornaio*, ad faciendam de eis justiciam adducent. Si vero prefatis monachis complacuerit, licebit eis unum aut plures molendinos, quocunque loco voluerint, facere, et eos quos prediximus, ubicumque voluerint transferre; ita tamen quod firmitas castelli conservetur. Superest aliud, quod et presentibus notificare et ad posterorum noticiam transmittere curavimus, videlicet quod, postquam prefati monachi in castello pontem lapideum construere ceperent, c. solidos in pedagio ejusdem castelli singulis annis eis reddendos habebunt, et in talibus terminis, videlicet in crastino octabarum Nativitatis Domini, quinquaginta solidos, et in crastino Indicti, quinquaginta solidos; ita quod medietas horum denariorum in unoquoque termino de parte nostra reddetur; de parte vero Agnetis, filie Guillelmi de Garlanda, quam habet a nobis in feodo in pedagio isto, medietas reliqua. Istud vero *(a)* ita statutum est, Roberto ejus viro et filiis ipsorum concedentibus. Determinatum etiam fuit quod supradicti monachi eundem pontem restituent, quociens illum quolibet casu pejorari contigerit. Ipsis vero si voluerint in arcubus ejusdem pontis molendinos facere licebit, et piscaturam eorum et eciam supradictorum habere. Nos vero quieti monachorum consulere et debitam eis tuicionem impendere desiderantes, omnes eorum possessiones et consuetudines in eo tempore permanere concedimus, quas predecessorum nostrorum temporibus habuerant, usque ad diem illam in qua securitatem illius terre accepimus (344).

(*a*) « atque » rétabli sur *B* en collationnant. — (*b*) viro *B* (erreur visible non corrigée au collationnement).

---

345. Gagny, ca. Le Raincy, ar. Pontoise.

A. Original S 1417, n° 93. Sceau fruste. — B. Copie de 1229, LL 1397, fol. 25-26, avec cette mention : « Visa et collata fuit presens carta ad suum autographum, cui sub duplici cauda coriacea adpendet sigillum in cujus utraque parte duo visuntur cataphracti equos in habenas agentes, sed cujus circumscriptiones vetustate deletæ sunt. » — C. Copie du XVIe siècle, LL 1398, fol. 69.

342. — *Galeran II et Agnès de Meulan, et Robert leur fils, en présence de Hugues III, archevêque de Rouen et de Rotrou, évêque d'Evreux, donnent à Notre-Dame de Gournay la dîme de tous leurs revenus en espèces à Gournay, la Queue, Torcy et Villeneuve et de tout l'honneur appartenant à Gournay et à la Queue, et aussi la dîme de tous leurs blés* (344).

(27 octobre 1147 — 14 décembre 1154)

Notum sit omnibus t. p. q. f. quod ego G[ALERANNUS], *comes Mellentinus*, et AGNES uxor mea, et ROBERTUS filius noster, pro salute nostra et remissione peccatorum nostrorum, et pro animabus patrum nostrorum et matrum nostrarum et antecessorum nostrorum, et precipue eorum qui ecclesiam *Beate Marie de Gornaio* fundaverunt, dedimus et in perpetuam elemosinam confirmavimus eidem ecclesie et monachis ibidem Deo servientibus, decimas omnium denariorum nostrorum de *Gornaio* et de *Cauda* (253) et de *Torci* (285) et de *Villanova* et de toto honore pertinente ad *Gornaium* et ad *Caudam* ; et similiter omnes decimas omnium bladorum nostrorum de eodem honore, in molendinis et in omnibus redditibus; et decimam vini de *Villanova* et de tribus modiis vini de *Torci*. Testibus subscriptis : *Rothomagensi archiepiscopo* HUGONE, ROTROCO *Ebroicensi episcopo*; ROGERO, BALDUINO, HERVEIO, ROGERO DE ALTARIBUS, capellanis, WILLELMO DE PINU, ROBERTO DE FORMOVILLA (*a*), RADULPHO HARENG, ALANO DE NEVILLA (*b*), RADULPHO DE MAGNEVILLA (*c*), WILLELMO DE HANGUEMARA (346), HENRICO

---

346. Formeville, aujourd'hui Fort-Moville, ca. Beuzeville, ar. Pont-Audemer. — Manneville-la-Raoult, même canton. — Honguemare, ca. Routot, ar. Pont-Audemer. — Le Pin, comm. de Honguemare.

de Ponte Audomari ; Matilde *domina de Ivreio* et Galeranno filio suo (347) ; Rogerio cellerario ejusdem ecclesie.

(a) Formovillis *B*. — (b) Novillis *B*. — (c) Magnovillis *B*.

A. Original perdu. — B. Copie de 1223, LL 1397, fol. 21'.

343. — *Hugues III, archevêque de Rouen confirme les libéralités de Galeran II et Agnès de Meulan et de leur fils Robert au monastère de Gournay-sur-Marne : un muid de sel à Meulan et cinq mille harengs à Pont-Audemer* (344).

(27 octobre 1147 — 14 décembre 1154)

H[ugo], Dei gratia *Rothomagensis archiepiscopus*, universis Ecclesie filiis in perpetuum. Quoniam ea que ecclesiis Dei legitima principum nostrorum donatione collata sunt, nostra debemus auctoritatis tuitione roborare ; elemosynas monachorum de *Gornai super Maternam*, quas eisdem G[alerannus], *comes Mell[enti]*, et A[gnes] uxor ejus, ac Rob[ertus] filius eorum, pro salute animarum suarum contulerunt, nos illis in ratam possessionem perpetuo jure habendas decernimus, et presentis scripti attestatione confirmamus : videlicet unum modium salis apud *Mell[entum]* reddendum eis sicut prefati Comitis carta testatur. Apud *Pontem Audomarum* v. milia harengorum, vel viii. solidos Carnotenses si in eo anno defectio harengorum fuerit, pro uno quoque milliario viii sol. Si quis autem ista vel auferre eis vel imminuere presumpserit, nisi penituerit aut satisfecerit, sit anathema maranatha.

Orig. jadis scellé, S 1417, n° 106.

---

347. Mahaud de Meulan, sœur de Galeran II épousa, avant 1123 Guillaume II Louvel, châtelain d'Ivry, qui mourut après 1162 et avant 1173. Elle en eut quatre enfants : Robert IV, mort avant son père, qui fit pour lui une donation à Gournay ; Galeran 1er, châtelain d'Ivry après son père ; Elisabeth et Elisende. (Depoin, Appendices au *Cartulaire de St-Martin-de-Pontoise*, p. 474.)

344. — *Le pape Adrien IV confirme l'ensemble des libéralités faites par Galeran II, comte de Meulan, au prieuré de Gournay-sur-Marne.*

(Rome, Saint-Pierre, 14 décembre 1154)

Adrianus episcopus servus servorum Dei. Dilecto filio Guillelmo priori *Sancte Marie de Gornayo*, salutem et apostolicam benedictionem. Que a nobilibus viris piis locis et religiosis personis devotionis intuitu et rationabili providentia conferuntur, in sua volumus stabilitate subsistere et, ne in posterum refragatione pravorum hominum perturbentur, confirmationis nostre munimine roborare. Quocirca, dilecte in Domino fili, tuis justis postulationibus benignum impertientes assensum, donationem quam nobilis vir Galerannus, *Melletensis comes*, ecclesie cui, Deo authore, preesse dinosceris, rationabiliter contulit, et scripti sui pagina roboravit, nos auctoritate Sedis Apostolice, tibi et per te ipsi ecclesie confirmamus et ratam perpetuis temporibus manere decernimus : videlicet totam redecimationem reddituum suorum de *Gornayo*, *Torcy* (285), *Cauda* (253), *Bray* et *Villanova* tam in annona quam in vino et in nummis; apud *Melletum* modium salis, et apud *Pontem Audomari* v millia harengorum (a), decimam quoque reddituum suorum de *Parisio* et de *Medunta*, ecclesiam et furnum de *Cauda* (253), medietatem duorum molendinorum suorum apud *Gornaium* et piscatoriam suam in eodem castro. In comitatu *Wircestrensi* ecclesiam de *Halis* (242) cum terris et decimis et omnibus ad eam pertinentibus. Reliqua etiam beneficia que idem Comes predicte ecclesie pietatis intuitu dignoscitur contulisse. Nulli ergo omnino hominum fas sit ipsam donationem temerario ausu infringere, seu quibuslibet molestiis perturbare. Si quis autem — — se noverit incursurum.

Datum *Rome*, apud *Sanctum Petrum*, xviii° cal. januarii (348).

(a) harengiarum B.

---

348. Adrien IV, consacré le 5 décembre 1154, a daté ses bulles : « Rome, apud Sanctum Petrum » de ce jour au 10 mai 1155. Il est resté à Bénévent du

A. Original L 229, n° 1. — B. Copie de 1223, LL 1397, fol. 8'. — C. Copie du xvi° s., LL 1398, fol. 118.

Ind. Jaffé-Wattenbach, n° 9947, t. II, p. 103.

345. — *Thierri, évêque d'Amiens, confirme aux moines de St-Martin l'église St-Gervais d'Encre, à eux donnée, sous son devancier Guérin, par Hugues III Candavène; à la mort de celui-ci, ses fils Anseau, Enguerran II et Gui, ont d'abord retenu les prébendes injustement; mais ils les ont restituées, et l'évêque en réinvestit St-Martin-des-Champs. Il est établi que les desservants ou chapelains n'ont aucun droit sur ces prébendes.*

(18 décembre 1154)

In nomine Patris et Filii et Spiritus sancti. Amen. Ego THEODERICUS, Dei gratia *Ambianensis episcopus*, tam presentibus quam futuris in Xristo fidelibus in perpetuum. Ad pastoralem sollicitudinem specialiter pertinet, jus ecclesiasticum a malis et importunis hominibus liberare, et cum extraordinarie libertas Ecclesie ducitur, in quantum prevalet, ad ordinis lineam reducere; et quoniam litterarum vis (a) est preteritorum vel absentium facta posteris presencia facere, et omnem ambiguitatis notam vel controversie questionem de medio auferre; quo ordine *ecclesia Sancti Gervasii de Encra*, cum omnibus ad eam pertinentibus, a tempore domni GUARINI, predecessoris nostri, de dono HUGONIS CANDAVENE (161), et postea ex dono et concessione ANSELLI, filii ejus, per manum nostram in jus et possessionem *Sancti Martini de Campis* devenerit, litteris decrevimus adnotare. Siquidem predictus HUGO CANDAVENA, religiosorum virorum consiliis adquiescens, et culpam suam reco-

---

21 novembre 1155 au 10 juillet 1156. Toutes ses bulles du 12 novembre 1156 au 22 mai 1157, sont datées du Latran; de même du 4 novembre 1156 au 3 janvier 1158, et du 19 novembre 1158 au 26 mai 1159. Adrien IV mourut le 1ᵉʳ septembre suivant. (Jaffé-Wattenbach, t. II, pp. 102-146.) De la comparaison de ces itinéraires il ressort que la bulle de ce pape pour le prieuré de Gournay fut expédiée le 14 décembre 1154.

gnoscens, canonicas *Sancti Gervasii de Encra* quas, contra canonum instituta, jure hereditario usurpaverat, et diu, per pecatum suum, tenuerat, in manus domni Guarini predecessoris nostri reddidit et, ut eas monasterio *Sancti Martini de Campis* redderet, postulavit. Nostris vero temporibus, post decessum predicti Hugonis, Ansellus, Ingelrannus et Guido, filii ejus, predictas canonicas cum tamen eas in primis retinere attentarent, in manus nostras reddiderunt et in predicta ecclesia de *Encra* vel prebendis se nichil amplius reclamaturos, sub fide et sacramento promiserunt. Nos igitur *ecclesiam Sancti Gervasii*, cum omnibus ad illam pertinentibus, et canonicas pretaxatas a manu laica, per Dei gratiam, liberatas monasterio *Sancti Martini de Campis* perpetuo jure possidendas, salvo episcopali jure, contradimus et confirmamus; et defunctis canonicis qui impresentiarum locum ipsum obtinent, ne alii canonici aliquo modo ibidem subrogentur, penitus prohibemus.

[Sed, ne forte presbiterorum parrochialium prebendas successores eorum ad jus presbiterii pertinere contingant, quoniam aliquando capellani fuerint illi simul et canonici, determinamus expresse quod nichil penitus in prebendis, ex jure presbiterii, debeant habere capellani, quicumque successuri sunt. Hoc autem satis ipsius rei demonstrat evidentia, cum unus ex predictis, Wuido scilicet, priusquam canonicus foret, jam aliquotannis capellanus extiterit. Si enim essent prebende de jure parrochiali, ex quo capellanus fuit, utique simul et canonicus fuisset. Ut igitur litis et calumpnie precidatur omnis occasio, statuimus ut, post decessum capellanorum qui nunc sunt, prebende ipsorum irremissibiliter in possessionem et usum transeant monachorum].

Ne igitur rei hujus a memoria hominum excidat sed ut, decurrente tempore per etates, et ipsa decurrat, ad monumentum pretaxati monasterii presens scriptum fecimus et sigillo nostro communimus, et, ne ab aliqua ecclesiastica vel seculari persona hec nostra confirmatio ausu temerario impetatur, sub anathemate interdicimus et ipsum scriptum personarum nostrarum et eorum qui huic donationi interfuerunt subscriptionibus roboramus (*b*).

Actum quinto decimo kal. januarii, anno millesimo centesimo L° IIII°.

(a) jus BB'. — (b) Ici s'arrête B'.

A. Original perdu. — BB'. Copies de 1209, LL 1351, l'une, fol. 84, omettant la date, — et l'autre, fol. 84', omettant l'alinéa entre crochets; — non collationnées. — CC'. Copies du xve s., LL 1352, fol. 83 et 83'. — DD'. Copies du xvie s., LL 1353, fol. 97', — d'après B et B' respectivement.

346. — *Thibaud Ier, évêque de Senlis, confirme un accord entre Simon, prieur de St-Nicolas d'Acy, et un clerc homonyme, au sujet d'une dîme donnée au prieuré* (350).

(1151 — 1155)

Ego T[HEOBALDUS], Dei misericordia *Silvanectensis episcopus*, notum fieri volo futuris et presentibus, inter monachos *Sti Nicholai de Acy* et SYMONEM clericum, filium GAUFREDI DE MURO, de quadam parte decime que dicitur de *Haiha* controversiam extitisse. Quos cum personis et canonicis Ecclesie nostre causa pacis et concordie sepe conveniens, tandem, sicut in presenti scripto continetur, discordiam partis utriusque removimus. Monachi de caritate sua Symoni dederunt, et Symon quicquid calumpniabatur et habere debebat in ipsa decima, totum ecclesie Sti Nicholai dimisit et concessit et contra omnes qui eam deinceps calumpniarentur, se deffensurum et patrocinaturum pro monachis esse spopondit sicut jus patrocinii, quod vulgo *warandia* dicitur, exigit. Ego etiam tam prece Symonis quam consideratione rationis et consilio personarum et canonicorum nostrorum (349), prefatam decimam monachorum esse sciens, patrocinium meum, si opus fuerit, illis affuturum

---

349. « *Nota*: Que par les mots *personis et canonicis* et *personarum et canonicorum nostrorum*, il faut entendre les dignités et les chanoines de la cathédrale. » (Note d'Afforty, *Collection de Senlis*.)

veraciter promitto. Et ut successores nostri Episcopi hoc idem faciant, justum fore decerno. Sigilli vero nostri munimine et impressione, ne deleri valeat, posterorum notitie trado, testibus qui interfuerunt subnotatis : Hilberto decano (350), Wilardo archidiacono, Stephano cantore ; Hugone, Nivelone, canonicis; Symone, *priore Sancti Nicholai* ; Giroldo sacrista ; Guidone milite cognomento Parvo ; Roberto pistore, Henrico anglico, famulis monachorum, et multis aliis.

A. Original jadis aux Archives de Saint-Nicolas, layette *Hai*, n° 40, et « scellé sur double courroye de cuir blanc en cire blanche, le scel brisé ». — B. Copie du xviii⁰ s., Coll. Moreau, t. LXVI, fol. 83, collationnée par Afforty, d'après A. — C. Copies d'Afforty, *Collection de Senlis*, t. XIV, pp. 119 et 155, d'après A.
Édit. Vattier, *Comité archéologique de Senlis*, 1886.

347. — *Gauslin de Lèves, évêque de Chartres, confirme à Saint-Martin les églises d'Orsonville avec les dîmes d'Ecurie et de Gauvilliers, et lui concède l'église de Gouillons.*

(1151 — 1155)

In nomine sancte et individue Trinitatis. Pastoralem condecet sollicitudinem modis omnibus religionem propagare, eamque congruo sustentare suffragio ; quia, sine vere religionis cultu, nec fraterna caritas potest subsistere, nec gratum Deo exibi servitium. Eapropter ego Goslinus, Dei gratia *Carnotensis episcopus*, predecessorum meorum vestigia sequens, tam personarum quam canonicorum meorum (349) assensu, monasterio *Beati Martini de Campis*,

---

350. Thibaud I⁽ᵉʳ⁾, évêque de Senlis, élu après la mort de Pierre I⁽ᵉʳ⁾ (8 avril 1151), est encore cité en 1154 ; Amauri l'avait remplacé dès 1156. Comme son obit est inscrit au 7 des calendes de mars, il est mort soit le 23 février 1155, soit le 24 février 1156.
La mention du doyen Ybert ne peut être d'aucun secours pour mieux préciser la date de cet acte. Nommé dès 1138, Ybert fils de Réri de Dammartin, occupa le décanat de Senlis jusqu'à sa mort survenue un 1⁽ᵉʳ⁾ septembre, probablement en 1164. (*Gallia christiana*, X, 1456.)

in quo sacre religionis ordo diligentius observatur, ea que subscripta sunt inviolabiliter possidenda concessimus et confirmavimus : Ecclesiam videlicet de *Ursenvilla* (202) cum presbiteri electione et presentatione, atrium etiam et totam majorem decimam cum tota minore decima, medietatem etiam omnium oblationum tam in Natale Domini quam in Pascha et in festo Omnium Sanctorum, et per totum annum duas partes candelarum et cere, cum duabus partibus candele et cere Sancti Bartholomei ; et in crastino Natalis Domini et Pasche, et in die Ascensionis Domini, omnes tortellos, preter xii quos presbiter habet in his singulis festis. Insuper etiam in villa de *Escuri* (351) que ad eandem parrochiam de *Ursenvilla* pertinet, totam majorem decimam cum tota minore decima. Et in *Gauvillare* (351) medietatem majoris decime ; et in his duabus villis, medietatem tortellorum. Preterea, ecclesiam de *Guuillum* (204) cum presbiteri electione et presentatione ; atrium etiam et medietatem majoris decime cum tertia parte minoris decime, et in Purificatione beate Marie tertiam partem candelarum et cere et tertiam partem tortellorum in tribus festis, eidem monasterio *Beati Martini de Campis* in perpetuam concessimus elemosinam, salvo per omnia jure *Carnotensis ecclesie* et nostro. Et ne aliquis pertinax vel indevotus, diabolice inspirationis instinctu, huic nostre concessioni contraire presumat, ipsam presenti scripto et sigilli nostri munimine corroborari fecimus. His testibus : Roberto decano ecclesie *Carnotensis* (352), Hugone precentore, Roberto succentore, Goslino archidiacono, Johanne archidiacono, Milone preposito, Radulfo capiscerio, Guillelmo camerario, Ernaldo abbate *Bone-*

---

351. Ecurie et Gauvilliers, écarts d'Orsonville, ca. Dourdan, ar. Rambouillet.

352. Geofroi II de Lèves étant mort le 24 janvier 1149, son neveu Gauslin fut élu pour lui succéder, et conserva l'évêché de Chartres jusqu'à son décès, le 23 septembre 1164 (*Gallia*, VIII, 1141). — Le doyen Robert Ier, choisi par Geofroi II, fut maintenu par son successeur et garda ses fonctions jusqu'en 1155 ; Ives l'avait remplacé en 1156. — Ernaud, abbé de Bonneval, est cité en 1144 et 1156 (*Gallia*, VIII, 1243). — Fouchard, abbé de Saint-Jean-en-Vallée, dont le devancier Guérin Ier siégeait encore en 1150, était en charge dès septembre 1151 et y resta jusqu'en 1172 (*Gallia*, VIII, 1312). — D'après toutes ces indications, les limites 1151-1155 peuvent servir à dater le privilège de l'évêque Gauslin.

vallensis, Fulcardo abbate *Sancti Johannis* (352) et multis aliis clericis et monachis.

A. Original S 1358, n° 4 ; beau sceau épiscopal intact. — B. Copie de 1209, LL 1351, fol. 76', collationnée et complétée. — C. Copie du xv° siècle, LL 1352, fol. 75'. — D. Copie du xvi° s., LL 1353, fol. 86 (C et D d'après B incomplet).

348. — *Le prieur Simon, en reconnaissance des nombreuses libéralités du convers Chrétien, établit quatre pitances générales pour la communauté, assigne des revenus pour les dons aux pauvres le Jeudi-Saint, pour une fourniture quotidienne de sept pains à l'Aumône, sur diverses propriétés et notamment sur la dîme de Bagneux, acquise par engagement de Raoul, fils du vicomte de Corbeil.*

(Hiver 1150 — 1156)

Notum sit t. f. q. p. Xristianum conversum redditus emisse, ex quibus servitium fiat generaliter, ad refectionem fratrum quater in anno. Prima refectio fiet in die festi Sti Michaelis, quam faciet prior de *Carcere*, de siccis, pro vinea quam idem Xristianus emit ix libris paris. Secunda in festo Crispini et Crispiniani quam faciet camerarius, de alleccibus, pro domibus Warini filii Teacrii, quas idem emit x libris. Tercia in Annuntiatione dominica, quam faciet camerarius, de siccis, pro vineis de *Vitré* emptis ab eodem xv libris. Quarta in translatione Sti Benedicti, quam faciet subprior, pro redditu quem emit apud *Gonessam*, xv libris. Huic autem refectioni, assensu totius capituli, deputati sunt semper xx solidi parisienses.

Preterea idem emit prata de *Gentileio* xvi libris, ex quibus semper habentur xxxiii solidi et iiii denarii ad Mandatum, in Cena Domini. Cumque his omnibus dedit xl libras pro septem panibus elemosine singulis diebus assignatis. Hec autem auctoritate et assensu domni abbatis *Cluniacensis* acta sunt; et ut rata et inconcussa permaneant, assensu domni Simonis *prioris* et totius capituli, sub anatemate sanctitum est. Insuper cellarium, capitulum et cameras que sub dormitorio sunt condidit. Sciendum est quod ipse XRISTIANUS dedit subpriori, preter predictas xv libras, ad augendum redditum de *Gonessa*, LX solidos ut aliquod ex eis redditum compararet. Misit et in decima de *Braeia* x libras. Invadiavit quoque quandam decimam que est apud *Banoilum* (353), a RADULFO filio *vice-comitis Corboilensis*, xv libr. ; de qua conventus debet habere generale piscium, singulis annis, in festum Sti Laurentii.

Copie du XIVe s., Ms. lat. 17742, fol. 334.

349. — *Thibaud, abbé de St-Maur-des-Fossés, cède aux moines de Gournay-sur-Marne, pour quatre livres de Provins, quatre arpents de terre donnés à son monastère par Pierre de Berchères, et en investit le prieur de Gournay, Nicolas.*

(1er janvier ou 15 avril 1156 — 1er janvier ou 31 mars 1157)

In nomine sancte et individue Trinitatis. Universa vanitati videmus subjacere et multa, a veteribus prius gesta, per antiquitatem temporum ab hominum memoria deperire. Unde ego TEOBALDUS, Dei gratia ecclesie *Fossatensis* humilis *dispensator*, tam p. q. f. notum facere curavi me IIII^{or} arpennos terre arabilis que sita est inter *Cumbellos* (256) et *Bercherias* (267) *monachis Gornacensibus*... pro IIII^{or} libris Privignensium vendidisse. Hec siquidem terra

---

353. Bagneux, ca. et ar. Sceaux. — Raoul, frère d'Anseau Ier, vicomte de Corbeil, cité en 1149 dans un acte d'affranchissement (Depoin, *Les Vicomtes de Corbeil*, pp. 10, 55 ; Poupardin, *Recueil de chartes de St-Germain-des-Prés*, t. I, p. 171).

— Le convers Chrétien exerçait la profession de tailleur. Il mourut une dizaine d'années environ après son entrée en religion, et se trouve inscrit aux diptyques funèbres (Bibl. Mazarine, ms. 3346, fol. 9) sous la dénomination « Xristianus sartor ».

La date de cet acte a pour limites la désignation de Simon Ier comme prieur sur la fin de l'année 1150 (n° **320**) et son remplacement par Guillaume Ier, déjà en charge le 22 mars 1158, et probablement dès 1157. Simon mourut avant 1173 (Cf. note 339, p. 225).

in *Fossatensis* cenobii dominatione hoc modo devenisse cognoscitur. Cum enim Petrus de Bercheriis viam universe carnis ingrederetur, eam supradicte ecclesie *Fossatensi* ubi et ipse conditus jacet, pro salute anime sue, assensu tam filiorum quam amicorum suorum contulit, et in eternum optinendam delegavit. Hanc itaque terram quam postea absque calumpnia possedimus, *fratribus Gornacensibus*, ad eorum postulationem, modo predicto vendidimus, et ex ea Nicholaum, venerabilem priorem suum, investivimus. Ut autem omnia, que prelibata sunt, rata permaneant, hanc scedulam ymaginis nostre impressione roboravimus et testium nomina subtus scribi fecimus.

Testes ex parte Abbatis : Garinus de Stabulo, Garnerius frater ejus. Albericus major de *Mesli* (354). Haymo flebotomus. Adam talamerius. Testes de parte *Gornaii* : Drogo de Bri, Adam frater ejus (256). Ferricus de Cuisi (354). Hunoldus de Campis (285), Robertus Campini (355).

Actum publice, anno M° C° LVI°.

A. Original scellé, S. 1417, n° 32 ; sceau endommagé. — B. Copie de 1223, LL 1397, fol. 28.

350. — *Galeran II, comte de Meulan, sa femme Agnès et leur fils Robert II approuvent la vente d'une terre au château de la Queue-en-Brie, consentie au prieuré de Gournay-sur-Marne par Ouri le Concierge.*

(14 décembre 1154 — 24 octobre 1157)

Notum sit omnibus t. p. q. f. quod ego G[alerannus] *comes Mellenti* et Agnes comitissa uxor mea et Robertus filius noster, concedimus ecclesie *Sancte Marie de Gornaio* et monachis ibidem Deo

---

354. Mesly, comm. de Créteil, ca. St-Maur, ar. Sceaux (Seine). — Cuisy, ca. Dammartin-en-Goële, ar. Meaux.

355. Il est probable qu'il s'agit ici de Champigny-sur-Marne, ca. de Nogent-sur-Marne, ar. Sceaux. Deux autres témoins, les frères Dreux et Adam de Bry-sur-Marne, appartiennent au voisinage presque immédiat de Champigny.

servientibus venditionem terre quam fecit eis Ulricus portitor (356) apud *Caudam castrum* (253). Et donamus eis et firmamus censum quam ipse Ulricus nobis pro ea terra reddebat, scilicet v^{que} solidos parisienses per annum. Testibus subscriptis : Roberto de Novoburgo et Fulcone de Brieia et Drogone de Mellento et Roberto de Velies (357) et Radulpho Harenc et Hervico capellano.

A. Original perdu. — B. Copie de 1223, LL 1397, fol. 22'-23, non coll., avec cette rubrique : « Carta Ulrici janitoris. »

350 bis. — *Agnès, dame de Livry, donne au prieuré de Gournay-sur-Marne, du consentement de ses fils, sept sols de cens à Roissy. (Acte perdu).*

(14 décembre 1154 — 24 octobre 1157)

Ind. a. Lettres de Thibaud, évêque de Paris, n° 351. — *b.* Diplôme de Louis VII, n° **354** (358).

---

356. Il n'est point question de cette acquisition dans la nomenclature des actes de libéralité du comte Galeran en faveur du prieuré de Gournay-sur-Marne, inscrite dans la bulle d'Adrien IV, du 14 décembre 1154 (n° **344**). D'autre part, la propriété vendue est comprise dans la confirmation générale accordée par Louis VII, entre le 31 mars et le 25 octobre 1157. Le roi, en rappelant la cession faite par Ouri le Concierge, le désigne par les mots « Ulricus janitor ». « Portitor » est la transcription latine du roman « portéeur » ou « portieur » qui est devenu « portier ».

357. Vesly, ca. Gisors, ar. Les Andelys (Eure).

358. Agnès, dame de Livry, est la veuve de Guillaume II de Garlande, frère du sénéchal Anseau. Celui-ci possédait la terre de Roissy, qu'il donna à Notre-Dame de Gournay (n°s **157, 165**), et qu'il avait recueillie dans la succession de Gui le Rouge, son beau-père. Les cens dont jouissaient Agnès et ses fils provenaient sans doute de concessions faites par Anseau à son frère. C'est de la même façon qu'Agnès, fille de Guillaume II de Garlande, tenait en fief de Galeran II de Meulan, héritier d'Anseau, une part des revenus du péage perçu par les châtelains de Gournay (n° **341**). Il est expliqué, dans les lettres de Thibaud, qu'Agnès de Livry concéda ce cens de Roissy avec l'assentiment de ses fils Gill. (sic) et Robert. Plus tard nous retrouverons, dans des listes de témoins : « Willelmus de Garlanda, Robertus Malusvicinus, Drogo de Mello, fratres. » Le terme « frater » est employé couramment au xii° siècle pour « sororius » de même que « filius » pour « privignus ». La charte n° **341** nous montre que Robert (Mauvoisin) est l'époux d'Agnès, fille homonyme d'Agnès de Livry.

351. — *Thibaud, évêque de Paris, confirme au prieuré de Gournay-sur-Marne tout ce qui, dans l'étendue de son fief, a été concédé aux moines par le vénérable comte de Meulan, Galeran II et sa femme Agnès, par Agnès de Livry et par Hugues de Montjay.*

(14 décembre 1154 — 24 octobre 1157)

Notum sit omnibus p. et f. quod ego T[eobaldus] Dei gratia *Parisiensis episcopus* concessi monachis de *Gornaio* ea que venerabilis comes *Mellentensis* Galerannus et uxor ejus Agnes eisdem monachis in elemosinam dederunt de feudo nostro (359), scilicet decimas

---

359. Au rebours de la précédente, beaucoup plus étendue, du 13 octobre 1147 (n° **300**), cette charte de Thibaud, dont nous possédons l'original, n'est en aucune façon un document ecclésiastique. Il ne comporte ni préambule dévot, ni sanction religieuse. C'est un acte féodal, homologuant d'autres contrats purement civils. La question de savoir s'il pourrait s'agir du « fief de l'évêché de Paris » ne se pose même pas : il suffirait de lui opposer les termes du privilège de Girbert, en 1123, qui se place à l'unique point de vue d'une constatation des droits acquis par l'église Notre-Dame de Gournay, du chef de donations antérieures et de confirmations royales (n° **165**, t. I, p. 263). Si Thibaud prend ici, dans l'intitulé, le titre d'évêque de Paris, c'est une simple affirmation d'identité; il agit si bien en son nom personnel qu'il ne fait appel au concours, ne fût-ce que comme simple témoin, d'aucun membre de son chapitre : ce que son devancier avait au contraire observé en consacrant un démembrement de fief épiscopal (n° **163**, t. I, p. 261).

La formule qu'emploie le prélat est celle d'une concession : « concessi... que... comes Mellentinus et uxor ejus... dederunt de feudo nostro. » Mais ce ne sont pas seulement les propriétés transmises par Agnès de Garlande à sa fille et à son gendre qui dépendent du fief de Thibaud; le cens de Roissy, donné par Agnès de Livry, veuve de Guillaume II de Garlande, une rente en farine venant de Hugues de Montjay, vassal d'Etienne de Garlande (un autre grand-oncle d'Agnès, comtesse de Meulan), sont encore au nombre des dépendances de ce fief. L'autorité féodale de Thibaud s'exerce sur des biens venant de la souche des Garlande et sur d'autres venant de la maison de Rochefort. Il appartient donc à celle-ci, et on est amené à voir en lui un frère d'Agnès, dame de Montfort, un fils d'Anseau de Garlande qui, par suite d'inaptitudes physiques au métier des armes, ou pour des considérations politiques qui se produisirent au moment de la disgrâce des siens, est entré dans le cloître où s'était réfugié son oncle Hugues de Crécy. Plus tard l'influence de ses neveux Simon d'Evreux et Galeran de Meulan, et de Hugues lui-même, ainsi que les anciennes attaches de sa famille, auront contribué à amener Thibaud sur le siège de Paris occupé

omnium denariorum suorum de *Gornaio* et de *Cauda* (253) et de *Torci* (285) et de *Braia* et de *Villa nova* et de toto honore pertinente ad *Gornaium* et ad *Caudam*; et similiter omnes decimas omnium bladorum suorum de eodem honore in molendinis et in omnibus redditibus, et decimam vini de *Villanova* et de tribus modiis vini de *Torci* (285). Insuper decimam tocius redditus quod *Parisius* habent, necnon medietatem duorum molendinorum quos apud *Gornaium* habent. Consuetudinem etiam veniendi apud molendinos, ab hominibus de *Gornaio* et de *Gagniaco* (345) sicut in carta comitis continetur. Si vero prefatis monachis complacuerit, licebit eis unum aut plures molendinos, quocumque loco voluerint, facere, et eos quos prediximus, ubicumque voluerint transferre, ita tamen quod firmitas castelli conservetur. Insuper monasterium de *Cauda* et furnum ejusdem oppidi, post decessum Adalaisie uxoris (a) Guidonis Apri. Preterea venditionem terre quam fecit eis Ulricus *portitor* apud *Caudam* et v^{que} solidos census quos idem Ulricus pro eadem terra prefato comiti persolvebat. Piscatoriam etiam quam idem comes prefatis monachis donavit, et censum quem eis domina Agnes de Livriaco (358) donavit apud *Russiacum* (64), quam donationem postea concesserunt filii ejus (b) Gill. (358) et Robertus, coram testibus. Preterea elemosinam que facta fuit pro Hugone de Montegaio quam fecerunt heredes ejus consilio et

---

moins d'un demi-siècle auparavant par l'oncle de son beau-frère, Guillaume, frère de la fameuse Bertrade de Montfort.

La législation excluait les moines de tout exercice d'un pouvoir féodal ; mais en quittant la vie claustrale pour entrer dans le clergé séculier, Thibaud avait repris tous ses droits : une part de l'héritage de son père devait lui revenir, au moins à titre d'usufruit. Son oncle, l'archidiacre de Paris, Etienne de Garlande, avait bien administré la châtellenie de Gournay comme tuteur de la future comtesse de Meulan. Etienne avait personnellement une puissance féodale, comme le prouve l'épisode de Hugues de Montjay, et il se peut que Thibaud fût autorisé à revendiquer son héritage.

L'existence du prénom de Thibaud dans la maison de Montlhéry, issue non pas en ligne directe, mais par alliance, de Thibaud Fil-Estoup, forestier de Robert-le-Pieux, est constatée par des textes qui font descendre une branche de seigneurs de Villeneuve d'un frère de Gui-le-Grand, Hugues, père de Thibaud-Payen. Il est donc naturel que ce prénom se soit transmis à un arrière-petit-fils de Gui-le-Grand par son fils Gui-le-Rouge.

assensu domni STEPHANI DE GARLANDA, scilicet dimidium modium annone, medietatem frumenti et medietatem molturengie, de molendinis de *Duvera* (c). Hec igitur omnia ut futuris temporibus inconcussa et rata permaneant, privilegii nostri auctoritate et sigilli nostri impressione firmavimus.

(a) Le copiste de B avait omis « Guidonis ». — (b) Gillebertus B. — (c) Devra B ; corrigé en « Duvera ».

A. Original jadis scellé, S 1417, n° 77. — B. Copie de 1223, LL 1397, fol. 17, collationnée à l'original « e quo sigillum, olim sub duplici cauda coriacea adpendens, excidit. »

352-353. — *Galeran II, comte de Meulan, mande au sénéchal de Gournay-sur-Marne que, sur les instances du prieur H[ugues ?] de Gournay, il approuve la convention faite entre les moines et les héritiers d'Ambesas. — Agnès, comtesse de Meulan, adresse au même sénéchal un mandement confirmatif.*

(14 décembre 1154 — 24 octobre 1157)

GALERANNUS *comes Mellentensis* Dapifero de *Gornaio* et suis probis hominibus, salutem. Sciatis quod monachi de *Gornaio* quidquid erga filiam AMBISIACUM (360) et nepotem ejus OGERUM, videlicet concedo et volo, et per me fecerunt, scilicet quod terram eorum mercati sunt, hoc autem concedo petitione domni H. prioris (361)

---

360. *Ambisiacus* est le surnom d'un personnage secondaire (probablement un écuyer) qui pouvait être originaire d'Amboise, mais dont le surnom (*l'Amboisais*) s'était transformé, par un jeu de mots comme on en rencontre souvent dès cette époque, en un sobriquet attesté par sa souscription à d'autres actes : *Ambesas*. C'est un terme qui restait encore usité, dans le dernier siècle, au jeu de trictrac et désigne le coup le plus malheureux, lorsque les dés amènent deux as.

361. Le prieur de Gournay n'est plus Guillaume qui occupait cette charge le 14 décembre 1154 (n° **344**). Ce religieux est devenu, croyons-nous, prieur de St-Martin-des-Champs, par suite de la retraite, volontaire ou imposée, de Simon de Mello. Le nouveau prieur H... (probablement un *Hugues*) fut rom-

et amore ROGERII monachi amici nostri. Testes sunt WILLELMUS DE PRIORE, ROBERTUS DE VETULIS (362), RADULPHUS DE MAGNEVILLIS.

A. Original perdu. — *B*. Copie de 1223, LL 1397, fol. 181.

A[GNES] *comitissa Mellentensis*, dapifero de *Gornaio* et suis probis hominibus, salutem. Sciatis monachos de *Gornaio* per G[ALERANNUM] comitem dominum meum et per me fecisse quicquid fecerunt, erga filiam AMBISIACUM (360) et OGERUM nepotem AMBISIACUM, et concedo et volo quod habeant terram quam mercati sunt ab eis. Hanc concessionem facio pro amore et petitione H. prioris (361) et ROGERII monachi. Testes sunt : WILLELMO DE PINU, RADULPHUS DE MAGNEVILLIS (346), ROBERTUS DE VETULIS (362).

A. Original perdu. — *B*. Copie de 1223, LL 1397, fol. 18.

354. — *Le roi Louis VII, imitant l'exemple de son père, confirme la fondation et la dotation du prieuré de Gournay-sur-Marne.*

(Paris, 31 mars — 24 octobre 1157)

In nomine sancte et individue Trinitatis. Ecclesie *de Gornaio, imperpetuum* (a). Ego LUDOVICUS, Dei gratia, *Francorum rex.* Jura possessionum ecclesiasticarum quas, ex debito administrationis regie, decet nos protegere, in lucem volumus deducere astipulatione nostre scripture, patris nostri bone memorie *regis* LUDOVICI emulantes exemplum, qui sigillo sue auctoritatis *ecclesie Beate*

---

placé, dès 1161/1162, par Foulques, comme le montre une charte de la comtesse douairière Agnès de Meulan, datée de 1169.

Les mandements de Galeran II et d'Agnès sont postérieurs à la charte de Thibaud (n° **351**) mais antérieurs au diplôme de Louis VII (n° **354**).

362. Veules-les-Roses, ca. St-Valery-en-Caux, ar. Yvetot.

Marie de Gornaio (72) fundatorum ejus et aliorum benefactorum firmavit elemosinas et donaria : videlicet ipsam ecclesiam cum clausuris et cum omni adjacente ambitu ; capellam de *Gornaio*, terram de *Luabum* (286), molendinum apud *Gornaium* ; villam (*b*) *Russiacum* (64), ecclesiam, nemus monachis et eorum hospitibus ad ardendum et hospitandum et ad proprie necessitatis usum ; *Nusiellum* (63) et ecclesiam cum omnibus pertinentiis, scilicet hospitibus, terris, pratis, vineis, nemore et molendino ; decimam de *Bercorellis*, (*c*) decimam de *Bercheriis* (*d*) cum atrio ; totam decimam de (*e*) *Pontalz* (64) ; apud *Torci* (285) medietatem decime que dicitur Sancti Martini ; ecclesiam *Essonie* (267) cum decima et atrio, et hospitibus in atrio manentibus ; apud *Canoilum* donum ALBERTI DE BRI (256), quicquid habebat ibi proprium, ecclesiam cum decima, prata, terram et nemora ; in vodo quod est inter *Gornaium* et *Kalam*, xv arpenta pratorum ; et terram et nemus de *Campomussoso*, terram et nemus quod dicitur RAIMUNDI. Que omnia cum pater meus Rex predicte ecclesie firmaverit et monachis, Nos proinde rata habentes, in perpetuum confirmavimus.

Ceterum GALERANNUS, *comes de Mellento, consanguineus noster* (363), proventu conjugali terram de *Gornaio* adeptus, uxoris sue

---

363. Par un acte daté de 1157, Galeran II, assurant au roi son fief de Gournay, fit avec Louis VII les accords qui suivent : « Les hommes de cette terre iront à l'ost royale, mais reviendront dans la nuit, à moins qu'ils ne consentent spontanément à donner un plus long service. En cas de guerre entre la Couronne et le Comté de Meulan, la terre et le fief de Gournay resteront en paix, mais si le roi voulait enlever cette terre au comte, les habitants la défendraient. Le roi aidera les hommes de Gournay qui s'adresseront à sa cour, à obtenir justice en réparation des dommages qu'ils auraient subis. » Les garants du comte furent Raoul de Combault, Renaud de Pomponne, Guillaume III de Garlande, Dreux de Bry, Adam de Clacy (Bouquet, *Recueil des historiens de France*, XVI, 15 ; Luchaire, *Actes de Louis VII*, n° 385, p. 223). — Cette convention aurait eu pour corollaire la sauvegarde maintenue à l'église de Gournay.

Cependant la charte de Louis VII, dont l'original subsiste, bien que l'écriture semble du temps, ne va pas sans difficultés. On ne s'explique pas l'intermittence dans la latinisation des noms de lieu. Il est superflu de souligner le caractère insolite que présente, dans un diplôme du milieu du xii° siècle, la qualification « *consanguineus noster* » appliquée par la chancellerie à un personnage qui n'appartient point à l'agnation royale.

Agnetis assensu, eidem ecclesie multa contulit beneficia : decimas omnium denariorum de *Gornai* (*f*), de *Cauda* (253), de *Torci* (285), de *Braio*, de *Villanova* et de toto honore ad *Gornaium* et *Caudam* pertinente. Similiter omnes decimas omnium bladorum suorum de eodem honore in molendinis et in omnibus redditibus. Decimam vini de *Villanova* et de tribus modiis vini de *Torci* (285). Decimam tocius redditus quem habet *Parisius*. Decimam ejus quem habet *Medante*. Apud *Mellentum* unum (*h*) modium salis. Medietatem duorum molendinorum que *Gornai* communiter cum monachis habebat, exceptis duobus modiis et dimidio frumenti, et tantumdem multurengie et duodecim solidis pruveniensibus (*j*). Consuetudinem veniendi ad molendina, ab hominibus de *Gornaio* et *Gagniaco* (345) dedit comes ecclesie, tali modo quod si qui frangentes consuetudinem ad alia molendina ire sive redire inventi fuerint, habent monachi sive famuli eorum potestatem capiendi eos et summarios eorum cum annona vel farina; homines vero, quos ceperint, ad prepositos castelli, ad faciendam de eis justiciam adducent. Monasterium de *Cauda* (253) et furnum, terram Ulrici janitoris, de *Cauda* liberam a censu quinque solidorum. Piscatoriam suam de *Torci* (285) quamdiu dominus castri absens fuerit. Apud *Russiacum* (64) censum vii solidorum, donum domine Agnetis de Livriaco (358). In molendinis de *Duvera*, dimidium modium, medietatem frumenti, medietatem multurengie, quam emerunt monachi a filia Ambasaci (364) per assensum comitis. Hec omnia ecclesie de *Gornaio* collata concessimus et laudavimus, et ut omnino et in pace ea teneant et quiete, scripto et sigillo regio muniri, et nominis nostri karactere precipimus.

Actum puplice *Parisius*, anno ab Incarnatione Domini M. C. LVII°, consecrationis nostre XX° VI°. Astantibus in palatio nostro quorum subposita sunt nomina et signa. S. comitis Theobaldi,

---

364. Le texte comporte ici une omission qui dénature l'origine de propriété de la rente. Cf. n°⁵ **351** et **352**.

dapiferi nostri. S. Guidonis, buticularii nostri. S. Mathei camerarii. S. Mathei constabularii.

Data per manum Hugonis (*Monogramme royal*) cancellarii.

(*a*) B omet l'intitulé. — (*b*) Russiacicum A, Russiacum B. — (*c*)-(*d*) Trois mots omis par B. — (*e*) Pontelz B. — (*f*) Gornaio B. — (*g*) Caudam et Gornaium B. — (*h*) B omet « unum ». — (*i*) habebat cum monachis B. — (*j*) Pruviniensium B.

A. Original scellé, K 24, n° 1³. — Copie de 1223, LL 1397, fol. 9-10 : « Visa et collata fuit presens carta ad suum autographum, cui, sub filis sericeis viridis coloris, adpendet sigillum in quo figura ipsius regis pro majestate regia sedentis, cujus circumscriptio vetustate corrosa est, nec legi potest. »

Édit. Tardif, *Mon. hist.*, n° 553, p. 287, d'après A.

Ind. a. Bibl. Nat., ms. lat. 13817, fol. 401. — *b.* Luchaire, *Actes de Louis VII*, n° 326, p. 224.

354 bis. — *Donations à St-Martin-des-Champs sous le règne de Louis VII et le pontificat de Thibaud, au diocèse de Paris* (Actes perdus).

(Avant le 2 juin 1147)

L'église de *Méry-sur-Oise*.

L'autel et l'église de *Bobigny* (181).

L'église *Saint-Laurent de Paris*.

La dîme de *Grégy*.

La dîme de *Gentilly*.

L'église de *Moisselles*.

Le tiers de toute la dîme de *Chennevières-lès-Louvres*.

Le tiers de toute la dîme d'*Épiais-lès-Louvres*.

La dîme des vignes d'*Argenteuil*.

La dîme d'une terre et de vignes à *Epinay*.

Le tiers de la dîme du vin à *Villiers*.

Le tiers de l'autel de *Marcil*, et une part de dîme.

Le huitième de la dîme de *Franconville*.

La dîme de *Châtres* [Arpajon].

La plus forte part de la dîme d'*Yerres*.
La moitié de la dîme de *Santeny*.
Une part des dîmes de *Servon*.
Une part de la dîme de *Brunoy* donnée par *Renaud Cornet*.

(Entre 1147 et 1157)

Ind. Lettres de l'évêque Thibaud, adressées au prieur Simon de Mello, n° **355**.

355. — *Thibaud, évêque de Paris, adresse au prieur Simon une charte de confirmation générale des biens de St-Martin-des-Champs dépendant de son diocèse.*

(1151-1157)

THEOBALDUS episcopus, Dei gratia *Parisiensis episcopus*, S[IMONI] *priori Sancti Martini de Campis* et fratribus ejusdem monasterii, imperpetuum. Religiose viventibus in spiritualibus ad salutem animarum suarum, nostrum est consulere et in temporalibus, ex nostris et aliorum beneficiis, vite presentis subsidia (*a*) providere, et provisa tueri. Eapropter que, predecessorum nostrorum tempore et nostro *ecclesie Sti Martini* fidelium devotio contulit pro redemptione animarum suarum, ego concedo et contrado et litteris meis confirmo, et sigilli mei auctoritate munio, quatinus ut firma consistant et ab omni pervasorum calumpnia secura perdurent : *Ecclesiam Sti Martini* cum capellis (365) *Sti Jacobi* (59) et *Sti Nicholai* (60); decimam prefati monasterii; et altare et decimam de *Challoio* (58); et altare et ecclesiam de *Balbiniaco* cum tercia parte decime (181); ecclesiam de *Lupera* (68) cum atrio et tercia parte decime et duabus partibus minute decime et appendiciis suis; ecclesiam

---

365. On s'explique malaisément pourquoi l'évêque Thibaud maintient au rang de simple chapelle l'église St-Jacques-de-la-Boucherie, qu'Innocent II en 1136 (n° **215**, p. 42) et ses successeurs qualifient « ecclesia sancti Jacobi *cum parochia* ».

Sancti Laurentii; ecclesiam *Sancti Dyonisii de Carcere* et prebendam *Sancte Marie* matricis ecclesie que jure antiquo ad eam pertinet; et quod habent in decima de *Noorio* et de *Marchauciis* (366) et cum aliis appendiciis suis; ecclesiam de *Limogiis* (157) cum villa et decima; *Furcas* (157) cum decima; ecclesiam de *Coflens* (77) cum villa et tercia parte decime; ecclesiam de *Nusiaco* (72) cum decimis majoribus;* (b) decimam de *Gragi* (367), decimam de (76) *Atilli** (c); decimam de *Gentilli* (368); ecclesiam de *Champiniaco* (69) cum tercia parte decime (c); ecclesiam de *Penlin* (74) cum tota decima (d); decimam totam de *Sancto Briccio* (298) preter modium unum frumenti quod est *Sancti Victoris* (e); ecclesiam de *Clamart* (4) reddentem xxx solidos per annum, cum decima; ecclesiam de *Escuein* (267) cum tercia decima (f) et atrio et tortellis Natalis domini, et capella de *Esenvilla* (369); ecclesiam de *Atenvilla* (268) cum decima tota et tortellis (g); in ecclesia de *Fontenio* (68) tortellos in crastino Natalis Domini et decem modios vini de decima (h); ecclesiam de *Campiniaco* (69) cum tercia parte decime et atrio et tortellorum medietate, et in festo sancti Saturnini et in Natale Domini medietatem offerende (i); ad *Caniverias* (370) terciam partem tocius decime; *Spieriis* (370) sextam partem decime tocius; ecclesiam de *Ororio* (267) cum decima; ecclesiam de *Bunziis* (73) cum tota minori decima et tercia parte majoris, et atrio, et medietatem offerende in Pascha, in Nativitate, in festo sancti Petri; ecclesiam de (j) *Cevrent* (70) cum decima et capella de *Livriaco* (72); ecclesiam de *Derenci* (185) cum tercia parte decime; ecclesiam de *Carrona* (186) cum tercia parte decime vini; ecclesiam de *Moisella* et totam

---

366. Nozay, ca. Palaiseau, ar. Versailles, et Marcoussis, ca. Limours, ar. Rambouillet, avaient été démembrés du fief épiscopal vers la fin du x⁵ siècle en faveur d'Ansoud le Riche qui fonda le chapitre de St-Denis-de-la-Châtre. Cf. t. I, p. 260, n° **163**.
367. Gragy, auj. Grégy, ca. Brie-Comte-Robert, ar. Meaux.
368. Gentilly, ca. Villejuif, ar. Sceaux.
369. Ezanville, ca. Ecouen, ar. Pontoise.
370. Chennevières-lès-Louvres, Epiais-lès-Louvres, ca. Luzarches, ar. Pontoise.

decimam majorem et minorem (319); ecclesiam de *Fontaneo* (68) et partem decime (*k*); in decima de *Roissi* (64) unum modium frumenti in parte RODULFI filii FULCONIS (*l*); ecclesiam de *Ereniaco* (66); prebendam unam in ecclesia *Sancte Marie Parisiensis* ; apud *Pentin* (74) *Sancto Dyonisio de Carcere* decimam vini (*m*), et in capella ejusdem ecclesie medietatem offerende in tribus festis Pasche, omnium Sanctorum, Natalis Domini; ecclesiam de *Doomunt* (67) cum atrio et decima ; decimam vini totam et (*a*) dimidiam leguminis partem decime de *Sancto Briccio* (298) ; et decimam frumenti de cultura HUGONIS filii GARNERII aput *Alenvillam* (268) et terciam partem de sua parte decime tercia vini (*o*) annone et leguminis; et decimam vinearum aput *Argentuel* (371); et decimam ex terra et vineis adud *Spinuil* (372); et terciam partem decime vini apud *Vilers* (373), et terciam partem decime altaris (*o*) de *Escuein* (67); terciam partem altaris de *Marulio* (374), partem decime apud eandem villam; quartam partem medietatis decime apud *Francorvillam* (375), medietatem decime de cepi, decimam terre quam ALBERICUS MALENUTRITUS tenet; *Mairolas* (45) cum ecclesia et decimis; decimam (*q*) de *Grez* (270) et de *Castris* (376); ecclesiam de *Chivri* (271) cum decima et atrio ; decime de *Edera* (377) majorem partem et tractum ipsius ; medietatem decime de *Centeni* (378); in decima *Sancte Columbe* de *Servum* (379), dimidium modium frumenti in majori decima ejusdem ville, et dimidium modium dimidiate annone ; in decima *Braie* que dicitur « Monialium », octavam partem, tam majori quam minori, et in tortellis etiam, et octavam partem census atrii ; in altari et decima et in tortellis de *Bruneio*

---

371. Argenteuil, ar. Versailles.
372. Epinay-Champlâtreux, ca. Luzarches, ar. Pontoise.
373. Villiers-le-Sec, ca. Ecouen, ar. Pontoise.
374. Marcil-en-France, même canton.
375. Franconville, comm. St-Martin-du-Tertre, ca. Luzarches.
376. Châtres (aujourd'hui Arpajon), ar. Corbeil.
377. Yerres, ca. Boissy-St-Léger, ar. Corbeil.
378. Santeny, même canton.
379. Servon, ca. Brie-Comte-Robert, ar. Melun (S.-et-M.).

(380) quandam partem quam dedit Rainardus Corned (381); ecclesiam Sancte Marie in *castrum Gornai* (72), aliam ecclesiam infra ipsum castrum; *Nusiellum* villam (63) cum ecclesia et atrio; apud *Essoniam* (267) ecclesiam Sancti Stephani cum atrio et decima; ecclesiam de *Campiniaco* (69) cum atrio et tercia parte decime (r), *Ruissiacum* villam (64) cum ecclesia et atrio et decima (s); ecclesiam *Pontolii* (267) cum atrio et decima; capellam de castro quod dicitur *Cauda* (253) cum furno; capellam de *Canolii* (382); villam de *Castaneo* (67) cum ecclesia et decima; duas partes decime de *Villari-Adam* (269); ecclesiam de *Meri* (383); decimam de (t) *Gres* (270); apud *Sanctum Clodoaldum* (81) medietatem terre que dicitur *Alnetum* (384).

(a). sublidia B. — (b)-(b). En marge, d'une écriture du xiv° siècle, répondant à ces deux étoiles : « Priori de Marrolliis ». — (c)-(i)-(r). Ces trois mentions concernent la même paroisse de Champigny. — (d)-(m). Ces deux mentions concernent la même paroisse de Pantin. — (e)-(n). Ces deux mentions concernent

---

380. Brunoy, ca. Boissy-St-Léger, ar. Corbeil.
381. Peut-être faut-il corriger « Cornut ».
382. Le Chenay, comm. de Gagny, ca. Le Raincy, ar. Pontoise.
383. Méry-sur-Oise, ca. l'Isle-Adam, ar. Pontoise. L'église avait été donnée à St-Martin-des-Champs entre le 23 mars 1143 (elle ne figure pas dans la bulle d'Innocent II, n° 265) et le 2 juin 1147. Il faut corriger, en effet, dans la bulle d'Eugène III, n° 295, p. 172, ligne 11, « ecclesiam de *Meru* » en « ecclesiam de *Meri* ».
384. Cette charte de l'évêque Thibaud, ayant été collationnée sur l'original, nous est donc parvenue telle qu'elle subsistait dans les archives de St-Martin. Elle a été transcrite au cartulaire LL 1351, dont aucun acte n'est postérieur à 1209; son authenticité semble donc probable. Pourtant sa rédaction est bien étrange. Les doubles emplois y fourmillent; la paroisse de Champigny reparaît à trois reprises. Il faudrait admettre qu'un brouillon, rassemblant des indications non coordonnées, fut revêtu du sceau du prélat, comme le préambule l'annonce. Une autre matière à surprise est l'extraordinaire accroissement, en moins d'une dizaine d'années, du nombre des bénéfices ecclésiastiques possédés par St-Martin dans le diocèse de Paris, alors qu'aucun titre de propriété n'en révèle l'origine. Mais les renseignements précieux fournis par les concessions d'anniversaires — dont il est hors de doute qu'une faible partie seulement nous est connue — montrent que St-Martin s'enrichissait sans bourse délier grâce à des acquisitions faites à son profit par des bienfaiteurs, profès, convers ou associés, qui en conservaient parfois la jouissance viagère. Les actes n'étant point passés au nom du couvent, il n'en a pas été conservé de traces dans les cartulaires.

la même paroisse de St-Brice-sous-Montmorency. — (*f*)-(*p*). Ces deux mentions concernent la même paroisse d'Écouen. — (*g*)-(*o*). Ces deux mentions concernent la même paroisse d'Attainville. — (*h*)-(*k*). Ces mentions concernent, l'une Fontenay-sous-Bois, l'autre Fontenay-lès-Louvres. — (*j*). Evrent *B* ; corrigé en interligne « Cevrent ». — (*l*)-(*s*). Ces deux mentions concernent la même paroisse de Roissy. — (*q*)-(*t*). Ces deux mentions concernent la même paroisse de Gretz.

A. Original perdu. — *B*. Copie de 1209, LL 1351, fol. 46, collationnée et corrigée, avec cette mention : « Hæc ex ipsissimo autographo, cui adpendet sigillum sub duplici cauda coriacea. » — *C*. Copie du xve siècle, LL 1352, fol. 47'. — *D*. Copie du xvie s., LL 1353, fol. 47'.

356. — *Thibaud, évêque de Paris, notifie un échange conclu en sa présence, à Moissy-Cramayel, un 22 mars par Guillaume Ier, prieur de St-Martin, et la restitution à l'Église ce même jour, par Milon, chevalier de Fourches, d'une dîme que le prélat offre au Prieuré.*

(Paris, 22 mars 1157 — 20 avril 1158)

Ego Theobaldus, Dei gratia, *Parisiensis* episcopus, notum fieri volo quod *Sanctus Martinus* habet decem libras *Proviniensium* et xl sol. *Parisiensium* supra decimam Thome de Braio. Quadraginta autem solidi Paris. adaucti sunt in presentia nostra apud *Mussiacum* (385) xi kal. aprilis, pro xx sextariis annone quos Willelmus, *prior Sti Martini*, concessit eidem Thome. Eadem etiam die, Milo, miles parvus de Furchis (157), reddidit in manus nostras minutam decimam suam, et decimam vini sui ; et, prece sua,

---

385. Au cours d'une tournée pastorale, l'évêque Thibaud se trouvant à Moissy un 22 mars, est intervenu dans deux actes concernant St-Martin et, de retour à Paris, leur a donné une forme juridique. La date 1157 qui, d'après le style de Pâques, comprend la période du 31 mars 1157 au 20 avril 1158, donne lieu de penser qu'il s'agirait du 22 mars 1158. En 1157, le 22 mars coïncide avec le vendredi de la semaine de la Passion. Il est peu vraisemblable que l'évêque de Paris ait passé l'avant-veille du dimanche des Rameaux dans une paroisse assez éloignée de sa ville épiscopale. Le 22 mars 1158 tombe au contraire dans la seconde semaine du Carême, à un moment où le déplacement du chef du diocèse n'avait rien d'anormal.

Mussiacum est Moissy-Cramayel, ca. Brie-comte-Robert, ar. Melun.

dedimus eam *Sto Martino.* Hoc autem factum est in presentia nostra apud *Mussiacum,* et ipsius prioris Willelmi (385).

Actum *Parisius* anno ab Incarnatione Verbi M⁰ C⁰ LVII.

A. Original perdu. — B. Copie de 1209, LL 1351, fol. 45, non collationnée. — C. Copie du xv⁰ s., LL 1352, fol. 45'. — D. Copie du xvi⁰ s., LL 1353, fol. 46.

357. — *Le prieur Guillaume Ier dresse un acte de notoriété enregistrant les clauses d'un arbitrage entre son monastère et l'abbaye de Cuissy, au sujet du village de Dizy : les arbitres choisis étaient Sanson Mauvoisin, archevêque de Reims, et Barthélemi, évêque de Laon. (Extrait.)*

(Paris, 1er janvier *ou* 31 mars 1157 — 1er janvier *ou* 20 avril 1158)

Cyrographum. Frequenter accidere consuevit ut ea que, bono pacis et caritatis conservande inter homines, a probis et sapientibus constituta sunt, oblivio deleat a memoria hominum et revocet ad perniciem contentionis quod salubriter terminatum fuerat per consilium bonitatis. Hujus igitur mali vitandi gratia, ego Willelmus, prior *Sti Martini de Campis,* assensu tocius capituli nostri, scripture illius annotatione memorie commendo presencium, et ad noticiam transmuto futurorum, quod ratam et firmam habemus compositionem que facta est inter ecclesiam nostram et abbatem sive canonicos *Cussiacensis* (277) abbatie per manum venerabilium virorum, domini Sansonis *Remensis* archiepiscopi, et Bartholomei, *Laudunensis* episcopi (386). Ea scilicet conditione ut habeant quicquid juris nostri erat apud *Disiacum* (152) et pro hoc reddant nobis sing. annis, infra octabas Sti Remigii, xxx sol. Parisiensis

---

386. L'accord établi par l'intervention des deux arbitres n'est nullement un fait nouveau. Il est antérieur à la bulle d'Eugène III, du 2 juin 1147, qui en a relaté les conditions (n° **295**, p. 173). L'évêque Barthélemi avait confirmé à St-Martin la propriété de la moitié du village de Dizy-le-Gros en 1145 (n° **285**, p. 153.

monete, eo scilicet ordine et tenore, quo difinitum est in littteris prenominatorum episcoporum. Ut autem ista constitutio, *etc*. Actum est *Parisius*, anno Dni M° L° VII°.

A. Original S 1400, n° 1. Frag. du sceau de l'abbaye de Cuissy.

358. — *Simon d'Oisy, vicomte de la Ferté-Ançoul, et sa femme Ade accordent aux Bons-Hommes, pour s'y établir, le bois de Raray, et le dégagent des droits d'usage qu'y avaient les moines de St-Martin-des-Champs, à la suite d'un accord avec le prieur Guillaume et Renouf, prieur de Marnoue.*

(Vers 1157 — 1158)

Ego Symon, *Firmitatis Ansculfi vicecomes*, et uxor mea Ada nomine (30), notum facimus cunctis cognoscere volentibus hujus nostræ compositionis ordinem (367). Ad nostras pervenit aures quorumdam, quos dicimus *Bonos homines*, sanctæ religionis fama et bonæ conversationis rumor. Dei causa igitur et nostræ salutis intuitu, prædictos illos Bonos homines vicinos in mansione habere disposuimus; et quia sepositam ab habitatione hominum longe remotam semper eligunt et diligunt mansionem, nemus quoddam quod vocatur *Raroi*, locum scilicet solitudinis et satis religioni congruum ad inhabitandum, in terra nostra quæsierunt. Et quia certum erat quod *monachi Sancti Martini de Campis* illic prope demorantes in loco qui dicitur *Marnoë*, usuarium in nemore illo reclamabant, efficaciter exegimus ut prior de *Marnoë*, Renulfus nomine, assensu Guillelmi tunc temporis prioris de Sancto Martino et totius capituli, absque reclamatione et calumpnia post ipsum futurorum Priorum, usuarium illud... liberum et quietum dimitterent, etc... laudante hoc uxore mea Ada, laudantibus filiis et filiabus meis, Hugone et Petro, necnon Hildiarde et Mathilde. Hujus rei testes sunt Gillebertus dapifer, Johannes de Tromia etc. (*a*).

(*a*) Nous ne possédons de cet acte qu'un texte incomplet édité par Toussaint du Plessis.

Édit. Du Plessis, *Hist. de l'église de Meaux*, t. II, p. 54, n° CV, « ex tabulario monasterii B. Mariæ de Rareio. »

358 bis. — *Le prieur Guillaume I*er *accense au prêtre Gautier, fils de Masselin de Montfort, la maison de Garnier de Saint-Marceau, à Paris.* — (Extrait).

(Vers 1157-1158)

Noverint presentes et posteri domnum Willelmum, *priorem Sancti Martini de Campis*, assensu totius capituli, vendidisse Galterio presbytero, filio Mascelini de Montfort, domum Garnerii de Sancto Marcello, cum arpenno adjacente et orto, ad censum septem solidorum. — — — Hujus rei testes sunt, ex parte monachorum : Symon supprior, Johannes tercius in ordine, et alii.

A. Original perdu. — *B*. Copie de 1209, LL 1351, fol. 91, incomplète et non collationnée. — *C*. Copie du xv° siècle, LL 1352, fol. 89'. — *D*. Copie du xvi° s., LL 1353, fol. 109.
Édit. R. de Lasteyrie, *Cartulaire général de Paris*, pp. 348-349, n° 397, d'après B C D (daté : 1157-1158).

359. — *Thibaud, évêque de Paris, homologue un contrat par lequel Heudiarde, converse à St-Martin, a donné au monastère ses propriétés mobilières et immobilières, au temps du prieur Guillaume, qui lui a assuré dans le couvent tout ce qui lui serait nécessaire pour vivre.*

(Vers 1157 — 1158)

Ego Theobaldus, Dei gratia. *Parisiorum episcopus*, notum facio universis t. p. q. f. quod conversa *Sancti Martini de Campis*, Hildeardis nomine, testamentum suum fecit ecclesie ejusdem Beati Martini : omnes videlicet domos suas, cum pertinenciis et appendiciis, item, unum chochettum (*a*) in *Sequana*, et alterum *Sancto Dyonisio de Carcere*; item, apud *Monasteriolum*, decem et octo oves quas habebat Guimerius de *Fontaneo*; item, omne mobile suum et omnia debita sua, ubicumque sint. Quod tempore domni Guillermi, *prioris* ejusdem (*b*), factum est; qui et ipse Prior eidem converse, dum viveret, victualia dari concessit. Quod ut inconcussum et inconvulsum perseveret, munimine nostri sigilli et sigilli Beati Martini confirmamus.

(*a*) chocettum *a*. — *b*. Cette formule donne lieu de penser que Guillaume I*ᵉʳ* cessa d'être prieur avant la mort de l'évêque Thibaud. Les limites sont celles des années où ce prieur fut en charge, d'après les documents qui nous ont été conservés.

A. Original perdu. — *B*. Copie de 1209, LL 1351, fol. 45, non collationnée. — *C*. Copie du xv° s., LL 1352, fol. 46. — *D*. Copie du xvi° s., LL 1353, fol. 46'.
Édit. *a*. R. de Lasteyrie, *Cartulaire de Paris*, n° 403, p. 351.

360. — *Thibaud V, comte de Blois et sénéchal de France, déclare que les moines de Saint-Martin ont fait constater judiciairement le droit de charroyage imposé aux paysans de Roinville, qui doivent dans leurs voitures porter le grain de la dîme et du champart jusqu'à Bonnelles.*

(Vers 1157 — 1158)

Ego Theobaldus *Blesensis comes*, regni *Francorum* procurator. Existencium presencie et futurorum posteritati notum facio quod monachi *Sti Martini de Campis* disrationaverunt adversus rusticos *Roenville* quadragium decime et campipartis ejusdem ville per testes idoneos, in presencia mea, sub tali videlicet divisa, quod rustici ducent de campo bladum decime tocius et campipartis ad granchiam monachorum, et item de granchia in propria vectura totam annonam ejusdem decime et campipartis usque ad *Bonellam* (202). Precipimus igitur ut deinceps absque contradictione et omni inquietatione, habeant monachi quarragium in pace, sicut superius divisum est, et omnes alias consuetudines in corveiis et in omnibus aliis, prout tempore patris mei (*b*) habuerunt. Si quis autem contra hoc facere presumpserit, a justiciis meis coherceatur, et sinon emendaverit, vel per pecuniam, vel per penam corporalem, vel per utrumque constringatur. Ne vero hoc possit oblivione deleri, et a posteris infirmari, sigilli mei impressione et nominis mei caractere subtussingno (a). Testes inde habentur : Goscelinus de Auneello (302), Galterius de Friasia, Fulco de Mairolis, Willelmus filius Ansodi, Robertus de Frovilla, Galerannus de Beevilla ; Clemens, Stephanus frater ejus; Bernardus decanus, Radulfus marescallus, Harpinus carnifex, Gofridus major *Beeville* (b).

a) Toute la fin, omise en B D E F est complétée en B après collationnement. — (b). La formule de l'intitulé se retrouve dans un titre de Noël 1156 (*Art de verifier les dates*, II, 619), elle est l'équivalent de « dapifer » ; Thibaud V occupait dès lors la sénéchaussée de France (cf. n° 354). Il avait succédé à son père Thibaud IV le 10 janvier 1152 et mourut le 16 janvier 1191 (Longnon, *Obituaires de la prov. de Sens*, t. II, p. xiii-xv). En 1166 Thibaud V se qualifie « senescallus Francie » ; on retrouve alors trois des souscripteurs de la présente charte, mais la mairie de Béville-le-Comte (ca. Auneau) n'a plus le même titulaire (cf. n° **394**). — La date que nous proposons n'est en tout cas qu'approximative et pourrait être rapprochée de 1166.

A. Original perdu. — B. Copie de 1209, LL 1351, fol. 116', collationnée et complétée sur A, où pendait un sceau équestre avec la légende : SIGILLVM THEOBALDI BLESENSIS COMITIS. — C. *Carte... prioratus de Roenvilla*, copie du xv° s., S 1429, n° 2, d'après A. — D. Copie du xv° s., LL 1352, fol. 127'. — E. Copie du xvi° s., LL 1353, fol. 151. — F. Copie du xvii° s., ms. lat. 15504, fol. 72' ; toutes d'après B incomplet.

361. — *Thibaud, évêque de Paris, notifie qu'Archer de la Queue a cédé à l'hospitalier de Saint-Martin le droit de pressurage sur les vignes de Clamart appartenant à l'abbaye, du consentement de son seigneur Guillaume de Viroflay.*

(1143 — 8 janvier 1159)

Ego Theobaldus, Dei gratia, *Parisiensis episcopus*, notum facio omnibus t. p. q. f. quod *hospitarius Sti Martini* suscepit ab Archerio de Cauda pressuram vinearum totius terre sue apud *Clamart* (5), ad censum vi den., annuente et laudante Guillermo de Villa Offen (387) de cujus feodo idem Archerus pred. terram tenebat.

387. Viroflay, ca. et ar. Versailles.

Ipse enim GUILLERMUS partem illam feodi que ad pressuram jamdictam pertinet, in manus nostras reddidit in elemosinam, eo tenore ut si aliquando aliam partem feodi saisire voluerit, pred. censum VI den. solummodo ab hospitario recipiet. Quod ut ratum et inconcussum permaneat, scripti presentis annotatione et sigilli nostri impressione roborari fecimus.

A. Orig. perdu. — *B.* Copie de 1209, LL 1351, fol. 46, non collationnée. — *C.* Copie du xve s., LL 1352, fol. 47. — *D.* Copie du xvie s., LL 1353, fol. 47. — *E.* Copie du xvie s., LL 1358, fol. 1.

362. — *Thibaud, évêque de Paris, à la requête de Clérembaud, curé de Moussy, et du consentement de Guermond, archidiacre de Parisis, autorise le prieuré de St-Martin à percevoir une rente annuelle de vingt sols sur la cure de Moussy.*

(1148 — 8 janvier 1159)

Ego THEOBALDUS, Dei gratia *Parisiensis episcopus*, notum fieri volo t. f. q. p. quod CLARENBAUDUS presbiter de *Monciaco* rogavit nos ut in ecclesia sua parrochiali, que Sti Martini est, annuatim XX sol. Sto Martino habere concederemus. Cujus pie petitioni assensum prebentes, assensu donni GUERMUNDI archidiaconi nostri, concessimus Sto Martino per singulos annos in eadem ecclesia (201) a parochiali presbitero XX sol. dari. Et ne hoc ab aliquo possit infringi, scripto et sigillo nostro confirmari precepimus (388).

A. Orig. perdu. — *B.* Copie de 1209, LL 1351, fol. 46, non collationnée. — *C.* Copie du xve s., LL 1352, fol. 47'. — *D.* Copie du xvie s., LL 1353, fol. 47.

---

388. La date de cette charte se tire du synchronisme de l'archidiacre Guermond, qui figure dans des actes de 1148 à 1175, combiné avec la date funèbre de l'évêque Thibaud (cf. note 394).

363. — *Thibaud, évêque de Paris, par amour pour St-Martin-des-Champs, confirme, du consentement de l'archidiacre Guermond, la cession faite à St-Nicolas d'Acy par Jean, échanson du Roi, de l'assentiment de son fils Pierre, de ce qu'il avait usurpé dans la dîme de Villeron, moyennant une indemnité de 22 livres.*

(1148 — 8 janvier 1159)

Carta de decima de Vilerun (a).

Ego T[heobaldus] *Parisiensis episcopus*, notum volo esse tam presentibus quam futuris quod Johannes, *pincerna Regis* (389), assensu uxoris sue et Petri filii sui et filiarum suarum, quidquid habent in majori et in minori decima de *Vilerum* quas injuste usurpaverat, in manu mea reddidit, et viginti duas libras de caritate *Ecclesie Sti Nicholai* habuit. Ego autem, petitione ipsius, pro amore quem habebam ad *Sanctum Martinum de Campis*, hoc totum quod michi reddidit, *Ecclesie Sti Nicholai* concessi, assensu Guermundi archidiaconi et totius capituli nostri (388).

(a) Titre de la charte en *B*.

A. Original perdu. — B. *Cartulaire de St-Nicolas d'Acy* (perdu). — C. Copie du xviii⁰ s., Coll. Moreau, t. LX, fol. 262, d'après A, collationnée par Afforty. — D. Copie d'Afforty, *Collection de Senlis*, XIV, 155, d'après B.
Edit. Vattier, *Comité archéologique de Senlis*, 1886.

364. — *Thibaud, évêque de Paris, constate le droit de propriété de St-Martin-des-Champs sur des vignes que son neveu Barthélemi détient en viager à Fontenay-sous-Bois, et sur d'autres concédées par le feu prieur Eudes II à maître Durand.*

(1152 — 8 janvier 1159)

Ego T[heobaldus], *Parisiensis ecclesie sacerdos* humilis, notum

---

389. Jean l'échanson appartient à une branche de la famille de Senlis qui se distingua par des libéralités au monastère de Saint-Martin-des-Champs au début du xii⁰ siècle. Elle était alors représentée par deux frères, Adam et Pierre. Les

facio t. p. q. f. quod. III. arpenni vinee quos Bartholomeus, nepos meus (390) tenet apud *Fontanetum* (391) sunt de ecclesia *Sti Martini de Campis*, sed tenere illos debet predictus B[artholomeus] quoad vixerit. Illo vero decedente, ad ecclesiam Sti Martini, unde sunt, revertentur. Quod ne temporum successu possit abholeri, ad testimonium veritatis placuit nobis scripto memorie commendare, et sigilli nostri munimine et testium subsignatorum confirmare assercione (a).

Item notum fieri volumus quod magister Durannus tenet. v. arpennos de vineis *Sti Martini de Campis*, quartario minus, quos prestitit ei bone memorie Odo *prior Sancti Martini* (392) : sed ne de sua bonitate Sanctus Martinus detrimentum paciatur, in decessu magistri Duranni, rogatu ipsius, hujus rei conventionem in medio ponimus et scripto annotari et sigillo confirmari precepimus.

(a) L'original ne porte aucune souscription ; à cet endroit une ligne est restée en blanc.

A. Original scellé d'un beau sceau de l'évêque Thibaud, S 1346, n° 1.

365. — *Mathieu Ier de Montmorency règle la distribution d'une rente de dix livres léguée par son père Bouchard IV aux églises de Saint-Martin-des-Champs, Saint-Martin-de-Pontoise, Sainte-Honorine* (de Conflans) *et Cluny.*

(1154 — 8 janvier 1159)

Matheus de Montemorenciaco omnibus hominibus suis atque

---

droits que Jean et son fils Pierre avaient sur la dîme de Villeron suggèrent l'idée que le chevalier Adam de Villeron, qui se croisa avec Louis VII, appartenait aussi à leur famille.

390. Barthélemi (peut-être le religieux qui suppléa Eudes II comme prieur en 1148-1150) étant neveu de Thibaud, doit être, d'après la note 359, regardé comme un petit-fils d'Anseau de Garlande.

391. Au dos de la pièce originale est cette mention, d'une main du XIVe siècle : « Fontenay-sur-le-Bois. » C'est Fontenay-sous-Bois, près Vincennes.

392. Le prieur Eudes cité ici paraît être Eudes II, dont la gestion laissa beaucoup à désirer. On voit qu'il avait négligé de garantir, par des actes, à son monastère, la propriété des vignes qu'il avait aliénées gracieusement.

fidelibus salutem. Notum vobis fieri volo et o. t. f. q. p. quod Burchardus pater meus dedit *ecclesie Bti Martini de Campis* et *ecclesie Sti Martini de Pontesio, ecclesie Ste Honorine de Confluencio* et *ecclesie Cluniaci* decem libras in transverso de *Francurtvilla* (375) in elemosina singulis annis. De his decem libris volo et concedo et sigilli mei testimonio confirmo ut ecclesia Ste Honorine, juxta dispositionem patris mei, trigenta solidos singulis annis a firmario qui ipsum transversum ad firmam habebit, recipiat, octo diebus ante festum ejusdem Virginis Marie. Quod si *dominus Montismorenciaci* ipsum transversum in manu propria retinuerit, monachi predictarum ecclesiarum, apud *Francurtvillam* in crastinum octavarum festivitatis Sti Dionisii conveniant, et ibi, precepto *domini Montismorenciaci*, convocatis servientibus ad ipsum transversum colligendum constitutis, facient idem servientes fiduciam pred. monachis quod *dominus Montismorenciaci*, nec aliquis alius, de redditu pred. transversi aliquid habebit donec jamd. ecclesiarum monachis satisfactum sit ab ipsis servientibus; ita ut *ecclesia Sti Martini de Campis* prior recipiat partem suam de pred. decem libris; deinde *ecclesia Sti Martini de Portesio*, postea *ecclesia Ste Honorine* xxx solidos; reliquos *ecclesia Cluniacensis*. Si vero pred. servientes fiduciam jamdictam facere ipsis monachis renuerint, et *dominus Montismorenciaci* ad hoc eos cogere noluerit, aut alios ministros ponere qui fiduciam eis faciant et fideliter istam ecclesiam (*a*) reddant, adeant Parisiensem episcopum, qui, audita querimonia eorum, in tota terra domini Montismorenciaci ecclesiasticam justiciam exerceat. Eapropter volo ut ipsa charta testimonio et auctoritate sigilli domini Theobaldi, *Parisiensis episcopi*, cum testimonio subscriptorum testium confirmetur et corroberetur; etc. (*b*).

(*a*) *sic B ;* corr. « pecuniam ». — (*b*) La copie de B est visiblement incomplète. L'acte se place après 1164, date de la mort de la reine Adèle ou Adélaïde, remariée à Mathieu de Montmorency.

A. Orig. perdu. — *B.* Copie de 1209, LL 1351, fol. 111, non collationnée. — *C.* Copie du xve siècle, LL 1352, fol. 117'. — *D.* Copie du xvie s., LL 1353, fol. 140 ; toutes deux d'après *B*.

366. — *Thibaud, évêque de Paris, ayant laissé vingt livres parisis par testament à dom Nicolas, sous-prieur de St-Martin, intendant de sa maison épiscopale, en reconnaissance de ses services, celui-ci les offre en y ajoutant encore cent sols, à sa communauté pour acquérir des revenus. Le prieur Guillaume les donne à Foulques prieur de St-Léonor de Beaumont, à la charge d'une rente perpétuelle de 25 sols destinée à servir aux moines de St-Martin un repas complet de poissons de Seine, ou deux repas de harengs frais, suivant la saison, au jour anniversaire de Nicolas.*

Sciant presentes et futuri Christi fideles quod domnus THEOBALDUS, *Parisiorum episcopus*, dedit xx libras parisiensis monete domno NICHOLAO, quondam subpriori hujus loci, qui a secundo episcopatus sui anno (393) usque ad finem vite sue (394), in dis-

---

393. C'est dans la seconde année de son épiscopat que Thibaud organisa sa maison, en prenant pour majordome Nicolas, qui conserva cette charge jusqu'au 8 janvier 1159, et qui occupa simultanément les fonctions de sous-prieur. Nous l'avons vu en charge en 1151, et il paraît avoir occupé plus tard un prieuré.

394. La mort de l'évêque Thibaud est commémorée le 8 janvier par l'obituaire de la cathédrale de Paris et par le Livre des Anniversaires, du xive siècle (Molinier, *Obituaires de la province de Sens*, I, 96, 214), par le nécrologe de St-Germain-l'Auxerrois (Ib., p. 785) et par celui de St-Victor qui le signale comme un bienfaiteur : « Anniversarium venerabilis Theobaldi, Parisiensis episcopi, de cujus beneficio habemus xx libras » (Ib., p. 530). Il fut inhumé le lendemain 9 d'après l'obituaire de St-Martin-des-Champs (Ib. p. 422) : « Depositio domni Theobaldi Parisiensis episcopi. Prior fuit hujus loci. Officium fiat plene per omnia, sicut de Urso priore. » Cette date des obsèques a été préférée à Saint-Denis, à Chelles, à Longpont, à Yerres (Ib., pp. 307, 356, 520, 611). C'est par erreur que Molinier attribue à l'évêque de Paris la mention : *Depositio Theobaldi episcopi* portée au 8 des calendes de mars (22 ou 23 février) sur un des nécrologes de St-Germain-des-Prés (Ib. p. 281). Quant à la transposition au 24 juin de l'obit de Thibaud de Paris sur le Nécrologe de Notre-Dame au xvie siècle, c'est le résultat d'une « erreur savante » dans laquelle tombèrent aussi les frères de Sainte-Marthe et qu'explique la *Gallia* (VII, 67).

Ces points établis, faut-il suivre, comme nous l'avons fait (*Essai sur la chronologie des évêques de Paris*, *Bulletin historique et philologique*, 1906), l'opinion de la *Gallia christiana nova* fixant à 1157 la mort de Thibaud ? C'est absolument impossible en présence de la charte n° **356**, qui le montre encore vivant le 22 mars 1157, c'est-à-dire *1158, nouveau style*. De fait le seul acte qu'on cite de son successeur Pierre Lombard est daté de 1159, en sa première année de prépensatione domus sue, in rerum suarum susceptione et concordia, satis honeste et fideliter ei servierat. Ipse vero Nicholaus has xx libras, insuper et centum sol. paris., ad emendum redditus, voluntate Willelmi prioris *Sti Martini* et tocius conventus, tradidit ecclesie *Sti Leonorii de Bellomonte*, per manus Fulconis, ejusdem ecclesie tunc prioris, ea siquidem conventione quod ab habitatoribus ecclesie Sti Leonorii xxv solidi paris. singulis annis redderentur in manu subprioris Sti Martini, de quibus fieret conventui plena refectio de piscibus *Sequane*, vel due de allecibus recentibus, si tempus fuerit, in die vero obitus sui et omni anno anniversarii sui. Statutum est, assensu tocius capituli, quod qui hanc conventionem sive pactionem infregerit, anathema sit.

A. Décision inscrite sur le *Necrologium Sancti Martini de Campis*, fol. 682. (Ms. perdu). — B. Copie du xviie s., ms. lat. 17742, fol. 333. — C. Copie du xviiie s., S 1410, n° 39, avec cette mention d'origine : « Ex Necrologio S. M., fol. 682 ».

Edit. Douët d'Arcq, *Recherches hist. sur les comtes de Beaumont-sur-Oise*, Preuves, n° viii.

367. — *Le roi Louis VII donne en aumône aux moines de Saint-Nicolas d'Acy le vivier qu'il possédait entre Senlis et St-Nicolas.*

(Senlis, 1er janvier ou 20 avril 1158 — 1er janvier ou 11 avril 1159)

In nomine sancte et individue Trinitatis, amen. Ego Ludovicus, Dei gratia *Francorum rex*. Regie benignitatis dignissima est cura servis Dei, qui ob amorem celestis patrie, carnium pastus sibi subtraxerunt, condescendere et ariditati eorum piscium aliquod remedium ministrare. Qua consideratione moniti, notum facimus universis, presentibus pariter et futuris, quod pro antecessorum nostrorum regum *Francie* animabus, et pro peccatorum nostro-

---

lature. Pierre mourut le 20 août suivant, et Philippe de France, son concurrent momentané, le 4 septembre 1161 (*Gallia*, VII, 68-71). Ainsi Thibaud expira le 8 janvier 1159 et fut enterré le lendemain 9.

rum remissione, vivarium nostrum quod habebamus inter *Silvanectis* et *Sanctum Nicholaum*, monachis inibi Deo famulantibus et Ecclesie in elemosinam donavimus; et pro immobili firmitate sigillo nostro roborari fecimus, adjecto nominis nostri karactere.

Actum publice *Silvanectis*, anno Incarnati Verbi M° C° LVIII°. Astantibus in palatio nostro quorum apposita sunt nomina et signa. S. comitis Teobaudi dapiferi nostri. S. Guidonis buticularii. S. Mathei camerarii. S. Mathei constabularii.

Data per manum Hugonis (*Monogramme royal*) cancellarii (*a*).

(*a*) Au bas de l'original : « Représentées le vingt quatre novembre MVI^c quarante-un ; transcrittes et insérées dans les registres de la Chambre des Comptes en exécution de la déclaration du Roy du quatorze mars MVI^c quarante-un. Duconnet. »

A. Orig. jadis scellé. Arch. de l'Oise, H 2578¹. — *B*. Copie figurée du xve s., sur papier. Arch. de l'Oise, H 2578². — *C*. Copie authentique du xviiie s., K 189, n° 105, d'après *A*. — *D*. Copie d'Afforty, *Coll. de Senlis*, XXV, 206.
Edit. Vattier, *Comité archéologique de Senlis*, 1886, d'après *D*.
Ind. Luchaire, *Actes de Louis VII*, n° 429, p. 234.

368. — *Henri, comte palatin de Troyes, constate que Gervais de Châtillon, sa femme Basle, fille d'Helloin de Damery, et Gérard, frère de Basle, ont renoncé à tout droit de vicomté ou de voirie sur la terre de St-Martin à Sainte-Gemme.*

(1er janvier ou 12 avril 1159 — 1er janvier ou 27 mars 1160)

Ego Henricus *Trecensium comes palatinus*, notum fieri volo p. et f. quod Gervasius de Castellione qui filiam Herluini de Damerico (395) duxit uxorem, jus vicecomitatus seu viarie quod in villa *Sancte Gemme* (174) habere se dicebat, omnino dimisit, et quietum clamavit monachis ejusdem loci, assencientibus et laudantibus uxore sua Bassilia cum lib[e]ris (*a*) et Girardo, fratre conjugis

---

395. Damery, ca. et ar. Epernay.

sue ; exceptis duobus solidis qui, singulis annis, a prefatis monachis ei persolvendi sunt. Ut autem litis (b) et calumpnie in posterum precedatur occasio, hanc immunitatem et libertatem memorate ville laudavi et concessi, statuens ut idem Gervasius et quicumque predictos duos solidos post cum habiturus est, preter ipsos in eadem villa nichil exigant, nec ullis eam vexationibus inquietent, etc. Actum anno Verbi incarnati M° C° LVIIII°.

(a) B libris. — (b) B litteris.

A. Original perdu. — B. Copie de 1209, LL 1351, fol. 118, incomplète et non collationnée. — C. Copie du xv° siècle, LL 1352, fol. 129' (avec la date 1158). — D. Copie du xvi° s., LL 1353, fol. 152'.

369. — *Henri, comte palatin de Troyes, assure au prieuré de Ste-Gemme 20 setiers de blé de rente en échange de revenus qui lui ont été concédés.*

(1" janvier ou 12 avril 1159 — 1" janvier ou 27 mars 1160)

Ego Henricus, *Trecensis comes palatinus*, tam presentium existencie quam future posteritati notum facio quod redditum quemdam ecclesie *Ste Gemme* apud *Aceyum* (396) de assensu monachorum Ste Gemme, in manum meam accepi, pro cujus restitutione xx sextarios frumenti, singulis annis, ad Stam Gemmam accipiendos, pref. ecclesie que cum omnibus bonis suis sub illustrissimi regis *Francie* custodia consistit, assignavi eo tenore ut, cum ministerialis meus per manus monachorum *Ste Gemme* qui in villa et territorio ejusdem loci, cum omni justicia, viariam et vicecomitatum habent, frumentum quod pro theloneo debetur, apud Stam Gemmam, serviente monachorum precedente, et etiam mensurante, frumentum collegerit, ejusdem loci monachi xx sextarios ipsius frumenti primitus per se accipient ibidem, et gagia per manus monachorum capta pro defectu frumenti in districtu eorumdem monachorum apud Stam Gemmam septem diebus et septem noctibus

---

396. Acy, ca. Braisne, ar. Soissons (Aisne).

remanebunt. Et ut hec commutatio rata et inconcussa permaneat, eam sigilli mei impressione et testium subnotatione confirmari precepi.

Hujus confirmationis testes affuerunt : Nicolaus capellanus, magister Hugo de Monterampon, Haycius de Planciaco (397), Ansellus de Triangulo buticularius (a), Gaufridus Brulars, Obertus de Petraponte (397), Petrus Bristaldus, Theobaldus de Mutri (399), Gervasius marescallus. Actum est hoc apud *Minciacum* (397), anno Verbi Incarnati millesimo centesimo quinquagesimo nono, Ludovico rege *Francorum* regnante.

(a) berciclarius *B*.

A. Orig. perdu. — B. Vidimus de 1284, par « magistri Rufinus de Ficeclo cononicus, et Nicolaus de Ferrariis, officiales *Remenses*. » S 1434, n° 9.

370. — *Adam IV, châtelain de l'Isle-Adam, confirme les dons de ses devanciers et de ses vassaux à l'église Notre-Dame de l'Isle, et en ajoute de nouveaux.*

(Vers 1159-1160)

Noverint tam presentes quam posteri, quod ego Adam, *dominus de Insula*, omnes elemosinas quas Ansellus, pater meus, et predecessores mei, et feodorum meorum possessores, ecclesie *Ble Marie de Insula* et monachis ibi Deo militantibus pro animabus suis, et quiete imperpetuum concedo : Apud *Bethlencurt*, xx solidos de censu annuatim, et duos curticulos, consuetudines reddentes (398). Apud *Freovillam*, hospites, decimam, censum et terram. Apud *Valmondeis*, duos hospites et censum. Ad granchiam de *Parmeno*,

---

397. Plancy, probablement Blanzy-lès-Fismes, même canton. — Pierrepont-en-Laonnais, ca. Marle, ar. Laon. — Mitry-Claye, comm. Mitry-Mory, ca. Claye-Souilly, ar. Meaux. — Maincy, ca. Avize, ar. Epernay.

398. Jouy-le-Comte; Frouville; Valmondois; Mériel; Villiers-Adam; Courcelles, hameau de Presles; Parmain, hameau de Jouy-le-Comte; Nogent, comm. de l'Isle Adam; ca. L'Isle-Adam, ar. Pontoise. — Balincourt, comm. Arronville, ca. Marines, ar. Pontoise. — Butry, hameau d'Auvers-sur-Oise, ca. Pontoise.

v sextarios hyemalis annone. Apud *Insulam*, omnem censum granchiarum que *foro* contigue sunt; exceptis illis granchiis que juxta clausum meum sunt, in quibus etiam medietatem census (*a*) monachi habent; et totius telonei medietatem. Quicquid etiam monachi habent apud *Parmenum* et circa *forum*, tam in terris quam in vineis, quod scilicet ad feodum meum pertinet concedo. In *castro* etiam *Insule*, x sol. de stalagio et duos hospites. Apud *Nogentum*, censum, hospites et terram. Apud *Meriel*, totam decimam. Apud *Vilers*, et (*b*) granchiam, decimam et terram. Apud *Roissiacum*, hospites et terram, et ejusdem terre justiciam et viatoriam. In *Retondu* et in *bosco Buchardi*, in parte scilicet Odonis de Roissiaco, usuarium suum.

Ego vero Adam, pro anima mea et pro animabus amicorum meorum, assensu uxoris mee et filiorum meorum Anselli et Theobaldi, Adam, do in elemosinam eidem ecclesie et eisdem (*c*) monachis apud *Bellencurt* unum curtilem; apud *Valmondeis* unum hospitem; apud *Nogentum* unum hospitem; in granchia *Parmeni*, I sextarium avene; apud *Buteri*, unam culturam quam rustici ejusdem ville ad medietatem faciunt. Ad victum etiam capellani ejusdem ecclesie, dimidium modium annone annuatim. Captionem quoque quam super hospites *Bte Marie* apud *Nogentum* habebam, quietam dimitto. Omnium autem elemosinarum quas monachi habent, undecunque date fuerint, me defensorem, prout ratio dictaverit, per omnia promitto, etc. (*d*).

(*a*) censu B. — (*b*) sic en B; un mot paraît avoir été oublié. — (*c*) ejusdem B. — (*d*) sic en B. — La date de la pièce est perdue. Elle doit se placer peu après la mort d'Anseau Ier, qu'en 1162 Louis VII qualifie « familiaris noster bone memorie ». Elle est antérieure aux lettres de l'évêque Henri confirmant la donation des dîmes du vin à l'Isle-Adam, Parmain et Boullonville; car les donateurs étaient assurément possesseurs de fiefs dans la châtellenie de l'Isle, et leurs libéralités ne sont pas mentionnées dans la charte d'Adam IV, qui en relate de moins importantes. Adam IV mourut entre 1186 et 1189 (Appendices au *Cartul. de St-Martin de Pontoise*, pp. 419-420).

A. Original perdu. — B. Copie de 1209, LL 1351, fol. 118, incomplète et non collationnée. — C. Copie du xve s., LL 1352, fol. 129'. — D. Copie du xvie s., LL 1353, fol. 153. — E. Copie du xviiie s., S 1420, n° 47, d'après B comme les précédentes.

371. — *Henri de France, évêque de Beauvais, approuve la restitution des dîmes du vin à l'Isle-Adam, Parmain et Boullonville, faite à l'église Notre-Dame de l'Isle par Godefroi de Jouy et Raoul de Courcelles.*

(Beaumont-sur-Oise, 1ᵉʳ janvier *ou* 12 avril 1159 — 1ᵉʳ janvier *ou* 23 mars 1160).

Ego HENRICUS *Belvacensis* dictus *episcopus*, universis notum fieri volumus t. f. q. p. quod GODEFRIDUS DE JOIACO, saluti anime sue providere volens, RADULFUS quoque DE CURCELLIS (398), eadem de causa, totam decimam vini de *Insula*, de *Parmanio*, de *Bolonvilla*, quam, quia laici erant, injuste possidebant, ecclesie *Bte Marie de Insula* reddiderunt, ab eadem ecclesia in perpetuum possidendam. Pred. vero ecclesia de eadem decima presbitero de *Joiaco* annuatim unum modium frumenti persolvet. In decima quoque annone de *Parmanio* dimidium modium suprad. GODEFRIDUS prefate concessit ecclesie. Preter hec autem HUGO de *Novavilla* presbiter, terciam partem totius decime de *Nigella* (399) quam jure hereditario possidebat, prenominate ecclesie concessit. Quia vero elemosinas fidelium nostrum est approbare, et prout res exigit, litteris confirmare, predictorum fidelium elemosinas sigilli nostri auctoritate firmamus ut in perpetuum rate permaneant et inconcusse. Si quis vero ausu temerario donationes istas infringere presumpserit, anathema sit.

Datum *Bellomonte*, anno Incarnationis Dominice Mº Cº Lº IXº, regnante *rege* LUDOVICO, *regis* LUDOVICI *filio, fratre nostro.*

A. Orig. perdu. — B. Copie du xviiiᵉ s., S 1420, nº 11, *ex autographo*.

---

399. Nesles-la-Vallée, ca. L'Isle-Adam.

372. — *Mathieu II, comte de Beaumont-sur-Oise, confirme aux moines de St-Léonor les rentes sur le travers du pont qui leur ont été consenties par son père Mathieu Ier en raison de la construction de ce pont de pierre.*

(1er janvier ou 27 mars 1160 — 1er janvier ou 16 avril 1161)

In nomine sancte (a) et individue Trinitatis. Amen. Quoniam temporum diuturnitate et rerum instabilitate facta hominum deleri noscuntur, nisi litterarum apicibus denotata, succedentium memorie tradantur (b), ego Matheus, Dei pacientia (c) comes Bellimontis, notum facio t. p. q. f. (d) quod pie memorie (e) Matheus comes (f), pater meus, voluntate mea (g) et consilio, fratrisque mei Hugonis (h) assensu, dedit Deo et *ecclesie Bti Leonorii* (i) et monachis ibidem Deo servientibus, pro salute anime sue et in (j) compensatione operis *pontis lapidei*, quem ipsi (k) a fundamento extruxerunt (l), centum solidos *Belvacensium* de transversu ejusdem pontis annuatim accipiendos, et decem minas salis.

(m) Ut igitur hoc donum ratum et inviolabile in perpetuum maneat, litteris adnotari et sigilli mei auctoritate roborari feci. Insuper et terminos in quibus predicta a transversario pontis, quicumque ille fuerit, remota omni occasione et dilatione, sicut precepit pater meus, monachis persolventur, assignare volui : ad Edictum, xx solidos ; in Assumptione sancte Marie, xx sol. ; infra octabas sancti Dyonisii, xx sol., infra octabas Innocentium, xx sol. ; in Annuntiatione sancte Marie, xx sol. Sal enim infra predictos terminos reddetur (n).

(o) Hujus rei testes sunt : Petrus de Borrencq, Petrus de Roncherolliis (p), Arnulfus (q) de Husseio, Petrus de Vallibus. Ruricus (r) de Conflens, Odo prepositus, Lambertus camberlencus (s), Gislebertus (t) Nicolai.

(a) *H* omet les trois mots suivants. — (b) *H* omet tout le préambule. — (c) *H* « Dei gratia ». — (d) *H* omet « tam presentibus quam futuris ». — (e) *H* omet « pie memorie ». — (f) *H* omet « comes ». — (g) *H* omet « et consilio ». — (h) *H* omet « assensu ». — (i)-(j) *H* remplace tout ce passage par « pro ». —

(k) *H* remplace « ipsi » par « monachi ». — (l) *H* construxerunt. — (m)-(n) *H* résume ainsi tout cet alinéa : « Quod ut firmum permaneat, sigilli mei munimine feci roborari. » — (o) *H* omet « hujus rei ». *C* primitif, *E*, *G* suppriment toute la fin de l'acte. — (p) *H* Boucheratis; *a* Boutherolis. — (q) *C* Arnulphus. — (r) *C* et *H* Buricus; *a* Bireitus. — (s) *H* cambellentus. — (t) *H* Vislebertus.

A. Original perdu. — B. « Vetera copia pergamenea », peut-être identique à D. — C. Copie de 1209, LL 1351, fol. 113, incomplète de toute la fin, collationnée et complétée sur B. — D. Cartulaire ancien de St-Léonor (perdu). — E. Copie du XVe s., LL 1352, fol. 121', d'après C incomplet. — F. « Copie collationnée du Cartulaire contenant les lettres du prieuré de St-Léonor de Beaumont-sur-Oise, de la dépendance de St-Martin-des-Champs... en parchemin, lequel contient deux cayers dont le premier... contient quatorze feuillets » par « Gerault Simon, bourgeois de Beaumont-sur-Oise et garde du scel de la chastellenie de ce mesme lieu, transcript le vendredi 12 février 1500 » [1501, nouv. style]. — G. Copie du XVIe s., LL 1353, fol. 144'. — H. Copie de F. dans le vol. 186 de la Coll. Gaignières, actuellement ms. lat. 9974, fol. 16'.

373-374. — *Le prieur Thibaud III échange avec l'abbaye St-Lucien de Beauvais ce que sa communauté possédait à St-Omer-en-Chaussée, Milly, Conty et Ons-en-Bray, contre les revenus dont St-Lucien jouissait à Louvres et Puiseux et contre une rente de sept livres que Saint-Lucien devra lui payer annuellement à Paris. — Pierre, abbé de St-Lucien, confirme cet échange par des lettres identiques.*

(Paris, 1er janvier ou 17 avril 1161 — 1er janvier ou 8 avril 1162)

Ego frater THEOBALDUS *prior Sancti Martini de Campis* notum facio tam f. q. p. quod quicquid habemus apud *Sanctum Audomarum* (55) et decimam pedagii de *Miliaco* et quod habemus in pedagio de *Conti* et modium unum frumenti in molendino de *Huns* (251) hoc totum concessimus ecclesie *Sancti Luciani Belvacensis*, assensu totius capituli nostri, et quicquid juris habemus in his predictis, in prenominatam ecclesiam totum sine diminutione transfudimus. Sub tali quidem pactione quod *ecclesia Sancti Martini de Campis*, jure perpetuo, possidebit quicquid terre et redditus habebat *ecclesia Sancti Luciani* apud *Puteolos* et apud *Luvres* (68). Insuper quod ecclesia Sancti Luciani persolvet *Beato Martino apud Parisius* vii. libras Belvacensis monete singulis annis, sexaginta videlicet et x. solidos in festivitate hyemali Beati Martini, et alios lx^{ta} et x^{cem} solidos infra octabas Pasche. Quod si ecclesia Sancti Luciani summam predictam statuto termino non persolverit, tercia die post festum Beati Martini persolvet legem x^{cem} sol. Similiter si infra octabas Pasche non reddiderit, eandem legem, x^{cem} scilicet sol., persolvet Beato Martino sequenti die post octabas. Si vero, quod absit, statutis terminis neque consum neque legem ecclesia Belvacensis Sancto Martino reddiderit, tunc omnes ecclesie Sancti Luciani que in *episcopatu Belvacensi* constitute sunt, a divino officio cessabunt sine alio judicio vel placito donec ecclesia Sancti Luciani de predicto censu et lege ecclesie Sancti Martini satisfecerit. Hec autem pactio inter utramque ecclesiam firmata est, ita quod carta Sancti Luciani signata est sigillo Sancti Martini, et carta Sancti Martini signata est sigillo Sancti Luciani. Actum *Parisius*, apud *Sanctum Martinum de Campis*, anno ab Incarnatione Domini M°C°LX°I°, regnante rege Francorum LUDOVICO SECUNDO.

A. Original, *Coll. de Picardie* (Dom Grenier), Bibl. Nat., vol. 304, fol. 3.

Ego frater PETRUS, abbas *Sancti Luciani Belvacensis*, notum facio t. f. q. p. quod THEOBALDUS, venerabilis *prior Sancti Martini de Campis*, quicquid habebat apud *Sanctum Audomarum* — — hoc totum concessit ecclesie *Sti Luciani Belvacensis*, assensu tocius capituli sui, et quicquid juris habebat — — sine diminutione transfudit. Sub tali quidem pactione — — regnante *rege Francorum* LUDOVICO SECUNDO.

A. Original muni d'un sceau endommagé, S 1333, n° 11. — B. Copie de 1209, LL 1351, fol. 95, collationnée sur A. — C. Copie du xv° s., LL 1352, fol. 94. — D. Copie du xvi° s., LL 1353, fol. 115.

375. — *Renaud Ier, évêque de Meaux, constate que Hugues de La Chapelle a engagé, pour 40 livres de Provins, à St-Martin-des-Champs, la dîme de Boularre tenue par lui de Guy de Garlande et d'Arnoul dit Judas* [de La Chapelle].

(26 avril 1158 — 1161)

Ego R[EGINALDUS], Dei gratia, *Meldensis* (a) *episcopus*, notum fieri volo t. p. q. f. quod Hugo de Capella invadiavit *Sto Martino de Campis* quicquid habebat in decima de *Boloirre* excepto vino, pro XXXX^a libris pruvinensibus. Hoc autem vadium concesserunt filii ejus et filie et illi similiter de quorum feudo ipsam decimam tenet, videlicet Guido de Garlanda a quo medietatem decime tenet, et Ernulfus cognomento Judas a quo et aliam medietatem tenet, et filii Arnulfi, et Johannes Gratepechit de quo ipse Arnulfus tenet. Sciendum quod ipse Hugo de Capella pluvivit (b) in presencia nostra, et cum eo filius ejus Terricus, et nepos ejus Galo et Johannes Gratepechit, et Johannes Bos in manu Hugonis de Montegoilon (400) portare garandiam plenam Sto Martino, nec redimendam esse nisi de suis propriis denariis et ad suum proprium opus. Hec autem decima in parochia Sancti Martini est *de Veteri Creceio*. Nos autem auctoritate pontificali predictum vadium laudamus et confirmamus, et sigillo nostro munimus, et hanc petitionem perturbantes ecclesiastice justicie subicimus.

(a). Renaud I, abbé de Jouy, fut élu évêque de Meaux après la mort de Manassé le 26 avril 1158. Il est encore cité en 1161 et dès l'année suivante le siège était rempli par Etienne, frère de Gautier de Nemours, chambellan de Louis VII et de Philippe Auguste (*Gallia christiana*, VIII, 1614-1615). — (b). *Sic* pour « plegivit », se porta pleige ou garant.

A. Original scellé, L 876, n° 58. — B. Copie de 1209, LL 1351, fol. 58, collationnée sur A. — C. Copie du xve s., LL 1352, fol. 57'. — D. Copie du xvie s., LL 1353, fol. 61'.

---

400. Montaiguillon, comm. de Louan, ca. Villiers-St-Georges, ar. Provins (Seine-et-Marne).

376. — *Gundacre, chevalier de Creil, en présence de l'évêque de Beauvais Henri, concède la grosse dîme de Brenouille et du Plessis Belleville à St-Nicolas d'Acy, et reçoit 23 livres provinoises du sacristain Giroud.*

(1149-1162)

Carta de minuta decima de villa bernosa (a). Notum facimus tam presentibus quam futuris quod quidam miles de *Credulio*, Gundacres nomine, *ecclesie Beati Nicholai* totam minutam decimam de *villa Bernosa* (178) et de (b) *Plesseio* (401) in elemosinam dedit. Postea vero, ab amicis sano accepto consilio, pro magna decima earumdem villarum, a domno Giroldo, jamdicte ecclesie sacrista, viginti tres libras *Pruviniensis* monete accepit, eamque apud *Sanctum Xristoforum* (402) coram domno Henrico, Belvacensi episcopo, *ecclesie Sti Nicholai* jure perpetuo possidendam dereliquit. Et, ut inconvulsum et stabile permaneret, ipse Gundacres, uxor ejus et filii, coram amicis suis et fidelibus testibus assistentibus, manus super altare beati Nicholai posuerunt, et ne aliquando *ecclesia Sti Nicholai* pro illa decima aliquod detrimentum patieretur, ab ipso Gundacre, et ab amicis suis, videlicet Odone qui dicitur li Poz, Petro etiam (c) de Fontenis (e), Anselmo Tallefer (d), monachi in eadem ecclesia Deo servientes, fidem acceperunt, auctoritate sigilli *Belvacensis episcopi* firmaverunt. (f) Hujus rei testes sunt Hugo de Pratis, Odo li Poz et multi alii.

(a). Titre en *F*. — (b). Plessis *B C D F*. — (c). *F G* omettent « etiam ». — (d). Fontenes *B C D*, Fonterres *F*. — (e). Tallefer *G*. — (f). La fin marque en *F G*.

A. Original perdu. — B. Copie de 1209, LL 1351, fol. 74, non collationnée. — C. Copie du xvᵉ s., LL 1352, fol. 72. — D. Copie du xviᵉ s.,

---

401. Plessis-Belleville, ca. Nanteuil, arr. Senlis.
402. St-Christophe, éc. Fleurines, ca. Pont-Ste-Maxence, ar. Senlis.
403. Cet acte est daté par les limites de l'épiscopat de Henri de France à Beauvais. Le sacristain Giroud devient prieur d'Acy quelques années plus tard, après Aleaume, entre 1164 et 1165 (Cf. n° **390**).

LL 1353, fol. 83. — E. *Cartulaire de St-Nicolas d'Acy* (perdu), fol. 2. — F. Copie du xviiie s., Coll. Moreau, t. LXXV, fol. 194, collationnée par Afforty, d'après E. — G. Copie d'Afforty, *Coll. de Senlis*, XIV, 255, d'après E.

377. — *Le prieur Thibaud III rappelle qu'Aubert, préchantre de Paris, donateur de la prébende d'Étampes, offrit en outre à St-Martin-des-Champs ses vignes à Belleville acquises de Saint-Victor, sa maison et des vignes aux Thermes, sa maison et son domaine de Vitry-sur-Seine, moyennant une rente viagère de neuf livres, des pelisses d'agneau et des bottes à la St-Martin d'hiver. Aubert donnera désormais 20 sols par an pour une pitance aux moines. Témoins, l'évêque Maurice, Laurent prieur de Saint-Denis de la Châtre et autres.*

(1161-1164)

Notum sit omnibus quod venerabilis amicus noster, domnus ALBERTUS, canonicus et *cantor Parisiensis* (404) dedit nobis pro remedio anime sue, prebendam suam de *Stampis*, in *ecclesia Beate*

---

404. L'obituaire de St-Martin-des-Champs (ms. 1344 A de la Bibl. Mazarine) porte au 19 décembre : « Aubertus, precentor Parisiensis ». — Dans la liste des anniversaires solennels, se trouve cette mention : « Item orare tenemur pro domino Alberto precentore ecclesie Parisiensis qui dedit nobis prebendam Sancte Marie de Stampis; item, apud Vitriacum dedit nobis undecim arpenta vinearum, cum universa supellectili vineis apta. Preterea dedit nobis LX libras parisienses ad emendos redditus. Insuper, ad faciendum sacellum Dive Marie, L libras. De quibus bonis olim camerarius et infirmarius debebant generale conventui ». On voit que cette pitance avait été supprimée au temps du prieur Etienne Gentil, mort en 1536. (Molinier, *Obit. de la prov. de Sens*, I, 474, 486). La date funèbre inscrite en cet obituaire est confirmée par celui de Saint-Victor, avec une différence d'un jour; il porte au 18 décembre : « Item anniversarium Alberti precentoris Parisiensis, de quo habuimus decem marcas argenti ». (Ib., p. 606). Aussi n'attacherons-nous aucune valeur à la date du 2 juillet, où son obit figure au Nécrologe de la Cathédrale, ayant eu l'occasion de constater que ses mentions sont trop souvent arbitraires (Ib., p. 159). Aubert figure encore comme préchantre en 1174 dans un acte publié par Mortet dans son étude sur *Maurice de Sully* (*Mém. de la Soc. de l'Hist. de Paris*, t. XIV), et dès 1175, Gautier son successeur apparaît dans la charte **423** de ce *Recueil*. La date funèbre d'Aubert : 18 décembre 1174, est à substituer à celle plus vague « vers 1180 » donnée par Molinier. Voir, n° **420**, la mention d'autres dons du préchantre Aubert au monastère des Champs.

Marie, totam integram absque ulla retentione, et jam habemus eam. Dedit et nobis vineas suas de *Saviis* quas emit a *Sancto Victore*, et domum suam de *Thermis*, cum vinea que ad eam pertinet; domum etiam suam de *Vitriaco* (79) cum vineis quas de *Sancto Martino* tenet et cum omnibus que ibi acquisivit, vel acquisierit. Insuper dimisit nobis omnia mobilia que inventa fuerint ad mortem ejus, que sub legitimis testibus alibi non dederit, et tres tonnas novas; corporis etiam proprii sepulturam, nisi eam alibi dimiserit. Ego quoque, frater THEOBALDUS, *prior Sancti Martini de Campis*, et omnes seniores nostri concedimus ei ut, singulis annis in festivitate sancti Remigii, de nostro proprio donentur ei novem libre Parisiensium denariorum, quamdiu id ei placuerit accipere, et in festivitate hyberna sancti Martini, agnina pelicia et nocturnales qui vulgo *bote* dicuntur. Ipse quoque cantor constituit nobis et promittit quod, singulis annis in crastinum dominice ante Cineres que Quinquagesima vocatur, dabit xx. solidos ad refectionem fratrum. Nos etiam constituimus ei ut, post mortem ad anniversarium ejus faciendum, tribuantur xx solidi ad refectionem fratrum, de redditibus ejus quos ecclesia habuerit, nullique Priori, nulli Camerario, nullique persone liceat ejus anniversarium hac benedictione defraudare. Quod si placuerit ei has ix libras in vita sua nobis dimittere, ut jam deinceps nihil inde accipiat, vult tamen idem cantor et nos concedimus ut, de redditibus quos tunc habebimus, nos nihilominus xx. solidos demus ad refectionem in die qua prediximus faciendam, et post mortem ad anniversarium ejus, sine diminutione vel in vita, vel in morte.

Signum magistri MAURICII episcopi. S. WILLELMI DE PEVERIS (405). S. ROBERTI de *Sancto Johanne*. S. Aimonis. S. magistri FREDERICI DE CORBOLIO. S. Costabuli. De monachis : S. THEOBALDI *prioris*. S. SYMONIS subprioris. S. THEOBALDI infirmarii. S. LAURENTII, *prioris de Carcere*.

---

405. Pithiviers (Loiret). La suite du texte manque en *B C D*.

A. Original jadis scellé, L 876, n° 87. — B. Copie de 1209, LL 1351, fol. 99', collationnée. — C. Copie du xv° s., LL 1352, fol. 100. — D. Copie du xv° s., LL 1353, fol. 122. — Copie du xv° siècle, LL 1399, fol. 19 (avec la date 1137).

Edit. a. Marrier, *Monasterii S. M. de Campis historia*, p. 441.

378. — *Gervais de Chamigny, de concert avec ses frères Hugues, Gasce et Nivard chevaliers, et avec sa femme Elisabeth, et du consentement du seigneur féodal Hugues de Chamigny, donne une famille de serfs à l'église St-Pierre de Choisy.*

(Vers 1163)

Noverint universi presentes litteras inspecturi quod ego Gervasius de Chaminiaco (406), ob salutem anime mee et antecessorum meorum, dedi in elemosinam perpetuam Deo et ecclesie monachorum *Sti Petri de Choisiaco* (407) homines meos de corpore, Columbum scilicet et uxorem ejus, et filiam suam, et Richardum nepotem ejusdem Columbi ; assentienbus benigne et concedentibus uxore mea Helisabeth et fratribus meis Hugone, Gaucone et Nivardo militibus. Et ut hoc ratum sit, ego Hugo de Chaminiaco de cujus feodo res movet, presentem elemosinam presenti scripto et sigillo meo, eis confirmavi, etc...

A. Orig. perdu. — B. Copie de 1209, LL 1351, fol. 116, incomplète, non collationnée. — C. Copie du xv° s., LL 1352, fol. 126. — D. Copie du xvi° s., 1353, fol. 126.

379. — *Guillaume Louvel, châtelain d'Ivry, garantit dans toute l'étendue de sa terre, la sécurité de tout ce qui peut appartenir à l'église de Gournay-sur-Marne.*

(1139 — automne 1164)

Notum sit omnibus t. p. q. f. quod ego Willelmus Lupellus de

---

406. La date approximative de cet acte est très vague. Nivard de Chamigny, frère de Gervais, donna en 1163 une charte à laquelle souscrit Simon d'Oisy, vicomte de la Ferté-Ançoul. (Cf. note 30, p. 25).

407. St-Pierre de Choisy-en-Brie (D. Marrier, p. 525).

Ivreio (408) dedi ecclesie *Ste Marie de Gornaio* et monachis ibidem servientibus quietudinem (*a*) ex omnibus suis propriis rebus per totam terram meam, pro salute mea et uxoris mee Mathildis, et pro anima Roberti filii mei (408), et animabus parentum et amicorum meorum, testibus Rotrocho *episcopo Ebroicense*, et G[aleranno] *comite Mellenti*, et Roberto filio suo, et uxore mea Mathildi, et Agnete *comitissa Mellenti* et Rogerio capellano, et magistro Herveo, et Rogerio de Altaribus, Willelmo de Pinu (*b*), Radulfo Hareng, Alano de Nevilla (*c*).

(*a*). B consuetudinem. — (*b*). B Willelmo de P., Roberto de Formevillis, Radulpho Harenc. — (*c*). B de Neuilli.

A. Orig. S 1417, n° 107. — B. Copie de 1223, LL 1397, fol. 33ʳ.
Edit. Depoin, *Cartulaire de St-Martin de Pontoise*, Appendices, p. 474, note 936, d'après B.

380. — *Le pape Alexandre III, étant à Sens, fixe à trois marcs d'argent la rente à payer par St-Martin-des-Champs à St-Martin de Tours pour l'église de Pas.*

(Sens, 21 mars 1164)

Alexander, episcopus servus servorum Dei dilectis filiis (*blanc*) priori et fratribus *Sti Martini de Campis*. Cum inter vos et dilectos filios nostros Canonicos *Sti Martini Turonensis*, super ecclesia *Sti Martini de Passo*, coram nobis olim controversia tractaretur, ejusdem ecclesie possessionem jamdictis canonicis adjudicavimus,

---

408. Guillaume Louvel d'Ivry, fils d'Ascelin Goël, mourut entre 1162 et 1173. Robert IV, fils aîné de Guillaume Louvel, lui est associé dans plusieurs actes. Il ne survécut pas à son père, auquel succéda un fils cadet, Galeran Iᵉʳ d'Ivry. Mahaud, femme de Guillaume, était sœur de Galeran II, comte de Meulan, témoin, avec la comtesse Agnès, de l'acte ci-dessus. Galeran II mourut le 9 avril 1166. (Depoin, Appendices au *Cartulaire de St-Martin de Pontoise*, pp. 322, 474). Rotrou fut évêque d'Évreux de 1139 à 1165 ; il fut transféré à Rouen après la mort de l'archevêque Hugues III (11 novembre 1164).

questione proprietatis integra reservata ; ita quidem quod religio ibidem institui de consilio nostro deberet. Postmodum vero cum in nostra presencia super proprietate sepius questio tractata fuisset, causa pendente et adhuc dubia existente, de communi fratrum nostrorum consilio, auctoritate qua fungimur statuimus ut *Cluniacensium* fratrum religio perpetuis ibidem deberet temporibus observari, et per fratres vestri monasterii ordinari ; ita tamen quod canonicis supradictis tres marcas ad pondus *Trecense*, vel ipsius unius prebende ecclesie redditus, utrum idem Canonici preeligerint, annis singulis in mense martio solveretis. Quoniam igitur ipsi in sua obstinatione sistentes, infra terminum sibi a nobis prefixum, alterum predictorum eligere contempserunt, Apostolica auctoritate censemus, ut a proximis kal. aprilis usque ad duos annos eisdem tres marcas annuatim solvatis, ita quidem quod ipsi liberam habeant facultatem interim alterum prescriptorum quod voluerint eligendi. Si autem illas a nobis infra duos annos recipere forte noluerint, nullum id ecclesie vestre prejudicium faciat, nec eas postea solvere compellamini. Ceterum si infra biennium utrum, tres marcas annuatim, an potius unius prebende redditus, maluerint, eligere recusaverint, vos eis ex tunc nonnisi tres marcas quotannis eis solvere teneamini.

Datum *Senonis*, xii kal. aprilis.

A. Original scellé de plomb, S 1334, n° 1, précédemment L 231. — B. Copie de 1209, LL 1351, fol. 14. — B. Copie du xv° s., LL 1352, fol. 14. — C. Copie du xv° s., LL 1353, fol. 14'.

Edit. Marrier, *Monasterii Sti Martini de C. historia*, p. 352.

Ind. Jaffé, *Regesta Pontificum*, t. II, p. 179, n° 11010.

381. — *Barthélemi, évêque de Beauvais, constate que, moyennant 60 sols parisis que leur a versés Aleaume, prieur de St-Nicolas d'Acy, Raoul de Balagny, sa femme Eudeline, fille d'Aszon de Mello, et leur fils Raoul ont renoncé à toute revendication sur le clos de vigne légué au prieuré par le chantre de Senlis, Barthélemi dont ils étaient héritiers, et à la perception d'une rente de six* *muids d'avoine due par les moines à cause de la terre de Chantilly, échue à Raoul du chef de sa femme Eudeline de Mello.*

(1ᵉʳ janvier ou 12 avril 1164 — 1ᵉʳ janvier ou 4 avril 1165)

Carta Bartholomei Belvacensis episcopi de terra Chantilli (a).

BARTHOLOMEUS, *Belvacensis episcopus,* universis fidelibus in perpetuum. Notum fieri volumus tam futuris quam presentibus quod ecclesia *Sti Nicholai de Aci* RADULFO DE BALEGNI, genero ASZONIS DE MELLOTO, singulis annis sex minas annone reddebat pro terra de *Chantilli,* que ex parte ODELINE (*b*), uxoris sue, illi accidebat (*c*). Preterea in clauso vinee que fuit BARTHOLOMEI *cantoris* jus hereditarium clamabat. Has autem sex minas et clausi vinee hereditatem, RADULFUS et ODELINA (*b*), ejus uxor, et RADULFUS, eorum filius, prius dicte ecclesie in elemosinam libere et quiete in perpetuum dederunt, et donum super altare posuerunt; ideoque, de beneficio Ecclesie, sexaginta solidos Parisiensium ab ALELMO, *priore* hujus (*d*) loci, receperunt. Ut igitur donatio illa firma et inconcussa maneat, et a nullo deinceps infirmari, aut aliquo modo commutari valeat, eam sigilli nostri auctoritate firmavimus et presentis scripti patrocinio communivimus.

Actum anno Incarnationis Dominice Mº Cº LXº quarto (*e*).

(*a*). Titre de la charte en *B.* — (*b*). Adeline *B.* — (*c*). *B* ajoute « et ». — (*d*). illius *D.* — (*e*). *D* traduit les chiffres.

A. Original jadis conservé aux archives du prieuré d'Acy. — B. *Cartularium S. Nicholai,* p. 45 (perdu). — C. Copie collationnée par Afforty, d'après *A,* coll. Moreau, LXXIII, 130. — D. Copie de *B,* Bibliothèque de Senlis, collection Afforty, XIX, 326.

Edit. Vattier, *Comité archéol. de Senlis,* 1886, d'après *D.*

382. — *Le roi Louis VII accorde aux Bons-hommes de Grandmont une résidence entourée de fossés, au bois de Vincennes ; les communautés des Fossés* [St-Maur], *de St-Martin-des-Champs et de St-Lazare, renonçant à tout droit d'usage dans la partie du bois comprise entre les fossés.*

(Paris, 1ᵉʳ janvier ou 12 avril 1164 — 1ᵉʳ janvier ou 4 avril 1165)

LUDOVICUS Dei gratia *Francorum rex.* Noverint universi presenter pariter et futuri quod Nos amore Dei et anime nostre salutis intuitu, dedimus et concessimus Bonis Hominibus de ordine *Grandimontensi* locum ad habitandum in *nemore de Vincennis*, et totum nemus cum fundo terre, sicut fossatis undique cingitur, libere, quiete et pacifice in perpetuum possidendum, et ad faciendum quicquid voluerint de predictis. Sciendum vero est quod, ad preces nostras, *abbas* et conventus *Fossatensis*, *prior* et conventus *Sancti Martini de Campis*, et *prior* ac conventus *Sancti Lazari Parisiensis*, omne jus et usagium, quod habebant in dicto nemore quod infra predicta fossata continetur, supradictis Bonis Hominibus penitus quictaverunt. Dedimus etiam et concessimus in perpetuam elemosinam supradictis Bonis Hominibus sex modios et dimidium frumenti recipiendos annuatim in grangia nostra *Gonesse*. Ut hoc ratum permaneat, scripto commendari et sigilli nostri auctoritate confirmari precipimus.

Actum *Parisius*, anno Verbi incarnati mill° centesimo sexagesimo quarto, astantibus in palatio nostro quorum nomina supposita sunt et signa. Signum comitis Theobaldi. S. Mathei camerarii. S. Guidonis buticularii. S. Radulphi constabularii. Data per manum Hugonis cancellarii, episcopi *Suessionensis*.

A. Original perdu. — B. Copie du xviiie s., certifiée, K 182, n° 73.
Edit. a. Dubreul, *Antiquités de Paris*, p. 123. — b. Félibien, *Hist. de Paris*, III, 64.
Ind. Martène, *Thesaurus Anecdotorum*, I, 463. — Malingre, *Antiq. de Paris*, VI, 105. — Luchaire, *Actes de Louis VII*, n° 508, p. 261.

383. — *Roger, abbé des Fossés* [Saint-Maur], *notifie que les moines de St-Martin ont acquis de Pierre de Clacy, pour vingt livres de Provins, seize sols de cens à Noisy-le-Sec. Pierre a prêté caution par serment que lui, sire Guillaume de Cornillon et sire Soudan [de Massy] leur beau-père, garantiraient cette vente. L'abbaye de Fossés renonce à tout droit sur les cens de Noisy.*

(1er janvier ou 12 avril 1164 — 1er janvier ou 4 avril 1165)

Ego frater (a) Rogerius, Dei gratia, *Fossatensis* abbas, notum facio p. et f. quod domnus Petrus de Claciaco habebat xvi solidos censuales (*b*) apud *Noisiacum*, quos monachi *Sti Martini de Campis*, pro viginti (*c*) libris *Proviniensis* monete, ab eo emerunt. Quicquid autem ad ecclesiam nostram super hoc spectabat, assensu capituli nostri, quietum eis et sine reclamatione (*d*) imperpetuum concedimus. Notum etiam facio quod idem Petrus pred. monachis juratoriam caucionem prestitit, se et dominum Guillermum de Corneillum (*e*) et domnum Soltanum, socerum suum, garandiam prestaturos, si quis super hac re questionem movere temptaverit, quoad ipsi vixerint. Juramento etiam firmavit quod heredes sui, post obitum ipsius, eandem garandiam prestabunt. Quod ne aliquis aliquando negare vel violare presumat, presenti sigillo et presentium testium depositione roboravimus. *Sacerdos de Campiniaco* Bernerius, Guillermus (*f*) Corneillum (*g*), Buauduinus miles de Campiniaco, Garnerius, famulus *Sti Petri Fossatensis* ; Ivuin major *Bundiis* ; Guillermus major *Pentin* ; Drogo major *Noisi*, et Guido, forestarii ; Johannes, Fulco cementarius de *Noisi*, Johannes major de *Varens* ; Berengarius camerarius, Normannus, Guibertus, Guillermus prior *Fossatis* ; Fulcherius conversus, Teobaudus, Hugo de Gornaco, Sanson, Laurencius (*h*). Hoc autem factum est anno ab Incarnatione Domini M⁰ C⁰ LX.⁰ IIII⁰ (*i*).

(*a*). B omet « frater ». — (*b*). consales *B*. — (*c*). viginti duabus *B*. — (*d*). reclamatio *B*. — (*e*). Cornillum *B*. — (*f*). B ajoute « de ». — (*g*)-(*h*). B omet toutes les souscriptions intercalaires et les remplace par ces mots : « et alii ». — (*i*). M⁰ C⁰ LX· III· *B*.

A. Original S 1406, n° 1, jadis scellé. — B. Copie de 1209, LL 1351, fol. 93, non collationnée. — C. Copie du xv⁰ siècle, LL 1352, fol. 93. — D. Copie du xvi⁰ s., LL 1353, fol. 113'.

384. — *Le pape Alexandre III approuve la composition conclue entre Thibaud III, prieur de St-Martin-des-Champs et Pierre, curé de Crespières, par l'arbitrage de Maurice évêque de Paris et de Hugues V, abbé de Saint-Germain-des-Prés.*

(Etampes, 20 avril 1165)

Alexander episcopus, servus servorum Dei, dilectis filiis T[heo-

BALDO] *priori et fratribus Sti Martini de Campis*, salutem et Apostolicam benedictionem. Justis petentium desideriis dignum est nos facilem prebere consensum (*a*) et vota que a rationis tramite non discordant, effectu sunt prosequente complenda (*b*). Eapropter, dilecti in Domino filii, vestris justis postulationibus grato concurrentes (*c*) assensu, compositionem inter vos et (*d*) P[ETRUM] presbiterum de *Crisperiis*, super redditibus decimis et oblationibus, et quibusdam aliis rebus, que ad pred. ecclesiam de *Cresperiis* pertinere noscantur, mediantibus siquidem venerabili fratre M[AURICIO], *Parisiensi episcopo*, et dilecto filio nostro Hu[GONE], abbati *Sancti Germani* rationabiliter factam sicut in autentico scripto corumdem noscitur contineri, vobis et per vos ecclesie vestre, auctoritate apostolica confirmamus — — Datum *Stampis*, XII kal. maii.

(*a*) assensum *E*. — (*a*)-(*b*) passage omis par *E*. — (*c*) annuentes *E*. — (*d*) L. *E*.

A. Original scellé de plomb. S 1343, n° 5 (précédemment L 231). — *B*. Copie de 1209, LL 1351, fol. 16. — *C*. Copie du XVᵉ siècle, LL 1352, fol. 15. — *D*. Copie du XVIᵉ s., LL 1353, fol. 15. — *E*. Copie du XVIᵉ s., LL 1358, fol. 42.

Ind. Jaffé-Wattenbach, t. II, p. 11191, n° 179, avec cette mention : « Bulla omni suspicione caret. »

385. — *Maurice de Sully, évêque de Paris, et Hugues V, abbé de St-Germain-des-Prés, mandataires du Saint-Siège, règlent un différend entre St-Martin-des-Champs et le curé de Crespières, Pierre, successeur de Geofroi.*

(3-20 avril 1165)

Ego MAURITIUS, Dei gratia, *Parisiensis* episcopus et HUGO abbas *Sti Germani* [de Pratis] notum f. t. p. q. f. controversiam [inter monachos *Sti Martini de Campis* et PETRUM, presbiterum de *Cresperiis*] de redditibus ad ecclesiam dicti loci pertinentibus extitisse [et inde ad presenciam Dni Pape appellatum fuisse. Qui causam ipsam] ex consensu utriusque partis nobis commisit audiendam, et vel [amicabili compositione, vel fine debito terminandam.] Cum itaque diem ipsius constituissemus, interim pars utraque conveniens, in hunc [modum, lite sopita, paci consensit. Predictus Petrus] sacerdos et omnes ejus successores unum modium melioris frumenti de decima [a monachis in eorum granchia annuatim] tantum accipient. Decima quoque de *Valle Coldrelle* et duo arpenni terre absque [decime redditione, unus juxta *viam Ulmorum*] et alter juxta *Crucem Buxatam*, et vinea de *Chauderun*, quam idem Petrus tunc temporis possidebat [absque decime dacione] et hospites sicut Gaufridus presbiter, predecessor ejus, eos habuit, ipsius Petri presbiteri et ejus successorum erunt, et dimidia pars totius alterius **terre** que ante diem pacis data fuerat presbitero, et que danda erat in elemosinam presbitero in futuro, ejus erit; altera vero pars dimidia monachorum erit, ita tamen quod de parte sua presbiter monachis decimam dabit. Si vero aliud quam terra vel annuum censuale Petro presbitero vel successoribus ejus donatum in elemosina fuit ante pacem, vel erit in futuro, quicquid sit, [totum] erit presbiteri sine participatione monachorum. Legata quoque monachis ipsorum propria erunt. De omnibus vero oblationibus predicte ecclesie in missis tam pro vivis quam defunctis, a quocumque celebrate fuerint, in purificationibus quoque et nuptiarum oblationibus, et de candela Sti Bartholomei, due partes erunt presbiteri, et tercia monachorum, exceptis omnibus confessionibus et baptisteriis, et omnibus sponsalibus, tantum que ad portam ecclesie a presbitero accipiuntur, et excepto denario panis benedicti, que omnia erunt propria presbitero; terciam etiam partem annone que offertur in festivitate Mortuorum, ad monachos pertinentem, concedunt ipsi monachi ex integro sacerdoti, eo tenore ut quod ad eos pertinet de sinodo et circada, loco eorum, singulis annis *episcopo Carnotensi* persolvat. Quod ut ratum et inconvulsum in posterum observetur, auctoritate apostolica, scripti etiam presentis annotatione, et sigillorum nostrorum impressione confirmavimus.

Actum est hoc anno ab Incarnatione Domini M° C° LX° V°.

A. Original jadis scellé, L 876, n° 63, en partie rongé; les fragments disparus du texte, rétablis d'après F, sont placés entre crochets. — B. Copie de 1209, LL 1351, fol. 47', collationnée. — C. Copie du xv° s., LL 1352, fol. 47 (date 1160). — D. Copie du xvi° s., LL 1353, fol. 48 (date 1160). — E. Copie du xvi° s., LL 1358, fol. 83' (date 1155). — F. Copie du xvi° s., non datée ni authentiquée, L 876, n° 64, d'après A encore intact.

386. — *Galeran II, comte de Meulan, avec l'agrément de ses fils Robert II, Galeran, Amauri, Roger, Raoul, Etienne, renouvelle ses donations antérieures au prieuré de Gournay-sur-Marne; il confirme en même temps l'ancienne dotation du monastère.*

(Palais de Beaumont-le-Roger, 1ᵉʳ janvier ou 4 avril 1165 — 1ᵉʳ janvier ou 24 avril 1166)

Hac ratione ea que fidelibus ecclesiis dantur, sigillis et cyrographis muniuntur, ut et quibus res ecclesiarum dentur et earumdem rerum confirmatio ad noticiam posterorum proferatur. Notum sit igitur t. p. q. f. quod ego Galerannus *comes Mellenti* et Agnes, uxor mea, pro remedio animarum nostrarum et parentum nostrorum, dedimus ecclesie *Beate Marie de Gornaio* decimas omnium reddituum denariorum, scilicet annone et vini que habemus apud *Gornaium*, apud *Caudam*, apud *Torciacum* et *Villam Novam*, apud *Parisius* et *Medontam*. Concessimus etiam modium salis apud *Mellentum*, et v millia allectium apud *Pontem Audomari*. Ecclesiam quoque de *Cauda* et furnum ejusdem castri, et furnum de *Ponteolo*, cum nemoris consuetudine. Quatuordecim solidos in terra Arroldi de Brolio. Terram de *Campo Garneis*. Terram Ulrici et xxᵗⁱ arpennos terre in *Ambeeles* (423). Terram et silvam in *Campo Mussoso*. Terram et *nemus* que dicuntur *Reimundi*. Terram Ambesaci. Molendinum nostrum ad firmam pro vᵠᵘᵉ modiis annone, cujus medietas erit frumenti, altera multurengie, et duodecim solidis. Apud *Gornaium* piscatoriam aque de *Veteri Gornaio*.

Concessimus insuper et presentis scripti privilegio munivimus, statuentes ut quascumque possessiones, quecumque bona eadem ecclesia, ex antecessorum nostrorum et aliorum fidelium dono vel concessione, inpresentiarum possidet, eo tenore firma et illibata inperpetuum permaneant. In quibus hec propriis duximus exprimenda vocabulis : Predictam videlicet ecclesiam, cum suis clausuris, et omnibus ad eam pertinentibus, que ab ipsis fundatoribus, GUIDONE RUBEO et ejus uxore ADELAIDA, et ANSELLO regis dapifero, assensu *Parisiensis episcopi* monasterio *Bti Martini de Campis* oblata est. Terram quoque de *Luabum*; molendinum unum apud *Gornaium*. Totam villam *Russiacum*, et adherentem ei terram, terminis circumquaque fixis designatam. Silvam ejusdem ville ad monachorum et hospitum suorum usum. *Nusiellum* villam, cum ecclesia et omnibus ad eam pertinentibus. Apud *Canoilum* quicquid ALBERTUS DE BRI ibi habebat. Ecclesiam de *Bercheriis*. Ecclesiam de *Ponteolo*. Ecclesiam de *Essonia*, cum decimis et aliis omnibus ad predictas ecclesias pertinentibus.

Quinque arpennos terre GALTERII DE DERENCI. Terram AYMARDI. In vodo inter *Gornaium* et *Calam*, xv. arpennos pratorum. Capellam de *Gornaio* et xx^{ti} solidos in foro ejusdem castri; et quicquid predicta ecclesia apud *Torciacum* et apud *Campos* villam (*sic*) possidet.

Acta sunt apud *Bellomontem* in palatio nostro, assistentibus et concedentibus filiis nostris ROBERTO, GALERANNO, ALMARICO, ROGERIO, RODULPHO, STEPHANO. Anno Incarnati Verbi M°. C°. LX°. V°., coram hiis testibus : WILLELMO DE GARLANDA, ROBERTO et DROGONE fratribus ejus. HUGONE *vicecomite de Medonta* (332). GALTERIO DE LONGESSA. WILLELMO DE VALLIBUS. ROBERTO DE FORMOVILLA (346). Roberto filio Willermi. THOMA BOCELLO (319). Pagano ejus famulo. Guidone et Morino.

A. Original perdu. — B. Copie de 1223, LL 1397, fol. 20. *En marge, d'une écriture du XVIIe siècle* : « Visa et collata fuit presens carta ad suum autographum cui olim quatuor adpendebant sigilla, e quibus duo restant, tertio pene lacero et dirupto, singula sub duplici cauda coriacea.

In uno effigies principissæ manu sinistra avem gestantis, estque istud sigillum oblongum.

In altero quod rotundum est, visitur figura cataphracti, stricto ense, equum in habenas laxantis, et a tergo seu minore sigillo, facies humero tenus, cum his verbis : ROBERTUS PEREGRINUS.

Notandum autem hæc sigilla ceræ esse viridis, quorum circumscriptiones vetustate corrosæ sunt et legi nequeunt. ».

387. — *Robert II, fils du comte Galeran II de Meulan, confirme toutes les aumônes que son père a faites au prieuré de Gournay, telles qu'elles sont contenues dans la bulle du pape* [Adrien IV en 1154], *dans le diplôme du roi* [Louis VII en 1157] *et dans la charte du comte Galeran* [en 1165]. *Il confirme en outre le don fait par ses parents du four de la Queue-en-Brie et d'une famille de serfs à Roissy.*

(1165 — 9 avril 1166)

ROBERTUS, *filius comitis Mellenti,* omnibus hominibus suis t. p. q. f. salutem. Notum sit vobis me concessisse et firmasse omnes elemosinas quas pater meus G[ALERANNUS], *comes Mellenti, Sancte Marie de Gornaio* et ejusdem ecclesie conventui donavit et concessit, sicut litteris Summi Pontificis et domini *Regis Francie* et patris mei comitis, confirmantur. Insuper autem concedo donum quod pater meus et mater mea fecerunt de furno de *Cauda* (253) et de familia Arroldi de *Roissi.* Testes sunt hii : WILLELMUS DE GARLANDA. ROBERTUS MALUSVICINUS, frater ejus DROGO. THOMAS BOUCEL (319). WILLELMUS MALUSVICINUS, MANASES frater suus. WILLELMUS DE PINU (346), RADULFUS DE MANNEVILLIS (*a*).

(*a*) La juxtaposition à cette pièce d'un acte semblable émanant de *Robert II, comte de Meulan,* prouve que celle-ci est antérieure à la mort de Galeran II.

A. Original perdu. — *B.* Copie de 1223, LL 1397, fol. 23', non collationnée.

388. — *Le prieur Gautier acquiert du chevalier de Clacy, sire Pierre, sa maison et sa vigne « sous le moûtier » de Noisy-le-Grand, en échange des droits que le prieuré avait à Noisy-le-Sec.*

(Vers 1166)

Ego frater GAULTERIUS *prior Sti Martini de Campis,* notum esse volo p. s. t. f. quod, laudante et assentiente capitulo nostro, concessi domno Petro *milite* de Claceio (73) quicquid habebamus apud *Nuisiacum Sicum*, in torculari, mainagio et rotagio, jure hereditario possidendum. Ipse siquidem Petrus, mutua facta commutatione, domum suam et vineam que sunt sub monasterio *Nusiaci magni* nobis dedit habenda in perpetuum. Quod ut ratum sit et inconvulsum, sigilli nostri impressione et testium subnotatione confirmatum est. Testes ex parte nostra : Galterius qui fuit abbas, Joszo sacrista et alii (*a*).

(*a*) Cet acte contient des conventions qui peuvent être regardées comme complémentaires de celles insérées dans la charte n° **383**, datée de 1164. Il doit vraisemblablement se placer au début du priorat de Gautier, qui était en charge à la fin de 1165 ou au cours de l'année 1166.

A. Original perdu. — *B*. Copie de 1209, LL 1351, fol. 90, non collationnée. — *C*. Copie du xv° s., LL 1352, fol. 88'. — *D*. Copie du xvi° s., LL 1353, fol. 107'.

389. — *Le prieur Gautier acense à Dreux le Boucher une terre que lui avait donnée la femme d'Archer le Queux, en échange d'une terre dans la couture des moines auprès des murs de leur couvent.*

(Vers 1166)

Notum sit p. t. f. quod ego Galterius *prior Sti Martini de Campis* et totus ejusdem ecclesie conventus in communi capitulo nostro concessimus (*a*) Drogoni Carnifici et heredibus ejus, in perpetuum possidendam, terram quam dedit nobis Aalit uxor Harcherii Coci in elemosina, ad censum xx et viii denar., in festo Sti Remigii annuatim solvendorum. Pro qua, nobis, annuente uxore sua Hersent, concessit terram quam habebat in Cultura nostra, qua *muro domus nostre* contigua est, perpetuo possidendam. Quod ut ratum sit et inconcussum permaneat, sigilli nostri karactere et testium subnotatione corroboravimus. Testes ex parte nostra : Galterius *qui fuit abbas*; Berengarius camerarius, Joszo sacrista, Petrus prepositus, Galterius subcamerarius. Ex parte Drogonis : Matheus filius Teberti, Ingrannus Burdo, Rainoldus de Monaria, Fromundus Essart, Matheus Bellus-nepos, Euvrardus filius Grimoldi, Robertus noster major (*b*).

(*a*) Dingoni *B*. — (*b*) La présence parmi les témoins du chambrier Bérenger, qui l'était déjà sous le prieur Thibaud III (n° **383**) et ne se rencontre plus dans d'autres chartes de Gautier, engage à placer celle-ci parmi les plus anciennes de ce prieur.

A. Original jadis scellé, S 1400, n° 28. — *B*. Copie de 1209, LL 1351, fol. 90, collationnée sur *A* et complétée. — *C*. Copie du xve s., LL 1352, fol. 88. — *D*. Copie du xvie s., LL 1353, fol. 107, toutes deux d'après *B* primitif.

Edit. R. de Lasteyrie, *Cartulaire de Paris*, t. I, p. 396, n° 471.

390. — *Amauri, évêque de Senlis, à la sollicitation du prieur Giroud, confirme les propriétés du prieuré de St-Nicolas d'Acy situées dans son diocèse.*

(Senlis, 1er janvier *ou* 16 avril 1166 — 1er janvier *ou* 9 avril 1167)

Carta Amalrici Silvaneclensis episcopi, qua laudat et confirmat dona collata ecclesie Sti Nicholai de Aciaco (titre de *C*).

In nomine sancte et individue Trinitatis. Notum sit omnibus tam posteris quam presentibus, donnum Giroldum, priorem ecclesie *Sancti Nicholai de Aci*, precibus suis impetrasse ut ego Amalricus, gracia Dei *Silvaneclensis episcopus*, elemosinas et beneficia que eidem ecclesie *Sancti Nicholai* et monachis ibi Deo famulantibus, in elemosinam a fidelibus pro animarum suarum remedio collata sunt, et in Episcopatu nostro continentur, auctoritate nostra laudarem et confirmarem et sigilli nostri impressione corroborarem. Inprimis igitur, concedimus et confirmamus prefate ecclesie molendinum de *Aci*, omnem justitiam et viariam ejus, et omnes hospites ejusdem ville et justiciam et viariam ejus, culturam que ante januam eorum est et omnem justitiam ejus et viariam, et omnem terram arabilem quam habent apud *Aci*, et justitiam et viariam ejus. Insuper decem hospites in *vico Sancti Martini*, quos dedit Ermengardis, soror Roberti *vicedomini* ex hereditate sua, et omnem justitiam et viariam corumdem hospitum, et septem pratorum arpennos quos ecclesia Sancti Nicholai cum duabus olchis contulit, et justitiam et viariam eorundem. In decima autem de *Ponte Hermeri* quatuor minas ivernagii (a) quos eidem ecclesie pro remedio anime sue, GARNERUS *vicedominus* donavit. Terram quoque (b) que dicitur *Sti Dionysii* quam emerunt monachi a TEOBALDO *milite* qui cognominatur DE PARIS, et justitiam et viariam ejusdem, et omnem decimam. Iterum sex hospites cum quadraginta arpennis terre apud *villam novam* que sita est in territorio de *Valleis*, quos tenent monachi ab antecessoribus GUIDONIS PARVI. Insuper unum millenarium de essil (c) omnimodis in usus Ecclesie et fratrum preparatum, quod GUIDO DE TURRE eidem Ecclesie in elemosinam pro anima sua atque antecessorum suorum singulis annis contulit, sic scilicet ut quicumque fuerint prepositi de *Ermenonvilla*, ad ecclesiam Sti Nicholai usque ad ipsius festum, vectura sua, annuatim deportabunt. Terram quoque quam HUGO DE SALICE eisdem donavit et *quadrariam* que in ipsa terra est et justitiam et viariam ejus. Duos insuper hospites apud *Curteolum* (169) cum duabus olchis de elemosina RAINOLDI COCI, et minutam decimam et justitiam et viariam eorundem. Insuper et quidquid habent in magna decima et minuta apud eandem villam, et ecclesiam ipsius ville et domum quam MANASES tenet in *Vico Parisiensi*, que fuit ODONIS CORDEUNARII, et elemosinam PETRI qui dicebatur MALE-NUTRITUS, scilicet unam vineam in *vico Balantum* et domum quam GUNHIERUS tenet. Terram quoque que est de elemosina HELISENDIS, que fuit uxor NEVELONIS DE LAVERCINIIS, que terra sita est in confinio domorum *infirmorum Silvanectensium*. Et unum modium frumenti in granchia PETRI DE FONTANIS, quam ipse PETRUS vel qui successor ejus extiterit, usque ad festum Sti Remigii, sine aliqua perturbatione, unoquoque anno ecclesie Sti Nicholai debet persolvere.

Actum *Silvanectis*, anno ab Incarnatione Domini M° C° LX° VI°.

(a) ybernagii a. — (b) a omet « que dicitur ». — (c) escis a.

A. Original Arch. de l'Oise, H. 2577³. Traces du sceau sur pendants de cuir ; le sceau épiscopal, détaché, est conservé dans une boîte. — B. Copie de 1209, LL 1351, fol. 70, non collationnée. — C. Copie insérée au *Cartulaire de St-Nicolas d'Acy* (perdu). — D. Vidimus scellé, « donné par copie sous les sceaux de la prevosté de Senliz... l'an mil CCC. XXIX

ou mois de septembre ». Arch. de l'Oise, H 2577⁶. — *E.* Copie du xv° s., LL 1352, fol. 67. — *F.* Copie du xvi° s., LL 1353, fol. 75 (avec la date 1156). — *GG'.* Copies d'Afforty, Collection de Senlis, I, 137 ; XIV, 374.
Édit. a. Vattier, *Comité archéologique de Senlis*, 1886, d'après *GG.*
Ind. Coll. Duchesne, LXXI, 62.

391. — *Hugues V, abbé de St-Germain-des-Prés, constate que Pierre fils d'Aleaume a renoncé aux revendications qu'il formulait contre la vente consentie à St-Martin-des-Champs par son père, d'une maison occupée par maître Hugues de Novare. Gile, fille d'Aleaume et son mari Pierre Lombard [physicien du roi] donnent aussi leur consentement.*

(Paris, Évêché, 1ᵉʳ janvier ou 24 avril 1166 — 1ᵉʳ janvier ou 9 avril 1167)

(*a*) In Xristi nomine, ego Hugo, Dei gratia *abbas Sancti Germani de Pratis*, notifico presentibus et futuris quod Petrus Alelmi filius. proclamavit nobis super magistro Hugone Novariensi pro quadam domo quam in nostra juridicione tenebat, et pred. Petrus eam sui juris esse dicebat. Revera magister Hugo domum illam ab Alelmo, patre Petri, emerat. Utraque igitur parte ante nos constituta, cum causa diu esset agitata, tandem pred. Alelmus et Petrus, ejus filius, de quo susceptis juramentis constabat quod ad annos discretionis pervenisset et adulte etatis esset, jus pred. Hugonis et venditionem domus legitime factam fuisse recognoscentes, venditionem illam ratam habere et ab omni calumnia garantire, fide data, firmaverunt ; et quod nullam de cetero super domo illa questionem moverent, concesserunt. Hoc idem Gila, pred. Alelmi filia, et Petrus (409) Lumbardus, ejus maritus, firmiter tenere concesserunt. Quod ut inviolabiliter observetur, sigillo nostro roborari postulaverunt. Actum *Parisius*, in *domo episcopali*, presente venerabile pontifice Mauricio; assistentibus etiam quampluribus, tam clericis quam laicis, quorum subtitulata sunt nomina : Clemens, *Parisiensis* decanus, Albertus precentor, Symon archidiaconus, Odo cancellarius,

---

409. « Petrus Lumbardus. physicus regis » est commémoré au Nécrologe de Chartres (Ms. lat. 10100).

Symon de Sancto Dyonisio, et alii. Anno ab Incarnatione Domini M° C° LX° VI°.

(a) Carta de domo magistri Hugonis de Navarra (titre de B).

A. Original perdu. — B. Copie de 1209, LL 1351, fol. 93, non collationnée. — C. Copie du xv° s., LL 1352, fol. 92. — D. Copie du xvi° s., LL 1353, fol. 112.
Edit. a. R. de Lasteyrie, *Cartulaire de Paris*, t. I, p. 391, n° 462. — b. Poupardin, *Recueil de chartes de St-Germain-des-Prés*, t. I, p. 204, n° 138.

392. — *Maurice, évêque de Paris, constate la ratification par le mineur Pierre de la vente, consentie par son père Aleaume, d'une maison au chanoine Hugues.*

(Paris, 1ᵉʳ janvier *ou* 24 avril 1166 — 1ᵉʳ janvier *ou* 9 avril 1167)

Ego Mauritius, Dei gratia, *Parisiensis episcopus*, notum fieri volumus t. p. q. f. quod causa extitit inter magistrum Hugonem Novariensem, canonicum nostrum, et Alelmum et filium ejus, super quadam domo quam pred. Hugo ex Alelmo xlii libris emerat, de quibus x libre persolvende supererant. Qua siquidem causa cum diu fuisset agitata, tandem pred. Alelmus et Petrus, filius ejus, de quo, susceptis juramentis, constabat quod ad annos discretionis pervenisset, et adulte etatis esset, jus predicti Hugonis et venditionem domus legitime factam fuisse, coram nobis et Hugone, abbate *Sti Germani de Pratis* ad cujus juridictionem eadem domus spectat, recognoscentes venditionem illam ratam habere, et ab omni calumnia garantire, fide a nobis recepta, firmaverunt, et quod nullam de cetero super domo illa questionem moverent, concesserunt. Hoc idem Gilla, predicti Alelmi filia, et Petrus Lumbardus, ejus maritus, firmiter tenere concesserunt. Quod ut inconcussum teneretur imposterum, sigilli nostri auctoritate roborari postulaverunt.

Actum *Parisius*, anno ab Incarnatione Domini mill° C° LXVI°.

A. Original perdu. — Copie de 1209 LL 1351, fol. 52'. — C. Copie du xv° s., LL 1352, fol. 52. — D. Copie du xvi° s., LL 1353, fol. 55.

393. — *Gui II de Montjay, avec l'assentiment de sa femme Aélis et de son frère Gaucher, donne au prieuré de Gournay-sur-Marne la dîme des cultures provenant du défrichement des bois dans la paroisse d'Ozoir[-la-Ferrière] et le terroir de Montjay.*

(1ᵉʳ janvier *ou* 24 avril 1166 — 1ᵉʳ janvier *ou* 9 avril 1167)

In nomine sancte et individue Trinitatis, amen. Ego Guido de Montegaio (*a*) notum fieri volo presentibus et futuris quod, de decima ruptitiorum que infra parrochiam (*b*) de *Horcor* (*c*) et territorium *Montisgaii* (267) fiebant, inter me et monachos ecclesie *Bte Marie de Gornaio* querela orta est. Vendicabant monachi hac ratione decimam predictam, dicentes nemora que in culturam (*d*) vertebantur et totam decimam predicti territorii quam in pace tenebant, ejusdem feodi esse; seque et illos a quibus data fuerat, a tempore predecessorum meorum quiete possedisse. Audita igitur quam pretendebant ratione, nolui super hac re eos amplius inquietare, maxime quia (*e*) prefata ecclesia bone apud nos opinionis est, et fratres loci illius obtime conversationis. Sciant igitur omnes quod ego, assensu et voluntate domne Adalaide (*f*), uxoris mee, et (313) Galcherii fratris mei, non solum decimam de ruptitiis que facta fuerant, sed etiam de omnibus illis que adhuc fient, eidem ecclesie et monachis ibidem Deo servientibus, pro amore Dei et in remissionem peccatorum nostrorum et parentum nostrorum, in perpetuum habendam concedo. Ut igitur hec (*g*) rata sint, et inconcussa permaneant, sigilli mei simul et uxoris mee auctoritate munire curavi. Hujus rei testes sunt : Guillelmus de Warlanda (*h*), Drogo frater ejus; Guillelmus (*i*) de Barris, Guido de Groeleto (291), Symon Orphanus (410), Johannes de Fontaneto (68); Garinus de Villafluida, Rodulfus (*j*) et Hilduinus fratres (*k*) ejus (422); Adam

---

410. Simon l'Orphelin, fils et successeur de Pierre, seigneur d'Annet-sur-Marne, qui eut de nombreux démêlés avec St-Martin (t. I, nᵒˢ **175** et **176**). — Vaires, ca. Lagny, ar. Meaux. — Crépy-en-Valois. — Bouqueval, ca. Ecouen, ar. Pontoise.

DE VERIS (410); ALARDUS DE MONTEGAIO et ANSLELLUS (*l*) ; Amandus, HUGO FRETEZ, ROBERTUS PALUEL ; Morinus famulus Prioris.

Acta sunt hec anno ab Incarnatione Domini M° C° sexagesimo sexto.

(*a*) Montegayo *B*. — (*b*) parochiam *B*. — (*c*) de Oratorio *B*; en interligne d'une main postérieure « de Horeor ». — (*d*) cultura *B*. — (*e*) quod *B*. — (*f*) Adelaïde *B*. — (*g*) Ut hec igitur *B*. — (*h*) Willelmus de Gallanda *B*. — (*i*) Willelmus *B*. — (*j*) Rodulphus *B*. — (*k*) frater *B*. — (*l*) sic *A* ; Ansellus *B*.

A. Original L 877, n° 24. Le sceau de Gui de Montjay représentant un chevalier armé, est seul conservé. — B. Copie de 1223, LL 1397, fol. 27-28.

394. — *Le prieur Gautier, Dreux prieur de Nanteuil-le-Haudouin, et Robert prieur de Moussy, règlent un différend survenu au sujet du tonlieu de Crépy-en-Valois, entre St-Martin et Aubri de Bouqueval, comme tuteur de ses beaux-fils Pierre et Philippe Sanglier, vassaux de Thibaud II de Crépy [seigneur de Nanteuil-le-Haudouin] au temps du prieur Thibaud, prédécesseur de Dreux.*

(Senlis, 1ᵉʳ janvier ou 24 avril 1166 — 1ᵉʳ janvier ou 9 avril 1167)

Tempore domini THEOBALDI, prioris de *Crispeio* (410), fuit contentio inter ipsum et ALBERICUM DE BOUCONVALLE (410) et privignos ipsius, scilicet PETRUM SINGULAREM et PHILIPPUM, de thelonio castri *Crispeii*, videl. super ea parte que movet de feodo THEOBALDI militis DE CRISPEIO (410). Per manum autem domni GALTERII, prioris *Sti Martini de Campis*, et domni DROGONIS prioris de *Nantolio*, et domni ROBERTI prioris *Ste Oportune de Monciaco* (201) sopita (*a*) fuit contentio predicta in pacem, hoc modo : *Ecclesia Sti Arnulfi* partem quam habet in thelonio dabit ad firmam cui voluerit. Quod cum fecerit, mandabit hoc predicto ALBERICO, scilicet ad domum suam de *Bouconvalle* qui si presens non fuerit, dicitur uxori sue. Si autem et illa absens fuerit, nuntiabitur majori suo vel preposito vel alicui de hominibus suis, ita quod summa firme, quam firmarius pepigerit, nominabitur ; postea idem Albericus habebit inducias octo dierum et, si infra illud spatium adduxerit hominem qui, supra illam summam, centum solidos ad minus voluerit dare, ita quod ecclesia de suo bene sit secura, primus dimittetur et ille sequens habebit de manu ecclesie. Quod si hoc infra octo dies factum non fuerit, ille cui ecclesia firmam pepigerit obtinebit eam, et Albericus suam partem alii poterit ad censum dare vel committere; ita tamen quod firmarius ecclesie utramque partem colliget. Verumptamen si ipse voluerit, sacramentum ab eo accipiet quod fideliter suam portionem servabit et reddet sibi vel cui ipse jusserit, et justum compotum faciet. Sciendum etiam quod, si idem Albericus voluerit, Prior ex parte sua faciet ei fieri jusjurandum quod in dampna, parte sua, non intenderit ledere partem ipsius. Quando hereditas hujus partis quam Albericus habuit, reversa fuerit ad Petrum Singularem vel Philippum fratrem suum, vel heredes eorum, eadem observatio per omnia tenebitur inter ipsos et *ecclesiam Sti Arnulfi*; excepto quod nuntius Prioris non ibit ad *Boucunvallem*, sed ad villam in qua proprie manebunt. Huic conventioni et concordie interfuerunt Petrus Singularis et Philippus, frater ejus; et eam laudaverunt et concesserunt; insuper etiam, data dextera, per fidem propriam, eam tenendam firmaverunt. Juraverunt eciam quod, tam ipsi quam heredes eorum, conventionem istam monachi garandiabunt per rectum contra dominum feodi, i[d est] contra domnum Theobaldum militem, vel heredes ejus. Quod totum ne oblivione posset deleri, per maliciam convelli, inscriptum et cirographum redactum est, et sigillo conventus *Sti Arnulfi* qui hoc totum concessit, roboratum. Testes etiam appositi sunt ex utraque parte, qui his omnibus interfuerunt. Testes ex parte monachorum : Hugo, abbas *Sti Vincencii Silvanectensis*, Galterius *prior Sti Martini de Campis*; et alii quamplures sunt ex utraque parte.

Actum *Silvanectis*, anno Incarnationis Domini M° C° LX° VI°.

(a) sapita B.

A. Original perdu. — B. Copie de 1209, LL 1351, fol. 71, non collationnée. — C. Copie du xv° s., LL 1352, fol. 68'. — D. Copie du xvi° s., LL 1353, fol. 77'.

395. — *Thibaud V, comte de Blois, sénéchal de France, notifie que le prieur Adam de Roinville a concédé à titre précaire à Robert Pajot, pour lui et un de ses fils, la mairie de Goimpy, qui reviendra ensuite au prieuré.* — (Extrait.)

(1ᵉʳ janvier ou 24 avril 1166 — 1ᵉʳ janvier ou 9 avril 1167)

Utile est ad memoriam revocare quod incommodum est per negligenciam senescere. Ego igitur Theobaldus *comes Blesensis, Francie senescallus,* t. f. q. p. notum facio quod Adam, *tunc prior Roenville,* et Robertus Pajotus super querela quadam que est inter eos de majoria *Goemptutei* (411) in presencia mea convenerunt, et sic coram me pacificati sunt : quod prior, consensu capituli *Bti Martini de Campis* Roberto majoriam illam in vita sua libere habendam et possidendam et *uni de filiis suis post ipsum,* sine aliqua reemptione similiter quamdiu vixerit habendam et possidendam concessit. Post mortem filii ejus qui majoriam habebit, majoria ecclesie *Bti Martini* sine reclamatione heredum in pace remanebit... Testes inde habentur : Joscelinus de Aunello (302), Robertus de Frovilla, Bernardus decanus, Hemericus de Bolonvilla, Petrus et Ricardus, majores *Beville* (203).

Actum apud *Carnotum,* anno Incarnati Verbi Mᵒ Cᵒ LXVIᵒ, Ludovico *Francorum rege,* Guillelmo *Carnotensis* ecclesie *electo.*

Datum per manum Huldrici cancellarii.

A. Original K 24, n° 12ᵇ. — *B. Carte tangentes partem fundationis prioratus de Roinvilla,* copie du xvᵉ siècle, S 1429, n° 2.
Édit. Tardif, *Monuments historiques,* n° 598.

396. — *Amauri, évêque de Senlis, notifie que Jean, échanson du Roi, du consentement de sa femme Elisende, de ses enfants Pierre, Aélis et Mahaud, a renoncé en faveur du prieuré d'Acy à tous ses*

---

411. Goimpy, comm. de St-Léger-des-Aubées, ca. Auneau, ar. Chartres. — Boulonville, comm. de Sainville, et Béville-le-Comte, même canton.

droits sur les dîmes de Villeron ; le prieur lui a versé 32 livres et a fait à tous ceux de sa famille des cadeaux proportionnés à leur âge.

(13 février 1156 — 27 juin 1167)

Ego ALMARICUS, Dei gratia *Silvaneclensis episcopus* (412), notum esse volo t. p. q. f. quod JOHANNES, *scantio Regis*, assensu uxoris sue HELISENDIS, et PETRI filii sui, et ADELEIDIS et MALTHILDIS filiarum suarum, ecclesie *Sancti Nicholai de Aci*, in presentia nostra, concessit et dedit quicquid habuit in majori et minori decima de *Villerun*, excepto feodo unius militis : verum ipse de caritate ejusdem ecclesie, triginta duas libras habuit, uxor vero ejus decem solidos, PETRUS autem filius ejus quinque solidos ; ceteris vero liberis ejus quod ratio exigebat donatum est, unicuique scilicet secundum etatem suam. Spoponderunt autem et fide firmaverunt pariter se portaturos garandiam predicte ecclesie super eisdem decimis, secundum quod justitia dictaverit ; quod si facere non valerent, reddituros se acceptam pecuniam, infra annum, que supra nominata est : si autem neutrum facerent, ipsis volentibus et laudantibus, a nobis statutum est quatinus eos, sine fatigatione prefate ecclesie, excommunicationis sententia feriremus, donec satisfacerent. Hec autem ut rata et inconvulsa permanerent, litteris annotata sigilli nostri caractere et testibus subnotatis corroboravimus.

A. Original perdu. — *B*. Copie de 1209, LL 1351, fol. 70' non collationnée. — *C*. Copie incomplète aussi du nom des témoins, existant jadis aux Archives d'Acy. — *D*. Copie du XV° s., LL 1352, fol. 67'. — *E*.

---

412. La date de cet acte a pour limites le décès de l'évêque Thibaud, prédécesseur d'Amauri, et la date funèbre de celui-ci. Le Nécrologe de la cathédrale de Senlis (ms. lat. 17049) porte (p. 435) : « VII kal. Martii. Obiit Theobaldus episcopus qui hanc innovavit ecclesiam et dedit nobis capellam suam cum annulo. » (Thibaud avait succédé à Pierre, mort en 1151, le 8 avril, d'après la même source). (P. 436.) « V kal. Julii. Obiit Amalricus Silvanectensis episcopus, qui nobis reliquit capellam suam preciosam. »

L'acquisition des dîmes de Villeron, n'étant point comprise dans la charte d'Amauri en 1166 (n° **390**), doit se placer apparemment au début de 1167.

Copie du xvi⁰ s., LL 1353, fol. 77, d'après *B*. — *F*. Copie du xviii⁰ s., collationnée sur *C* par Afforty, Coll. Moreau, LXVIII, 139.

397. — *Béatrice de Rochefort, femme de Dreux de Pierrefonds, donne à St-Martin-des-Champs, avec l'approbation du roi Louis VII, sa terre de Bonnelles ainsi que tous ses droits de justice.*

(1155 — 1168)

In nomine sancte et individue Trinitatis. Ego BEATRIX DE PETRAFONTE (247) notum fieri volo tam presentibus quam posteris quod ecclesie *Bti Martini de Campis* et monachis ibidem Deo servientibus, concedente et laudante domino meo *rege* LUDOVICO (413) dedi et concessi quicquid habebam vel possidebam in villa que *Bonnelles* (202) nuncupatur, terram, hospites, censum, nemus, justiciam, dominium, minagium et omnes redditus meos ; preposituram, salvo jure prepositi ; et omnes feodos, et quicquid de feodo *Bonelle* pertinet sive de feodo exit, seu *Nocenis* (414), seu ubilibet. Et ut donum hujus helemosine firmius stabiliretur, sigilli mei impressione et testium subnotatione corroborari precepi. Hii sunt testes : SYMON subprior (415), JOSZO sacrista (320), PETRUS nepos meus,

---

413. Béatrice de Rochefort agissant seule, comme dame de soi, est donc veuve. Son mari, Dreux de Pierrefonds, fut l'un des chevaliers qui accompagnaient Louis VII à Toulouse en janvier 1155 (Luchaire, *Actes de Louis VII*, n° 339). L'acte est postérieur à cette date et antérieur à 1168, date où Béatrice avait cessé de vivre. En le comparant au n° **360**, dont la date n'est d'ailleurs qu'approximative, on serait tenté de le reculer d'une dizaine d'années, vers 1158.

Des lettres de Mathieu, abbé de St-Denis en 1284 (S 1409, n° 18) portent qu'il eut sous les yeux « cartam beate memorie Beatricis de Petrofonte, filie quondam comitis Montisfortis ». Montfort ne fut érigé en comté qu'en 1226 en faveur d'Amauri V, en compensation de la cession de ses droits sur le Languedoc à Louis VIII. C'est de *Rochefort* que l'abbé de St-Denis a voulu parler.

414. Nouciennes, comm. de Bonnelles, ca. Dourdan, ar. Rambouillet.

415. Simon est le second sous-prieur de ce nom. Il était *tertius prior* dans l'été de 1151 (n° **326**). Il remplaça Manassé, sous-prieur le 18 juin 1152 (n° **332**), qui devint abbé peu après d'un monastère non indiqué et mourut avant le 1ᵉʳ janvier 1155, d'après les diptyques funèbres de St-Martin. Le sous-prieur Simon II est cité en 1157-1158 (n° **358** *bis*).

monachi; REMIGIUS decanus *Sancti Germani* (416); Fulcoinus, Rogerus, Vitalis, Imbertus et Galterius presbyteri; ODO BUCELLUS (319), HELLUINUS DE MOLLENT, Hubertus, Robertus major, Gumbertus, ADAM RUFUS, Algardus, Constancius et ADAM ROSA, laici.

A. Original, S 1409, n° 28; beau sceau de Béatrice de Pierrefonds (*Inventaire*, n° 2654. — A'. Original K 23, n° 11⁴, sceau manquant. — B. Copie de 1209, LL 1351, fol. 120, collationnée et complétée sur A. — C. Copie du xv° s., LL 1352, fol. 133'. — D. Copie du xvi° s., LL 1353, fol. 142.

Edit. Tardif, *Monuments historiques*, n° 473, d'après A'.

398. — *Agathe de Pierrefonds [fille de Dreux] renonce, pour l'âme de ses parents, au droit de tensement qu'elle percevait à Viarmes.*

Ego AGATHA DE PETRAFONTE (417) anime mee, patris et matris et antecessorum meorum, quantulumcumque providens, consuetudinem unam quam *tensamentum* appellant, scilicet unum sextarium avene quem [monachi *Sancti Martini de Campis*] singulis annis, pro granchia sua de *Wirmes* (54), mihi solvere tenebantur, in perpetuum quietam clamavi. Hujus rei testes sunt, etc.

---

416. Remi I⁰ʳ Chevalos est cité comme doyen de St-Germain-l'Auxerrois après Gui, vivant en 1150; il est mentionné dans un bref d'Alexandre III à Louis VII, du 4 février 1165 (n. st.; cf. Jaffé-Wattenbach, n° 11109 (7424). — Il était encore doyen en 1171 et mourut le 24 octobre, probablement de cette même année (*Gallia christiana*, VII, 254-255). Il fut remplacé, non par Simon de Saint-Denis, qui résigna sa charge avant 1176, comme le dit la *Gallia*, mais par Pierre, non cité dans ce recueil, et qui fut témoin en 1173 d'une charte de l'évêque Maurice (n° **414**) où il est ainsi désigné : « Magister Petrus, decanus Sancti Germani. »

417. Agathe de Pierrefonds, qui par la mort prématurée des fils de Dreux et de Béatrice, devint l'unique héritière de la châtellenie de Pierrefonds, agit ici seule et sans le concours d'un époux. Cet acte est donc antérieur à son mariage avec Conon de Nesle, qui dès 1168 se qualifiait seigneur de Pierrefonds (Ms. lat. 5470, fol. 189). En 1177 Conon succéda à son oncle Ives, comte de Soissons, qui l'avait choisi pour successeur dès 1146. En 1180 Conon affranchit de tous droits de coutumes les hommes de l'abbaye de St-Médard de Soissons résidant dans le ressort féodal de Pierrefonds; sa femme, qui collabore à cet acte, est qualifiée « Agata comitissa, uxor ejus, Petrefontis heres et domina ». (A. N. LL 1021, fol. 111.) — Elle mourut en 1183.

A. Original perdu. — B. Copie de 1209, LL 1351, fol. 110', incomplète. — C. Copie du xv° s., LL 1352, fol. 117. — D. Copie du xvi° s., LL 1353, fol. 140.

399. — *Gui II de Montjay et sa femme Aélis* [de Montmorency] *concèdent aux hôtes de St-Martin-des-Champs habitant Bondy et Sevran, par les mains du prieur Gautier, la terre essartée de L'Aunoy, dépendant de leur gruerie.*

(1er janvier ou 9 avril 1167 — 1er janvier ou 31 mars 1168)

Notum sit omnibus t. p. q. f. quod ego Guido de Montegai (313), assentiente et laudante uxore mea Adaleida (418), concessi hospitibus *Sti Martini de Campis*, de *Bonzeio* (73) et de *Ceverento* (70), per manus Galteri, prioris ejusdem loci, totam terram de *Alnois* (419) que de grueria mea, que a retroactis temporibus usque ad presens exsartata, ut eam libere et quiete et sine omni molestatione mea et servientium meorum possideant et agricolentur. Pro hac vero concessione decem libras habui *Parisiensis* monete. Quod ut ratum sit, litteris nostris et sigillo meo corroboratum et testibus subnotatis communitum [est].

Testes (a) ex parte mea interfuerunt Risolus miles, Arlardus prepositus *Montisgai*, Ansellus frater ejus, Johannes filius ejus; Odo miles de Monte Erici (425), Willelmus de Monte Erici. Ex parte Prioris : Gauffredus miles de *Ceverento* (70) Everaldus de Nuceto Sico (321), major de *Buzeiis* (73) Petrus, decanus ejusdem ville, Constabulus, Thomas; Fulcherius major de *Ceverento*, Guido frater ejus, quo hoc concessio facta erat, anno ab Incarnatione Domini M.° C° LXVII° (b).

(a). *B C D* remplacent toute la fin de l'acte par « etc. ». — (b). M° C° LXVIII° *B* rectifié.

---

418. Aélis de Montmorency, fille du connétable Mathieu Ier (Duchesne, *Hist. de la maison de Châtillon*, p. 57). Elle figure déjà au n° **393**.

419. Il s'agit ici, non d'Aulnay-lès-Bondy, mais de l'Aunoy, nom d'un territoire forestier au milieu duquel se trouvait Clichy-en-l'Aunoy, et qui faisait corps avec la forêt de Bondy.

A. Original, K 24, n° 15⁵. — B. Copie de 1209, LL 1351, collationnée sur A, où pendait un sceau équestre, empreint à rebours, dont la légende avait disparu. — C. Copie du xv° s., LL 1352, fol. 14. — D. Copie du xvi° s., LL 1353, fol. 137' (toutes deux incomplètes, d'après B primitif). — E. Copie collationnée, du 28 août 1543, S 1337, n° 10, avec cette mention : « Scellé en double queue de cuyr, de cire blanche, où est empreint ung home à cheval tenant une espee en ses mains. »

Ind. Tardif, Monuments historiques, n° 607.

400. — *Gui II de Châtillon* [Montjay], *devenu seigneur de Crécy, approuve le don fait par Béatrice de Pierrefonds en 1144 du péage de ce lieu au prieuré du Vieux-Crécy dont Aleaume, successeur d'Etienne, est prieur. Adhésion d'Aélis, femme de Gui de Châtillon.*

(1ᵉʳ janvier *ou* 31 mars 1168 — 1ᵉʳ janvier *ou* 20 avril 1169)

In nomine sancte et individue Trinitatis, amen. Ego WIDO DE CASTELLIONE (313) ecclesie *Bti Martini de Veteri Creceio* in perpetuum. Noverint tam presentes quam posteri quod uxor DROGONIS DE PETROFONTE, domina BIATRIX, pro se et pro viro suo, etc. (texte de la charte de Béatrice en 1144, mutatis mutandis) audientibus HUGONE monacho fratre predicte BEATRICIS, MANASSE sacrista *Bti Martini*, STEPHANO priore ejusdem loci, ANCULFO *Suessionensi* archidiacono.

Cum autem, processu temporis, res in manum nostram devenerit, ego GUIDO DE CASTELLIONE donum et elemosinam supradictam a prenominata BEATRICE et filiis suis factam, ecclesie prefate concedo imperpetuum libere et quiete possidendam ; uxor quoque mea AALES (418) hoc ipsum laudavit et confirmavit. Affuerunt testes [ALERMUS prior ejusdem ecclesie, HILDUINUS monachus, GALCHERIUS canonicus de *Creci*. Milites : GIRARDUS ACOUIN, JOHANNES BOS, PETRUS DE BERCHERIIS (267). Quod ut ratum et firmum permaneat, sigilli nostri auctoritate corroboramus.

Actum publice anno Incarnati Verbi M C LXVIII°].

A. Original perdu. — B. Copie de 1209, LL 1351, fol. 112', collationnée et complétée des passages entre crochets sur l'original où pendait un sceau équestre avec cette légende : SIGILLVM GVIDONIS DE CASTEL-

LIONE. — *C.* Copie du xve s., LL 1352, fol. 119. — *D.* Copie du xvie s., LL 1353, fol. 142′ (toutes deux incomplètes, d'après *B* non collationné). — *E.* Copie de Gaignières, ms. lat. 17049, p. 427.

Ind. Coll. Duchesne, LXXVII, 7.

401. — *Le prieur Gautier vend à Foulques, prieur de Gournay, une rente de dix-huit setiers d'avoine sur le moulin de Noisiel; Foulques la donne à Gournay pour y fonder son anniversaire.*

(1166 — 1170)

Ego GALTERIUS, *prior Sti Martini de Campis*, et conventus ipsius notum facimus t. q. p. f. quod donnus FULCO, prior *Ste Marie de Gornaio*, pro constitutione anniversarii sui, emit a nobis xviii. sextarios annone qui prius in molendino de *Nosiello* (63) singulis annis infirmario nostro solvebantur, dato precio xxv. librarum pro eodem redditu ; eo tenore ut ecclesia *Ble Marie de Gornaio* predictos xviii. sextarios annone quietos perpetuo jure possideat et pro ipsis xxv. solidos singulis annis ecclesie nostre persolvat, de quibus in die anniversarii FULCONIS, fratribus refectio preparetur. Itaque constituimus et ipsius anniversarium fieri et de pred. xxv. solidis refectionem conventui provideri. Ut autem hec constitutio temporibus futuris inviolabiliter observetur, scripti presentis annotatione, cum tocius capituli nostri assensu et sigilli nostri impressione confirmavimus (*a*).

(*a*). Cette charte a pour limites approximatives la première date connue du priorat de Gautier à St-Martin et la 8e année du priorat de Foulques à Gournay (cf. n° **402**).

A. Original jadis scellé, S 1417, n° 61. — *B.* Copie de 1223, LL 1397, fol. 31, collationnée à l'original « e quo sigillum excidit. »

402. — *Agnès, comtesse [de Meulan] et ses fils renoncent à exiger des moines de Gournay-sur-Marne l'exécution du contrat passé entre le comte Galeran II et le prieur Gamon pour la construction d'un pont, ce traité n'ayant pas été approuvé par la communauté. Accord avec le prieur Foulques au sujet de droits de coutumes.*

(1er janvier ou 20 avril 1169 — 1er janvier ou 5 avril 1170)

Ego AGNES *comitissa* et filii mei, providentes utilitati et quieti monachorum in ecclesia *Beate Marie de Gornaio* Deo et eidem Sancte Virgini famulantium, nota fieri volumus t. p. q. f. ea que inter nos et eosdem monachos, intuitu pacis, acta sunt et statuta.

Querela siquidem erat inter nos et ipsos de ponte lapideo construendo quem dominus Gamo, prior ecclesie illius, olim se facturum pepigerat (320). Sed quia absque voluntate et assensu conventus hoc fecisse probatur, illius pactio inanis jure et vacua judicatur. Quia igitur nulla ratione ad hoc opus cogi poterant, eorum voluntati omnino dimisimus. Preterea molendina illa que facere disponebamus, quia injuste et ad dampnum ecclesie fieri videbantur, amplius non edificabuntur, sed omnino remanebunt. Habent enim monachi duo molendina et consuetudinem veniendi ad ipsa molendina ab omnibus bannariis nostris, unum videlicet proprium ab antecessoribus nostris datum, alterum a nobis pro v^{que} modiis annone et xii solidis concessum. Set quia molendina illa supervenientibus ex debito molentibus sufficere non poterant, volumus et precepimus, quatinus tercium molendinum, ad opus suum, in quocunque loco voluerint, construent, et illud cum relictis pace perpetua possideant. In hoc tamen molendino modium unum annone, cujus medietas erit frumenti, altera multurengie, habebimus, quem nobis annis singulis monachi persolvent. Sciendum est etiam quod duodecim solidos, quos in alio molendino habebamus, amplius non reddent monachi, quia pro eis habemus dimidium modium annone in molendino de *Doura* (420) et duos solidos quos eis annuatim debebamus. Si autem ipsi vel eorum successores pontem aliquando edificare voluerint, ex quo incipient, modium illum annone sibi remanebunt, et centum solidos ad libitum eorum in redditu pontis assignatos sicut ante statutum fuerat, annis singulis habebunt.

Iterum querela inter nos non minima, de nemore quod ad usum eorum et hospitum suorum de *Russiaco* ab antecessoribus donatum fuerat, quia illud ad domos exteriores deferebant. Quod quidem se

---

420. S'agit-il de la Dourdre, comm. d'Ozoir-la-Ferrière?

fecisse antecessorum nostrorum tempore sine calumpnia testabantur ; sed nostris temporibus multas injurias a nobis et forestariis nostris et aliis plurimis se pertulisse conquerebantur.

Horum igitur querimoniam clementer intuentes, quia eos inquietare non debemus, sed protegere, bona eorum non minuere sed augere, omnem calumpniam et injuriam quam a nobis vel aliis pro nemore paciebantur, eternaliter removemus et non solum ad exteriores domos, sed etiam ad quecunque loca nemus illud in usus proprios deferre voluerint, remota omni occasione, in perpetuum concedimus. Hospitibus vero eorum de *Russiaco* (64) consuetudinem illam quam in nemore antiquitus habere consueverant, similiter annuimus, et ne eis aliqua ab aliquo ulterius inferatur molestia, omnino prohibemus. Quia igitur quieti monachorum consulere, et debitam eis tuitionem, ut supradiximus, impendere debemus, omnes eorum possessiones, et omnia bona et consuetudines quas in presentiarum possident, libere et quiete imperpetuum permanere concedimus ; et ne ultra super hoc molestari queant, sigilli nostri auctoritate et testium subnotatione roboramus.

Testes sunt : dominus noster MAURICIUS, *Parisiensis episcopus*. GALTERIUS capellanus ejus. ACELINUS, MARCELLUS et GAUFREDUS, *Beate Marie* canonici. GUIDO DE GARLANDA et ANSELLUS filius ejus, qui non solum testes, sed etiam hujus rei obsides sunt. RADULPHUS DE CAMPIS (285). PETRUS DE CLACI (321). DROCO DE BELBOURC (421). GARINUS DE VILLAFLUIES (422). WILLELMUS MARMEREL. GARINUS DE AMBEELA (423). PHILIPPUS DE BERCHERIIS (267). EVRARDUS DE NUILLIACO (289). PETRUS DE HENMERI (424). ALMARICUS ET ROGERIUS, *filii nostri*. ROBERTUS DE VILLAFLUIES (422). PAGANUS DE TORCEIO (421) et ARROUDUS. Simon molendinarius et Morinus. ADAM DE BROILO et THEOBALDUS frater ejus.

---

421. Croissy-Beaubourg, ca. Lagny, ar. Meaux. — Torcy, même canton.
422. Villeflix, comm. de Noisy-le-Grand, ca. Le Raincy, ar. Pontoise.
423. Amboile, comm. de Boissy-St-Léger, ar. Corbeil.
424. Emery ou Emerainville, ca. Lagny, ar. Meaux.

Data est autem apud *Gornaium* anno Incarnati Verbi M° C° L° X° VIIII°, anno prioratus domni FULGONIS octavo.

A. Original perdu. — *B.* Copie de 1223, LL 1397, fol. 24, avec cette mention : « Visa fuit et collata presens carta ad suum autographum cui sub duplici cauda coriacea, adpendet oblongum et viride sigillum, idque inversum, scilicet pedibus ipsam cartam contingentibus. In illo figura ipsius comitisse, manu sinistra avem predatoriam gestantis; dextra divinari nequit et illius circumscriptio. »

403. — *Agnès, comtesse de Meulan, approuve l'aumône faite à Notre-Dame de Gournay par Anseau de Combault de la dîme au Petit-Pontault, qu'Anseau avait acquise de son gendre Jean* (*).

Ego AGNES, *comitissa de Mellento*, notum fieri volo t. p. q. f. quod ANSELLUS DE CUMBELLIS (256) decimam illam quam emit a genero suo JOHANNE apud *Pontellulum* (64), de feodo nostro, Deo et ecclesie *Beate Marie de Gornaio* coram me et astantibus, in elemosinam dedit. Hanc igitur donationem, prefate ecclesie ita factam, concessi et, ut ratum et inconvulsum permaneat, sigilli mei impressione confirmavi. Hujus rei testes sunt : RADULFUS (*a*) DE BUCI (425), DROGO DE CLACI (321), GUIDO DE PISSECOC (426), GACHERUS (*b*) DE CUMBELLIS (256), ROGERIUS *filius Comitis*, ROBERTUS DE (*c*) VILLAFLUIS (422), GALO (*d*) DE CAUDA (253), RADULFUS LI GRIES (*e*).

(*a*). Radulphus *B*. — (*b*). Gaucherius *B*. — (*c*). Villelluies *B*. — (*d*). Guido *B*. — (*e*). Ligeries *B*.

A. Original L 877, n° 20. Sceau représentant la comtesse en costume de cour, debout, le faucon sur le poing gauche. — *B.* Copie de 1223, LL 1397, fol. 21, collationnée à l'original « cui, sub cordula quadruplici, adpendet sigillum in quo figura ipsius Agnetis, manu sinistra avem predatoriam gestantis; sinistra (*sic pro* dextra) vero ob sigilli vetustatem quid teneat, divinari nequit. In ejusdem partis circumscriptione hoc legitur : SIGILLV. AGNETIS. Quod restat, corrosum est. »

(*) Les chartes **403** et **404** sont rapprochées du n° **402** par hypothèse.

---

425. Bussy-St-Georges ou Bussy-St-Martin, ca. Lagny, ar. Meaux. — Montry, ca. Crécy-en-Brie, ar. Meaux.

404. — *La comtesse Agnès* [de Meulan] *donne à Notre-Dame de Gournay, la portion du bois de la Minière qui se trouve au-dessous du chemin de Roissy.*

Notum sit presentibus et futuris quod ego Agnes *comitissa* dedi ecclesie *Beate Marie de Gornaio* et monachis ibidem Deo servientibus partem illam terre et nemoris de *Mineria* que est subtus viam que a *Villa Presbyteri* pergit ad *Russiacum* (63). Ut autem hoc ratum et inconvulsum permaneat, sigilli mei appositione et testium adnotatione firmare curavi. Hujus rei testes sunt : Rodulfus de Combellis (256), Rodulfus de Campis (285), Drogo de Auburc, Garinus de Ambaele (423), Henricus Magnus, Guido de Pissecoc (426) et Matheus frater ejus, Willelmus de Valle, Symon de Athis (427), Everardus de Nuilli (289), Robertus de Villafluis (422), Robertus Peluel, Paganus de Torciaco (285).

A. Original S 1417, n° 97. — *B.* Copie de 1223, LL 1397, fol. 25, collationnée à l'original « e quo sigillum, olim sub duplici cauda pergamenea adpendens, cecidit ».

405. — *Le roi Louis VII constate qu'en sa présence Milon Queriel d'Attilly a donné à St-Martin-des-Champs et à St-Arnoul de Marolles ce qu'il possédait dans les dîmes de Brie ; son frère aîné Gui d'Attilly et Guillaume de Moret ont approuvé cette cession que le Roi confirme.*

(Paris, 1ᵉʳ janvier ou 20 avril 1169 — 1ᵉʳ janvier ou 4 avril 1170)

In nomine sancte et individue Trinitatis, amen. Ego Ludovicus Dei gratia *Francorum rex.* Quoniam nostri officium est testimonium veritatis perhibere et nulla odii vel amoris causa ad dexteram sive ad sinistram aliquatenus declinare, inde est quod illa que per

---

426. Piscop, ca. Ecouen, ar. Pontoise.
427. Athis, ca. Longjumeau, ar. Corbeil; ou Athis, comm. de Villiers-sur-Seine, ca. Bray-sur-Seine, ar. Provins.

se firma sufficienter esse non possunt, munimentum auctoritatis nostre requirunt. Noverint ergo universi t. p. q. f. quod Milo Quorielis de Atteleio, in presencia nostra constitutus, se donasse recognovit *Sancto Martino de Campis* et ecclesie *Sancti Arnulphi de Marreolis* (45) quicquid ipse habebat in magna et parva decima de *Braia*, perpetuo habendum. Istud donum laudavit in presencia nostra Guido de Attellio, *frater ejusdem Milonis*, de quo idem Milo decimam illam in feodum tenebat. Willelmus etiam de Moreto de quo prefatus Guido iterum decimam illam in feodum tenebat, donacionem istam concessit. Nos insuper huic donacioni benigno favore assensum nostrum adhibentes, concessimus quod ecclesiam et monachos super hoc contra omnes, pro justicia, manu teneremus, salvo jure alieno. Quod ut ratum et firmum in posterum habeatur, sigilli nostri impressione et nominis nostri caractere muniri et confirmari precepimus.

Actum publice *Parisius*, anno ab Incarnacione Domini M° C° LX° IX°, astantibus in palacio nostro quorum subscripta sunt nomina et signa. Signum comitis Theobaldi, dapiferi nostri. S. Guidonis buticularii. S. Mathei camerarii. S. Radulphi constabularii.

Data per manum Hugonis (*monogr. royal*) cancellarii et *episcopi Suessionensis.*

A. Original scellé, K 25, n° 2².
Édit. Tardif, *Monuments historiques*, n° 616, p. 309, d'après A.
Ind. Luchaire, *Actes de Louis VII*, n° 576, p. 281 (le titre porte l'indication erronée « Notre-Dame-des-Champs » corrigée à la table).

406. — *Maurice, évêque de Paris, constate la cession de droits sur les dîmes de Brie faite par Milon d'Attilly au monastère de Saint-Martin-des-Champs où son père a pris l'habit religieux. Le prélat en investit le prieur Gautier, la femme de Milon, Aye, leurs enfants, Jacques, Manassé, Roger, Milon, Agnès, Félice, Aveline, ayant donné leur consentement* — (Extrait).

(1er janvier *ou* 20 avril 1169 — 1er janvier *ou* 4 avril 1170)

Quoniam ad episcopalem dignitatem spectat, ut diligenti vigilancia ecclesiastice paci semper intendat, dignum duximus eorum maxime providere tranquillitati, qui mundo renunciantes, Deo vacantes, mundana devitant negotia. Ea de causa, ego MAURICIUS Dei gratia *Parisiensis* episcopus notum fieri volo t. p. q. f. quod MILO DE ATILLIACO (271) assensu uxoris sue AIE et filiorum suorum JACOBI, MANASSE, ROGGERII, MILONIS, et filiarum suarum AGNETIS, FELICIS, AVELINE, donavit ecclesie *Sti Martini de Campis* ubi *pater suus monachus fuit*, et ecclesie *Sti Arnulfi de Meroliis* quicquid habebat in decima majore et minore bladi et vini de *Bria* et tractum ; quam decimam diu tenuerat in manu laicali, et in manu nostra reddidit. Nos autem domnum GUALTERIUM tunc temporis priorem *Sti Martini de Campis* ea investivimus. — Isdem vero Prior — — dedit jamdicto MILONI centum et viginti libras *Parisiensium*. Ipse autem MILO affidavit in manu nostra se inde garandiam portare contra omnes. Hoc similiter concessit GUIDO, frater ejus major natu, de quo ipse tenebat. Hoc etiam donum concessit GUILLELMUS DE MOREHT (90), de quo isdem Guido tenebat — — Hec ut firma permaneant, — — testium subnotatione roboravimus. Testes ASCELINUS decanus *Sti Marcelli* (428), GUALTERIUS capellanus, DANIEL de *Sto Victore* presbiter, RADULFUS canonicus, GAUFRIDUS DE MELEDUNO, JOHANNES presbiter *Sti Landerici*, HILDUINUS presbiter de *Ivri* (429), MATHEUS, RICARDUS camerarius, STEPHANUS pistor, HUGO DE VIRI (430), THOMAS mareschax, GUILLELMUS cocus, GUIBERTUS ; isti sunt famuli episcopi. BERTINUS EGART, ALBERICUS, RADULFUS, HUGO major de *Meirolis* (75), GUALTERIUS DE LANGNIACO, ERNOLDUS, ADAM FLANDRENSIS famulus Precentoris *Parisiensis*.

A. Original jadis scellé, S 1421, n° 6.

---

428. La *Gallia* distingue les doyens de St-Marcel *Anselmus* et *Ascelinus*. Le second de ces noms est souvent un diminutif du premier. Ici Ascelin est témoin d'une charte qui paraît de l'année 1169, tandis que, d'après la *Gallia*, Anselme souscrivit une charte de l'évêque Maurice en 1171. Ascelin figure dans l'acte du même prélat donné en 1175 (n° **426**) et dans un autre de 1179. Son successeur Renaud Ier était en charge du vivant de Maurice, qui succomba le 11 septembre 1196 (*Gallia christiana*, VII, 76, 303).

429. Ivry-sur-Seine, arr. Sceaux.

430. Viry-Châtillon, ca. Longjumeau, ar. Corbeil.

407. — *Guillaume Ier d'Aulnay-lès-Bondy confirme le don d'un moulin à Villepinte, dit le Moulineau, accordé au prieuré de Mauregard par ses fondateurs, Gautier II d'Aulnay, père de Guillaume, et Raoul, frère de Gautier II.*

(Vers 1170)

Ego WILLELMUS DE ALNETO (431) omnibus litteras presentes inspicientibus, testificor quod molendinum illud juxta *Villampictam* (432) quod solet dici Molinellum, ab antecessoribus meis, scilicet domno RADULFO avunculo meo, et patre meo GALTERIO DE ALNETO datum fuit monachis de *Malregart* (183) in elemosinam. Vidi etiam quod monachi illud molendinum pacifice possiderent. Et ut hoc testimonium meum firmum sit et stabile, hoc presens scriptum sigilli mei munimine confirmo.

A. Original perdu. — *B.* Copie de 1209, LL 1351, fol. 115', non collationnée. — *C.* Copie du xve s., LL 1352, fol. 125'. — *D.* Copie du xvie s., LL 1353, fol.

---

431. Gautier II, seigneur d'Aulnay-sous-Bois, encore vivant dans l'automne de 1148 (n° **309**) était sénéchal de Dammartin. Avec sa femme Rence, il fit à l'abbaye de Chaalis don d'un bois à Soisy-sous-Montmorency, mouvant de Mathieu Ier de Montmorency. Thibaud, évêque de Paris (1143-1159), confirma « quod Galterus de Alneto, dapifer Domni Martini et Rensa uxor ejus, dederunt in elemosinam ecclesie Caroliloci, nemus quod Buscoli dicitur quod concessit Matheus de Montmorenci ». (Ms. lat. 11003, fol. 184.) Guillaume Ier d'Aulnay, que la présente charte déclare fils de Gautier II, eut aussi pour mère dame Rence ; ainsi l'atteste un acte original du xiie siècle (Nouv. acq. lat. 2242) ainsi conçu : « Presentibus innotescat et futuris quod ego Guillelmus de Alneto, pro peccatorum meorum remissione et predecessorum meorum salute, Domo Dei de Domno Martino dimidium modium frumenti in grangia mea de Munciaco annuatim accipiendum, uxore mea Iolent et pueris meis consentientibus, in elemosinam in perpetuum donavi et concessi. » Et la notice qui suit porte : « Ejus donationis testes sunt : Rencia mater ejus, Ansellus frater ejus, Galterius vicecomes Domni-Martini, Johannes de Nantel, Galterius de Chaneviers ». Nous retrouverons en 1192 Guillaume d'Aulnay, sa femme Yolende et leur fils Gautier III faisant une donation au prieuré de Mauregard. Yolende n'étant point citée dans la présente charte, nous la regardons comme antérieure au mariage de Guillaume Ier d'Aulnay et la datons, pour ce motif : « vers 1170 ». Cf. n° **429**.

432. Villepinte, ca. Gonesse, ar. Pontoise (S.-et-O.). — Le don de ce moulin est compris dans la confirmation accordée par l'évêque Manassé II en 1140.

408. — *La mairie de Saint-Martin-des-Champs est mentionnée comme ressort.*

(Vers 1171)

Noverint p. et f. quod domnus Teobaudus, *abbas Fossatensis,* assensu capituli sui, tradidit per manum et amorem Haimonis *prioris ecclesie Beati Eligii* et concessit in perpetuum possidenda omnia que habebat ecclesia Fossatensis *Parisius,* in *majoria Sancti Martini,* cum torculari et decima sua que est juxta *Pontem petrinum* — — (*a*).

(*a*). La pièce n'est point datée. L'abbé Thibaud et le prieur Haimon se rencontrent ensemble dans un acte de 1171 (R. de Lasteyrie, op. cit., p. 420, note 4; *Gallia,* VII, 294).

A. Original S 1185, n° 1.
Édit. R. de Lasteyrie, *Cartulaire général de Paris,* n° 490, pp. 410-411, d'après A.

409. — *Henri, évêque de Senlis, ayant reçu de sire Gui IV Bouteiller la dîme des essarts de la forêt de Brasseuse, la concède à St-Nicolas d'Acy, à la prière de Marguerite femme de Gui IV, et de leurs fils Gui V et Guillaume II.*

(Senlis, 1ᵉʳ janvier *ou* 5 avril 1170 — 1ᵉʳ janvier *ou* 28 mars 1171)

In nomine sancte et individue Trinitatis. Ego Henricus, Dei gratia, *Silvanectensis* dictus *episcopus,* notum facio t. f. q. p. quod dominus Guido Buticularius omnem decimam que percipienda est in novalibus *nemoris de Braisilva* vel circa *Braisilvam* quod ipse agricolis ad eradicandum dedit, in manus nostras reddidit. Nos autem, precibus ipsius cum assensu uxoris sue Margarite, et filiorum suorum Guidonis primogeniti et Willelmi junioris, *ecclesiam Sancti Nicholai* super eadem decima investivimus, salvo jure parrochiali ecclesie de *Braisilva,* que in eadem decima duos modios annone habet, unum frumenti et alterum avene, quos videlicet perpetuo jure inviolabiliter eadem possidebat ecclesia.

Presbiter vero, qui eandem ecclesiam administraverit, a monachis *Sancti Nicholai* singulis annis in festo sancti Remigii, omni occasione postposita, prefatos duos modios accipiet. Ad majorem etiam evidentiam ut omnis in posterum litis et calumnie precidatur occasio, signanter additum est, et a domino Guidone Buticulario concessum, ut quidquid (a) in predicto nemore novale fecerit, ac territorium illud, extirpato nemore, in agriculturam redactum excoluerit, sive idem dominus, sive ipsius heredes, sive quilibet alius, omnem decimam supradictam ecclesia *Sancti Nicolai* nichilominus ex integro, perpetuo jure, possideat. Quod ne in posterum, vel oblivione deleri, vel cujusquam temeritate disolvi possit, scripto presenti et sigilli nostri impressione, cum testium subnotatione, firmavimus. Hec autem sunt nomina testium : Asco precentor *Beate Marie*, Ebroinus decanus *Sancti Frambaldi* ; Balduinus, Galterus, canonici; Petrus Coquus, Radulfus et Erchembaldus filiaster ejus, Gaufredus prepositus Regis.

Actum *Silvanectis*, anno ab Incarnatione Domini millesimo centesimo septuagesimo primo.

(a). *Corr.* quisquis.

A. Original jadis aux Archives de Saint-Nicolas d'Acy. — *Cartulaire d'Acy* (perdu). — C. Copie du xvii⁰ s., Coll. Duchesne, LXXVII, 27, d'après B (extrait). — D. Copie du xviii⁰ s., collationnée par Afforty, Coll. Moreau, LXXVII, 118.

410. — *Le pape Alexandre III confirme au prieur de Cannes [Ançoul] tous les biens du prieuré et accorde aux moines le droit de donner la sépulture aux étrangers et d'élire librement leurs prieurs.*

(Frascati, 16 novembre 1172)

Alexander episcopus servus servorum Dei, dilectis filiis Priori monasterii de *Cona* (216) ejusque fratribus t. p. q. f., regularem vitam professis, in perpetuum.

Pie postulatio voluntatis effectu debet prosequente compleri, ut et devotionis sinceritas laudabiliter enitescat, et utilitas postulata vires indubitanter assumat. Eapropter, dilecti in Domino filii, vestris justis postulationibus clementer annuimus, et prefatum monasterium in quo divino mancipati estis obsequio, sub Bti Petri et nostra protectione suscipimus et presentis scripti privilegio communimus ; in primis siquidem statuentes ut ordo monasticus, qui secundum Deum et beati Benedicti regulam in eodem loco institutus esse dignoscitur, perpetuis ibidem temporibus inviolabiliter observetur. Preterea quascunque possessiones, quecumque bona idem monasterium impresentiarum juste et canonice possidet — — illibata permaneant. In quibus hec propriis duximus exprimenda vocabulis : Ecclesiam *Sancti Petri de Cona* (216) cum pertinentiis suis et quicquid habetis in territorio de *Foissy* (434) ; quidquid habetis in *Monte Arlais* (435); ecclesiam Sti Martini de *Dormella* (192) cum o. p. s., et molendinum de *Monte Moret* quod est in parochia ejusdem ecclesie. Quidquid habetis in ecclesia Sti Martini de *Miri*, quidquid habetis in ecclesia de *Savius* (436) ; quicquid habetis in ecclessie de *Sancto Valeriano* (437) ; quidquid habetis in ecclesia Sti Lupi de *Villa Thierry* (438) ; quidquid habetis in ecclesia Sti Martini de *Truisi* (439) et in eadem villa ; quidquid habetis in *Varennis* et in *Valenciis* (440) et in *Lavile*, aquam scilicet que superfluit monasterio cum passagio, et prata de *Milleris* que data sunt monasterio vestro a bone memorie Ala *comitissa Blesensi* (441), et quartam partem salagii de *Mosteriolo* et censum de *Moncellis* ; quidquid habetis in molendino stanni de *Sancto Valeriano* (437); terram de *Chasneto* ; quidquid habetis in villa *Emanti* (442), terram quam habetis ad *Montem Machoi* (442) et quidquid habetis apud *Palais* (440) et nemus *Arlais*, quidquid habetis in nemore *Sti Mauritii* et in *nemore Sti Petri* quod est vicecomitis, et terram quam habetis in parochia de *Blena* (442) ; prata, molendinum, alnetum et nemus, et quartam partem territorii de *Villafrod*, et alodium du *Saveniaco* (437).

Sepulturam quoque ipsius loci liberam esse decernimus, ut eorum devotioni et extreme voluntati qui se illic sepeliri deliberaverint nisi forte excommunicati vel interdicti sint nullus obsistat; salva tamen justitia illarum ecclesiarum a quibus mortuorum corpora assumuntur. In parochialibus autem ecclesiis quas tenetis, liceat vobis sacerdotes eligere et episcopo presentare, quibus si idonei fuerint episcopus animarum curam committat, ut de plebis quidem cura episcopo, vobis autem de temporalibus debeat respondere. Sane novalium vestrorum que propriis sumptibus colitis sive de nutrimentis vestrorum animalium, nullus a vobis decimas presumat exigere. Cum autem commune terre interdictum fuerit, liceat vobis clausis januis, exclusis excommunicatis et interdictis, non pulsatis campanis, suppressa voce divina officia celebrare. Obeunte vero te nunc ejusdem loci priore, vel tuorum quolibet successorum, nullus ibi qualibet subreptionis astutia seu violentia preponatur, nisi quem fratres communi consensu, vel fratrum pars consilii sanioris, secundum Dei timorem et beati Benedicti regulam providerint eligendum. Decernimus igitur, etc.

Datum *Tusculanum*, per manum Gratiani, sancte Romane ecclesie subdiaconi et notarii, xvi kal. decembris, indictione vi, Incarnationis Dominice anno M° C° LXX° II, pontificatus vero domni Alexandri pape III anno xiv.

A. Original perdu. — *B.* Copie de 1209, LL 1351, fol. 13'. — *C.* Copie du xv° s., LL 1352, fol. 13-14. — *D.* Copie du xvi° s., LL 1353, fol. 13'.
Edit. a. Marrier, *Monasterii S. M. de C. historia*, p. 305. — *b.* Migne, *Patrologia latina*, t. 200, col. 889, d'après *a* (texte fautif).
Ind. Jaffé-Wattenbach, *Regesta Pontificum romanorum*, t. II, p. 252, n° 12168 (8179).

411. — *Guillaume, archevêque de Sens, confirme à Ançoul, prieur de Cannes, les propriétés de son monastère.*

(Sens, 1ᵉʳ janvier *ou* 16 avril 1172 — 1ᵉʳ janvier *ou* 8 avril 1173)

Willelmus, Dei gratia, *Senonensis archiepiscopus* et Apostolice Sedis legatus (433), dilectis filiis Anculfo priori et fratribus in

---

433. Nous ne saurions affirmer rigoureusement que la charte du légat ait précédé la bulle d'Alexandre III (n° **408**), mais c'est tout à fait probable. En tous cas les propriétés énoncées sont les mêmes; la description du légat est cependant plus précise. Mais sa charte est muette sur les privilèges que la bulle enregistre et qui semblent surprenants, tout au moins le dernier, car il ne tend à rien

ecclesia de *Cona* (216) Deo servientibus, in Domino salutem. Gratus Deo famulatus numquam impenditur, nisi ex caritatis radice procedat. Omnes igitur Xristiane fidei amatores et precipue religiosos (*a*), ex commisso nobis officio tenemur diligere, et loca venerabilia cum ipsis personis divino servitio mancipatis, attentius confovere, ut nullis pravorum hominum inquietantur molestiis, vel importunis angariis fatigentur. Quamobrem, dilecti in Xristo filii, sanctorum bonorum sequentes exemplar virorum, rationabilibus postulationibus vestris benignum prebentes assensum, ecclesiam de *Caona* in qua, divina suffragante clementia, obsequium divinum sollempniter celebratur, cum omnibus ad ipsam pertinentibus, sub nostra suscipimus protectione et presentis scripti privilegio communimus : statuentes ut possessiones universe et quecumque bona juste et canonice possidetis, aut in futurum, concessione pontificum, largitione regum vel principum, oblatione fidelium, seu aliis justis modis, Deo propitio, poteritis adipisci, firma vobis vestrisque successoribus in perpetuum et illibata permaneant. In quibus hec propriis duximus exprimenda vocabulis, videlicet ecclesiam Sancti Petri de *Cona* (216), altare, personatum, atrium, minutam decimam ejusdem ville ; decimam magnam et minutam de territorio de *Foissi* (434) ; in *Monte Arlais* (435) terciam partem magne decime et minute; ecclesiam Sti Martini de *Dormella* (192) et personatum ejusdem ecclesie cum capella de *Flagiaco* (442) que ad eam pertinet, et minutam decimam ejusdem parrochie, et molendinum quoddam de *Monte Morel* quod est in eadem parrochia ; item, in ecclesia Sti Martini de *Miri*, duas partes oblationum in festivitate Omnium Sanctorum, in Natale Domini, in Purificatione Bte Marie, et atrium, et duas partes decime magne et minute; et illud quod habetis in ecclesia de *Savins* (436), scilicet in crastino Natalis

---

moins qu'à soustraire à la hiérarchie clunisienne la communauté de Carmes en lui accordant la libre élection de ses prieurs.

434. Foissy, ca. Villeneuve-l'Archevêque, ar. Sens. Peut-être le *Fusiacum* dont it est question au n° **296**.

435. Montarlot, ca. Moret-sur-Loing, ar. Fontainebleau.

436. Savins, ca. Donnemarie-en-Montois, ar. Provins.

Domini, duas partes tortellorum et in Purificatione, duas partes candelarum, post messionem presbiteri, terciam partem decime tam vini quam annone et etiam terciam partem minute decime; in ecclesia de *Sancto Valeriano* (437) vinginti solidos; et id quod habetis in ecclesia Sti Lupi de *Villa Tierri* (438), in altare videlicet sextam partem, si ad procurationem clericorum sextam partem expense dederitis; et id quod habetis in altare Sti Martini de *Truisi* (439), scilicet terciam partem offerende post partem presbiteri, in festivitate Omnium Sanctorum, in Natale Domini, in Purificatione Bte Marie, et etiam terciam partem ville, et terciam partem magne decime et minute ejusdem ville; sane quartam partem decime de *Varenis* et quartam partem magne decime de *Valentiis* (440), et minutam decimam de *la Vile*, et cetera omnia que ecclesie Bti Petri de *Cona* data sunt in elemosinam : aquam scilicet que subterfluit monasterio, cum passagio ex prata de *Milleris* que data sunt a beate memorie ALA, *comitissa* BLESENSI (441) et quartam partem salagii de *Mosteriolo*, et censum de *Moncellis* in molendino stanni de *Sto-Valeriano* (437), dimidium modium frumenti, et terciam partem de *Chasneto*; preterea, in villa *Emanti* (442) duodecim solidos et tres obolos; et terram quam habetis ad *Montmacho* (442), et apud *Palai* (440) decem solidos; et nemus *Arlais* et partem octavam quam habetis in *nemore Sti Mauricii* et usagium in *nemore Sti Petri* et terram quam habetis in parrochia de *Blena* (442); hospites, prata, molendinum, alnetum et nemus, atque quartam partem territorii de *Villafro*, et alodum de *Saveniaco* (437). Et quicquid pretere immunitatis, quic-

---

437. Saint-Valérien, Savigny, ca. Chéroy, ar. Sens.

438. Villethierry, ca. Pont-sur-Yonne, ar. Sens.

439. Truisy, comm. d'Andrezel, ca. Mormant, ar. Melun.

440. Valence-en-Brie, ca. Le Châtelet-en-Brie, ar. Melun. — Le Palais, comm. de Pontcarré, ca. Tournan, arr. Melun.

441. Ale (Adèle) de Normandie, fille de Guillaume le Conquérant, femme du comte Etienne-Henri. Elle prit en 1122 l'habit monastique à Marcigny et mourut le 8 mars, probablement en 1138 (Longnon, *Obituaires de la Province de Sens*, t. II, p. XII).

442. Esmans, ca. Montereau-faut-Yonne; Blennes, Flagy, Montmachoux, ca. Lorrez-le-Bocage, ar. Fontainebleau.

quid libertatis seu donationis a predecessoribus nostris seu a catholicis regibus ecclesia nostra hactenus habuisse dinoscitur, ratum et stabile permanere sancimus. Decernimus ergo ut nulli omnino hominum liceat prefatam ecclesiam temere perturbare, aut ejus possessiones (b) auferre, vel ablatas retinere, minuere, seu quibuslibet molestiis fatigare; sed omnia integra conserventur eorum pro quorum gubernatione et sustentatione concessa sunt, usibus omnimodis profutura; salva in omnibus Sedis Apostolice auctoritate, et nostra successorumque nostrorum canonica justicia. Si qua igitur in futurum ecclesiastica secularisve persona hanc nostre constitutionis paginam sciens, contra eam venire temptaverit, omnipotentis Dei iram et nostram maledictionem se incursurum noverit. Cunctis autem eidem ecclesie jura sua servantibus, sit pax Domini nostri Jhesu Xristi, quatinus et hi fructum bone actionis percipiant, et apud districtum judicem premia eterne pacis inveniant.

Actum *Senonis*, anno Dominice Incarnationis M° C° LXX° III.

(a) regiose B. — (b). possessiones aufere B.

A. Original perdu. — B. Copie de 1209, LL 1351, fol. 30, non coll. — C. Copie du xv° s., LL 1352, fol. 31. — D. Copie du xvi° s., LL 1353, fol. 31. *Edit.* Marrier, *Monasterii S. Martini de C. historia*, p. 307.

412. — *Maurice, évêque de Paris, approuve la cession au chapitre de St-Côme de Luzarches, par Gautier, prieur de St-Martin, de dîmes à Lassy, Champlâtreux et Plessis [— Luzarches], données avant 1142 au prieuré par Payen de Presles.*

(Paris, 1ᵉʳ janvier *ou* 16 avril 1172 — 1ᵉʳ janvier *ou* 8 avril 1173)

Ego Mauritius, Dei gratia, *Parisiensis* episcopus. Notum fieri volumus posteris et presentibus, quod Galterius *prior Sti Martini de Campis* et conventus ipsius ecclesie decimam quam apud *Laciacum* (443) et *Campumplastrosum* (443) et apud *Pleisiacum* (443) quod est situm juxta (a) *Saciacum* per xxx annos et eo amplius, ex dono Pagani de Pratheriis (234), libere et quiete possederant, et quicquid ad decimationem illam pertinere dinoscitur, sive in majori, sive in minuta decima, *ecclesie Bti Cosme de Lusarchis* imperpetuum habendam concesserunt, eo tenore quod canonici pred. ecclesie de *Lusarchis*, usque ad festum Sti Remigii, pred. *ecclesie Sti Martini* IIII. modios annone, duos scilicet frumenti convenientis et duos avene, singulis annis persolvent, quos in *granchia Bti Cosme de Lusarchis* monachi *Sti Martini de Campis* recipient ad rectam et communem mensuram vendendi et emendi apud *Lusarchas*. Preterea idem prior G[ALTERIUS] et fratres ecclesie decimam de *Gahercort* (443) quam diu quiete possederant, ecclesie *Sti Cosme de Lusarchis* imperpetuum habendam integre concesserunt, hoc pacto quod canonici pred. ecclesie de *Lusarchis*, usque ad festum Sti Remigii, eidem *ecclesie Sti Martini* XVI sextarios annone, septem scilicet frumenti convenientis et septem avene, et duos fabarum, singulis annis persolvent in granchia sua que est apud *Lusarchas*, similiter ad rectam et communem mensuram vendendi et emendi. Illud quoque sciendum quod custos pred. granchie et excussores monachis Sti Martini singulis annis fidelitatem facere debent quod propter ipsos annonam non deteriorabunt, sed qualis de decima venerit, talem fideliter eis persolvent. Quod si forte canonici de *Lusarchis* a pred. conventione relisierint (*b*) vel in aliquo transgressi fuerint, ipsi a suo officio usque ad condignam satisfactionem, suspensi erunt; et hoc coram nobis sine contradictione concesserunt. Quod ut ratum atque firmissimum imposterum habeatur, presens scriptum sigilli nostri auctoritate corroborari fecimus, et huic facto assistentium tam clericorum quam laicorum personas nominatim distinximus. [Clerici qui affuerunt : GARINUS, abbas *Latiniacensis* (444); THEOBALDUS abbas *Fossalensis* (444); GIRARDUS et SYMON, archidiaconi *Parisienses*; SYMON archidiaconus *Senonensis*, MARCELLUS canonicus *Parisiensis*, ROGERIUS archipres-

---

443. Lassy, Epinay-Champlâtreux, le Plessis-Luzarches, ca. Luzarches, ar. Pontoise. — Gascourt, hameau de Luzarches.

444. Guérin, abbé de Lagny, élu en 1171, abdiqua en 1180 (*Gallia*, VII, 498). Thibaud II, abbé de St-Maur, cité dès 1171 et encore en 1187, était dès 1190 remplacé par Isembard (*Gallia*, VII, 294).

biter. Laici : Drogo, miles de Bri (445) ; Anselmus, miles de Frepeilo (446).]

Actum [publice] *Parisius* [in presentia nostra] anno ab Incarnatione Domini M° C° LXX° II°[episcopatus autem nostri duodecimo].

(a) L'initiale « S » a été retouchée sur *B* pour en faire un « L ». — (b). *sic B.* ; *corr.* resilierent.

A. Original perdu. — B. Copie de 1209, LL 1351, fol. 5o, collationnée sur A et complétée des passages entre crochets. — C. Copie du xv° siècle, LL 1352, fol. 49. — D. Copie du xvi° s., LL 1353, fol. 52, toutes deux d'après *B* incomplet.

413. — *Thibaud d'Heilly, évêque d'Amiens, constate qu'après la mort de Raoul d'Airaines, ses libéralités au prieuré de ce nom ont été approuvées par sa veuve Marie, son fils Henri et son gendre Dreux de Selincourt. Parmi les témoins Eustache abbé de Selincourt, Allou prieur de Laleu, Simon de Lis prieur d'Airaines, et le vidame Gérard II de Picquigny.*

(1ᵉʳ janvier *ou* 16 avril 1172 — 1ᵉʳ janvier *ou* 8 avril 1173)

Ego Theobaldus, Dei miseratione, *Ambianensis minister* modicus, t. p. q. f. in Xristo fidelibus, eternam in Domino salutem. Cum a tempore predecessorum nostrorum, ecclesia de *Harenis* (274) nobilis viri Radulfi elemosinam, in novo molendino ad *Vivarium*, tum pro recompensatione terre ecclesie Bte Marie quam occupaveverat, tum pro salute anime sue et antecessorum suorum, pio devotionis intuitu factam, vid. decima tocius emolumenti [in omni ge] nere annone, in jus et proprietatem [in perpetuum] post decessum suum integre cessuram, per unum sextarium frumenti de recognitione, quiete usque ad tempora nostra possedisset, idem Radulfus in lecto egritudinis positus, saluti sue providens, elemosinam illam in publica audiencia recognovit, et ratam esse voluit. Port decessum vero illius et exequias tanti viri, quanta decuit honorificentia cele-

445. Bry-sur-Marne, ca. Nogent-sur-Marne, ar. Sceaux. — **Vanves**, ar. Sceaux.
446. Frépillon, ca. Montmorency, ar. Pontoise.

bratas, Henricus filius ejus, et mater ipsius Henrici Maria, necnon et Drogo de Serincurt sororius ejusdem Henrici, jamd. elemosinam in manum nostram reddiderunt et ut ecclesie *Ste Marie de Harenis* confirmaremus, postulaverunt. Nos igitur devoti viri elemosinam per manum nostram ecclesie Bte Marie collatam pontificali auctoritate confirmamus, et, ne ab aliqua ecclesiastica vel seculari persona hec nostra confirmatio ausu temerario in posterum impetatur, sub anathemate interdicimus. Hujus rei testes sunt : Guarinus archidiaconus, Guillelmus prepositus, Ogerus canonicus, Eustachius abbas *Sti Petri de Serincurt* (324), Galterius prior, Hugo decan[u]s, Eustachius abbas *Sti Johannis*, Alulfus prior *de Lalue* ; Erluinus et Theobaldus capellani ; Elinandus et Anselmus presbiteri ; Galterus de Fontanis, Henricus et Hugo fratres ejus, Gerardus vicedominus Pinconii, Giroldus de Hangest, Giroldus de Bules, Robertus de Hamel, Leonardus, Eustachius Trepsel, Girardus Melie, Guido Tesars, Postels.

Datum per manum Roberti cancellarii, domno Symone de Lis tunc prioratum agente apud *Harenas*, anno M° C° LXX° II°.

A. Original S 1410, n° 19 ; sceau épiscopal, écorné.
Ind. Coll. Duchesne, LXXVII, 7. — *b.* Ms. lat. 17049, fol. 428.

414. — *Le prieur Gautier de Châlons constate un arrangement fait entre Adam de Brie et son fils Thibaud, au sujet de la dot constituée par ce dernier à sa femme Perrenelle.*

(16 avril 1172 — 7 avril 1173)

In nomine sancte et individue Trinitatis, amen. Ego frater Galterius, *prior Sti Martini de Campis*, et totus conventus ecclesie, scripti hujus adnotatione memorie commendamus presentium et ad noticiam transmitto futurorum conventionem quandam que, sub presentia nostra, facta est inter Adam de Braia et Theobaldum filium ejus. Hec autem sic se habet : Adam, multis astantibus, manifeste [re]cognovit quod tam ipse quam uxor sua Emelina, mater scilicet ipsius Theobaldi, dederunt eidem

Theobaldo, jure hereditario possidenda, ea que subjecta sunt : duas domos ante *curiam Regis* sitas, que sunt de censu *Sti Maglorii*, et totum censum suum quem habebant in loco qui *Campellus* appellatur, et domum quam habebant in *Figularia*, scilicet cum toto ambitu eidem domui adjacenti, et vineas quas habebant apud *Mustariolum*, et grangiam de *Berciix* cum universis terris (447) et pratis ad eandem pertinentibus. Sciendum autem quod omnia alia predicta, excepta hac grangia de Berciix et suis pertinentiis, dedit pred. Theobaldus uxori sue Petronille in dotem. Verumptamen, quia prefatus Adam hec omnia quod viveret, in manu sua tenere volebat, timens ne filio suo, sepenominato Theobaldo, aliquod detrimentum vel calumpnia possit orriri (*b*), devestivit se de omnibus his predictis, in manus dominorum de quibus tenebat, et filium suum Theobaldum investiri fecit. Theobaldus vero nichilominus patris sui utilitatibus providens, assensu uxoris sue Petronille, hec omnia patri suo recipere commendavit, ea vid. conditione quod ipse Theobaldus totum censum de omnibus supradictis, dominis de quibus movet, persolvet. Adam autem, pater ejus, totum fructum qui de omnibus his provenire poterit, quoadusque in seculari habitu vixerit, habebit. Hec autem inter patrem et filium concorditer interposita, ne aliqua malitia turbari possent, pred. Theobaldus et uxor sua Petronilla, fide interposita, et juramento subsequente, firmaverunt. Hanc pactionem inviolabiliter se observaturos (dederunt etiam fidejussores de his immutabiliter observandis) fide interposita firmaverunt. Nomina fidejussorum hec sunt : Gilbertus, frater Petronille ; Robertus et Adam et Henricus, filii Balduini ; Ferricus, frater Philippi; Galterius, filius Philippi ; Rogerus Arpinus Guimundus. Ex alia parte : Adam pater ipsius Theobaldi, et Maria uxor sua, fide similiter interposita, pepigerunt Theobaldo et Petronille, se ista bona fide custodituros, videlicet quod nul-

---

447. Cogita de grangia *aux Merciers*, tanquam de pertinentiis suis, que est de censiva et dominio Sti Martini, apud *Conflans* (Note marginale avec renvoi, du xiv° s., LL 1351, fol. 89. — C'est de Conflans-l'Archevêque, près Bercy, qu'il est ici question.

lam (a) ingenio vel arte quererent, vel consentirent, quomodo pred. possessiones eisdem vel heredibus eorum auferri vel minui vel in statum deteriorem converti possint. Isti sunt testes hujus rei : Galterius prior, Joscelinus supprior, et alii. Annus (b) ab incarnatione Domini M° C° LXX° II°.

(a). *sic* ; un mot est omis en B. — (b). sic B.

A. Orig. perdu. — B. Copie de 1209, LL 1351, fol. 89. — C. Copie du xv° s., LL 1352, fol. 87'. — D. Copie du xvi° s., LL 1353, fol. 105.
Édit. R. de Lasteyrie, *Cartulaire général de Paris*, p. 421, n° 505.

415. — *Pierre, cardinal du titre de Saint-Chrysogone, légat du pape Alexandre III, rend une sentence concernant Sainte-Geneviève, dans une assemblée tenue à Saint-Martin-des-Champs où se trouvent l'évêque Henri de Senlis, les abbés Guillaume de St-Denis et Hugues V de St-Germain-des-Prés.* (Extrait.)

(15 février 1172 — 26 octobre 1173)

P[etrus], Dei gratia tituli *Sancti Grisogoni* presbyter *cardinalis,* Apostolice Sedis legatus (447) — — ad communem noticiam omnium volumus pervenire quod, cum ex mandato domini Pape cognosceremus de causa status, que vertebatur inter ecclesiam *Sancte Genoveje* et quosdam homines de *Vamvis* (445), — — consilio habito cum multis religiosis et sapientibus viris *Parisius*, apud *Sanctum Martinum de Campis*, pronunciavimus — — eosdem esse homines predicte ecclesie cum hiis consuetudinibus : Non possunt filios suos clericos facere nisi ex concessione ecclesie ; filios suos aut filias suas non possunt matrimonio conjungere cum hominibus

---

448. Pierre I", évêque de Meaux, élu en 1171, fut peu après créé cardinal du titre de St-Chrysogone et légat en France, charge qu'il occupait en 1173 (*Gallia christiana*, VIII, 1617). Il assiste aux actes d'Alexandre III du 26 octobre 1173 au 1" mai 1179 (Jaffé-Wattenbach, t. II, p. 145). Sa mission en France correspond donc aux années 1172-1173. Parmi les personnages ayant pris part à l'assemblée de St-Martin-des-Champs, un seul peut contribuer à préciser le *terminus a quo* : c'est l'abbé de St-Denis, Guillaume de Gap, élu après la mort d'Yves II, survenue le 15 février 1172 (*Gallia*, VII, 380).

alterius baillivie vel dominatus ; caducum, id est manum mortuam, debent ; in necessitatibus ecclesie dabunt conveniens auxilium de suo, juxta consuetudinem regni. Huic sententie proferende assessores nobis et consilium dederunt : Henricus, *Silvanectensis episcopus* ; Willelmus, abbas *Sancti Dyonisii* ; Hugo, abbas *Sancti Germani de Pratis* ; Girardus, archidiaconus *Parisiensis* ; Michael, decanus *Meldensis* ; magister Girardus Puella ; magister Bernardus Pisanus ; magister Guido, thesaurarius *Novariensis* ; magister Symon de Tornaco ; magister Herbertus de Boscham. — —

A. Original perdu. — B. Vidimus de Jean, abbé de St-Victor. — C. Copie du xiiie s., *Cartulaire de Sainte-Geneviève*, Bibliothèque Sainte-Geneviève, El 25, p. 102, d'après B.

Edit. R. de Lasteyrie, *Cartulaire gén. de Paris*, n° 519, p. 429.

416. — *Maurice, évêque de Paris, constate l'accord intervenu entre les moines de Gournay-sur-Marne et les Génovéfains de Montjay et de Pomponne au sujet de dîmes et de droits paroissiaux.*

(Paris, 1er janvier ou 8 avril 1173 — 1er janvier ou 24 mars 1174)

Ego Mauricius Dei gracia *Parisiorum episcopus*, noticie futurorum per hanc cartam commendo transactionem factam inter monachos *Ste Marie de Gornaio* et canonicos *Sti Xristofori de Montegayo* et *de Ponponia* (449), super jure parrochiali et decimationum, unde controversia pridem orta et in presentia nostra diu ventilata, tandem pari assensu hoc fine, me laudante et concedente, terminata est :

Ad ecclesiam de *Montegaio* ea castri pars que presenti murorum ambitu continetur, in perpetuum jure parrochiali deinceps pertinere dinoscitur eademque ecclesia, que usque ad hec tempora cimeterii jus non habuerat, amodo habere permittitur. Ea vero castri pars que extra presentem muri circuitum repperitur, ecclesie de *Oratorio*, jure parrochiali integre et illibate accessit, eo dumtaxat

---

449. Pomponne, ca. Lagny, ar. Meaux.

excepto ut ambitus curtis canonicorum qui extra murum invenitur, de *Oratorio* jure parrochiali subjaceat nullatenus, set ad eam, que extra muros est, partem eodem jure cum ipsa pariter censeatur. Viculum quoque que vulgo *Bordellos* (450) dicunt, ecclesia de *Ponponia* ecclesie de *Oratorio* jure parrochiali habendum concessit. Super decimis autem in hunc transegerunt modum, ut tam majores quam minores decime tam ab hiis qui intra murum quam ab hiis qui extra murum in eodem castro habitant, ab ipsis etiam canonicis necnon de novalibus, nullo obstante privilegio, ecclesie de *Oratorio* que monachorum *Ste Marie de Gornaio* est, persolvantur. Quod tamen eatenus restringitur, ut canonici ea que in presenti intra sue occupationis fines clauduntur, ortum videlicet et virgultum, libera ab omni decimatione possideant, sed de nutritura animalium suorum decimas jure perhenni prestent. In suma illud advertendum est, quod canonici de *Ponponia* et de *Montegaii*, si que eis in parrochia *Oratorii* decimarum jure debebantur, hiis omnibus renunciaverunt, et monachis de *Gornaio* habenda concesserunt; excepta tamen possessione quam *clausum Morini* vocant, de qua tunc non dubitabatur quin ejus decimationes ad ecclesiam de *Ponponia*, sicut antiquis retro temporibus pertinuerant, ita quoque pertinere deberent in futurum. Verum ut hec omnia rata sint et firma, presentem cartam auctoritate sigilli nostri corroborari precepimus

Actum puplice *Parisius*, anno Incarnati Verbi M° C° LXXIII°, testibus qui interfuerunt subnotatis : WERMUNDUS archidiaconus. WALTERUS capellanus. ASCELINUS, decanus *Sti Marcelli*. Marcellus canonicus. Teobaldus. Magister PETRUS, decanus *Sti Germani* (416). Magister ADAM WALENSIS.

A. Original perdu. — B. Copie de 1223, LL 1397, fol. 15'-16, non collationnée.

---

450. Les Bordeaux, tout près de Montjay-la-Tour, comm. de Villevaudé, ca. Claye-Souilly, ar. Meaux.

417. — *Géraud, abbé de Ruricourt* [St-Martin-aux-Bois] *confirme l'accord intervenu entre les chanoines de Montjay et de Ponponne, dépendant de son monastère, et le prieuré de Gournay-sur-Marne.*

(1ᵉʳ janvier *ou* 8 avril 1173 — 1ᵉʳ janvier *ou* 24 mars 1174)

Ego Geroldus *abbas* canonicorum *Sti Martini de Ruricurthe* (451) et totus ejusdem loci conventus, notum facimus t. p. q. f. nos laudasse et concessisse et ratam in perpetuum habere concordiam illam que facta est inter canonicos nostros de *Montegaio* et de *Ponpona* et monachos *Ble Marie de Gornaio* et presbiterum eorum de *Ororio* de parochianis infra murum *Montisgaii* tunc temporis situm constitutis, de cimiterio ibi non prius habito, de decimis magnis et minutis, de parochianis Bordellorum et de omnibus illis de quibus erat controversia. Que omnia ut inviolabiter teneantur sicut in privilegio Maurigii *Parisiensis episcopi* continetur, ratum habemus et presentis scripti annotatione cum tocius capituli nostri assensu et sigilli nostri impressione, confirmamus. Actum anno ab Incarnatione Domini Mº Cº LXXº IIIº.

A. Original perdu. — *B.* Copie de 1223, LL 1397, fol. 30, non collationnée.

418. — *Le roi Louis VII constate l'accord qui s'est établi au sujet de l'exploitation de moulins indivis entre la Couronne, le prieuré de Cannes, l'abbaye de Rozoy-en-Brie et Hugues Le Noir.*

(Melun, 1ᵉʳ janvier *ou* 8 avril 1173 — 1ᵉʳ janvier *ou* 23 mars 1174)

In nomine sancte et individue Trinitatis, amen. Ego Ludovicus, Dei gratia *Francorum rex,* notum facimus universis presentibus et futuris quod controversia que versabatur inter Hugonem Nigrum et monachos Sancti Petri de *Cona* (216) et abbatissam de *Roseto,*

---

451. Géroud, abbé de St-Martin-au-Bois ou Ruricourt (*Gallia,* IX, 827), abbaye de Génovéfains, au diocèse de Beauvais.

super molendino Nobis et predicto Hugoni communi, inter molendinum monachorum et monialium de novo edificato, hunc finem in presentia nostra sortita est : De communi assensu et voluntate partium condictum fuit et concessum quod predicta tria molendina Nobis et monachis et monialibus erunt communia; ita quod domini trium molendinorum fructus ex illis provenientes equaliter divident et percipient, scilicet quod Nos et Hugo terciam partem et monachi Sti Petri de *Cona* terciam partem et moniales terciam. Communiter etiam fuit statutum quod, sicut tres domini redditibus molendinorum equaliter participabunt, ita et sumptus molendinis necessarios equaliter ponent; et si quid forifacti in molendinis acciderit, justicia ad dominos trium molendinorum pertinebit. De communi etiam consilio et voluntate trium dominorum, tribus molendinis molendinarii adsignabuntur. Preterea si predicti domini in terra sua, extra predicta molendina, aliquid novi communiter voluerint construere, in hoc sicut in aliis communes erunt redditus et expense. Sciendum est insuper quod predicti monachi, de propria terra sua, in communitatem poserunt quartam partem arpenni terre arabilis, ad construendum hospitium molendinarii, et quartam partem arpenni terre de alneto (*a*) ad ortum faciendum Quod ut Nobis et successoribus nostris, Hugoni et heredibus suis, et predictis monachis et monialibus presentibus et futuris inviolabiliter conservetur in posterum, scribi et sigilli nostri auctoritate precipimus confirmari.

Actum publice *Meleduni* (*b*), anno ab Incarnatione Domini M° C° LXX° III° (*c*), astantibus in palatio nostro quorum nomina subposita sunt et signa. Signum comitis Theobaldi, dapiferi nostri. S. Mathei camererii. S. Guidonis buticularii. S. Radulfi constabularii.

Vaccante (*Monogramme royal*) cancellaria.

(*a*). Aneto *B*. — (*b*). Parisius *B*. — (*c*). M° C° XXLXX° III° *B*, qui s'arrête ici.

A. Original scellé, K 25, n° 58. — B. Copie de 1209, LL 1351, fol. 26, non collationnée. — C. Copie du xv° s., LL 1352, fol. 26'. d'après *B*. (date 1173). — D. Copie du xvi° s., LL 1353, fol. 25 d'après *B* (date 1170).

Edit. Tardif, *Monuments historiques*, n° 645, p. 319.

Ind. Luchaire, *Actes de Louis VII*, n° 643, p. 302.

419. — *Formule initiale du rouleau des morts, parti de St-Martin-des-Champs après la mort du prieur Eudes II et donnant la succession des prieurs décédés.*

(1160 — 13 avril 1174)

« Omnipotens pius et misericors Deus animam venerabilis patris nostri domini N. aliorumque fratrum nostrorum dignetur absolvere ab omni vinculo delictorum, eisque donare vitam et requiem sempiternam in sorte electorum et requie beatorum. Amen. » Sic ergo nos pro illis orare studuimus, ita et vos pro nostris orare ne differatis.

Orate pro domno Urso priore et pro domno Teobaldo priore, pro domno Odone abbate, et pro domno Matheo, *Albanensi* episcopo, et domno Teobaldo, *Parisiensi* episcopo, pro Odone priore, quorum nomina Deus novit in sapientia sue eternitatis (452).

Copie du xive siècle. Ms lat. 17742, fol. 333.

420. *Aubert, préchantre de Notre-Dame de Paris, ayant donné à St-Martin une prébende à Notre-Dame d'Étampes, une maison, onze arpents de vignes et le matériel de viticulture à Vitry, et 50 livres pour fonder une chapelle, le prieur Gautier ordonne qu'on célébrera son anniversaire par une réfection générale d'échaudés, de fèves, d'excellent vin et de bon poisson frais, à l'aide de 60 sous fournis par les revenus de Favril, de Pontoise et de Survilliers, et qu'une pitance de 20 sous sera donnée aux moines le 9 avril, fête de Ste Marie Égyptienne.*

(1164 — 18 décembre 1174)

Notum sit t. p. q. f. quod emimus, assensu prioris Walterii et universi conventus in capitulo, et constitutum est ut in crastino

---

452. Les diptyques funèbres de St-Martin-des-Champs placent le décès successif des prieurs Eudes II et Simon entre la mort de Pierre Lombard, évêque de Paris, et celle d'Étienne, abbé de Cluny. Ce dernier finit ses jours le 13 avril 1174. La mention du rouleau funèbre que nous reproduisons constate que la mort d'Eudes II, prieur démissionnaire, précéda celle de tous ses successeurs.

Capitis Jejunii refectio bonorum piscium conventui solvatur singulis annis et xx sol. quos camerarius dabit de censu *Nusiaci* propter prebendam *Sancte Marie de Stampis* quam ALBERTUS, *precentor ecclesie Parisiensis* (404), nobis dedit. Preterea idem ALBERTUS, apud *Vitriacum* xi arpennos vinearum et domum, cum universa supellectili vineis apta, nobis dedit. Insuper et lx libras Paris. monete, ad emendos redditus nobis largitus est; pro quibus plenaria refectio exscaldatorum, fabarum, vini optimi, piscium bonorum et recentium, conventui fiet singulis annis in anniversario ipsius et lx sol. quos similiter camerarius solvet, ex quibus camerarius inde accipiet xxx s. de villa que dicitur *Faverild* (453) et xx sol. ab eo qui obedientiam *Pontisare* tenebit (a), et x sol. de *Sorvillari* (221). Preterea idem ALBERTUS dedit, ad *capellam Ste Marie* faciendam, l libras, ita tamen ut sacrista, singulis annis, in festivitate Ste Marie Egiptiace, generale de xx sol. conventui persolvat. De istis autem suprascriptis generalibus domnus GALTERIUS, tunc prior hujus loci, communi assensu, excommunicavit et sub anathemate posuit ut quicunque hec que supra descripta sunt infregerit, vel ab usibus fratrum alienaverit, anatema sit. Amen (454).

Copie du xive s., Ms. lat. 17742, fol. 332.

(a). Ce passage est écrit sur un texte poncé.

421. — *Maurice, évêque de Paris, termine un différend entre Gautier de Châlons, prieur de St-Martin, et Raoul de Bussy, chevalier, au sujet de la gruerie des bois de Marolles.*

(Après 1180)

In nomine Patris et Filii et Spiritus sancti, amen. Ego MAURICIUS,

---

453. Le Favril, ca. Courville, ar. Chartres (il y a plusieurs autres localités de ce nom dans le département d'Eure-et-Loir).

454. D'après la note 404, le *terminus ad quem* de cet acte capitulaire, passé du vivant d'Aubert, est le 18 décembre 1174.
Gautier qui prit la place d'Aubert, paraît s'identifier avec le chapelain de l'évêque Maurice qui précisément à la même date fut remplacé par Josselin et bientôt après par Daniel.

Dei gratia, *Parisiensis episcopus,* nota esse volo t. p. q. f. que subjecta sunt.

Temporibus nostris, mota fuit controversia ab ecclesia *Sti Martini de Campis*, cujus, tunc temporis, prior erat Gualterius dictus Cathalaunensis, adversus Radulfum de Buci (425), militem, et Margaretam, uxorem Petri filii Auboudi de Latiniacho, tunc viduam. Illi autem duo dicebant ad jus suum pertinere griariam omnium nemorum pertinentium ad feodum *Maroliarum* (45) positorum ultra viam que dicitur *Evaz,* scilicet ex altera parte predicte ville. E contra monachi asserebant et monstrare parati erant quod Drogo, archidiaconus *Parisiensis,* jure hereditario predictam villam *Marolias* et omnes dominicaturas, sive feodos, tam in nemoribus quam in terris ad potestatem ejusdem ville pertinentes, libere et quiete, sine omni subjectione griarie, tempore suo possidebat, et in eodem libertate ecclesie *Bti Martini de Campis* hec omnia in eternum possidenda contradidit. Nos autem, cum hec in presentia nostra agitarentur, mediatoris vice fungentes, discordantes in pacem hoc modo reduximus : Monachi, de consilio nostro, iiii^{or} libras *Parisiensium* illis dederunt, scilicet unicuique xl solidos. Illi vero, veritate a nobis diligenter inquisita, multis astantibus, recognoverunt in predictis nemoribus nullum se jus griarie habere, et calumpnie quam injuste moverant, per manum nostram penitus renuntiantes, omnia nemora, sive ultra, sive citra *viam Evaz* constituta, scilicet ad feodum *Maroliarum* pertinentia, ab omni griaria imperpetuum clamaverunt quieta. Margareta autem, quoniam habebat filios infra etatem positos, fide propria firmavit quod, illis ad etatem pervenientibus, pro posse suo persuaderet pacem istam servare ; quod, si nullo modo posset, xl solidos quos pro pace acceperat, monachis redderet (*a*), et de hoc plegios dedit, scilicet Radulfum Raslardum (*b*), Drogonem de Belloburgo (421), Radulfum de villa que dicitur *Campi* (285). Que, ut firma et inconvulsa permaneant, utriusque partis rogatu et assensu, hec omnia in scriptum redegimus, et tam sigilli nostri munimine, quam testium subnotatione, corroboravimus.

[Ex parte monachorum, textes affuerunt : Evrardus de Christo-

LIO (455), Hugo de Curte, Freerius de Centenio (455), Algardus et Radulfus, famuli] *(c)* Prioris. Ex parte altera testes fuerunt Radulfus Raslardus, Drogo de Belloburgo (421), Radulfus *(d)* [de villa que dicitur *Campi* (285), Guarinus Tohuns. Nobis autem astabant qui hec viderunt et audierunt : Gualterius, capellanus noster ; Ascelinus de Sauz (445), Ansellus filius Theberti, Symon de Sancto Dyonisio (416), Bartholomeus qui fuit archipresbiter.]

(a). reddere *B.* — *(b).* Rassardum *B*, Bastardum *E.* — *(c)-(d).* Partie du du texte original omise par tous les copistes.

A. Original S. 1421, n° 24. — B. Copie de 1209, LL 1351, fol. 49', collationnée sur A et augmentée des passages entre crochets. — C. Copie du xvᵉ s., LL 1352, fol. 48. — D. Copie du xviᵉ s., LL 1353, fol. 50', toutes deux d'après B primitif. — E. Copie du xviiᵉ s., Arch. de Seine-et-Oise, A 1110, fol. 19-21, d'après B rectifié.

422. — *Guillaume, archevêque de Sens, approuve la cession d'une part de dîme à Angerville par Hugues de Salisbury et sa femme Poline, avec l'agrément de Pierre de Crespières, dont Poline la tenait en fief.*

(Paris, 1ᵉʳ janv. ou 24 mars 1174 — 1ᵉʳ janv. ou 13 avril 1175)

Willelmus, Dei gratia, *Senonensis* archiepiscopus, Apostolice sedis legatus, omnibus sancte matris Ecclesie filiis t. f. q. p. in perpetuum. Noverit universitas vestra quod Hugo de Sarbeuereth et uxor sua Polina, coram nobis quartam partem decime de *Angervilla* (456) quam in annona habebant, et que ad jus *(a)* hereditarium jamdicte Poline spectabat, *ecclesie Bti Martini* in perpetuum obtinendam dederunt. Et hoc donum Petrus de Cresperiis (456), de cujus feodo erat, in presencia nostra laudavit. Et hii omnes firmiter tenere, et de jure garantizare, in manu nostra fiduciaverunt.

455. Créteil, ca. St-Maur, ar. Sceaux. — Bussy, ca. Lagny, ar. Meaux. — Santeny, ca. Boissy-St-Léger, ar. Corbeil.
456. Angerville, ca. Méréville, ar. Etampes. — Crespières, ca. Poissy, ar. Versailles.

Quod ut ratum et inconcussum in posterum permaneat, presentis scripti attestatione et sigilli nostri auctoritate corroborari precipimus.

Actum publice apud *ecclesiam Bti Martini de Campis*, anno ab Incarnatione Domini M° C° LXX° IIII° (*b*). Astantibus nobis GIRARDO, archidiacono *Trecensi*, magistro ALEXANDRO WALENSI, et GARNERIO DE TRIAGNELLO, canonicis *Senonensibus*, RADULFO et ROGERIO capellanis nostris, GILONE canonico *Carnotensi*, GUNTERIO canonico *Stampensi*.

(*a*). ajus *B*. — (*b*). Ici s'arrêtent *B C D E*; *B* a été complété au xvii° s.

A. Original K 25, n° 6°. — *B*. Copie de 1209, LL 1351, fol. 30', collationnée sur *A* et complétée. — *C*. Copie du xv° siècle, LL 1352, fol. 32. — *D*. Copie du xvi° s., LL 1353, fol. 34'. — *E*. Copie du xvi° s., LL 1358; fol. 40'.

Edit. Tardif, *Monuments historiques*, n° 658, p. 324.

423. — *Maurice, évêque de Paris, constate que Froger, chambellan du roi, et sa femme Aélis et leurs fils et filles, ayant reçu 140 livres de St-Martin-des-Champs, ont cédé au prieuré la dîme de Bezons, provenant de l'héritage d'Aélis, et renoncent à toute revendication sur un croît de cens dans leur fief, donné par Adam de Brie.*

(18 décembre 1174 — 1ᵉʳ janvier ou 13 avril 1175)

Ego MAURICIUS, Dei gratia *Parisiensis episcopus*, notum facimus t. p. q. f. quod FROGERIUS, camerarius Domini Regis (457) et uxor

---

457. La date de cette pièce (1174) résulte du diplôme n° **425**. Elle est d'autre part postérieure au 18 décembre 1174, date de la mort du préchantre Aubert (note 404). — Froger, qualifié ici *camerarius*, et dans les textes qui suivent, relatifs au même contrat, *cubicularius Regis*, est un chambellan de Louis VII déjà en charge en 1154. Un diplôme royal pour les églises de St-Sernin et de la Daurade est délivré « presentibus Drogone de Petrofonte... et Arveo de Gualardone, et Guidone buticulario, et Frogerio camerario, et Milone de Niella » (*malè* Melfa). — Cf. Vaissette, édit. Privat, V, 1175 ; Luchaire, n° 339, p. 208.

Ce Froger ne doit point être confondu avec son homonyme, *Frogerius Cathalaunensis*, mari d'Agnès et donateur de l'église d'Attilly à St-Martin-des-Champs. Cf. notre *Recueil*, n° **158**, t. I, p. 250.

sua ADALEIDIS, ad cujus hereditarium jus pars quedam decime de *Besunz* (458) pertinebat, assensu et voluntate *filiorum* seu *filiarum suarum* concesserunt in elemosina ecclesie *Sti Martini de Campis* ipsam decimam quam habebant apud *Besunz*, accepta tamen a monachis numerosa pecunia septies xx libris. Quod ut in posterum inviolabilem obtineat firmitatem, FROGERIUS decimam ipsam in manum nostram quietam werpivit : Nos autem, peticione ipsius, super eadem decima ecclesiam predictam investivimus. Ad majorem etiam confirmationem idem FROGERIUS, in presentia nostra, fiduciavit quod garanthiam per rectum eidem ecclesie ferret contra omnes qui in decima jamdicta calumniam moverent. Preterea concessit, assensu conjugis sue et liberorum suorum, ut eadem ecclesia *Sti Martini* incrementum census quod ipsi ADAM DE BRAIA, in terra ipsius FROGERII dedit in elemosinam, nunquam ab eodem FROGERIO vel ab aliquo successorum suorum cogatur vendere ; sed ipsum censum, videlicet LXVII. solidos et II. denarios, absque ulla exactione perpetuo jure possideat. Quod ne forte, vetustate temporum, aboleri vel cujusquam temeritate dissolvi possit, scripto presenti et sigilli nostri impressione, cum testium subnotatione firmavimus. [Hii sunt testes : WALTERIUS precentor, ROGERIUS archipresbiter, BARTHOLOMEUS presbiter *Ste Genoveje*, GIRELMUS presbiter *Innocentium*, BERNERUS decanus de *Monsterol* (a), DODO presbiter *Sti Jacobi*. Laici : PETRUS DE MONTEREL, BARTHOLOMEUS DE CAMPELLIS, TEULFUS DE CALCEA, ROBERTUS major *Sti Martini*, MARTINUS de *Judearia*, JOANNES cambitor.]

(a). de Monsterrollis B *complété.*

A. Original jadis scellé, L 875, n° 54. — B. Copie de 1209, LL 1351, fol. 48, collationnée sur A, dont le sceau était perdu, et complétée de la partie finale entre crochets. — C. Copie du xv° s., LL 1352, fol. 47'. — D. Copie du xvi° s., LL 1353, fol. 49'.

424. — *Bouchard V de Montmorency approuve le don fait à St-Martin de la dîme de Bezons par Froger, chambellan du roi, et sa* *femme Aélis. Adhésion de Guillaume de Cornillon, qui tenait cette dîme en fief de Bouchard.*

Ego BUCHARDUS DE MONTEMORENCIACO notum facio t. p. q. f. quod FROGERIUS *cubicularius Domini Regis*, et AALIZ, uxor ejus, decimam suam quam habebant apud *Besunz* (458), que etiam de feodo meo erat, ecclesie *Sti Martini de Campis* concesserunt, in perpetuum possidendam. Quod ut in posterum inconcussam obtineat firmitatem, concessi et laudavi, concedente WILLELMO DE CORNILLON in presentia mea, qui de me tenebat feodum illius decime ; et ut hoc ratum permaneat, scripto et sigilli mei impressione, cum testium subnotatione, firmavi (*a*).

[Hi sunt testes : GALTERIUS DE GRODOLETO (459), HENRICUS DE MASNIL (460), PHILLIPPUS DE VILLATINEOSA (461), IVO DE ANETO, PAGANUS DE BOSCO, RAINALDUS BATESTE].

(*a*). La date de cette pièce est fournie par la confirmation royale, n° **425**.

A. Original jadis scellé, L 875, n° 55. — *B*. Copie de 1209, LL 1351, fol. 116, collationnée sur *A*, et complétée du passage entre crochets. — *C*. Copie du xve siècle, LL 1352, fol. 126. — *D*. Copie du xvie s., LL 1353, fol. 149 ; toutes deux d'après *B* incomplet.

425. — *Le roi Louis VII confirme la cession de la dîme de Bezons à St-Martin-des-Champs, consentie par son chambellan Froger et sa femme, avec l'agrément des seigneurs féodaux.*

(1er janvier ou 24 mars 1174 — 1er janvier ou 13 avril 1175)

In nomine sancte et individue Trinitatis, amen. LUDOVICUS Dei gratia *Francorum rex*. Dignum est et regie benignitati conveniens non solum ecclesias regni beneficiis ampliare, verum etiam ipsis ab

---

458. Bezons, ca. Argenteuil, ar. Versailles.
459. Groslay, ca. Montmorency, ar. Pontoise.
460. Mesnil-Aubry, ca. Ecouen, ar. Pontoise.
461. Villetaneuse, ca. Aubervilliers, ar. St-Denis.

aliis collata vel vendita eo modo confirmare, ne malignantium incursu valeant in posterum ab aliquo revocari. Notum itaque facimus tam futuris quam presentibus quod FROGERIUS, cubicularius noster, et uxor sua AALIZ ad cujus hereditarium jus decima de *Besunz* (458) pertinebat, pro animabus suis et antecessorum suorum, assensu et voluntate filiorum suorum seu filiarum suarum, necnon et dominorum de quorum feodo decima ipsa erat, scilicet WILLELMI DE CORNILLON de quo idem FROGERIUS decimam illam tenebat in feodum, et BURCHARDI DE MONTEMORENCIACO de quo ipse Willelmus tenebat, donaverunt in elemosinam ecclesie *Sancti Martini de Campis* eandem decimam quam habebant apud *Besunz*, accepta tamen a monachis ecclesie ejusdem numerosa in karitate pecunia, septies viginti libris. FROGERIUS etiam, ut hoc firmiorem haberet vigorem, firmiter concessit in presentia nostra quod hanc elemosinam et emptionem concedi faceret ab omnibus consanguineis et affinibus suis, qui aliquid in ea possent reclamare, quod etiam garantiam ecclesie predicte portaret contra omnes. Nos autem petitionem ipsius FROGERII in manu cepimus, quod si ab hac pactione resiliret, et eam teneri non faceret, nos feodum quod ipse a nobis tenet saisiremus, et tamdiu teneremus quoadusque super hoc ecclesie Sti Martini satisfecisset et eandem in pace remaneret. Quod ut perpetue mancipetur stabilitati, scribi et sigilli nostri auctoritate precepimus confirmari.

Actum publice anno ab Incarnatione Domini M° C° LXXIIII°, astantibus in palatio nostro quorum nomina subposita sunt et signa. Signum comitis TEOBALDI dapiferi nostri. S. MATHEI camerarii. S. GUIDONIS buticularii. S. RADULFI constabularii (*Monogramme royal*).

A. Original scellé, K 26, n° 6². — B. Copie de 1209, LL 1351, fol. 27. — C. Copie du xv° s., LL 1352, fol. 27. — D. Copie du xvi° s., LL 1353, fol. 28.

Edit. Tardif, *Mon. hist.*, n° 654, p. 322.

Ind. Luchaire, *Actes de Louis VII*, n° 670, p. 311.

426. — *Adam IV de l'Isle complète, par de nouvelles libéralités, la dotation du prieuré de l'Isle-Adam.*

(1ᵉʳ janvier *ou* 13 avril 1175 — 1ᵉʳ janvier *ou* 4 avril 1176)

Notum sit presentibus et futuris quod ego Adam, *dominus castri de Insula,* pro animabus patris et matris mee et Adaleidis uxoris mee, et pro anima mea et filiorum meorum atque filiarum, et antecessorum meorum, dedi et concessi in elemosinam ecclesie *Beate Marie de Insula* et monachis ibidem Deo servientibus, jure hereditario possidenda, ea que subscripta sunt : Apud *Berlencurt* (398) 1 arpennum terre ; apud *Valmondes* (398) 1 hospitem ; apud *Buteri* (398) culturam terre quam rustici ejusdem ville faciunt ad medietatem ; pro qua cultura Galterius, *prior Sancti Martini,* vii missas unaquaque ebdomada apud Sanctum Martinum celebrari concessit, et in hac ecclesia sex. Insuper xii denarios quos mihi debebant pro terra quam Guazo bolengarius tenere solebat. Dedi etiam capicerio, id est sacriste ejusdem ecclesie, ad oleum et ad ea que ei necessaria fuerint, apud *Nogentum* (398) 1 hospitem et grangiam que est juxta (*a*) *Saxerun* (462) posita et virgultum et pratum et xi arpennos terre. Hanc autem grangiam et virgultum et pratum et predictos arpennos terre Nicolaus famulus et uxor ejus eidem ecclesie, quia jure hereditario possidere debebant, imperpetuum habendam concesserunt, et propriis manibus super altere posuerunt. Pro hac vero donatione Galterius, *prior Sti Martini de Campis,* in eadem ecclesia singulis annis, annale fieri concessit pro fidelibus. Sciendum est autem quod, pro xx solidis de censu quos monachi habebant apud *Berlencurt* (398) et pro x solidis quos habebant in *Insula* de stalagiis, concessi eis xv arpennos terre in cultura mea de *Parmeno* (398) ; pro singulis arpennis dantur monachi duo solido censuales in octabis sancti Dionysii ab illis qui eos tenent. Preterea in eadem cultura de *Parmeno* Terricus de Valmondes tenebat quan-

---

462. Le Sausseron, affluent de l'Oise.

dam partem terre ad censum IIII nummorum in prefatis octabis reddendorum : hos concessi prefate ecclesie pro censu capitis mei quem debeo Beate Virgini. In his autem omnibus concessi non solum dominicaturam sed et omnem justiciam et viariam, sive de latrone, sive de omnibus consuetudinibus quecunque possunt evenire de terra. Taliam quoque quam habebam super hospites Beate Marie apud *Nogentum* quietam dimisi, pro VI sextariis vinagii quos monachi habebant de grangia mea de *Parmeno* : concessi eis molturam bladorum suorum quietam usque ad unum modium annone, in molendinis meis. Omnium autem elemosinarum quas monachi habent, undecunque data fuerint, me defensorem et protectorem, et heredem meum prout ratio dictaverit, per omnia promisi ; et quicquid eidem ecclesie de feodo meo collatum fuerit, eosdem monachos imperpetuum habere et tenere concessi.

Hec autem omnia concesserunt Manasses frater meus, et filii mei Ansellus, Teobaldus, Adam ; et mecum posuerunt donum super altare [presentibus et videntibus hoc : Galterio priore *Sancti Martini de Campis*, Ricardo priore de *Insula*, Jozone sacrista, Galterio capellano, et Anculfo de Fleerlu, et Milone de Nogent et Hugone de Fonte. Igitur ut hec rata permaneant et immutabilia, volui ea scripto commendari et sigillo meo impressione communiri.

Actum anno ab Incarnatione Domini M° C° LXX° V°.]

(*a*). Saxerim *B*.

A. Original perdu. — B. Copie de 1209, LL 1351, fol. 118, incomplète du passage final entre crochets. — C. Vidimus de Guillaume Gormont, garde du scel de Pontoise, du 2 juillet 1385, d'après A, S 1420 n° 1. — E. Copie du XV° s., LL 1352, fol. 130'. — F. Copie du XVI° s., LL 1353, fol. 153', toutes deux d'après B. — G. Copie du XVIII° s., S 1420, n° 2, « ex autographo », non authentique.

426 bis. — *Maurice, évêque de Paris, confirme à St-Martin tous les bénéfices que le prieuré détient dans son diocèse.*

(Paris, 1ᵉʳ janvier ou 13 avril 1175 — 1ᵉʳ janvier ou 4 avril 1176)

In nomine sancte et individue Trinitatis. Pastoralem condecet sollicitudinem ex alta Providencie specula[tione] creditum (*a*) sibi gregem dominicum amalorum infestatione defendere et Deo servientibus pacem inviolabilem, multum quidem in presenti, sed magis in posterum providere.

Eapropter ego MAURITIUS, Dei gratia, *Parisiorum* episcopus, predecessorum meorum vestigia sequens, monachis *Sti Martini de Campis* ea que subscripta sunt inviolabiliter possidenda concessimus et confirmavimus. Primum, ipsam cellam *Sti Martini de Campis*, cum duabus capellis, scilicet *Sti Nicholai* et *Sti Jacobi*. Ecclesiam *Sti Laurentii*. Ecclesiam *Sti Dionisii de Carcere* cum appendiciis suis, et prebenda in *ecclesia Parisiensi*. Ecclesiam de *Clamart* (4) reddentem xxx^{ta} sol. per annum, cum decima majore seu minore et furno. Ecclesiam de *Pentino* (74) cum tota decima. Ecclesiam de *Bunzeis* (73) cum tercia parte majoris decime et minoris, et atrio. Ecclesiam de *Cevrent* (70) cum decima et capella de *Liuriaco* (72). Ecclesiam de *Balbiniaco* (462), cum duabus partibus majoris decime, et tercia minoris. Ecclesiam de *Luperis* (68) cum atrio et tercia parte majoris decime et duabus minoris, cum appendiciis suis. Ecclesiam de *Calloel* (b) cum tota decima. Ecclesiam de *Campiniaco* (69) cum tercia parte decime et atrio. Ecclesiam de *Escuein* (67) cum tota decima et atrio et capella ejusdem ville, scilicet *Essenvilla* cum decima. Ecclesiam de *Atteinvilla* (268) cum decima majori et duabus partibus minoris. Ecclesiam de *Doomunt* (67) cum appendiciis suis. Ecclesiam de *Castaneto* (69) cum medietate decime. Ecclesia[m] de *Fontencio* (68) cum duabus partibus tercie partis majoris decime et minoris. Ecclesiam de *Heriniaco* (66) cum majore decima in annona et vino et minore decima. Ecclesiam *Ste Oportune de Monciaco* (201) cum appendiciis suis. Ecclesiam de *Noisiaco* (72) cum majore decima et minore. Ecclesiam de *Mar-*

---

462. Luzarches, ar. Pontoise, et les paroisses voisines : Chennevières-lès-Louvres, Puiseux-lès-Louvres. — Bobigny, ca. Noisy-le-Sec, ar. St-Denis.

En comparant ce privilège à celui du légat Guillaume, archevêque de Sens (n° **432**) qui lui est postérieur d'une année, on voit que dans cet intervalle St-Martin acquit toute la grosse dîme de Thiessonville, et les deux tiers de la menue dîme du Mesnil-Aubry (ar. Pontoise). Nous ne possédons pas les titres de propriété de ces bénéfices.

roliis (45) cum ipsa villa et decimis. Ecclesiam de *Chervri* (271) cum decima et atrio. Ecclesiam de *Confluentio* (77) cum decima. Ecclesiam de *Limogiis* cum villa et decima; *Furcas* cum decima (157). Ecclesiam de *Hermenovilla* (70) cum atrio, et partem decime. Ecclesiam de *Darentiaco* (185) cum tercia parte decime. Ecclesiam de *Carrona* (186) cum tercia parte decime vini, que due spectant ad jus *Sti Nicholai de Aci*. Has itaque supramemoratas ecclesias cum presentationibus presbiterorum ecclesie *Sti Martini de Campis* concedimus et confirmamus, et unam prebendam in *ecclesia Ble Marie*. Insuper etiam decimas quas eadem ecclesia in *episcopatu Parisiensi* habere dinoscitur : Decimam totam de *Sancto Briccio* (298), preter unum modium vini qui est *Sti Victoris*. Decimam de *Atilleio* (76). Totam decimam majorem de *Noisella* (c). Quartam partem decime de *Gentiliaco* (368). Apud *Caneveras* (369) terciam partem decime tocius. In ecclesia de *Fontaneto juxta Vilcenas* (391), tortellos in crastino Natalis Domini et decem modios vini de decima. *Spieries* (370) sextam partem tocius decime. Duas partes tercie partis universe decime vini de *Argentoilo*. Medietatem ville que dicitur (d) *Puteolium* (462) in omnibus redditibus et in nemore. In *granchia canonicorum de Lusarchis*, v modios quatuor sextarios dimidiate annone, et ii sextarios fabarum. Item, ecclesiam de *Gornaio* cum omnibus appendiciis suis. Preterea, decimas de novalibus factis, vel imposterum faciendis, intra terminos parrochiarum seu decimationum ecclesie Sti Martini imperpetuum eidem concessimus, salvis per omnia Apostolice Sedis privilegiis, et salvo omni jure *Parisiensis* ecclesie et nostro. Que ut rata sint et inconvulsa permaneant, sigilli nostri impressione et tam personarum quam canonicorum nostrorum assensu et subscriptione corroborari precepimus.

[Signum Barbedaure decani *Parisiensis*. Signum Gualteri precentoris. S. Guermundi archidiaconi. S. Simonis archid. S. Girardi archid. S. Joscelini capelani. S. Asscelini decani *Sti Marcelli* (428). S. Simonis de Sancto Dionisio. S. magistri Hilduini, fratris ejus. S. Marcelli. S. Guillelmi de Sancto-Dionisio. S. Osmundi de Puisiaco. S. Herluini, nepotis prefati Simonis.]

Actum [est hoc publice] *Parisius* [in sede nostra] anno ab Incarnatione Domini M° C° septuagesimo quinto, [episcopatus autem nostri quinto decimo].

(a). credentium *B*. — (b) en marge de *B* : Chaluyau (Chaillot). — (c) corr. Moisella [Moiselles]. — (d) en marge de *B* : *galice* Puysieux.

A. Original perdu. — B. Copie de 1209, LL 1351, fol. 51, collationnée sur *C* et complétée des passages entre crochets, d'après ce vidimus. — C. Vidimus de 1449, perdu. — D. Copie du xve siècle, LL 1352, fol. 50. — E. Copie du xvie siècle, LL 1353, fol. 52'.

427. — *Vente d'une maison par Gautier, prieur de St-Martin, à Gérard le Maçon.*

(1165 — 1175)

Ego Gauterius, *prior Sti Martini de Campis* et conventus, notum facio quod Gerardus cementarius emit a nobis domum quandam in terra nostra pro qua debebantur iiii denarii census, singulis annis. Ipse vero xx den. ad censum addidit ; itaque domum ipsam ei jure hereditario possidendam, ad censum ii sol. concessimus in hunc modum ut tam ipse quam heredes ipsius nunquam pro domo ipsa cogi possint ad solvendam talliam vel exactionem, aliqua salva justicia terre nostre. Census autem predictus in festo Sti Remigii solvetur. Si qua super eidem terra calumpnia orta fuerit, prefato Girardo garanthiam per rectum ferre tenemur. Quod ut in posterum ratum et inconcussum permaneat, scripto presenti et sigilli nostri impressione cum assensu capituli et testium subnotatione firmavimus.

Hii sunt testes : Joscelinus supprior ; Ansculfus, Petrus camerarius, Willelmus armarius, monachi ; Bertrannus cementarius, Hugo miles, Rainoldus de Sancto-Marcello, Malgerius, Rogerius de Sancto-Benedicto, laici (a).

(a). Les limites de la date de cette charte sont, d'une part, l'avènement du prieur Gautier ; de l'autre, la substitution au sous-prieur Josselin de Robert, qui était en charge dès 1176.

A. Original jadis scellé, S 1369, n° 32.
Ind. R. de Lasteyrie, *Cartulaire général de Paris*, p. 397, n° 472.

427 bis. — *Le roi Louis VII autorise Perrenelle, femme de Renier, à vendre pour 19 livres parisis, à St-Martin-des-Champs, une place appartenant à un sien débiteur de pareille somme, qui, pour ne pas la payer, faussa sa foi et partit, au mépris des censures royales et épiscopales, pour la Terre-Sainte où il mourut.*

(Paris, 1ᵉʳ janvier *ou* 13 avril 1175 — 1ᵉʳ janvier *ou* 3 avril 1176)

In nomine sancte et individue Trinitatis, amen. Ludovicus, Dei gratia, *Francorum* rex. Notum facimus universis p. pariter ac f. quod Petronille uxori Renerii defuncti, dare *Sancto Martino de Campis* plateam Andree, privigni Gibbuini, concessimus, pro xix libris par. monete, quas predictus Andreas eidem Petronille debuit ; qui pro (*a*) eadem peccunia excommunicatus et, fide violata, *Ierosolimam* profectus, obiit, nolens nec propter me nec propter episcopum juri (*b*) parere. Promisimus etiam Nos omnem garantiam adversus quemlibet hominem prestaturos. Quod ne possit in posterum oblivione deleri, vel a quocumque minutari, presentem cartam regii (*c*) sigilli nostri auctoritate fecimus roborari.

Actum *Parisius* anno Incarnati Verbi Mº Cº LXXXº.

(*a*). per *B*. — (*b*) viri *B*. — (*c*) regiis *B*.

A. Original perdu. — B. Copie de 1209, LL 1351, fol. 27, non collationnée. — C. Copie du xvᵉ siècle, LL 1352, fol. 26'. — D. Copie du xviᵉ s., LL 1353, fol. 25'. — E. Copie du xviiᵉ s., ms. lat. 15504, fol. 62.

Ind. Luchaire, *Actes de Louis VII*, nº 682, p. 314, d'après *B*, dont il signale les défectuosités.

428. — *Le Chapitre de St-Martin de Tours cède à St-Martin-des-Champs ses droits sur l'église de Pas-en-Artois moyennant une rente de trois marcs d'argent, et institue avec le monastère parisien une union de prières.*

(Tours, 1ᵉʳ janvier *ou* 13 avril 1175 — 1ᵉʳ janvier *ou* 3 avril 1176)

Que rationabiliter inter ecclesias statuuntur, litteris annotari debent, ne per oblivionem imposterum subvertantur. Hujus igitur intuitu rationis, ego Gaufridus thesaurarius, Willelmus precentor,

Hamelinus magister scolarum, Philippus subdecanus, Angerius cellerarius, totumque capitulum *Bti Martini Turonensis*, p. et f. notum fieri volumus quod controversia que inter nos et monachos *Bti Martini de Campis* habebatur, ad bonum et pacificum finem hoc modo perducta est. Voluit siquidem et statuit donnus Papa Alexander ut ecclesiam de *Passo* (a) que sita est in episcopatu *Atrebalensi*, cujus possessionem ipse nobis adjudicaverat, concederemus monachis et ecclesie *Bti Martini de Campis* ad pensionem trium marcarum puri argenti, ad pondus *Trecense*, in mense marcio nobis *Turonis*, nomine census, reddendarum. Nos autem diu differentes ejus statuto parere, tandem precepto et monitis ipsius, tum precibus et peti[ti]one prioris Gauterii et monachorum pred. ecclesie inducti, concessimus eis ut prefatam ecclesiam de *Passo* habeant, pensione videlicet retenta trium marcarum nobis reddendarum. Insuper ipsi, ad augmentum pie fraternitatis et sancte caritatis vinculum, statuerunt ut singulorum fratrum nostrorum obitu nunciato, facerent pro ipso in missis et orationibus et ceteris beneficiis sicut pro monacho suo. Supererogaverunt etiam ut, singulis annis, facerent treccenarium in ecclesia sua pro fratribus ecclesie nostre defunctis ; et nos similiter recepimus eos in orationes et beneficia ecclesie nostre, tanquam fratres et familiares nostros. Hoc etiam voluerunt adjungi, ut si negotium vel necessitas ecclesie nostre aliquos nostrum ad ecclesiam eorum duceret, tanquam fratribus et benefactoribus suis auxilium et consilium et hospitalitatem exiberent. Et ut concordia ista inviolabiliter teneretur imperpetuum, presenti scripto mandare curavimus, et sigilli nostri impressione munire.

Actum *Turonis* anno Domini M° C° LXX° V°, decanatu vacante.

(a). En marge : « Pas-on-Artoys. »

A. Original perdu. — B. Copie de 1209, LL 1351, fol. 98, rectifiée et complétée sur A. — C. Copie du xv° siècle, LL 1352, fol. 98. — D. Copie du xvi° s., LL 1353, fol. 120'.

429. — *Maurice, évêque de Paris, apaise tous les différends qui avaient surgi entre la comtesse [Agnès] de Meulan et les moines de Gournay. L'engagement pris autrefois par le prieur Gamon de construire un pont de pierre sur la Marne est déclaré nul, comme conclu sans l'assentiment de la communauté. Si pourtant les moines veulent plus tard élever un pont, ils toucheront à perpétuité cent sous sur le péage et un muid de grain. La Comtesse renonce à son projet de bâtir de nouveaux moulins, mais les deux qui subsistent étant insuffisants, les moines devront en faire un troisième sur un emplacement à leur choix : ils pourront en faire d'autres dans les arches du pont. Les hôtes du prieuré conserveront les coutumes dont ils jouissaient dans les bois de Roissy.*

(9 avril 1166 — 1175)

In nomine sancte et individue Trinitatis, amen. Ego Mauricius, Dei gratia *Parisiensis episcopus*, nota fieri volo tam presentibus quam futuris ea que, inter *Comitissam de Mellento* et monachos *Beate Marie de Gornaio*, in presentia nostra, intuitu pacis, acta sunt et statuta. Querela siquidem erat inter eos de ponte lapideo construendo, quem donnus Gamo, *prior* ecclesie illius, olim se facturum pepigerat (320). Sed quia absque voluntate et consensu conventus hoc fecisse probatur, illius pactio inanis jure et vacua judicata est; nec ultra vel ipsa vel successores ejus super hoc monachos cogere poterunt. Preterea molendina illa que facere disponebat, quia injuste et ad dampnum ecclesie fieri videbantur, omnino remanebunt, nec amplius edificabuntur. Habent enim monachi duo molendina, et consuetudinem plenariam ab hominibus de *Gaigni* (345) et de *Gornaio* veniendi ad ipsa per bannum; unum videlicet propium ab antecessoribus illius datum ; alterum a *comite Mellenti* ejus marito, et ab ipsa, pro quinque modiis annone et xii solidis annuatim solvendis concessum. Sed quia molendina illa supervenientibus sufficere non poterant, voluit et precepit quatenus tercium molendinum ad opus suum monachi, in quoquo (*a*) loco voluerint, construent, (*b*), et illud cum reliquis pace perpetua possideant. In hoc tamen molendino modium unum annone, cujus medietas erit frumenti, altera multurengie, Comitissa sibi retinuit, quem singulis annis monachi persolvent. Sciendum est quod XII solidos quos in alio molendino habebat, monachi amplius non reddent, quia pro eis condonaverunt ei dimidium modium annone in molendino de *Doura*, et duos solidos (*c*) census quos eis annuatim debebat. Si autem monachi pontem aliquando edificare voluerint, ex quo illum construere ceperint, modium (*d*) annone sibi retinebunt, et centum solidos ad libitum eorum in redditu pontis assignatos, sicut ante statutum fuerat, annis singulis habebunt. Si autem eis placuerit, in arcubus ejusdem pontis molendina facere licebit, et piscaturam eorum in perpetuum habere.

Iterum querela erat inter eos non minima, de nemore quod ad usum monachorum et hospitum suorum de *Russiaco*, ab antecessoribus ejus donatum fuerat, quia illud foris ad granchias suas deferebant. Quod quidem se fecisse antecessorum tempore, sine calumpnia, testabantur; sed ejus temporibus multas injurias ab ipsa et forestariis suis se pertulisse conquerebantur. Tandem, Dei timore correpta, querimoniam eorum clementer intuens, quos inquietare non debet sed protegere, bona eorum non minuere sed augere, omnem calumniam et injuriam quam pro nemore patiebantur in presencia nostra condonavit, et non solum ad granchias suas, sed etiam ad quecumque loca nemus illud in usus proprios defere voluerint, remota omni occasione, inperpetuum concessit. Hospitibus vero supranominatis consuetudinem illam quam in nemore antiquitus habere consueverant, libere annuit. De cetero Comitissa quandam (*e*) partem *nemoris de Mineria* cisdem monachis extirpandam et in agriculturam redigendam concessit et certis limitibus assignavit. Denique, data fide in manu nostra, hec omnia se tenere et quia filios suos, *comitem* scilicet ROBERTUM, ALMARICUM et ROGERIUM et ceteros concedere faciet, fiduciavit. Ut autem hec rata et inconvulsa imperpetuum permaneant, ipsius postulatione et rogatu, sigilli nostri auctoritate et testium subnotatione roboravimus.

Testes : GALTERIUS capellanus noster, Ascelinus, Marcellus, Gaufredus, *Beate Marie* canonici. GALTERIUS prior *Sancti Martini de*

Campis. Joscio sacrista, Robertus Planeta, monachi. Ebrardus de Nulliaco (289). Symon (*f*) de Atis (427). Johannes et Thomas. Matheus et Richardus (*g*), servientes nostri. Robertus de Villafluis (442). Paganus de Torci, Adam frater ejus (285).

(*a*). quocumque *B*. — (*b*) construent *B*. — (*c*) 11. sol. *B*. — (*d*) *B* ajoute « illum ». — (*e*) quintam *B*. — (*f*) Simon *B C*. — (*g*) Ricardus *B C*.

A. Original S 1417, n° 103. — *B*. Copie de 1224, LL 1397, fol. 12-13, collationnée et complétée par le nom du témoin « Robertus de Villafluis » intercalé mal à propos après « Paganus de Torci ». — *C*. Copie du xvi° s., LL 1398, fol. 88-89, d'après *A*.

430. — *Maurice, évêque de Paris, déclare qu'en sa présence et devant le roi Louis VII, Aubri des Fosses ayant reçu douze livres parisis des moines de St-Martin, a renoncé à ses réclamations sur une terre à Louvres donnée plus de quarante ans auparavant par Alexandre, son oncle, à Ste-Opportune de Moussy.*

(Paris, 1ᵉʳ janvier ou 4 avril 1176 — 1ᵉʳ janvier ou 24 avril 1177)

Ego Mauricius, Dei gratia *Parisiensis episcopus*, notum fieri volui universis t. p. q. f. quod Albericus de Fossis (463) erga *monachos Sancti Martini* apud *Montiacum* (201) habitantes, pro quadam terra de *Louvres* (68) eisdem monachis, pro anima Alexandri, avunculi sui, in elemosinam concessa, calumniam et questionem movit, quam videlicet terram *ecclesia Sancte Opportune de Montiaco* a quadraginta annis tenuerat; quam etiam Alermus de Fossis, pater predicti Alberici, et mater ejus, et Rericus de Marliaco (463) et uxor ejus et eorum liberi, prefate *ecclesie Ste Opportune* libere et in pace tenendam concesserunt et hujus elemosine donum super altare *Sancte Opportune*, quamplurimis testibus assistentibus, attulerunt, et eandem elemosinam in pace tenendam fide firmaverunt. Calumnia vero jam sepedicti Alberici super eadem

463. Fosses, Marly-la-Ville, ca. Luzarches, ar. Pontoise.

terra, eorum presentia nostra diu mota, tandem fuit sedata et finita, tali videlicet modo quod prefati monachi eidem ALBERICO duodecim libras Parisiensium dederunt : ipse vero hanc pacem libere et inconcusse tenendam, coram Domino *Rege Francorum* LUDOVICO et in presentia nostra, fide fiduciavit, laudantibus et concedentibus uxore ejus et liberis suis, et GUILLELMO fratre ejus. Hujus rei testes sunt : ASCELINUS decanus de *Sancto Marcello*, DANIEL capellanus, OSMUNDUS DE POSSI, MARCELLUS canonicus, THEOBALDUS notarius, RICHARDUS camerarius, THOMAS marescallus, INGELRANNUS buticularius, GUILLELMUS DE ALNETO (431), ANCELLUS DE GARLANDIA, HUGO TAURUS, IVO, HENRICUS DE LANNIACO, HUGO DE NEMORE, GALTERUS frater ejus, ROBERTUS marescallus, WILLELMUS prepositus de *Montmelliant*, JOHANNES frater IVONIS, ODO DE PLAILLY, ROBERTUS TAURI, MILO filius HENRICI, RADULPHUS filius GIRALDI, THEOBALDUS DE GONESSE.

Actum publice *Parisius*, anno Incarnati Verbi millesimo centesimo septuagesimo sexto, episcopatus vero nostri anno decimo sexto.

A. Original jadis aux Archives de Saint-Nicolas d'Acy. — *B.* copie du XVIII° s., collationnée par Afforty, coll. Moreau, LXXX, 90.

431. — *Maurice, évêque de Paris, constate qu'après avoir été indemnisés, les héritiers de Dreux de Chelles et de sa femme Aélis ont renoncé à toute revendication sur une maison léguée au prieuré de Gournay-sur-Marne.*

(St-Cloud, 1ᵉʳ janvier *ou* 4 avril 1176 — 1ᵉʳ janvier *ou* 24 avril 1177)

Ego MAURICIUS, Dei gracia *Parisiensis* episcopus. Notum fieri volumus universis t. p. q. f. quod DROGO DE CALA et ADALAIDIS uxor ejus se et sua ecclesie *Ble Marie de Gornaio* dederunt. Sed de domo quadam, que erat ex hereditate ejusdem Adalaidis, orta est controversia inter monachos et parentes ejus. Calumpniabant enim domum soror ejus et nepotes et neptes, ceterique parentes. Ducta autem in longum controversia, tandem parentes ejusdem Adaleidis, acceptis de caritate ecclesie xiii^{cim} libris, quicquid in eodem domo habebant eidem ecclesie dederunt. Preterea JOHANNES, nepos ejusdem Adalaidis partem quandam predicte domus, acceptis de caritate ecclesie vii^{tem} libris, eidem ecclesie in elemosinam dedit, concedente uxore ejus et filiis. Quod ut ratum permaneat, THEZA soror pred. Adalaidis, WILLELMUS maritus ejus, JOHANNES et ALBERICUS nepotes ejus, et neptes AMELINA et HELISABET cum viris suis HERBERTO et ALBERICO hoc concesserunt et, plegiis datis,.. tenere et garandiam portare fiduciaverunt. Hii sunt fidejussores : pro Johanne, ARNULPHUS villicus et JOHANNES AMIRAUDUS. Pro Alberico, ARNULPHUS COLUNS. Pro ALBERICO ALATESTE et HERBERTO et uxoribus eorum, PETRUS villicus. Hoc quoque notum fieri volumus quod predicta domus, tempore DROGONIS, debebat xx^{ti} et viii. denarios de censu ARNULPHO DE CORBERUM, qui in predicta domo has consuetudines querebat terciam partem loci unius arche et unius dolii et vii solidos ex creditione, et tercium hospitalitatis sue, quandocunque vellet, excepto in nundinis Natalis Domini. Quas omnes consuetudines Ecclesie perpetuo dimisit, accipiens a monachis tam pro censu quam pro omni consuetudine, iiii solidos singulis annis. Tali etiam conditione quod, ad vendendam domum monachos cogere non potest, neque ipse neque heredes ejus.

Hujus rei testes sunt : OTTO decanus *Sti Clodoaudi,* DANIEL capellanus episcopi, MARCELLUS clericus episcopi, JOHANNES capicerius *Sti Clodoaudi,* Archibaudus filius Andree. Hii sunt testes ex parte Arnulphi. Ex parte aliorum : SYMON prepositus, RADULPHUS DE BUCI, GARINUS DE FLOIS, RADULPHUS CHIPE, HILDUINUS DE VILLEPLUIES (422), HENRICUS CARO VACCE, Gaufredus filius Garnerii, Adam filius Anculphi, GARINUS TOUIN ; Garnerius filius Evrin, Walterius frater ejus ; THOMAS DE PORTU, GARNERIUS DE CORBETUN, ALBERTUS DE SANCTO THEOBALDO, GIRARDUS DE CURIA, WALTERIUS DE CORBERUM, GREGORIUS major. Quod ne longua temporum successione deleri nec in reciduam possit relabi controversiam, presenti scripto et sigilli nostri auctoritate corroboravimus.

Actum publice apud *Sanctum Clodoaudum*, anno Incarnati Verbi M° C° LXX° VI°, episcopatus vero nostri anno xvi°.

A. Original perdu. — B. Copie de 1223, LL 1397, fol. 15, non collationnée.

432. — *Le prieur Gautier, du consentement de Raoul, abbé de Cluny, concède à Pierre, abbé de Cercamp, la chapelle St-Hilaire et la dîme de Frévent.*

(Paris, chapitre de St-Martin-des-Champs, 1ᵉʳ janvier ou 4 avril 1176
— 1ᵉʳ janvier ou 24 avril 1177)

In nomine Patris et Filii et Spiritus sancti, amen. Notum sit Sancte Dei Ecclesie filiis, tam clericis quam laicis, p. et f., quod ego WALTERIUS prior *Sti Martini de Campis*, assensu domini RADULFI abbatis *Cluniacensis* et totius capituli nostri benigne concessi domno PETRO abbati *Caricampi* (263) et ejusdem cenobio, propter amorem Dei, cappellam et locum qui dicitur *Sti Hylarii* que est subter villa *Fevrencii*, perpetuo et hereditario jure, cum omnibus appenditiis suis possidendam ; ea scilicet conditione quatinus predicti cenobii abbas persolvat ecclesie nostre pro censu, sing. annis, unam marcam argenti ad majus pondus, in festivitate Sti Martini de obitu. Concessi quoque pred. abbati et eidem cenobio, sub memorato censu, totam decimationem que ad altare *Sti Hylarii Fevrentii* pertinebat, a *valle Gunzonis* usque ad terras de *Borraz* (20) et quicquid de pheodo Sti Martini ab ADAM milite acquisierat. Porro ex omnibus rebus quas memoratus ADAM ab ecclesia Sti Martini in pheodum tenuit, vel tenet, abbati *Caricampi* liberum tribuimus dominium, ut predicti militis hominium et debitum ab eo recipiat servitium. Designavimus preterea quod domnus HUGO, pie memorie, abbas *Caricampi* (464), apud *Pas* (170) pomerium habuit

---

464. Hugues I, 2ᵉ abbé de Cercamp, sous lequel la nouvelle église abbatiale fut commencée, mourut le 13 mai 1154 après douze ans d'abbatiat. (*Gallia*, X, 1337.)

quod, annuente Ansello de Pas, qui illud suprad. abbati dederat, monachis Sti Martini in eodem castro manentibus idem abbas commutavit, pro decimis que ad altare *Sti Modesti Ligniaci* pertinebant, a *capite Haic* usque ad terras de *Borraz*, uno tantum excepto campo qui vocatur *Campania*. Quam commutationem monachi Sti Modesti Ligniaci pariter concesserunt. Ut igitur pactiones iste rate et stabiles consistant, pr. paginam in cyrographum dividi et utramque partem sigillo domni Petri abbatis *Caricampi* et nostro, volumus confirmari. Hujus rei testes sunt Robertus subprior Sti Martini, Theobaldus Alexander, Joszo sacrista, Paulus subsacrista, Petrus camerarius, Andreas hospitalis, Rodulfus Abbatisville et Alvredus ci Angerius; Robertus, prior *Ligniaci* (20), Walterus, prior *Sti Nicholai*; Fulco prior de *Luceio*; Andreas monachus *Caricampi* et Willelmus Hegelinus, monachus *Karoliloci*, Alelmus de Horivilla (343), *Tarvennensis* canonicus.

Actum anno Incarnati Verbi M° C° LXX° VI°, in capitulo Sti Martini.

A. Original jadis scellé, S 1336, n° 4. — B. Copie de 1209, LL 1351, fol. 89', collationnée et complétée sur A. — Copie du xv° s., LL 1352, fol. 88. — D. Copie du xvi° s., LL 1353, fol. 106. — E. Cartulaire de Frévent, fol. 3, Arch. du Pas-de-Calais, fonds de Cercamp.

433. — *Guillaume, archevêque de Sens, légat du Saint-Siège, confirme à St-Martin-des-Champs les églises et les dîmes qui lui ont été données.*

(1er janvier *ou* 4 avril 1179 — 1er janvier *ou* 24 avril 1177)

Willelmus (a) Dei gratia, *Senonensis archiepiscopus*, Apostolice Sedis legatus, omnibus t. p. q. f. imperpetuum. Ex commisso Nobis officio, ecclesias Dei et jura illarum illibata conservare et propensius tueri tenemur. Unde universitati vestre notum fieri volumus quod dilectis (b) filiis nostris monachis *Sti Martini Parisiensis* universas possessiones quas jure rationabiliter possident, Deo annuente, juste et canonice poterunt adipisci, inperpetuum quiete et libere possidendas concedimus et confirmamus. Primum ipsam ecclesiam *Sancti Martini de Campis* cum duabus capellis suis, scilicet *Sancti Nicholai* (c) et *Sancti Jacobi*. Ecclesiam *Sancti Laurentii*. Ecclesiam *Sancti Dyonisii de Carcere*, cum appendiciis suis et prebenda in *ecclesia Parisiensi*. Ecclesiam de (d) *Clamart* (4) reddentem xxx^{ta} solidos per annum, cum decima majore seu minore, et furno. Ecclesiam de (e) *Bonzeis* (73) cum tercia parte majoris decime et minoris. Ecclesiam de (f) *Cevrem* (70) cum decima et cappella de (g) *Livriaco* (72). Ecclesiam de (h) *Balbiniaco* (462) cum duabus partibus majoris decime et tercia minoris. Ecclesiam de (i) *Lupperis* (68) cum atrio et tercia parte majoris decime et duabus minoris, cum appendiciis suis. Ecclesiam de *Calloel* (j) cum tota decima. Ecclesiam de *Campiniaco* (69) cum tertia parte decime, et atrio. Ecclesiam de (k) *Escoem* (267) cum tota decima et atrio, et capella ejusdem ville, silicet *Esseinvilla* cum decima. Ecclesiam de (l) *Ateinvilla* (268) cum decima majori et duabus partibus minoris. Ecclesiam de *Doomunt* (67) cum appendiciis suis. Ecclesiam de *Castaneto* (67) cum medietate decime. Ecclesiam de (m) *Fonteneio* (68) cum duabus partibus tercie partis majore decime et minoris. Ecclesiam de *Heriniaco* (66) cum majore decima in annona et in vino, et minore decima. Ecclesiam *Sancte Oportune de Monciaco* (201) cum appendiciis suis. Ecclesiam de (n) *Noisiaco* (72) cum majore decima et minore. Ecclesiam de (o) *Merrolis* (45) cum ipsa villa et decimis. Ecclesiam de *Chevri* (271) cum decima et atrio. Ecclesiam de *Confluencio* (77) cum decima. Ecclesiam de (p) *Limogiis* (157) cum villa et decima. *Furcas* (157) cum decima. Ecclesiam de (q) *Ermenovilla* (70) cum atrio et partem decime. Ecclesiam de *Darenciaco* (185) cum tertia parte decime. Ecclesiam de *Charrona* (186) cum tercia parte decime lini, que due spectant ad jus *Sancti Nicholai* (c) *de Aci*.

Has itaque supra memoratas decimas cum presentationibus presbiterorum ecclesie *Sti Martini de Campis* concedimus et confirmamus, et unam prebendam in *ecclesia Beate Marie*. Insuper eciam decimas quas eadem Ecclesia in *episcopatu Parisiensi* habere dinoscitur : Decimam totam de (r) *Sancto Brictio* (298) preter unum modium qui est *Sancti Victoris*. Decimam de *Atilleio* (76). Totam majorem decimam de *Moisella* (319). Quartam partem decime de *Gentiliaco* (368). Apud *Caneveras* (369) tertiam partem tocius decime. In ecclesia de *Fontaneto* (391) juxta *Vilcenas*, tortellos in crastino Natalis Domini et x^{cem} modios vini de decima. *Spieries* (370) sextam partem tocius decime. Duas partes tercie partis universe decime vini de (s) *Argentoilo* (371). Medietatem ville que dicitur *Puteolum* (462) in omnibus redditibus et in nemore. In granchia canonicorum de *Lusarchis* quinque (t) modios et quatuor sextarios dimidiate annone et duos sextarios fabarum. Apud (u) *Techumvillam* (462) totam majorem decimam. Duas partes minoris decime de *Maisnillo* (v) *Alberici* (462). Apud *Bolumvillam* in pago *Carnotensi* (203), decimam de nutrituris animalium ecclesie Sancti Martini, ita quod eadem ecclesia nulli super hoc teneatur respondere. Item ecclesiam de (x) *Gornaio* cum omnibus appendiciis suis. Preterea decimas de novalibus factis vel in posterum faciendis intra terminos parrochiarum seu decimacionum ecclesie Sancti Martini, inperpetuum eidem concessimus, salvis per omnia Apostolice Sedis privilegiis et salvo omni jure *Parisiensis ecclesie* episcopi. Hec autem omnia rata et inconcussa inperpetuum permanere volentes, ea presenti pagine commendavimus, sigilli nostri auctoritate corroboravimus, statuentes et sub anathemate prohibentes ne quis huic nostre confirmacioni in aliquo contraire presumat, salva in omnibus Apostolice Sedis auctoritate.

Actum anno ab Incarnatione Domini M° C° LXXVI°.

(a). Guillermus C. — (b) dilectis C. — (c) Sti Nicholai C. — (d) Clamar C. — (e) Bunceis C. — (f) Cevrent C. — (g) Lyvriaco C. — (h) Baldiniaco C. — (i) Supperiis C. — (j) *En marge de B* : Challuyau [Chaillot]. — (k) Escouein C. — (l) Ateymvilla C. — (m) Fontencyo C. — (n) Noysiaco C. — (o) Morelis B, Morrolis C. — (p) Lymogiis C. — (q) Hermenonvilla C. — (r) Sancto Brittio C. — (s) Argentoylo C. — (t) quinze C. — (u) Thethunvillam C. — (v). Albici C. — (x). Gornaio C.

A. Original perdu. — B. Copie de 1209, LL 1351, fol. 32, non collationnée. — C. Vidimus, jadis scellé, de Jacques d'Estouteville, garde de la prévôté de Paris, du 19 janvier 1490 [1491 nouv. style], signé « de Bonny », L 870. — D. Copie du xv° s., LL 1352, fol. 32. — E. Copie du xvi° s., LL 1353, fol. 31', toutes deux d'après B.

434. — *Le prieur Gautier décrète une pitance annuelle en commémoration de l'infirmier Raoul, qui par son travail, son industrie et l'élevage de troupeaux, avait amassé 24 livres dont il acquit, par engagement, la moitié d'une dîme de Livry, détenue par le chevalier Ascelin de Mauregard.*

(1165-1176)

Notum sit omnibus p. et f. quod Ascelinus, miles de Malregart, (183) dimidiam partem tocius decime (*a*) de *Livri*, quam in feodum tenet a Priore *Sti Martini*, domno Radulfo infirmario invadiavit pro xv libris paris. monete, quas ipse Radulfus ex labore et industria sua, seu animalium nutritura, conquisivit. Reliquam vero partem ipsius decime ecclesia Sti Martini, proprietatis jure, possidet. Proinde a domno Galterio et universo conventu Sti Martini, concessum est eidem Radulfo in capitulo, ut ejus anniversarium fiat, et ex predicta decima fratribus exibeatur annua refectio. Si vero decimam eandem redimi contigerit, ex assensu et constitutione capituli predicte xv libre que pro dicta emptione decime solventur, in emptione alicujus redditus, secundum dispositionem conventus, locari debent.

(*a*). Un mot est resté en blanc dans le texte.

Note du xiie s., à la fin du Martyrologe d'Usuard. Ms. lat. 17742, fol. 73'.

435. — *Le prieur Gautier, après la mort de Pierre II, abbé démissionnaire de Saint-Magloire, qui s'était retiré à St-Martin-des-Champs, fonde une pitance générale au jour de son anniversaire sur les revenus de la dîme de Sevran, acquise en partie par les libéralités du défunt.*

(1165-1176)

Notum sit omnibus p. et f. dominum Petrum, *Parisius* natum (465), qui fuit *abbas Sancti Maglorii* et apud *Sanctum Martinum de*

---

465. La *Gallia christiana* (VII, 311-312) cite deux abbés de St-Magloire de ce nom : Pierre Ier en 1129 (après 1123, remplacé dès 1133), et Pierre II cité en

Campis, dimissa abbatia sua, conversatus est et obiit, misisse XXII libras Parisiensis monete in quarta parte decime de *Ceuvrenc* (70) ad faciendum anniversarium suum. Concessum est itaque ei et, sub anathemate a domno Galterio *priore* et ab aliis sacerdotibus facto, constitutum in ejusdem loci communi capitulo quod ille qui tenebit obedienciam infirmarie, quicquid de predicta decima fiat, singulis annis in anniversario obitus ejus die, XXIIII^{or} solidos Parisienses mit[t]at in generale fratrum, si possit eodem die, de pensione ejusdem peccunie competenter fieri. Sin autem, ad voluntatem et dispositionem conventus alio die fiat.

Note du XIIe s., à la suite du Martyrologe. Ms. lat. 17742, fol. 74.

436. — *Mathieu II, comte de Beaumont-sur-Oise, du consentement de ses fils* [du premier lit] *Mathieu III et Philippe, donne à St-Léonor la redime de Boran.*

(1173 — 1er juillet 1177)

De redecima de Borenc (titre de B).

Quoniam pleraque negotia rerum veritate sepissime infirmari videntur, litterarum inditiis memorie posterorum dignum duximus intimandum, quod ego Matheus, *comes Bellimontis*, assensu filiorum meorum, Mathei videlicet et Philippi, pro salute anime mee, dedi Deo et [ecclesie] *Bti Leonorii* et monachis ibidem Deo servientibus, decimam decime mee de *Borranc*, quod vulgariter redecimam dicitur. Item, Deo et prefate ecclesie Bti Leonorii et etiam supradictis monachis, unum modium vini quem, singulis annis, ex consuetudine vinearum suarum, michi solvebant, pro remedio anime mee, similiter quietum clamavi, etc. (466).

1152 et 1159 (après 1147, remplacé dès 1174). — Aucun abbé de ce nom n'est plus signalé avant 1480.

466. Les chartes **435**, **436** et **437** sont antérieures à la mort de Mathieu II qui se place probablement à la date du 1er juillet 1177. Une charte de lui en

A. Original perdu. — B. Copie de 1209, LL 1351, incomplète, non collationnée. — C. Copie du xv° s., LL 1352, fol. 122. — D. Copie du xvi° s., LL 1353, fol. 144', d'après B. — E. Cartulaire de Saint-Léonor, perdu. — F. Copie de 1501, d'après E, S 1410.

Edit. Douët d'Arcq, *Recherches sur les comtes de Beaumont-sur-Oise*, p. 23, d'après B.

437. — *Mathieu II, comte de Beaumont, avec l'assentiment de la comtesse Aélis et de ses fils Mathieu III et Philippe, concède à St-Léonor une aire de moulin à Persan vendue par Garnier II, chevalier de Bernes, du consentement de Jean de Puiseux-le-Hauberger, ainsi que le parc de Tubœuf, vendu par Adam de Laboissière.*

(1173-1177)

Carta de decima de Borrang et de molendino de Parcent et de prato de Tuebof (titre de *F*).

Notum sit pres. et f. quod ego Matheus, *comes Bellimontis* assensu et voluntate uxoris mee Aelidis *comitisse*, filiorumque Mathei atque Philippi, dedi *Sancto Leonorio* et monachis ibidem Deo servientibus, decimam partem decime de *Borrenco*. Concessi eciam aream quandam molendini apud *Parcenc* sitam quam Warnerus (*a*) miles de Baerna (328) pred. monachis vendidit, consilio et assensu Johannis de Puteolis (*b*), de cujus feodo erat; annuentibus ejusdem Johannis fratribus Petro et Alberico, et uxore Johannis ejusdem, que predictam aream in dotem suam habebat. Concessi insuper parcum de *Tuebuef* (467) quem emerunt predicti monachi

---

1173 ne mentionne qu'un seul de ses fils du premier lit, l'aîné, Mathieu III (Douët d'Arcq, p. 27). — Notre charte **435** en mentionne deux, sans intervention de la seconde femme de Mathieu II, Aélis de Luzarches. La charte **436** mentionne les mêmes enfants, mais de plus la comtesse Aélis. Enfin dans la charte **437** interviennent les quatre fils de Mathieu III. Sur ces remarques est fondé le classement que nous avons donné à ces pièces, dont la date fait défaut.

La dernière est visiblement une libéralité testamentaire.

467. Le parc de Tubœuf était situé au bas de la ville de Beaumont, d'après un texte cité par Douët d'Arcq, p. 24.

ab ADAM DE BUXERIA et uxore ejus SARRACENA, annuente et laudante GIRARDO DE DILUGIO, ejusdem Saracene filio (468).

Ut autem hec rata et inconvulsa imperpetuum permaneant, sigilli mei auctoritate et testium subnotatione firmare curavi (c). Hujus rei testes sunt PETRUS DE BORRENCO, PETRUS DE RO[N]CHEROLES, Ivo SICCUS, LAMBERTUS camerarius, Dodo corduanarius, BERNARDUS PAPIO[N], Regnaudus panetarius, REGNAUDUS BELLE-FILIUS (466).

(a). Garnerus B. — (b) Pugeolis B. — (c). Ici s'arrêtent les copies incomplètes.

A. Original perdu. — B. Copie de 1209, LL 1351, fol 114'. — C. Copie du xve s., LL 1352, fol. 123. — D. Copie du xvie s., LL 1353, fol. 145, toutes incomplètes. — E. Cartulaire de Saint-Léonor, perdu. — F. Copie du Cartulaire, S 1410.

Edit. Douët d'Arcq, p. 24, d'après *B* et *F*.

438. — *Mathieu II, comte de Beaumont, fait de grandes libéralités au prieuré de St-Léonor, et lui abandonne, entre autres legs, son haras de juments et de poulains, pour en jouir après sa mort.*

Carta Bellimontis de Nemore (titre de *F*).

Notum sit p. et f. quod MATHEUS, *comes Bellimontis*, assensu et voluntate MATHEI, filii sui primogeniti, ceterorumque filiorum ejus, PHILIPPI, MATHEI atque JOHANNIS, laudante AELIDE comitissa, dedit pro amore Dei *ecclesie Sti Leonorii* et monachis ibidem Deo servientibus, usuariam consuetudinem in nemoribus suis, quantum quidam asinus ad usum eorum afferre potuerit, in loco quo ipse comes vel successores ejus sibi ad ardendum accipient quando apud *Bellomontem* manserint. Si vero alias mansionem fecerint, vel ubicumque abierint, monachi tamen consuetudinem suam in supradicto loco semper accipient.

---

468. Laboissière et Le Déluge, ca. Noailles, ar. Beauvais.
Cette charte montre que les reliques de saint Léonor n'étaient point les seules conservées à Beaumont-sur-Oise. Il n'est pas surprenant de rencontrer ici d'origine bretonne, mais il faut noter le transfert du corps de saint Calixte, déposé par le duc Ebrard de Frioul dans l'abbaye belge de Cysoing, au milieu du IXe siècle.

Dedit etiam xv solidos *Belvacensium*, quos ipse assignavit ad refectionem fratrum, in tribus festivitatibus sanctorum quorum corpora et reliquie in eadem ecclesia continentur, videlicet in festivitate sancti Calixti et beati Cunuali sanctique Etretuali (468). Quorum denariorum, xii solidos carnifices de *Bellomonte*, de estallis suis, annuatim persolvent. Tres vero solidi assignati sunt in censu quem ipse Comes emit a Hugone de Cingula.

Preterea concessit summarium unum ad opus molendini *Sti Leonorii*, ea scilicet conditione, quod bannerios aliorum molendinum nullatenus recipient. Donavit autem post decessum suum, *baraz* jumentorum suorum, cum sequacibus suis.

Ut autem hec rata et inconcussa in perpetuum permaneant, sigilli sui auctoritate et testium annotatione firmare curavit. Testes (a) hi sunt : Petrus de Borrengo et Petrus filius ejus, Renaudus Anguillons (b), Petrus de Roncerolis (c), Philippus Hideus, Hugo nepos comitis, Hugo de Luci, Renoudus panetarius, Odo Pilelard (d), Garnerus piscator, Hugo de Sancto Martino (465).

(a). Ici s'arrêtent *B* avant le collationnement et se terminent *C* et *D*. — (b) Anguillons *B C D*. — (c) Roncerolis *F*, Renocerolles *G* et *a*; souscription omise par *B C D*. — (d) Pipelard *B C D*, Pilelart *F*.

A. Original jadis scellé, S 1410, n° 53. — *B*. Copie de 1209, LL 1351, fol. 113', collationnée sur *A* et complétée avec cette mention : « Notandum hanc cartam carere data, e qua etiam sigillum excidit. » — *C*. Copie du xv° s., LL 1352, fol. 122. — *D*. Copie du xvi° s., LL 1353, fol. 145; toutes deux d'après *B* incomplet. — *E*. Cartulaire de Saint-Léonor (perdu). — *F*. Copie de 1501, d'après *E*, S 1410. — *G*. Copie du xviii° s., « ex apographo », S 1410 non coté.

Edit. a. Douët d'Arcq, pp. 13-14, d'après *A*.

439. — *Maurice, évêque de Paris, rend une sentence au sujet d'un prêt fait par St-Martin à Geofroi, chevalier de Sevran.*

(Paris, Evêché, 1ᵉʳ janvier ou 24 avril 1177 — 1ᵉʳ janvier ou 9 avril 1178)

Ego Mauricius Dei gratia *Parisiensis episcopus*. Notum fieri volumus t. p. q. f. quod Gaufredus miles de Ceverento feodum quod ab ecclesia *Sti Martini de Campis* tenebat in decimis et campiparte, in censu, in nemoribus de *Paluel* et *Gratuel*, in furno seu quibuscumque aliis redditibus (*a*) et forefactis, ipsi ecclesie *Sti Martini de Campis* invadiavit, pro ipso feodo trecentis et xx libris mutuo acceptis. Insuper quoque, tactis sacrosanctis reliquiis, juravit quod nullam super hujus feodi obligatione vel fructuum ipsius perceptione, predicte ecclesie litem seu calumpniam per se vel per alium moveret. Adjectum est etiam in sacramento ut illud feodum ipsi nunquam redimere liceat aliena pecunia, nisi tantum propria, et ipsa non particulatim, sed simul et integre reddenda. Postmodum jamdictus miles, ad Sedem Apostolicam profectus, Domino Pape suggessit predictam ecclesiam Sti M. de C. fructibus ejusdem feodi sortem accepisse et ultra. Ideoque possessionem obligatam absolute sibi restitui postulavit. Domnus vero Papa causam hanc delegatis judicibus, Domino *Senonensi* et nobis, examinandam commisit. Proinde utramque partem convocavimus, et rationibus hinc inde diligenter auditis et cognitis, totum ejusdem feodi fructum et emolumentum ecclesie *Sti Martini de Campis* adjudicavimus, innitentes decreto Domni Pape ALEXANDRI *Turonis* habito (*b*), quo sancitum est ut si quis constitutus in clero possessionem alicujus, data pecunia, in pignus accepit, si sortem suam, deductis expensis, de fructibus percepit absolute, possessionem restituat, nisi forte beneficium ecclesie de manu laica crediderit avocandum. Postremo predictus GAUFREDUS, propria voluntate ductus, vendidit monachis *Sti Martini de Campis* culturam terre ipsorum contiguam, ex parte *Villepicte* (432), acceptis pro ea LX libris. Monachi autem Sti Martini, pietate ducti, feodum *Marcherii* quod in vadimonio jamdicto continebatur, remiserunt ei, salva tamen integritate pecunie, scil. trecentis et xx libris, quas pro vadimonio mutuo acceperat, in hunc tenorem ut non liceat ei ipsum feodum *Marcherii* vendere vel invadiare, seu quocumque alio modo alienare. Quod si fecerit, totum feodum ecclesie *Sti Martini de Campis* in jus proprietatis cedet. Ita quod GAUFREDUS ipse, vel aliquis heres ipsius, facultatem redimendi feodum in posterum non habebit. Hec autem omnia se observaturos esse, data fide in manu nostra, ipse et liberi ejus fiduciaverunt. Verum ut hoc ratum et firmum permaneat, pres. cartam nostri auctoritate sigilli firmavimus, et testium subnotatione corroboravimus. Ex parte monachorum : Joscelinus, capellanus Episcopi, Ascelinus decanus *Sti Marcelli*, Rogerius archipresbiter, Petrus camerarius *Sti Martini*, Andreas cellerarius ; Johannes de Chosiaco ; Petrus de Monterel, Buchardus gener ejus; Buchardus marescallus Episcopi, Ingelrannus et Gervasius famuli Episcopi ; Robertus major *Sti Martini* ; Egardus, Grimoldus, Huldovicus, famuli Sti Martini.

Ex parte Gaufredi : Radulfus de Sto Marcello, Ascelinus miles, Gislebertus gener Radulfi, Johannes nepos ipsius Gaufredi.

Actum publice *Parisius* in domo nostra, anno ab Incarnatione Domini M° C° LXXVII°, episcopatus vero nostro XVII°.

(*a*). reddentibus B. — (*b*). Le 19 mai 1163.

A. Orig. S 1362, n° 19. Sc. perdu. — B. Copie de 1210, LL 1351, fol. 52. — C. Copie du xv° s., LL 1352, fol. 51. — Copie du xvi° s., LL 1353, fol. 53', d'après B.

440. — *Le roi Louis VII confirme l'accord conclu entre Geofroi de Sevran et le Prieur de St-Martin-des-Champs.*

(Paris, 1er janvier *ou* 24 avril 1177 — 1er janvier *ou* 9 avril 1178)

In nomine sancte et individue Trinitatis, amen. Ludovicus, Dei gratia *Francorum rex*. Noverint universi presentes et futuri, quod Gaufredus miles de Ceverentho feodum quod ab ecclesia Sancti Martini de Campis tenebat — (*texte de la charte* 438) — reddenda. Postmodum prefatus miles — (*texte du n°* 438) — Domino *Senonensi* et *episcopo Parisiensi* examinandam commisit. Proinde utramque partem convocaverunt et — ecclesie *Sti Martini de Campis* adjudicaverunt — — — data fide in manu domini *Parisiensis episcopi*, ipse et liberi ejus fiduciaverunt.

Nos autem, ad Gaufredi et *Prioris Sancti Martini* peticionem, ut predicta perpetua gaudeant stabilitate, presenti scripto et sigillo regio, nominis nostri karactere subterannotato, fecimus communiri.

Actum *Parisius*, anno Incarnati Verbi M° C° LXX° VII°, astantibus in palatio nostro quorum nomina supposita sunt et signa. Signum comitis Theobaldi, dapiferi nostri. S. Guidonis buticularii. S. Rainaldi camerarii. S. Radulphi constabularii.

Vacante (*Monogramme royal*) cancellaria.

A. Original K. 25, n° 8°. — *B*. Copie de 1209, LL 1351, fol. 26', collationnée. — *C*. Copie du xv° s., LL 1352, fol. 27'. — *D*. Copie du xvi° s., LL 1353, fol. 27.
Edit. Tardif, *Monuments historiques*, n° 674.
Ind. Luchaire, *Actes de Louis VII*, n° 725, p. 326.

441. — *Maurice, évêque de Paris, atteste que, pour faire admettre leur frère Hugues à St-Martin-des-Champs, Jean et Renaud II fils de Renaud de Pomponne, ont renoncé à toute réclamation sur la dîme de Liaubon donnée par leur aïeule Mahaud au Prieuré.*

(Chelles, 1ᵉʳ janvier ou 24 avril 1177 — 1ᵉʳ janvier ou 9 avril 1178)

Ego Mauricius Dei gratia *Parisiensis* episcopus. Notum fieri volo universis t. p. q. f. quod Johannes et Rainaldus, filii Rainaldi de Ponponia, decimam de *Luabum* (286) quam Matildis avia eorum per manum nostram ecclesie *Beate Marie de Gornaio* antedonaverat, pro receptione fratris sui Hugonis et animabus eorum et patris sui et amite, et avunculorum suorum, eidem ecclesie concesserunt. Hujus vero decime donum super altare de *Cala* sepedicte ecclesie obtulerunt et se ei garandiam laturos fiduciaverunt. Hujus rei testes fuerunt : Amaufredus presbiter. Hemericus s[acerdos] et Milo filius Laurentii. Laurencius pater ejus et Radulphus filius Laurentii. Johannes filius majoris et Walterius frater ejus. Xristianus de Nantoil. Willelmus de Porta. Symon molendinarius de *Gornaio*. Rollannus bubulcus.

Hoc idem fecerunt predicti fratres apud *Gornaium* super altare

Beate Marie coram multis laudantibus amicis et EVRARDO majore, GARINO milite, die qua receptus est puer in monasterio. Quod ne temporum vetustate vel multiplici malignantium calumpnia deleri vel aliquatenus infringi possit in posterum, scripto commendavimus et sigilli nostri auctoritate confirmamus. Huic confirmationi plures interfuerunt : ASCELINUS decanus *Sti Marcelli Parisiensis*. Magister PETRUS decanus *Sti Germani Autissiodorensis* (416). Frater DANIEL. MARCELLUS canonicus *Parisiensis*. JOHANNES nepos noster. TEOBALDUS DE VIRI (468). ALMARICUS DE MONTE SANCTE GENOVEFE. PETRUS MORPEIN, DROGO ROELEZ (469).

Actum *Cale*, anno Incarnati Verbi M° C° LXX° VII°, episcopatus nostri x° vii°.

A. Original perdu. — B. Copie de 1223, LL 1397, fol. 14.

442. — *Robert II, comte de Meulan, concède à N.-D. de Gournay le four de la Queue, que donnèrent le comte Galeran II et la comtesse Agnès.*

(1169 — 1177)

Notum sit t. p. q. f. quod ego ROBERTUS comes MELLENTI concessi et confirmavi omnes elemosinas quas pater meus GALERANNUS comes et mater mea AGNES *Ste Marie de Gornaio* et ejusdem ecclesie conventui donaverunt et concesserunt, sicut litteris eorum, necnon et Summi Pontificis et Domini *Regis Francie* confirmatum est. Insuper et eis concedo donum quod idem pater meus et mater mea fecerunt de furno de *Cauda* (253) et xiiii sol. census de familia ARROUDI. Huic concessioni testes interfuerunt WILLELMUS DE GARLANDA, ROBERTUS MALUSVICINUS et DROGO DE MELLO (*a*), fratres;

---

469. Ce personnage paraît être l'homonyme du « Drogo Reille » ou « Reillez » qui céda ses droits sur Noisy à St-Martin-des-Champs au début du xi° siècle. Cf. t. I, p. 162.

Willelmus Malusvicinus, Manasses frater ejus ; Willelmus de Pinu, Robertus de Formovilla, Thomas Bugels (*b*).

(*a*). Mello B. — (*b*) « Visa fuit et collata presens carta ad suum autographum, cui sub duplici cauda pergamenea adpendet sigillum in quo figura cataphracti, stricto ense, equum habenas laxantis, cujus circumscriptio vetustate corrosa est et legi nequit. » (*Note marginale en B.*)

A. Original S 1417, n° 115 ; sceau brisé. — B. Copie de 1223, LL 1397, fol. 22, collationnée.

443. — *Robert II, comte de Meulan, confirme le don de 5000 harengs à Pont-Audemer fait à N.-D. de Gournay par le comte Galeran II.*

(Rouen, 1ᵉʳ janvier ou 24 avril 1177 — 1ᵉʳ janvier ou 9 avril 1178)

Ego R[obertus] *comes de Mellento* notum fieri volo t. p. q. f. quod nobilis vir Galerannus *comes*, pater meus, dedit in perpetuam elemosinam ecclesie *Bte Marie de Gornaio* vque millia harengorum ad *Pontem Audomari*, que a prepositis ejusdem ville infra octo dies Purificationis, monachis ejusdem ecclesie, de nostro redditu debent persolvi. Sed quum prepositi sepe, per defectionem harengorum se excusantes solent predictam elemosinam diminuere, et pro ipsis harengis nummos minus quam debeant solvere, precipimus ut amodo ipsi harengi boni ac legitimi, sine aliqua excusatione et absque dilatione reddantur. Si vero prepositus ejusdem ville, propter improbitatem suam, nuncium monachorum ultra tercium diem quo ibidem advenerit morari fecerit, expensam illius nuncii de suo proprio sicut in carta patris mei continetur, persolvet... Testes sunt : Almaricus et Rogerius fratres mei. Ricardus de Warclive. Willelmus de Bochetot. Robertus de Bigarz, Ranulfus de eadem villa. Simon de Athies. Landricus de Welleboto. Willelmus Cavin. Renoldus de Cauda. Norreis. Hugo de Bellomonte.

Actum *Rothomagi* anno Verbi incarnati M° C° LXX° VII°.

A. Original perdu. — B. Copie de 1223, LL 1397, fol. 191-204, non collat.

444. — *Josselin d'Auneau, du consentement de Téceline, sa femme, et de leurs six fils, fait un échange de biens fonciers avec St-Martin à St-Léger-des-Aubées.*

(1ᵉʳ janvier ou 24 avril 1177 — 1ᵉʳ janvier ou 9 avril 1178)

Ego Joscelinus de Auneolo notum facio t. p. q. f. quod terram quandam, quam apud *Capellam*, in dominio meo jure proprietatis habebam, ecclesie S. M. de C. in perpetuum quiete possidendam concessi, assensu Teceline conjugis mee, et liberorum meorum Guidonis, Joscelini, Gaufridi, Johannis, Guillelmi, Teobaldi. Tantumdem vero terre que apud *Stum Leodegarium* ecclesie propria erat, ab ipsa in commutacionem suscepi. Ut autem commutatio hec in posterum inviolabiliter observetur, eam presenti scripto et sigilli mei impressione con (*a*) testium subnotatione confirmavi. Hii sunt testes (*b*) : Hisnardus Berlant, Hemericus de Alneto (470), Hugo de Tevilla (471), milites ; Johannes Roiluns, Ricardus de Tronchei (472) Johannes de Arrat. Anno ab Incarnatione Domini Mº Cº LXXº VIIº.

(*a*). sic en *A*; cum *B*. — (*b*). *B* et ses copies remplacent les noms des témoins par « etc. ».

A. Original jadis scellé, S 1400, nº 25. — B. Copie de 1209, LL 1351, fol. 111, non collationnée. — C. Copie du xvᵉ s., LL 1352, fol. 117'. — D. Copie du xviᵉ s., LL 1353, fol. 140' ; toutes deux d'après *B*.

445. — *Simon II, évêque de Meaux, constate qu'au moment de son départ pour la Croisade, Guillaume des Barres, du consentement de ses fils Guillaume II et Jean, a renoncé à la portion qu'il avait*

---

470. St-Léger-des-Aubées et Aunay-sous-Auneau, ca. Auneau, ar. Chartres.
471. Theuville, ca. Voves, ar. Chartres.
472. Le Tronchay-Maquereau, comm. de St-Arnoult-des-Bois, ca. Courville, ar. Chartres.

usurpée des dîmes d'Oissery et de Forfry dont St-Martin-des-Champs a le tiers ou la moitié de ce tiers que le prélat tient de St-Martin.

(1ᵉʳ janv. ou 24 avril 1177 — 1ᵉʳ janv. ou 9 avril 1178)

In nomine Patris et Filii et Spiritus sancti, amen. Ego Symon, Dei gratia, *Meldensis episcopus*, notum fieri volo presentibus et posteris quod dominus Willelmus de Barris, pro remissione peccatorum suorum, *Iherosolimam* petens, hoc quod in decima de *Oisseriaco* (331) et in decima de *Furfreio* (473), cujus terciam partem ecclesia *Sti Martini de Campis* habet, et nos ab ipsa ejusdem tercie partis medietatem tenemus, injuste in parte nostra usurpavit ; penitentia ductus quiete in perpetuum dimittit. Insuper etiam terciam partem decime novalium nemoris de *Chasneto*, que novalia vel jam culta sunt, vel deinceps excolentur, pro excessibus suis nobis et ecclesie Bti Martini tranquille in perpetuum possidendam concedit.

Actum est hoc in presentia nostra, laudantibus filiis ejusdem Willelmi, Willelmo et Johanne, et reliquis ipsius filiis, anno ab Incarnatione Domini Mº Cº LXXº VIIº. Hujus rei testes sunt : Roricus et Herbertus archidiaconi ; Adam, Hubertus. De laicis : Teobaldus de Crispiaco, Hugo de Cornilione, Hugo de Furfreio (473), Hugo Eventatus, Johannes de Porta Sancti Melori. Ex parte Sti Martini : Robertus prior de *Causiaco* (24), Aigulfus prior de *Cresceio* (146), Ranulfus prior de *Marnoa* (29). Ut autem hoc ratum et inconcussum permaneat, sigilli nostri auctoritate firmamus, et predictus Willelmus de Barris suum pariter apponit siggillum (*sic*).

A. Original L 877, nº 49. Sceau épiscopal, fruste. Sceau de Guillaume des Barres ; dans le champ, un château à trois tours. — B. Copie de 1209, LL 1351, fol. 62', collationnée. — C. Copie du xvᵉ s., LL 1352, fol. 63'. — D. Copie du xviᵉ s., LL 1353, fol. 69'. — E. Copie du xviiiᵉ s., ms. fr. 15504, fol. 66.

---

473. Forfry, ca. Dammartin-en-Goële, ar. Meaux.

446. — *Nivelon, évêque de Soissons, sanctionne un arrangement entre St-Martin-des-Champs et Hugues, curé de Lergny.*

(1ᵉʳ janvier ou 24 avril 1177 — 1ᵉʳ janvier ou 9 avril 1178)

Ego (NIVELO), Dei gratia, *Suessionensis episcopus*, omnibus t. p. q. f. facimus manifestum quod, cum inter monachos *Sti Martini de Campis* et HUGONEM, presbiterum de *Lerniaco* (175), controversia verteretur super tercia parte straminis decime dicte ville, et tractus ejusdem decime, cujuslibet tercii anni, et custodia grangie consimiliter unoquoque tercio anno, et tercia parte trituratorum, dicta controversia in hunc modum finaliter sopita est, et partis utriusque terminata assensu, ut de his omnibus que sui juris esse presbiter asserebat, ipse et successores ejus terciam partem straminis solummodo, et nichil aliud, deinceps percipiant; et propter hoc ipse et successores ejus monachis securitatem facient super his que jamdicti monachi in eodem villa possident. Custos vero grangie tractores et trituratores prefacto presbitero et successoribus ejus fidelitatem exhibebunt.

Actum anno incarnati Verbi Mº Cº LXXº VIIº.

A. Original perdu. — B. Copie de 1209, LL 1351, fol. 80, non collationnée. — C. Copie du xvᵉ s., LL 1352, fol. 78'. — D. Copie du xviᵉ s., LL 1353, fol. 91.

447. — *Guillaume, archevêque de Sens et légat du Pape, constate un accord conclu entre Gautier, prieur de St-Martin, et Eudes de Gif, chevalier, au sujet d'une dîme comprise dans le fief du chevalier Archambaud de Ville-d'Avray. Témoins : Mathieu évêque de Troyes, Etienne abbé de St-Remi, Salon abbé de Ste-Colombe.*

(1169-1177)

(a) WILLELMUS Dei gratia *Senonensis archiepiscopus*, Apostolice Sedis legatus, omnibus ad quos littere iste pervenerint, in Domino salutem. Volumus ut tam posteris quam modernis innotescat, quod (*b*) controversiam que inter *ecclesiam Beati Martini de Campis*, dilecto filio nostro GALTERO ejusdem ecclesie existente priore (*c*), et ODONEM militem DE GIPFO (474) super quadam decima vertebatur, justo et fine debito vidimus et audivimus in presentia nostra terminatam. Monachi enim asserebant quod tota decima de Broilo in feodo ARCHEMBAUDI militis DE VILLADAVREN (474) usque ad illos terminos ad quos parochiale jus ecclesie de *Clamardo* (5) porrigitur, sua esse debebat. Miles vero e contra hoc constanter negabat. Hec autem contentio in presentia nostra ita sopita est : monachi de consilio nostro eidem militi dederunt decem libras Parisiensis monete, et ipse totam decimam usque ad prefatos terminos *ecclesie Beati Martini de Campis* imperpetuum habendam concessit, eamque in manu nostra reddens, fide data firmavit quod predictos monachos super hoc amplius non inquietaret et de omnibus ad parentelam suam pertinentibus eis super illa decima pacere faceret ; de aliis vero garandiam per certum portaret ; nos vero eandam decimam ecclesie beati Martini de Campis per manum Gaulterii prioris, reddidimus et sigilli nostri auctoritate in perpetuum habendam confirmavimus (*d*). Predicte itaque compositioni interfuerunt quorum nomina subscripta sunt : venerabilis frater noster MATHEUS *episcopus Trecensis* (475), STEPHANUS abbas *Sancti Remigii*; SALO abbas

---

474. Gif, ca. Palaiseau, ar. Versailles. — Ville-d'Avray, ca. Sèvres, ar. Versailles.

475. L'original de ces lettres n'est point daté ; malgré la présence de nombreux témoins qualifiés, il est malaisé de resserrer les limites de la période de rédaction. Mathieu fut élu évêque de Troyes après Henri, décédé le 30 janvier 1169 (*Gallia*, XII, 501); il mourut à son retour de Terre-Sainte en 1180. Etienne, abbé de St-Remi de Sens, est cité de 1155 à 1183 (*Gallia*, XII, 121). La présence de Salon, titré abbé de Ste-Colombe de Sens, dans un document émanant de l'Ordinaire, est énigmatique. L'abbé de Ste-Colombe Eudes Ier succombant le 7 octobre 1164, Salon fut élu unanimement, mais le roi n'ayant point approuvé ce choix, Gilon Ier fut substitué à Salon, et serait resté en charge au moins jusqu'en 1182, d'après la *Gallia* (XII, 150 ; Instrum., col. 49). Peut-être y a-t-il eu chassé-croisé : Salon aurait, à un moment donné, repris possession de sa crosse. Peut-être ausssi lui conserve-t-on, à titre honorifique, son ancienne qualité. Cet abbé Salon semble un fils ou un proche parent de Salon, vicomte de Sens, qui mourut le 5 avril 1165.

Sancte Columbe; Rericus archidiaconus *Meldensis*; Petrus archidiaconus *Carnotensis*; magister Petrus de Sancto Clodoaldo; Willelmus presbiter de *Clamardo* (5), Adam presbiter de *Gipfo* (474) et alii plures quorum nomina subticemus. Valete in Domino (475).

(a). *Willelmi Senonensis archiepiscopi de nemore S[ilvanectensi]*. Titre en *B*. — (b) *apud* dans le texte de *B*; le mot a été exponctué et remplacé au-dessus, et d'une main du xviie s., par *quod*. — (c). *Priorem* dans le texte de *B*; l'm a été exponctué. — (d). Ici s'arrêtait *B* : le complément du texte a été ajouté en marge d'une main du xviie s., qui l'a fait suivre de cette mention : « Visa fuit et collata presens carta ad suum autographum e quo sigillum olim sub duplici cauda pergamenea adpendens excidit. »

A. Original perdu. — *B*. Copie de 1209, LL 1351, fol. 33', collationnée et complétée sur *A*. — *C*. Copie du xve s., LL 1352, fol. 34'. — *D*. Copie du xvie s., LL 1353, fol. 33'. — *E*. Copie du xve s., LL 1358, fol. 4'; d'après *B* primitif.

448. — *Jean de Coucy et Aélis sa femme comme ayant la garde du château de Crécy en Brie pendant la minorité de Gaucher III et de Gui III, fils de Gui II de Châtillon, se portent garants que ces mineurs ratifieront l'accord entre St-Martin-des-Champs et Hugues de La Chapelle, leur vassal quant aux dîmes de Boularre.*

(1168 — 1178)

Ego Johannes de (a) Cociaco (476) et Adeleidis uxor mea notum facimus t. p. q. f. quod Hugo de Capella (477), pro eo quod deci-

---

476. Jean I de Coucy, châtelain de Noyon, fils de Gui IV, châtelain de Coucy et de Noyon, cité avec lui en 1154, lui succéda après 1168 et partit en 1177 pour la Croisade. (Arch. de l'Oise, II 497). A cette date sa tutelle avait probablement pris fin. Gui II de Châtillon, en 1166 et 1168 (nos **393** et **399**) était marié, mais n'avait pas encore d'enfants en mesure de participer à ses actes. Duchesne n'a point connu de charte émanée de Gaucher III antérieurement à 1183 (*Hist. de la maison de Châtillon*, p. 57).

477. Boullarre, ca. Betz, ar. Senlis. La dîme qu'y possédait Hugues de La Chapelle avait été engagée par lui entre 1158 et 1161 (n° **375**). L'un des coseigneurs de cette dîme était alors Gui de Garlande : sa part de suzeraineté est passée aux enfants de Gui II de Châtillon qui par sa mère, Ade de Pierrefonds,

mam quandam, quam ecclesie *Sti Martini de Campis* pro xl libris invadiaverat, injuste occupavit, sententiam excommunicationis incurrerat. Ipse autem ea que perperam egerat, emendare cupiens, duos modios annone, scilicet unum frumenti et alterum avene, in decima sua de *Bolorria* (477) singulis annis antequam aliquid de sua parte accipiat, habendos ecclesie *Sti M. de C.* in perpetuum concessit, assentientibus et laudantibus liberis suis. Et quoniam pars hujus decime est de feodo illius qui *futurus* est *dominus* Creciaci (476), nos qui castellum hoc in manu nostra tenemus, huic concessioni jamdicti Hugonis assensum prebuimus, ad majorem etiam confirmationem fidejussores et obsides sumus quod (*b*) filios domini Widonis de Castellione, Galcherium et Widonem (*c*), cum ad etatem virilem pervenerint, hoc ipsum concedere faciemus (*d*). Quod ut futuris temporibus inviolabiliter observetur, scripto et sigilli nostri impressione, cum testium subnotatione firmavimus. Hec sunt nomina testium : Petrus vicecomes, Bartholomeus frater ejus (477), Robertus de Sancto Martino, Petrus de Bercheriis (477), Bartholomeus de Molengiis, Arnulfus (*d*) Judas et Guido filius ejus.

(*a*). Chociaco *B*. — (*b*) et *B*. — (*c*) Galcherum et Guidonem *B*. — (*d*) Ici s'arrêtait *B* avant le collationnement. — (*e*) Arnulphus *B*.

A. Original L 876, n° 57. Sceau fruste, où l'on distingue un chevalier armé. — *B*. Copie de 1209, LL 1351, fol. 115', collationnée et complétée d'après *A*, où pendait un sceau équestre avec cette légende : SIGILLV IOIS DE COCIACO. — *C*. Copie du xv° s., LL 1352, fol. 125. — *D*. Copie du xvi° s., LL 1353, fol. 148'.

était petit-neveu de Hugues de Crécy. Ce fut apparemment à la suite d'un échange entre cousins.

Pierre de Berchères se rattache au village de ce nom situé près de Tournan, dans les anciens domaines de la maison de Garlande. (Cf. t. I, p. 97).

Nous n'avons pu identifier avec certitude le vicomte Pierre, frère de Barthélemi. Peut-être y avait-il encore à Crécy une famille conservant le titre héréditaire de vicomte.

449. — *Philippe, évêque élu de Beauvais, investit Richard, prieur de l'Isle-Adam, des dîmes au bourg de l'Isle et à Parmain, dont Anschoud de Nesle, fils de Thierri de Parmain, s'est dessaisi entre ses mains.*

(Beauvais, 1er janvier ou 9 avril 1178 — 1er janvier ou 1er avril 1179)

Ego Philippus, Dei gratia *Belvacensis episcopus electus*, universis fidelibus imperpetuum. Ad noticiam t. f. q. p. volumus pervenire quod veniens ante nos, Ansculfus de Neella (478), filius Theoderici de Parmeng (398) in manu nostra dereliquit quidquid habebat in minuta decima *burgi de Insula*, infra aquam, ex parte *Belvaci*, et quicquid in minuta decima de *Parmeng* possidebat. Nos autem omnia ista in manu Ricardi, tunc prioris de *Insula*, remisimus. Ut autem hoc ratum et inconcussum permaneat in futurum, presenti scripto et sigilli nostri impressione, et testium qui affuerunt subscriptione munivimus. S. Lancelini cantoris. S. Hugonis decani *Perone*. S. Ade de Insula. S. Ade de Bellomonte. S. Henrici de Centpuiz (478). S. Henrici de Monciaco per cujus manum presens cartula data est.

Actum *Belvaci* anno Incarnati Verbi M° C° LXX° VIII°.

A. Original perdu. — B. Copie de 1209, LL 1351, fol. 75, collationnée et complétée d'après A dont le sceau était à demi rompu. — C. Copie du xve s., LL 1352, fol. 72. — D. Copie du xvie s., LL 1353, fol. 83', d'après B non encore collationné.

450. — *Simon II, évêque de Meaux, confirme à St-Martin-des-Champs la dîme d'Oissery et de Chauconin, provenant d'un don de Gautier Hait; les moines concèdent cette dîme en viager à*

---

478. Nesles-la-Vallée, ca. L'Isle-Adam, ar. Pontoise. — Cempuis, ca. Grandvilliers, ar. Beauvais.

Pierre, préchantre de Meaux, frère du prélat qui l'avait tenue jusqu'alors du monastère.

(1ᵉʳ janvier ou 9 avril 1178 — 1ᵉʳ janvier ou 1ᵉʳ avril 1179)

In nomine sancte et individue Trinitatis, amen. Ego SIMON, Dei gratia *Meldensis episcopus* (479), notum fieri volumus t. p. q. f. quod GALTERIUS HAIT (332) decimam quandam apud *Oxiri* (331) et *Chauconin* (331), quam de feodo predecessoris nostri, venerabilis MANASSE *Meldensis* episcopi, tenebat, ecclesie *Sti Martini de Creceio* (146) in elemosinam legavit. Idem vero pie memorie M., *Meldensis* episcopus, jam dictam decimam ipsi ecclesie jure perpetuo possidendam concessit, et sigilli sui impressione firmavit, in huuc tenorem quod eam assensu capituli Sti Martini tantum modo in vita mea teneremus. Nos autem decimam ipsam que de feodo nostro est, nichilominus ecclesie Sti Martini in perpetuum habendam concessimus. Eamdem etiam cum adhuc teneremus, e manu nostra penitus emisimus; quam consequenter ecclesie Sti Martini conventus fratri nostro P[ETRO] precentori tenendam concessit in hunc modum, ut ex ipsa decima dimidium modium annone pro investitura et recognitione precentor ipse singulis annis eidem ecclesie persolvere teneatur. Post mortem vero ejus, vel si religionis habitum assumpserit, sive etiam ipsum ad episcopatum promoveri contigerit, eadem decima ad ecclesiam cui data est ex integro revertetur. Ut autem hoc ratum permaneat, sigilli nostri et sigilli PETRI fratris mei precentoris, impressione firmavimus. Hujus rei testes sunt : ALERMUS canonicus et sacerdos ; EBRARDUS canonicus et sacerdos ; magister JOHANNES, canonicus et diaconus ; FROMUNDUS, canonicus et diaconus ; ADAM, canonicus et diaconus. Subdiaconi : PETRUS DE BUTENANGULO (480) ; MATHEUS,

---

479. Simon II, archidiacre de Sens, puis trésorier de Meaux, fut élu évêque entre le 1ᵉʳ juin 1175 et le 15 mai 1177; il mourut le 7 mai (1194 à 1197). La *Gallia* (VIII, 1617) ne dit rien sur sa parenté. On voit ici qu'il était neveu de *Manassé III* (Conférez la charte de celui-ci en 1161, n° **328**), et frère du préchantre *Pierre*; un de ses neveux, *Mathieu*, était sous-diacre en 1178, et deux autres, *Philippe* et *Henri*, acolytes, tous trois chanoines de l'église de Meaux.

480. Sur Boutenangle, cf. t. I, p. 276, note 393.

nepos episcopi ; Symon de Furferi (473). Pueri et canonici : Philippus et Henricus, nepotes episcopi.

Actum est istud anno ab Incarnatione Dni M° C° LXX° VIII°.

A. Original L 877, n° 50. Sceau du préchantre avec cette légende : S. PETRI. MELDENSIS. PRECENTORIS. Le sceau épiscopal a disparu. — B. Copie de 1209, LL 1351, fol. 64', collationnée sur A. — C. Copie du xv° s., LL 1352, fol. 63. — D. Copie du xvi° s., LL 1353, fol. 69, toutes deux d'après B non encore collationné.

451. — *Ebrard IV du Puiset concède à Saint-Martin la dîme de de Berchères-la-Maingot.*

(1er janvier *ou* 9 avril 1178 — 1er janvier *ou* 1er avril 1179)

Quoniam opera hominum per temporum successionem a memoria cito labuntur, iccirco ego Ebrardus de Puteolo t. f. q. p. notum fieri volo quod decimam *Bercheriarum-Mengot* (209), magnam et minutam, que de feodo meo erat, ecclesie *Sti Martini de Campis* pro mea et meorum antecessorum salute, libere et perpetuo tenendam concessi. Quod ut ratum et inconvulsum permaneat, sigilli mei auctoritate confirmare curavi. Hujus rei testes sunt, *etc.*

Actum anno ab Incarnatione Domini M° C° LXX° VIII°.

A. Original perdu. — B. Copie de 1209, LL 1351, fol. 110, incomplète. — C. Copie du xv° s., LL 1353, fol. 116. — D. Copie du xvi° s., LL 1353, fol. 139.

Ind. Coll. Duchesne, XX, 232.

452. — *Le roi Louis VII étant saisi d'une plainte des moines de Saint-Martin contre des empiètements commis dans leurs bois par les hommes du roi qui sont leurs hôtes à Fontaines, mande au prévôt du Châtelier qu'il maintienne le statu quo.*

(1154-1180)

Ludovicus, Dei gratia *Francorum rex*, E. preposito de *Castellari*, salutem. Monachi Sancti Martini conqueruntur quod hospites sui de *Fontanis* qui sunt homines nostri, male intercipiunt adversus eos in bosco suo, et nos mandamus tibi ut rem facias ire sicut fuit usque ad hoc tempus. Et si fuerit contentio, submone nos in crastino octabarum Sancte Marie *Parisius* (481).

---

481. Entre la perte du duché d'Aquitaine (1154) et le 19 septembre 1180, date funèbre du roi, se place le mandement de Louis VII, imprimé par Duchesne (*Scriptores Histor. Franc.*, IV, 724) puis par D. Brial (*Recueil des Historiens de France*, XVI, 169). Il a été cité d'après ces éditeurs, par Luchaire (*Actes de Louis VII*, n° 780, p. 342) qui le considère comme concernant les moines de Saint-Martin-des-Champs. Ceux-ci avaient, dans le ressort du parlement de Paris, les propriétés en plusieurs localités du nom de *Fontaine* ou *Fontaines*.

Ce nom ainsi que celui de *Châtelier* ou *Châteliers*, est fort répandu. Nous insérons ici cette pièce par déférence pour l'autorité de Luchaire, tout en reproduisant la note suivante de dom Brial :

« Cum multa sint monasteria sancto Martino sacra, Pontisare, Turonibus, Nivernis, et aliis in locis, de quo potissimum hic sermo sit vix conjecturam facere audemus. Credimus tamen Majus hic intelligendum esse monasterium prope Turonos, tum ob loci celebritatem, tum propter viciniam Castellaris atque Fontanarum. »

D'après l'abbé Vaucelle (*la Collégiale de St-Martin de Tours*, p. 313) le chapitre de ce monastère possédait un domaine à Fontaine, commune de Savigny (Loir-et-Cher) constituant une prévôté. S'étant brouillés avec le détenteur de ce bénéfice, ils s'adressèrent au bailli du roi pour qu'il substituât son autorité à celle de leur propre prévôt, qui fut incarcéré (vers 1232). Sur le territoire de Savigny-sur-Braye (Loir-et-Cher) subsiste un château nommé *Le Châtelier*. Mais ce rapprochement semble dénué d'intérêt ; Louis VII n'aurait pu qualifier de « monachi » les chanoines de la célèbre collégiale. Quant à Marmoutier, il fut toujours sous la direction d'abbés, agissant au nom de la Communauté. St-Martin-des-Champs n'ayant qu'un prieur amovible, l'expression « monachi » est assurément mieux justifiée.

TABLE DES DOCUMENTS

VII. — Actes concernant Saint-Martin-des-Champs sous le règne de Louis VI le Gros, de 1126 à 1137

191. — Gérard de Cappy, qui tenait à cens une terre de Saint-Corneille à Cappy, la résigne entre les mains des chanoines de Compiègne, en faveur du prieuré de Saint-Médard de Cappy, dépendant immédiatement de Saint-Martin-des-Champs. Les chanoines donnent aussitôt l'investiture au Prieuré, qui devra leur payer annuellement cinq sous de cens à la Saint-Martin d'hiver (1126-1131) 1

192. — Eudes Iᵉʳ, prieur de Saint-Martin-des-Champs, remercie les chanoines de Compiègne d'avoir ratifié la donation faite par Gérard de Cappy au prieuré de Cappy, placé sous la dépendance immédiate de son monastère (1126-1131) 2

193. — Guérin de Châtillon, évêque d'Amiens, constate que le prieur Eudes I de St-Martin-des-Champs a concédé à Gui, clerc de Wahagnies, l'église de cette localité pour y résider, sous réserve d'une rente d'un marc d'argent : si Gui part en pèlerinage, on attendra trois ans son retour; passé ce délai, le prieur rentrera en possession de l'église (1127-1131). . . . 3

194. — Le pape Innocent II, ayant reçu en ses mains, en présence de plusieurs prélats français, le désistement du clerc Gui, détenteur de l'église de Wahagnies, et en ayant investi St-Martin-des-Champs, informe de sa décision l'évêque Guérin d'Amiens et son chapitre, et leur recommande de veiller à ce que St-Martin conserve ce bénéfice (1132) 4

195. — Le pape Innocent II confirme à Thibaud II, prieur de St-Martin-des-Champs, l'église de Wahagnies que le clerc Gui a résignée (1132). 5

196. — Louis VI approuve la donation faite par Bouchard, clerc de Clamart, et Jean le Noir, son frère, à St-Martin-des-Champs, de ce qu'ils possédaient à Clamart dans le fief de Raoul de Chaville à la prière du prieur Mathieu II (1132) 6

197. — Eudes Iᵉʳ, prieur de St-Martin-des-Champs, élu abbé de St-Médard, malgré l'opposition de l'évêque de Soissons Josselin de Vierzy, est bénit par Innocent II à Orléans. — Sa mort (1131-1134). 7

197 bis. — Obit de l'abbé Eudes de Saint-Médard. 8

198. — Louis VI approuve les donations précédemment faites à St-Nicolas d'Acy par Eudes Percebot, sa femme Aélis, leurs fils Gui et Eudes II, qui y sont inhumés, de propriétés à Senlis, à Loisy et à Barbery ; il confirme également ce que les moines possèdent à Rieux, les vignes que leur a données Barthélemi, préchantre de Senlis, et d'autres biens (1132-1133) 8

199. — Louis VI notifie le désistement du fisc au sujet des revendications exercées sur les biens recueillis par Raoul Hescelin, frère d'Helloin, précepteur du roi, et de la première femme de Foulques le monnayeur (1133-1134). 10
200. — Etienne, évêque de Paris, supprime le chapitre de St-Denis de la Châtre, en annexant à St-Martin-des-Champs cette collégiale qui avait fait retour au domaine royal. Approbation de Louis VI, de la reine Adélaïde, de leurs fils Louis le Jeune et Henri, ce dernier étant abbé de St-Denis de la Châtre (1133) . 11
201. — Thibaud II, prieur de St-Martin, reconnaît avoir cédé au roi Louis VI, à la reine Adélaïde et à leur fils Louis, en vue de l'établissement d'une communauté de femmes, l'église de Montmartre, la chapelle dite Sanctum Martyrium, la couture Morel et la maison de Guerri le Changeur en échange de l'église St-Denis de la Châtre (1133-1134). 13
202. — Pierre le Vénérable, abbé de Cluny, approuve l'échange de l'église de Montmartre contre celle de St-Denis de la Châtre, conclu entre le prieur Thibaud II et le roi Louis VI (1133-1134) 14
203. — Louis VI confirme les biens donnés à l'église de Montmartre et à l'abbaye des femmes qui vient d'être fondée par lui-même à la prière de la reine Adélaïde (1134). 15
204. — Simon I, évêque de Noyon, concède à Pierre, prieur de Cappy, l'autel d'Eterpigny, à la prière du bénéficier, Gérard, chanoine de Péronne (1134). 18
205. — Thibaud II, prieur de St-Martin, cède à l'abbé Gilbert et aux moines de St-Hubert-en-Ardenne résidant à Sainte-Gemme, un aleu à Brienne-en-Laonnois, sur la Retourne, devant le château neuf, moyennant une rente de deux marcs d'argent, poids luslin. Barthélemi, évêque de Laon, intervient pour assurer l'exécution du contrat sous peine d'interdit (1134) 19
206. — Le prieur Thibaud II concède au clerc Baudoin, sa vie durant, les autels de St-Hilaire et de Frévent (1134). . . . 21
207-208 bis. — Actes établissant les droits de St-Martin sur la terre et l'église de Choisy-en-Brie (1129-1134) 22
207. — Aleaume, prieur de Cluny, approuve un échange par lequel sont abandonnés par les moines de Rueil-en-Brie, à ce autorisés par Eudes, prieur de La Charité-sur-Loire, les droits prétendus sur la terre de Choisy-en-Brie, donnée à St-Martin par le vicomte Geofroi II de la Ferté-Ançoul (1126-1129) . . . 23
208. — Thibaud IV, comte de Blois, confirme le don du domaine de Choisy-en-Brie, fait à St-Martin par le vicomte Geofroi de la Ferté-Ançoul et approuvé par Ade, fille de Geofroi, exception faite des sept chevaliers qui doivent le service de garde à La Ferté (1126-1129) 24
208 bis. — Bouchard, évêque de Meaux, concède à St-Martin-des-Champs l'église de Choisy-en-Brie (Acte perdu) (1122-1134) . 26
209. — Guérin, évêque d'Amiens, à la prière d'Aluise, évêque d'Arras, et de l'ancien archidiacre Simon, devenu moine d'Anchin, confirme à l'abbaye de Corbie les autels de Wahagnies, Bonnay et Courcelles; Dreux de Dury concède également ces autels, qui dépendaient de son fief (1135). 26

210. — Le pape Innocent II confirme les possessions de l'abbaye de Corbie et notamment les églises cédées par St-Martin-des-Champs sous le cens d'un marc d'argent, poids hustin. [Extrait] (1135) 28

211. — Louis VI confirme à St-Martin l'église de Janville-en-Beauce que lui a donnée le roi Henri Ier avec la dîme des terres cultivées et le quint des grains renfermés dans la grange appartenant au Roi (1135). 29

212. — Biographie de Mathieu, moine durant sept années, puis prieur de St-Martin-des-Champs et, momentanément, de Cluny, enfin cardinal évêque d'Albano, écrite par Pierre le Vénérable, abbé de Cluny (1108-1135) 30

213. — Manassé II, évêque de Meaux, confirme aux moines de St-Martin-des-Champs, en considération de leur sainte renommée, l'église Saint-Eutrope de Choisy-en-Brie, à eux donnée par son prédécesseur Bouchard ; il ajoute d'autres droits sur la chapelle St-Georges de Marolles (1135-1136) 36

213 bis. — Galeran, fils de Marie, vicomtesse de Beaumont-sur-Oise, donne à St-Martin-des-Champs une rente à Noisy-sur-Oise ; sa mère et ses frères y consentent (1128-1136). . . . 38

214. — Eudes II, évêque de Beauvais, disposant de dîmes restituées à l'Église par Guillaume de Cressonsacq et sa femme Hersende, les remet à Saint-Martin-des-Champs et confirme à ce monastère cinq églises : St-Léonor à Beaumont-sur-Oise, Cressonsacq, Méru, Viarmes, Saint-Omer-en-Chaussée ; des dîmes à Liancourt, une part dans le travers du château de Milly, ainsi qu'une rente à Noisy-sur-Oise, donnée par Galeran, fils de Marie vicomtesse de Beaumont (1136). 38

215. — Le pape Innocent II, à la sollicitation du prieur Thibaud II, confirme les possessions et les bénéfices du monastère de St-Martin-des-Champs (1136) 41

216. — Eudes, sous-prieur de St-Martin, assiste avec l'évêque de Paris Étienne et le comte Raoul de Vermandois, à la confirmation donnée par le roi Louis à une libéralité de Lucienne de Montlhéry-Rochefort au prieuré de Longpont (1137) . . . 45

216 bis. — Louis VI donne à St-Martin-des-Champs, pour y fonder son anniversaire, la dîme de Marles qu'il avait acquise de Thibaud de Moret (1137) 46

217. — Thibaud II, prieur de St-Martin, cède à Robert I, abbé de Corbie, pour une rente d'un marc d'argent, poids hustin, les autels de Bonnay et de Courcelles et l'église de Wahagnies, dont Gui de Wahagnies s'est dessaisi à Cluny, entre les mains du Pape, qui en a investi le Prieur (1132). 47

VII. — Donations à Saint-Martin non suivies d'effet sous le règne de Louis VI

218. — Hyon le Blanc, châtelain de La Ferté-Milon, étant à Lagny dans la chambre de l'abbé Geofroi, en présence de Geofroi II, évêque de Chartres, et de Thibaud IV, comte de Blois, donne, avec le consentement de ce dernier, à St-Martin-des-Champs

tout ce qu'il possède au Vivier et approuve toutes les conventions que les chanoines résidant au Vivier pourront faire avec les moines de St-Martin (1116-1123) 49

219. — Adèle, comtesse de Vermandois, son mari Renaud II de Clermont et son fils Raoul, notifient à l'évêque de Laon, Barthélemi, la donation à Cluny de l'abbaye de Bucilly pour être unie à St-Martin-des-Champs (1119-1120). 51

220-222. — Documents concernant l'abbaye de Bucilly, antérieurement à la donation faite à St-Martin-des-Champs, et constatant l'inexistence d'un communauté organisée et l'administration des biens par l'évêque et les avoués séculiers (1113-1120). 52

220. — Barthélemi, évêque de Laon, délimite les droits de deux avoués de Bucilly, Roger de Pierrepont, fils d'Enguerran, et Marc, seigneur de Vesles, et signale les difficultés sociales du temps (1113) 52

221. — Barthélemi, évêque de Laon, fait relire et transcrire une charte du comte Eilbert de Vermandois (Ybert de Ribémont) et de sa femme Gertrude, qui, ayant fondé l'église du Vieux Bucilly sur leur propre alleu, la dotèrent d'un grand nombre de domaines alliodiaux (1120) 55

222. — Barthélemi, évêque de Laon, fait relire en présence de Thomas Ier, seigneur de La Fère, un privilège de son père Enguerran Ier exemptant des droits de guidonnage et de pontonnage sur ses terres de Marle et de La Fère, l'abbaye de Bucilly (1120) 58

223. — Barthélemi, évêque de Laon, fait avec Clérembaud de Rozoy une convention concernant Bucilly, alors occupé par une congrégation de femmes (1135). 59

224. — Barthélemi, évêque de Laon, confirme à l'abbé Percy le monastère de Bucilly, pour y instituer une communauté de l'ordre de Prémontré ; il énumère les privilèges et les possessions de cette abbaye (1148). 60

IX. — Diplômes supposés ou suspects de Louis VI (1119-1128)

225. — Diplôme de Louis VI plaçant sous la sauvegarde et la tutelle des rois de France l'abbaye de Cluny et quarante-quatre de ses filiales, en premier lieu le prieuré de St-Martin-des-Champs; les forteresses, châteaux et ouvrages militaires qu'il conviendra de faire pour la défense du royaume seront tenus dans la main de la Couronne de France (Faux de la fin du XIIIe siècle) (1119) 63

226. — Lettres patentes de Louis VI en faveur de l'abbaye de St-Denis, par lesquelles il interdit notamment d'élever des constructions contre le gré des moines, dans l'espace qui sépare leur bourg de l'église St-Laurent, près du pont de St-Martin-des-Champs. (Faux du XIIIe siècle) (1122). 66

227. — Louis VI, à la sollicitation du prieur Eudes Ier, accorde aux hommes de St-Martin le privilège de ne pouvoir être pris, sauf le cas de flagrant délit, par la justice royale ; si le roi ou

ses hommes ont quelque débat avec eux, il sera porté devant la justice du prieur ; les hommes de St-Martin ne pourront être appelés à aucun service militaire, si ce n'est de leur bon vouloir et sous l'agrément du prieur. Le roi amortit par avance tout ce que ses vassaux pourront donner au monastère (Acte suspect) (1128). 68

X. — Actes concernant les fondations anglaises dépendant de Saint-Martin sous Henry Ier (1108-1135)

228. — Guillaume Giffard, évêque de Winchester, donne, pour l'âme de Raoul de Tosny, sa terre sise au marché de Londres, qu'il avait eue de l'évêque Eudes de Bayeux (1107-1108) . . 70

229. — Le roi Henry Ier d'Angleterre mande à l'archevêque de Cantorbéry, Anselme, à l'évêque de Londres, Maurice, aux barons français et anglais, qu'il a concédé à St-Pierre de Cluny et à St-Martin-des-Champs, neuf manses de terre dans la grand'rue de Londres, qu'avait données à Guillaume Giffard l'évêque Eudes de Bayeux (1108) 71

230. — Juhel de Totnes mande à Guillaume Ier, évêque d'Exeter, qu'il a constitué à Barnestaple un prieuré de Clunisiens dépendant de St-Martin-des-Champs, dans lequel il veut se retirer pour y vivre sous l'habit de saint Benoît. Ayant fait vœu de doter l'église de la Madeleine située hors des murs de son château de Barnestaple, il lui affecte diverses propriétés, notamment l'église de Tawestock, et transfère ce bénéfice aux moines par les mains du prélat diocésain (1108-1117). 73

231. — Guillaume, roi [associé] d'Angleterre, confirme la donation du prieuré de Barnestaple à Cluny et à Saint-Martin-des-Champs (1117). 77

232. — Guillaume Ier (Warelwast), évêque d'Exeter, à la sollicitation de son diocésain Johel, confirme la fondation et la dotation par celui-ci, en exécution d'un vœu, du prieuré clunisien de la Madeleine de Barnestaple, soumis à Saint-Martin-des-Champs (1108-1117) 79

233. — Le roi Henry Ier, en mémoire de la feue reine Maud, donne aux moines de Barnestaple deux terres à Pilton et Churchill (1121) 81

234. — Le roi Henri Ier confirme à St-Martin-des-Champs et à la Madeleine de Barnestaple diverses propriétés, parmi lesquelles les terres qu'il a précédemment données après son second mariage (1125-1135) 82

X. — Actes concernant Saint-Martin-des-Champs sous le règne de Louis VII (1137-1180)

235. — Le roi Louis VII approuve la donation à St-Martin, par Hugues Tirel, de la terre de Bouffémont ; il confirme une libéralité de son père Louis VI (1137-1138) 84

236. — Étienne, évêque de Paris, approuve le don de la terre de

Bouffémont à Saint-Martin-des-Champs par Hugues Tirel (1138) 86

237. — Hugues III, archevêque de Rouen, confirme la donation de la terre de Bouffémont à Saint-Martin-des-Champs (1138). . 87

238. — Hugues Tirel, ayant donné la terre de Bouffémont à Saint-Martin-des-Champs en se réservant une rente viagère de sept livres, renonce à ce revenu moyennant un capital de cinquante livres que lui verse le prieur Thibaud II, à Pontoise, dans l'église Saint-Pierre. Plus tard, sa femme Adèle et son fils Gautier Tirel IV confirment cet accord au château de Poix en Picardie (1137-1138) 87

239. — Le roi Louis VII concède à Gente [filleule de son père] une maison et un four au faubourg de Champeau, qui passèrent depuis dans le patrimoine de St-Martin (1137-1138). . . . 90

240. — Manassé II, évêque de Meaux, confirme au prieur Thibaud II l'église de Vieux-Crécy, et apaise un différend survenu entre le prieur et le chanoine Gautier de Crécy, donateur de cette église (1137-1139) 91

241. — Eudes, abbé de St-Remi de Reims, concède l'association aux prières de sa communauté et un tricenaire, après sa mort, à Ives moine de St-Martin, et prieur de Marolles (1118-1137) . 94

242. — Le roi Louis VII accorde à St-Martin-des-Champs la confirmation générale des bienfaits de ses devanciers et des autres dons faits par ses vassaux (1138). 94

243. — Le pape Innocent II confirme à Saint-Martin l'église du Vieux-Crécy que les évêques de Meaux Bouchard et Manassé II lui ont donnée (1138). 99

244. — Guérin, évêque d'Amiens, confie à Saint-Martin-des-Champs l'église Saint-Gervais d'Encre, restituée par les laïcs qui la possédaient, en présence du légat Albéric et des évêques de Soissons et Châlons-sur-Marne (1138-1139) 100

245. — Pierre, évêque de Senlis, confirme à Pierre, prieur de Saint-Nicolas d'Acy, la propriété de tous les biens et bénéfices concédés à l'église Saint-Nicolas dans son diocèse (1138). . . . 101

246. — Aluise, évêque d'Arras, donne à St-Martin-des-Champs et au prieur Thibaud II l'église de Pas-en-Artois, pour être unie au prieuré dont la construction va commencer dans cette paroisse (1138). 104

247. — Thibaud IV, comte de Blois, approuve l'accord intervenu entre Gautier, chanoine de Meaux, et St-Martin-des-Champs, au sujet de l'église de Vieux-Crécy (1137-1138) 107

248. — Fragment d'une charte de Josselin de Vierzy, évêque de Soissons, confirmant au prieuré de Ste-Geneviève en Soissonnais, dépendant de St-Martin-des-Champs, un certain nombre de libéralités récentes (1138-1139) 107

249. — Le chapitre de Senlis accorde aux moines de Saint-Nicolas d'Acy l'exemption de la dîme en leur jardin, moyennant six deniers de cens (1139). 108

250. — Eudes II, évêque de Beauvais, donne à St-Martin-des-Champs une nouvelle charte confirmant les bénéfices situés dans son diocèse, déjà énumérés en 1136, et en outre la grande

dîme de Viarmes, donnée par Dreux de Pierrefonds fils de Nivelon, et sa femme Béatrice; les églises de Noël-Saint-Remi et autres (1140) 109

251. — Accord avec les moines de Josaphat au sujet du bois des Tables (1140) 111

252. — Louis VII confirme à St-Martin les cinq marchés annuels tenus, à des jours de samedi déterminés, soit à Janville, soit au Puiset, concédés par Ébrard III et précédemment approuvés par Philippe Ier et Louis VI, avec faculté pour les moines de les « commettre » à qui leur plaira (1140). 111

253. — Étienne, évêque de Paris, concède et confirme aux moines de Cluny le tiers de la dîme de Bobigny, qui lui a été aumônée pour l'âme du chevalier Foulques de Jouarre (1140). . 112

254. — Manassé II, évêque de Meaux, confirme la fondation du prieuré de St-Jean-Baptiste de Mauregard, par les frères Raoul et Gautier II d'Aulnay-les-Bondy (1140-1141). 113

255. — Étienne, évêque de Paris, concède et confirme aux moines de Saint-Martin-des-Champs les églises de Drancy et de Charonne, avec quelques parties des dîmes de ces paroisses (1140-1141). 115

256. — Eudes, sous-prieur de Saint-Martin-des-Champs, et Hugues de Crécy, religieux de ce monastère, sont au nombre des arbitres qui réconcilient le roi Louis VII et Augrin, archidiacre d'Orléans 116

257. — Hélie, évêque d'Orléans, à la demande de Louis VII et de Henri, son frère, archidiacre d'Orléans, et de l'archidiacre Augrin, confirme Saint-Martin-des-Champs dans ses droits sur les paroisses de Janville et Neuvy-en-Beauce (1142). . . . 117

258. — Manassé II, évêque de Meaux, adresse à Thibaud II, prieur de Saint-Martin, des lettres confirmant l'abandon fait en faveur du prieuré par Marguerite de Marnone de ses droits sur les églises d'Esse? et de Marcuil, entre les mains de Bouchard, évêque de Meaux, prédécesseur de Manassé II (1142). . . . 118

259. — Étienne, évêque de Paris, s'accorde avec Saint-Martin au sujet d'une carrière qui, récemment établie à Saint-Cloud, a amené la démolition de deux maisons qui étaient la propriété commune du chapitre et du prieuré. Par compensation, le prélat abandonne aux moines, tant que ces maisons n'auront pas été rebâties, l'avouerie, vulgairement appelée la voirie, des vignes du prieuré à Saint-Cloud (1124-1143). 119

260. — Henri Sanglier, archevêque de Sens, reconnaît à Saint-Martin-des-Champs le droit de présentation à la cure de Dormelles, avec partage du casuel (1131-1143) 120

261. — Accord entre le prieur Thibaud II et Ausende, femme du banquier Évrard, devenue religieuse de Montmartre, ayant laissé ses biens au prieuré de St-Martin-des-Champs sous réserve d'une rente viagère (1134-1143) 121

262. — Laurent, prieur de Saint-Denis de la Châtre, avec l'assentiment de Thibaud II, prieur de St-Martin-des-Champs, abandonne à l'abbaye de Saint-Germain-des-Prés deux arpents de vigne au terroir d'Issy, moyennant la somme de douze livres (1137-1143) 122

263. — Le prieur Thibaud II relate les nombreuses libéralités de Hugues (de Brunoy) fils de Garnier (de Paris) et de sa femme Havise (Avoie), qui a donné vingt marcs pour acheter la dîme de Viarmes : leur anniversaire auquel sont associés leurs fils et leurs filles sera célébré avec le même éclat que celui de l'archidiacre Dreux (de Mello), bienfaiteur de St-Martin (1138-1143) . . 123

264. — Eudes Percebot III, petit-fils d'Eudes Percebot Ier, revendique une terre à Barbery que son aïeul avait possédée et qu'ensuite dame Agnès et son mari Jean donnèrent à St-Nicolas d'Acy. La reine-douairière Adèle (Adélaïde) et son second mari Mathieu (de Montmorency) en qualité de suzerains (Adèle étant dame de Barbery) négocient une transaction : Eudes reçoit des moines vingt livres et un muid de froment, sa femme vingt sols, plus une rente de quatre muids de grain. Parmi les témoins : Thibaud II, prieur, et Pierre, sous-prieur de Saint-Martin ; Aimar II, prieur de Saint-Leu d'Esserent ; Gautier Torel, prieur de Saint-Nicolas ; Pierre, prieur de Saint-Adrien ; le vidame Ives de Senlis, Pierre de Gonesse et son fils Thibaud ; Evroin et Boniface, clercs de la Reine (1141-1143) 124

265. — Bulle du pape Innocent II adressée à Thibaud II, prieur de Saint-Martin-des-Champs et confirmant les propriétés de son monastère (1143) 127

266. — Henri de France, abbé de Notre-Dame d'Etampes, approuve le don d'une des prébendes de son chapitre, fait à Saint-Martin par le préchantre Aubert (1142-1143) 131

267. — Le roi Louis VII confirme la donation d'une prébende à Notre-Dame d'Etampes approuvée par son frère, l'abbé Henri (1142-1143) 132

268. — Le prieur Thibaud II, élu mais non encore intronisé évêque de Paris, préside le chapitre de Saint-Martin-des-Champs où est acceptée la fondation par le frère Hugues qui fut longtemps prieur de Gouillons, d'une pitance générale de poissons, annuellement faite le jour de sa mort et s'élevant à 20 sous parisis, prélevés sur le revenu d'une terre qu'il acquit à Bondy (1143) 133

269. — Simon de Vermandois, évêque de Noyon, donne à St-Martin-des-Champs l'autel de Liancourt-Fosse (1125-1144) . . . 134

270. — Manassé II, évêque de Meaux, constate les libéralités faites à St-Martin du Vieux-Crécy, par les frères Arnoul, Hugues et Jean de la Chapelle (1143-1144). 135

271. — Le roi Louis VII, à la prière de Suger, abbé de Saint-Denis, monopolise en faveur de sa communauté le droit de bâtir dans la zone comprise entre le bourg de Saint-Denis et l'église Saint-Laurent située près du pont de Saint-Martin-des-Champs (1143-1144) 136

272. — Le roi Louis VII approuve la convention passée devant sa mère la reine Adélaïde et son beau-père le connétable Mathieu de Montmorency, entre Saint-Nicolas d'Acy et Eudes Percebot III (1143-1144). 137

273. — Le roi Louis VII confirme les dons de ses ancêtres au prieuré de Janville (1143-1144) 138

274. — Eudes II, évêque de Beauvais, confirme à St-Nicolas d'Acy

les bénéfices que cet établissement a reçus dans son diocèse, les églises de Noël-Saint-Remi, Rouvroy-les-Merles et Brenouille (1140-1144). 140

275. — Eudes II, évêque de Beauvais, confirme la cession de l'église de Presles à Saint-Martin-des-Champs par Simon l'Orphelin et sa femme Basle, dite Pucelle (1143-1144) 141

276. — Thibaud, évêque de Paris et prieur de Saint-Martin-des-Champs, détermine une option laissée en suspens par un accord fait sous son prédécesseur Etienne entre l'église de Paris et le prieuré, au sujet de la voirie de Saint-Cloud (1144) . . 142

277. — Hugues III, évêque d'Auxerre, et saint Bernard, abbé de Clairvaux, statuent sur un différent entre Saint-Martin-des-Champs, à qui l'évêque Thibaud venait de concéder une prébende à Notre-Dame, et l'abbaye de Saint-Victor, jouissant du droit d'annates sur toutes les prébendes de la Cathédrale : ils fixent à dix sous par an le droit d'abonnement compensateur que St-Martin devra payer à St-Victor (1144). 143

278. — Thibaud, évêque de Paris, ayant concédé, avec l'agrément du chapitre, aux moines de St-Martin-des-Champs une prébende en l'église Notre-Dame, approuve les conditions imposées à ceux-ci par Hugues III, évêque d'Auxerre, et saint Bernard, abbé de Clairvaux, pour désintéresser les chanoines de Saint-Victor 144

279. — Le prieur Eudes II confirme la convention précédente (1144) 144

280. — Le prieur Eudes II rappelle qu'il a acquis certains revenus au moyen d'un prêt consenti par Ouri de Corbie, sous réserve d'un précaire pour lui et son fils Etienne; il rétrocède, afin de faire cesser ce précaire, à Ouri et à son fils une rente d'un marc d'argent due à Saint-Martin par l'abbaye de Corbie, pour l'église de Wahagnies (1144). 145

281. — Les évêques Thibaud de Paris, Josselin de Soissons et Hugues III d'Auxerre, arbitres désignés par le pape Célestin II, se trouvant réunis à Froidefontaine avec l'archevêque de Reims Sanson Mauvoisin, pour assister à l'entrevue du roi Louis VII et du comte Thibaud IV de Champagne, promulguent leur sentence, acceptée par les parties, réglant le différend entre Saint-Martin-des-Champs et Saint-Victor au sujet des annates réclamées sur la prébende de Notre-Dame (1144). 147

281 bis. — Donations à St-Martin (Actes perdus). 148

282. — Le pape Luce II confirme au prieur Eudes II et à son monastère les bénéfices acquis depuis le plus récent privilège apostolique [23 mars 1143] (1144) 149

283. — Béatrice de Rochefort, femme de Dreux de Pierrefonds, cède aux moines du Vieux-Crécy les droits de péage qu'elle possède par héritage à Crécy (1144-1145) 152

284. — Le roi Louis VII, à la prière de Hugues de Crécy, son familier, renonce aux coutumes que les agents du fisc prélevaient sur les trois chambres du four de Saint-Denis-de-la-Châtre (1144-1145) 152

285. — Barthélemi, évêque de Laon, en présence d'Eudes III, évêque de Beauvais, confirme la donation faite par le roi

Henri Ier de la moitié du village de Dizy à Saint-Martin-des-Champs (1145-1146) 153

285 bis. — Donations à St-Martin-des-Champs dans l'évêché de Beauvais (Actes perdus) (1143-1145) 154

285 ter. — Les moines de St-Léonor ayant construit le pont de Beaumont-en-Oise, le comte Mathieu Ier leur accorde en compensation une rente perpétuelle de cent sols parisis et de dix mines de sel sur le travers du pont ; le comte et ses fils Mathieu II et Hugues, confirment par serment cette convention (Acte perdu) (1143-1145). 155

286. — Eudes III, évêque de Beauvais, confirme en les énumérant tous les bénéfices ecclésiastiques restitués par des laïcs à l'Eglise et possédés par St-Martin-des-Champs dans son diocèse (1145-1146). 155

287. — Galeran II, comte de Meulan, et sa femme, Agnès de Montfort, confirment à N.-D. de Gournay-sur-Marne le « moûtier » de la Queue et le four de ce village, après le décès d'Alaisie, femme de Gui Sanglier, en présence de Mathieu I de Montmorency et de nombreux vassaux (1145-1146) . . . 158

288. — Le pape Eugène III confirme les dispositions prises par ses devanciers Innocent II et Luce II en vue de substituer, par voie d'extinction, aux chanoines de St-Gervais d'Encre, des moines de St-Martin-des-Champs (1146) 158

289. — Barthélemi, doyen du chapitre de Paris, promulgue un règlement concernant la prébende affectée à St-Martin-des-Champs, d'accord avec l'évêque Thibaud et le prieur Eudes II (1146) 159

289 bis. — Sentence arbitrale entre le prieur de St-Denis de la Châtre et les vicaires (Acte perdu) (1146) 161

290. — Le roi Louis VII approuve la vente qu'Adam de Villeron, du consentement de sa sœur Perrenelle, a faite de sa terre proche de Louvres, aux moines de Saint-Martin, pour les besoins de son voyage en Terre Sainte (1146) 162

290 bis. — Le roi Louis VII écrit à la communauté de Chaalis pour l'informer qu'Adam de Villeron, chevalier, partant pour la Terre Sainte, lui a donné une terre qu'il possédait sous sa mouvance à Louvres, dans le cas où il viendrait à mourir sans héritiers pendant ce voyage, mais avec réserve d'usufruit viager pour son père (1146) 162

291. — Aveline, femme de Guillaume le Queux de Melun, donne en pure aumône à St-Martin, du consentement de ses enfants Jean et Elisabeth, toute la dîme de vin et de grain qu'elle avait à Vosves, pour fonder son anniversaire. Heudiarde dite Beline de Lissy, ainsi que Bardoul de Dammarie, dont cette dîme mouvait en fief, l'amortissent. — Lettres de Hugues de Toucy, archevêque de Sens, à ce sujet (1145-1147) 163

292. — Le prieur Eudes II cède à l'abbaye de Cercamp la chapelle de St-Hilaire-aux-Bois, près de Frévent (1144-1147) . . . 165

292 bis. — Anseau I, sire de l'Isle-Adam, confirme et accroît la dotation de l'église Notre-Dame de l'Isle unie à St-Martin-des-Champs. Elle comprend vingt sols de cens et de deux courtils à Balincourt ; des hôtes, une dîme, un cens, une terre à Frou-

ville ; cinq setiers de blé d'hiver dans la grange de Parmain ; tout le cens des granges contiguës au marché de l'Isle-Adam, sauf celles touchant au clos seigneurial qui acquittent un demi-cens ; la moitié du tonlieu ; dix sols d'étalage et deux hôtes au château de l'Isle ; un cens, des hôtes, une terre à Nogent : toute la dîme de Mériel ; une grange, une dîme, une terre à Villiers-Adam ; un droit d'usage dans les bois d'Eudes de Roissy. — Acte perdu (1144-1147) 166

293. — Simon de Vermandois, évêque de Noyon, confirme à Pierre, prieur de Cappy, l'autel de Molliens [-Vidame], rendu à l'église par le bénéficier Milon, chanoine de Péronne. Thierri, évêque d'Amiens, en est témoin (1147) 167

293 bis. — Le même prélat confirme au prieur Eudes II et au monastère de St-Martin-des-Champs l'église de Molliens (Même date). 168

294. — Hugues de Toucy, archevêque de Sens, confirme à St-Martin l'église de Fontaine-le-Port, au temps du prieur Eudes II (1145-1147). 169

294 bis. — Donations à St-Martin énumérées ci-après (Actes perdus). 169

294 ter. — Sanson Mauvoisin, archevêque de Reims, et Barthélemi, évêque de Laon, décident que la moitié de Dizy-en-Laonnais, appartenant à St-Martin-des-Champs par don de Henri Ier, passera aux mains de Luc, abbé de Cuissy, à charge de payer une rente annuelle de trente sols au prieuré (Acte perdu) . . 170

295. — Bulle du pape Eugène III confirmant au monastère de St-Martin-des-Champs tous ses bénéfices et toutes ses propriétés (1147) 170

296. — Galeran, prieur de St-Pierre de Cannes, et Eudes II, prieur de St-Martin-des-Champs, s'accordent avec Guérin, prieur de St-Georges de Marolles, et Rainard, abbé de Saint-Jean de Sens, au sujet d'une dîme donnée par le chevalier Daimbert, Elisabeth sa femme et leurs enfants, Guillaume et Hersende (1147) 174

297. — Hugues de Toucy, archevêque de Sens, termine un différend entre Galeran, prieur de Cannes, et sire Guillaume de Courtenay au sujet de l'aleu de Savigny légué au prieuré par Daimbert de Montereau (1147) 177

298. — Simon III de Montfort, comte d'Évreux, confirme la donation de la terre de la Couperie, à Beynes, aumônée à Saint-Martin par son père Amauri III (1140-1147) 178

299. — Pierre le Vénérable, abbé de Cluny, adresse au prieur Eudes II et aux moines de St-Martin-des-Champs une épître consolatoire au sujet de la mort de leur frère Hugues [de Crécy] dont la perte lui est d'autant plus sensible qu'il lui confiait le fardeau des importantes affaires de son ordre depuis plus de vingt ans (1147) 180

299 bis. — Donations au prieuré de Gournay-sur-Marne par Galeran II, comte de Meulan, et sa femme Agnès (Actes perdus) . 182

299 ter. — Autres donations au prieuré de Gournay-sur-Marne (Actes perdus) 183

300. — Thibaud, évêque de Paris, confirme à Gamon, prieur de

Gournay-sur-Marne, et au monastère de St-Martin-des-Champs, les propriétés du prieuré de Gournay (1147) . . . 183

301. — Bulle du pape Eugène III adressée à Gamon, prieur de Gournay-sur-Marne, confirmant à ce monastère toutes les libéralités de ses fondateurs et bienfaiteurs (1147) 186

302. — Le pape Eugène III mande à Suger, abbé de Saint-Denis [régent en l'absence de Louis VII croisé] que, pour accomplir une résolution prise d'accord avec le roi avant son départ, il va réformer le chapitre de Sainte-Geneviève de Paris en y plaçant pour abbé le prieur d'Abbeville ayant avec lui huit moines de Saint-Martin-des-Champs (1148). 188

303. — Le pape Eugène III informe les chanoines de Sainte-Geneviève de l'arrivée du prieur d'Abbeville et des moines de Saint-Martin-des-Champs et les invite à ne molester ni troubler en rien les nouveaux-venus, sous peine des censures apostoliques (1148) 190

303 bis. — Le pape Eugène III écrit à Hugues III, évêque d'Auxerre, à Josselin de Vierzy, évêque de Soissons, et à l'abbé Suger de Saint-Denis, pour l'élu d'Arras [Godechau] à propos d'un litige, concernant un canonicat, soumis précédemment à Eudes II, prieur de Saint-Martin-des-Champs comme juge unique (Document perdu) (1148) 191

304. — Le prieur Eudes II accorde à Avoie [veuve de Hugues de Brunoy], en remerciement de ses dons généreux, le bénéfice des charités faites à trois pauvres reçus dans l'Aumône à certaines fêtes (1144-1148) 192

305. — Manassé II, évêque d'Orléans, pour le repos éternel de son oncle Étienne [de Garlande], à la prière de l'archidiacre Philippe, frère du roi Louis VII, et d'Augrin, détermine la part du casuel des églises de Janville et Neufvy revenant à Saint-Martin ; il confirme au Prieuré le don de l'église de Bazoches que lui fit le croisé Hugues de Bazoches, vassal d'Adam de Chailly (1148) 192

305 bis. — Autre édition de la même charte (même date). . . 194

306. — Eudes III, évêque de Beauvais, confirme à St-Martin-des-Champs et au prieur Eudes II l'église Notre-Dame de l'Isle-Adam, et approuve deux accords intervenus entre les moines de St-Martin et les chapelains des églises de Méru et de Presles (1148) 194

307. — Thibaud, évêque de Paris, avec l'assentiment de Bernard, archidiacre de Josas, assure une rente de trente sols à St-Martin en échange de ses droits sur l'église de Clamart (1148). . 195

309-310. — Cession de la dîme de Saint-Brice au Prieuré de St-Martin-des-Champs par Mathieu Le Bel et sa famille. Du consentement de Suger, abbé de Saint-Denis, et de Mathieu Ier de Montmorency, suzerains de la dîme, le premier pour deux tiers, le second pour un tiers, Thibaud, évêque de Paris, en investit le prieur Eudes II (1148) 196

311. — Le prieur Eudes II, élu abbé de Marchiennes, administre cette abbaye durant deux ans à peine ; il la quitte pour reprendre la direction de son ancienne communauté qu'il est obligé d'abandonner peu de temps après (1148-1150) 200

TABLE DES DOCUMENTS

312. — Geofroi II, évêque de Chartres, et Thibaud IV, comte de Chartres et de Blois, règlent, comme arbitres, un différend entre Saint-Martin-des-Champs et Josselin, seigneur d'Auneau, concernant les conditions dans lesquelles celui-ci peut exiger un droit de péage sur les denrées et les marchandises sortant d'Orsonville. Ce péage ne sera désormais imposé qu'aux trafiquants (1149) 201

313. — Pierre II de Milly, en présence de l'évêque Eudes III de Beauvais, donne son bois d'Achy, pour l'employer à des constructions et au chauffage des moines, au prieuré de St-Omer-en-Chaussée, dépendant de St-Martin-des-Champs; approbation de Rohais, femme de Pierre (1148-1149). 203

314. — Ebrard IV du Puiset confirme à Saint-Martin-des-Champs un marché sur dix au Puiset que lui ont accordé ses aïeux (1148-1149) 205

315. — Sanson Mauvoisin, archevêque de Reims, constate que Gaucher de Bazoches, du consentement de son frère Gui, a donné au prieuré de Sainte-Gemme cent dix sols de rente à Poilly, en compensation d'une somme de quatre vingts livres et d'un cheval monté qu'il a reçus du prieur (1148-1149) 206

316. — Le prieur Barthélemi garantit à une femme nommée Liois, 60 sols qu'elle a prêtés au clerc Eudes, qui s'est donné depuis, lui et ses biens, au monastère; ce prêt fut fait pour permettre d'améliorer une maison sur la Seine, dont Liois aura la moitié pour y demeurer jusqu'à ce que la dette d'Eudes soit acquittée; s'il meurt auparavant, le couvent remboursera sa créancière (1148-1150) 207

317. — Le prieur Eudes II transfère sur un autre immeuble à Paris, pour éviter toute difficulté, le cens annuel de cinq sols dû à St-Germain-des-Prés sur un terrain que Simon Ternel avait donné pour construire une partie du chevet de l'église Saint-Jacques (1144-1150). 208

318. — Le prieur Eudes II octroie une rente viagère de deux muids d'avoine à Etienne de Paris, dit Boucheau, et à sa femme Cécile, en reconnaissance de ce qu'ils ont fait don de grands biens au monastère, et lui ont acquis notamment la dîme de Moisselles (1147-1150) 210

319. — Le prieur Eudes II concède à Gamon, prieur de Gournay-sur-Marne, l'église et la dîme d'Ozoir-la-Ferrière, la dîme du Bois-Raimond, le pressorage et la dîme d'un vignoble à Noisy-le-Sec en échange d'une rente d'un marc d'argent et d'une autre dîme que les moines de Gournay avaient à Noisy (1150). 210

320. — Pierre le Vénérable, abbé de Cluny, informe Suger, abbé de Saint-Denis, que, pour sauver d'une décadence imminente le monastère de Saint-Martin-des-Champs, il a dû remplacer le prieur Eudes II, à cause de sa faiblesse, par le frère Simon [de Mello], naguère sous-prieur; il prie Suger de donner au nouveau supérieur secours et conseil (1150). 211

321. — Manassé II, évêque d'Orléans, constate que les difficultés qui s'étaient élevées entre Ebrard IV du Puiset et le prieur de Janville sur l'interprétation de la charte confirmative des droits du nouveau prieur au Puiset se sont aplanies, Ebrard ayant de nouveau reconnu ces droits 212

322. — Ebrard IV du Puiset accorde une nouvelle charte reconnaissant les droits de Saint-Martin-des-Champs sur cinq marchés par an au Puiset (1150-1151) 213

323. — Le roi Louis VII confirme à St-Martin la cession des droits de coutume à Clamart, consentie par son père Louis VI (1150-1151). 214

324. — Les moines de St-Martin résidant au prieuré d'Airaines concèdent aux Prémontrés de Selincourt, moyennant une rente de deux muids de froment et deux d'avoine, diverses propriétés voisines de leur abbaye, Gautier étant abbé de Selincourt et Simon, prieur de Saint-Martin-des-Champs (1150-1151). 216

325. — Mathieu II, comte de Beaumont-sur-Oise, obtient de Simon, prieur de St-Martin, la cession au prieuré de St-Léonor de toute la dîme d'un territoire voisin (Mediacurtis), moyennant quatre-vingts livres prélevées sur la somme laissée en aumône par le comte Mathieu Ier à St-Léonor (1151) . 217

326. — Sanson Mauvoisin, archevêque de Reims, et Josselin de Vierzy, évêque de Soissons, sanctionnent un accord entre Simon, prieur de St-Martin-des-Champs, et Gerri, abbé d'Igny, au sujet de la dîme de Raroy, dépendant du prieuré de Sainte-Gemme (1151). 218

327. — Le pape Eugène III mande à saint Bernard, abbé de Clairvaux, qu'il a reçu les plaintes des moines de St-Martin-des-Champs, réclamant une compensation pour l'autel que leur a retiré Baudoin II, évêque de Noyon, avec l'agrément du Pape. Cette revendication étant juste, Suger devra prier l'évêque d'y satisfaire, de bonne grâce, sans qu'il soit besoin d'un recours à la justice canonique (1152) 220

328. — Manassé III, évêque de Meaux, confirme aux moines de St-Martin-des-Champs la dîme d'Oissery et de Chauconin, à eux léguée par Gautier Hait, qui la tenait en fief du prélat. La moitié de cette dîme est concédée gracieusement en usufruit viager à Simon, trésorier de Meaux, neveu de l'Evêque (1151-1152). 221

329. — Manassé III, évêque de Meaux, homologue un accord entre St-Martin-des-Champs et Simon vicomte de la Ferté-Ançoul, gendre du vicomte Geofroi II. Thibaud IV, comte de Blois, et son fils Henri, suzerains de la terre de Choisy-en-Brie, approuvent cet accord (1151-1152) 222

330. — Vente faite par les Religieux de Saint-Martin-des-Champs au profit de ceux de Saint-Martin de Pontoise, de tout ce qu'ils avaient à Jouy, moyennant une redevance de trente-cinq sols parisis de rente. — (Acte perdu) (1152). 225

331. — Passage à St-Martin-des-Champs du rouleau mortuaire d'Ebles de Turenne, abbé de Tulle (vers 1152) 225

332. — Le prieur Simon détache de la rente de deux marcs, en poids de Paris, que doit l'église d'Heudicourt à St-Martin pour l'autel de Revelon, trois firtons (quarts de marc) qui seront versés au prieur de Cappy pour l'autel de Longueval (1152) . 226

333. — Le roi Louis VII, rappelant son pèlerinage à Jérusalem et les services que lui ont rendus alors les religieux du Mont de

Sion, donne à leur congrégation l'église de Saint-Samson d'Orléans, occupée par des chanoines réguliers (1152-1153) . . . 226

334. — La reine-mère Adèle [Adélaïde] avec son mari Mathieu [de Montmorency] approuve, comme dame de Senlis, le don fait à St-Martin par feu le préchantre Barthélemi de vignes à Rieux (1143-1153). 227

335. — Milon, évêque de Térouanne, confirme aux religieux de Cercamp la chapelle St-Hilaire, que ceux de St-Martin-des-Champs leur ont donnée (1153-1154) 228

335 bis. — Hugues, abbé de Cercamp, donne au prêtre Baudoin l'église Saint-Hilaire-au-Bois à titre viager (1153-1154) . . . 229

336. — Le pape Anastase IV confirme la donation de Badinton par Anseau de Garlande au prieuré de Gournay-sur-Marne (1154). 229

337. — Galeran II et Agnès de Meulan donnent au prieuré de Gournay cinq mille harengs à prendre chaque année à Pont-Audemer (1147-1154) 230

338. — Galeran II et Agnès de Meulan donnent au prieuré de Gournay un muid de sel à Meulan (1147-1154). 231

339. — Galeran II de Meulan mande à ses vicomtes, prévôts et justices de Mantes qu'il a donné à Notre-Dame de Gournay la dîme de tout ce qu'il possède à Mantes (1147-1154) 232

340. — Galeran II de Meulan mande à ses féaux et amés qu'il a donné à Notre-Dame de Gournay la dîme entière de ses revenus de Paris (1147-1154) 232

341. — Galeran II, comte de Meulan, et sa femme Agnès donnent au prieuré de Gournay la moitié de deux moulins communs entre eux et lui, avec le droit de banalité sur les gens de Gournay et de Gagny; ils concèdent aux moines la faculté d'élever un pont sur la Seine, moyennant des avantages déterminés (1147-1154) 233

342. — Galeran II et Agnès de Meulan, et Robert leur fils, en présence de Hugues III, archevêque de Rouen, et de Rotrou, évêque d'Evreux, donnent à Notre-Dame de Gournay la dîme de tous leurs revenus en espèces à Gournay, la Queue, Torcy et Villeneuve et de tout l'honneur appartenant à Gournay et à la Queue, et aussi la dîme de tous leurs blés (1147-1154) . . 235

343. — Hugues III, archevêque de Rouen, confirme les libéralités de Galeran II et Agnès de Meulan et de leur fils Robert au monastère de Gournay-sur-Marne : un muid de sel à Meulan et cinq mille harengs à Pont-Audemer (1147-1154) 236

344. — Le pape Adrien IV confirme l'ensemble des libéralités faites par Galeran II, comte de Meulan, au prieuré de Gournay-sur-Marne (1154) 237

345. — Thierri, évêque d'Amiens, confirme aux moines de St-Martin l'église St-Gervais d'Encre, à eux donnée, sous son devancier Guérin, par Hugues III Candavène ; à la mort de celui-ci, ses fils Anseau, Engueran II et Gui, ont d'abord retenu les prébendes injustement ; mais ils les ont restituées, et l'évêque en réinvestit St-Martin-des-Champs. Il est établi que les desservants ou chapelains n'ont aucun droit sur ces prébendes (1154) 238

346. — Thibaud Ier, évêque de Senlis, confirme un accord entre Simon, prieur de St-Nicolas d'Acy, et un clerc homonyme, au sujet d'une dîme donnée au prieuré (1151-1155). 140

347. — Gauslin de Lèves, évêque de Chartres, confirme à Saint-Martin les églises d'Orsonville avec les dîmes d'Ecurie et de Gauvilliers, et lui concède l'église de Gouillons (1151-1155) . 241

348. — Le prieur Simon, en reconnaissance des nombreuses libéralités du convers Chrétien, établit quatre pitances générales pour la communauté, assigne des revenus pour les dons aux pauvres le Jeudi-Saint, pour une fourniture quotidienne de sept pains à l'Aumône, sur diverses propriétés et notamment sur la dîme de Bagneux, acquise par engagement de Raoul, fils du vicomte de Corbeil (1150-1156). 243

349. — Thibaud, abbé de St-Maur-des-Fossés, cède aux moines de Gournay-sur-Marne, pour quatre livres de Provins, quatre arpents de terre donnés à son monastère par Pierre de Berchères, et en investit le prieur de Gournay, Nicolas (1156-1157) . 244

350. — Galeran II, comte de Meulan, sa femme Agnès et leur fils Robert II approuvent la vente d'une terre au château de la Queue-en-Brie, consentie au prieuré de Gournay-sur-Marne par Ouri le Concierge (1154-1157) 245

350 bis. — Agnès, dame de Livry, donne au prieuré de Gournay-sur-Marne, du consentement de ses fils, sept sols de cens à Roissy. (Acte perdu) (1154-1157) 246

351. — Thibaud, évêque de Paris, confirme au prieuré de Gournay-sur-Marne tout ce qui, dans l'étendue de son fief, a été concédé aux moines par le vénérable comte de Meulan, Galeran II et sa femme Agnès, par Agnès de Livry et par Hugues de Montjay (1154-1157). 247

352-353. — Galeran II, comte de Meulan, mande au sénéchal de Gournay-sur-Marne que, sur les instances du prieur H[ugues?] de Gournay, il approuve la convention faite entre les moines et les héritiers d'Ambesas. — Agnès, comtesse de Meulan, adresse au même sénéchal un mandement confirmatif (1154-1157). . 249

354. — Le roi Louis VII, imitant l'exemple de son père, confirme la fondation et la dotation du prieuré de Gournay-sur-Marne (1157) 250

354 bis. — Donations à St-Martin-des-Champs sous le règne de Louis VII et le pontificat de Thibaud, au diocèse de Paris (Actes perdus) (1147) 253

355. — Thibaud, évêque de Paris, adresse au prieur Simon une charte de confirmation générale des biens de St-Martin-des-Champs dépendant de son diocèse (1151-1157) 254

356. — Thibaud, évêque de Paris, notifie un échange conclu en sa présence, à Moissy-Cramayel, un 22 mars par Guillaume Ier, prieur de St-Martin, et la restitution à l'Église ce même jour, par Milon, chevalier de Fourches, d'une dîme que le prélat offre au Prieuré (1157-1158). 258

357. — Le prieur Guillaume Ier dresse un acte de notoriété enregistrant les clauses d'un arbitrage entre son monastère et l'abbaye de Cuissy, au sujet du village de Dizy : les arbitres choi-

sis étaient Sanson Mauvoisin, archevêque de Reims, et Barthélemi, évêque de Laon. (Extrait.) (1157-1158). 259

358. — Simon d'Oisy, vicomte de la Ferté-Ançoul, et sa femme Ade accordent aux Bons-Hommes, pour s'y établir, le bois de Raray, et le dégagent des droits d'usage qu'y avaient les moines de St-Martin-des-Champs, à la suite d'un accord avec le prieur Guillaume et Renouf, prieur de Marnoue (1157-1158) . . . 260

358 *bis*. — Le prieur Guillaume I⁰ʳ accense au prêtre Gautier, fils de Masselin de Montfort, la maison de Garnier de Saint-Marceau, à Paris. — (Extrait) (1157-1158). 261

359. — Thibaud, évêque de Paris, homologue un contrat par lequel Heudiarde, converse à St-Martin, a donné au monastère ses propriétés mobilières et immobilières, au temps du prieur Guillaume, qui lui a assuré dans le couvent tout ce qui lui serait nécessaire pour vivre (1157-1158) 261

360. — Thibaud V, comte de Blois et sénéchal de France, déclare que les moines de Saint-Martin ont fait constater judiciairement le droit de charroyage imposé aux paysans de Roinville, qui doivent dans leurs voitures porter le grain de la dîme et du champart jusqu'à Bonnelles (1157-1158). 262

361. — Thibaud, évêque de Paris, notifie qu'Archer de la Queue a cédé à l'hospitalier de Saint-Martin le droit de pressurage sur les vignes de Clamart appartenant à l'abbaye, du consentement de son seigneur Guillaume de Viroflay (1143-1159) . .

362. — Thibaud, évêque de Paris, à la requête de Clérembaud, curé de Moussy, et du consentement de Guermond, archidiacre de Parisis, autorise le prieuré de St-Martin à percevoir une rente annuelle de vingt sols sur la cure de Moussy (1148-1159) 264

363. — Thibaud, évêque de Paris, par amour pour St-Martin-des-Champs, confirme, du consentement de l'archidiacre Guermond, la cession faite à St-Nicolas d'Acy par Jean, échanson du Roi, de l'assentiment de son fils Pierre, de ce qu'il avait usurpé dans la dîme de Villeron, moyennant une indemnité de 22 livres (1148-1159) 265

364. — Thibaud, évêque de Paris, constate le droit de propriété de St-Martin-des-Champs sur des vignes que son neveu Barthélemi détient en viager à Fontenay-sous-Bois, et sur d'autres concédées par le feu prieur Eudes II à maître Durand (1152-1159). 265

365. — Mathieu I⁰ʳ de Montmorency règle la distribution d'une rente de dix livres léguée par son père Bouchard IV aux églises de Saint-Martin-des-Champs, Saint-Martin-de-Pontoise, Saint-Honorine (de Conflans) et Cluny (1154-1159). . . . 266

366. — Thibaud, évêque de Paris, ayant laissé vingt livres parisis par testament à dom Nicolas, sous-prieur de St-Martin, intendant de sa maison épiscopale, en reconnaissance de ses services, celui-ci les offre, en y ajoutant encore cent sols, à sa communauté pour acquérir des revenus. Le prieur Guillaume les donne à Foulques prieur de St-Léonor de Beaumont, à la charge d'une rente perpétuelle de 25 sols destinée à servir aux moines de St-Martin un repas complet de poissons de Seine, ou deux repas de harengs frais, suivant la saison, au jour anniversaire de Nicolas. 268

367. — Le roi Louis VII donne en aumône aux moines de Saint-Nicolas d'Acy le vivier qu'il possédait entre Senlis et St-Nicolas (1158-1159). 269
368. — Henri, comte palatin de Troyes, constate que Gervais de Châtillon, sa femme Basle, fille d'Helloin de Damery, et Gérard, frère de Basle, ont renoncé à tout droit de vicomté ou de voirie sur la terre de St-Martin à Sainte-Gemme (1159-1160) 270
369. — Henri, comte palatin de Troyes, assure au prieuré de Ste-Gemme 20 setiers de blé de rente en échange de revenus qui lui ont été concédés (1159-1160). 271
370. — Adam IV, châtelain de l'Isle-Adam, confirme les dons de ses devanciers et de ses vassaux à l'église Notre-Dame de l'Isle, et en ajoute de nouveaux (1159-1160) 272
371. — Henri de France, évêque de Beauvais, approuve la restitution des dîmes du vin à l'Isle-Adam, Parmain et Boullonville, faite à l'église Notre-Dame de l'Isle par Godefroi de Jouy et Raoul de Courcelles (1159-1160). 274
372. — Mathieu II, comte de Beaumont-sur-Oise, confirme aux moines de St-Léonor les rentes sur le travers du pont qui leur ont été consenties par son père Mathieu Ier en raison de la construction de ce pont de pierre (1160-1161) 275
373-374. — Le prieur Thibaud III échange avec l'abbaye St-Lucien de Beauvais ce que sa communauté possédait à St-Omer-en-Chaussée, Milly, Conty et Ons-en-Bray, contre les revenus dont St-Lucien jouissait à Louvres et Puiseux et contre une rente de sept livres que Saint-Lucien devra lui payer annuellement à Paris. — Pierre, abbé de St-Lucien, confirme cet échange par des lettres identiques (1161-1162) 276
375. — Renaud Ier, évêque de Meaux, constate que Hugues de La Chapelle a engagé, pour 40 livres de Provins, à St-Martin-des-Champs, la dîme de Boularre tenue par lui de Guy de Garlande et d'Arnoul dit Judas [de La Chapelle] (1158-1161) . . 278
376. — Gundacre, chevalier de Creil, en présence de l'évêque de Beauvais Henri, concède la grosse dîme de Brenouille et du Plessis-Belleville à St-Nicolas d'Acy, et reçoit 23 livres provinoises du sacristain Giroud (1149-1162) 279
377. — Le prieur Thibaud III rappelle qu'Aubert, préchantre de Paris, donateur de la prébende d'Étampes, offrit en outre à St-Martin-des-Champs ses vignes à Belleville acquises de Saint-Victor, sa maison et des vignes aux Thermes, sa maison et son domaine de Vitry-sur-Seine, moyennant une rente viagère de neuf livres, des pelisses d'agneau et des bottes à la St-Martin d'hiver. Aubert donnera désormais 20 sols par an pour une pitance aux moines. Témoins, l'évêque Maurice, Laurent prieur de Saint-Denis de la Châtre et autres (1161-1164). 280
378. — Gervais de Chamigny, de concert avec ses frères Hugues, Gasce et Nivard chevaliers, et avec sa femme Elisabeth, et du consentement du seigneur féodal Hugues de Chamigny, donne une famille de serfs à l'église St-Pierre de Choisy (vers 1163) . 282
379. — Guillaume Louvel, châtelain d'Ivry, garantit, dans toute l'étendue de sa terre, la sécurité de tout ce qui peut appartenir à l'église de Gournay-sur-Marne (1139-1164). 282

380. — Le pape Alexandre III, étant à Sens, fixe à trois marcs d'argent la rente à payer par St-Martin-des-Champs à St-Martin de Tours pour l'église de Pas (1164) 283

381. — Barthélemi, évêque de Beauvais, constate que, moyennant 60 sols parisis que leur a versés Aleaume, prieur de St-Nicolas d'Acy, Raoul de Balagny, sa femme Eudeline, fille d'Aszon de Mello, et leur fils Raoul ont renoncé à toute revendication sur le clos de vigne légué au prieuré par le chantre de Senlis Barthélemi dont ils étaient héritiers, et à la perception d'une rente de six muids d'avoine due par les moines à cause de la terre de Chantilly, échue à Raoul du chef de sa femme Eudeline de Mello (1164-1165). 284

382. — Le roi Louis VII accorde aux Bons-hommes de Grandmont une résidence entourée de fossés, au bois de Vincennes, les communautés des Fossés [St-Maur], de St-Martin-des-Champs et de St-Lazare, renonçant à tout droit d'usage dans la partie du bois comprise entre les fossés (1164-1165). 285

383. — Roger, abbé des Fossés [Saint-Maur], notifie que les moines de St-Martin ont acquis de Pierre de Clacy, pour vingt livres de Provins, seize sols de cens à Noisy-le-Sec. Pierre a prêté caution par serment que lui, sire Guillaume de Cornillon et sire Soudan [de Massy] leur beau-père, garantiraient cette vente. L'abbaye des Fossés renonce à tout droit sur les cens de Noisy (1164-1165). 286

384. — Le pape Alexandre III approuve la composition conclue entre Thibaud III, prieur de St-Martin-des-Champs, et Pierre, curé de Crespières, par l'arbitrage de Maurice, évêque de Paris, et de Hugues V, abbé de Saint-Germain-des-Prés (1165). . . 287

385. — Maurice de Sully, évêque de Paris, et Hugues V, abbé de St-Germain-des-Prés, mandataires du Saint-Siège, règlent un différend entre St-Martin-des-Champs et le curé de Crespières, Pierre, successeur de Geofroi (1165). 288

386. — Galeran II, comte de Meulan, avec l'agrément de ses fils Robert II, Galeran, Amauri, Roger, Raoul, Etienne, renouvelle ses donations antérieures au prieuré de Gournay-sur-Marne ; il confirme en même temps l'ancienne dotation du monastère (1165-1166). 290

387. — Robert II, fils du comte Galeran II de Meulan, confirme toutes les aumônes que son père a faites au prieuré de Gournay, telles qu'elles sont contenues dans la bulle du pape [Adrien IV en 1154], dans le diplôme du roi [Louis VII en 1157] et dans la charte du comte Galeran [en 1165]. Il confirme en outre le don fait par ses parents du four de la Queue-en-Brie et d'une famille de serfs à Roissy (1165-1166) . 292

388. — Le prieur Gautier acquiert du chevalier de Clacy, sire Pierre, sa maison et sa vigne « sous le moûtier » de Noisy-le-Sec (vers 1166) 293

389. — Le prieur Gautier accense à Dreux le Boucher une terre que lui avait donnée la femme d'Archer le Queux, en échange d'une terre dans la couture des moines auprès des murs de leur couvent (vers 1166). 292

390. — Amauri, évêque de Senlis, à la sollicitation du prieur Giroud, confirme les propriétés du prieuré de St-Nicolas d'Acy situées dans son diocèse (1166-1167) 294

391. — Hugues V, abbé de St-Germain-des-Prés, constate que Pierre fils d'Alcaume a renoncé aux revendications qu'il formulait contre la vente consentie à St-Martin-des-Champs par son père, d'une maison occupée par maître Hugues de Novare. Gile, fils d'Alcaume et son mari Pierre Lombard [physicien du roi] donnent aussi leur consentement (1166-1167) . . . 296

392. — Maurice, évêque de Paris, constate la ratification par le mineur Pierre de la vente, consentie par son père Alcaume, d'une maison au chanoine Hugues (1166-1167) 297

393. — Gui II de Montjay, avec l'assentiment de sa femme Aélis et de son frère Gaucher, donne au prieuré de Gournay-sur-Marne la dîme des cultures provenant du défrichement des bois dans la paroisse d'Ozoir[-la-Ferrière] et le terroir de Montjay (1166-1167). 298

394. — Le prieur Gautier, Dreux prieur de Nanteuil-le-Haudoin, et Robert prieur de Moussy, règlent un différend survenu au sujet du tonlieu de Crépy-en-Valois, entre St-Martin et Aubri de Bouqueval, comme tuteur de ses beaux-fils Pierre et Philippe Sanglier, vassaux de Thibaud II de Crépy [seigneur de Nanteuil-le-Haudouin] au temps du prieur Thibaud, prédécesseur de Dreux (1166-1167) 299

395. — Thibaud V, comte de Blois, sénéchal de France, notifie que le prieur Adam de Roinville a concédé à titre précaire à Robert Pajot, pour lui et un de ses fils, la mairie de Goimpy, qui reviendra ensuite au prieuré. (Extrait) (1166-1167). . . 301

396. — Amauri, évêque de Senlis, notifie que Jean, échanson du Roi, du consentement de sa femme Elisende, de ses enfants Pierre, Aélis et Mahaud, a renoncé en faveur du prieuré d'Acy à tous ses droits sur les dîmes de Villeron ; le prieur lui a versé 32 livres et a fait à tous ceux de sa famille des cadeaux proportionnés à leur âge (1156-1167) 301

397. — Béatrice de Rochefort, femme de Dreux de Pierrefonds, donne à Saint-Martin-des-Champs avec l'approbation du roi Louis VII, sa terre de Bonnelles ainsi que tous ses droits de justice (1155-1168). 303

398. — Agathe de Pierrefonds [fille de Dreux] renonce, pour l'âme de ses parents, au droit de tensement qu'elle percevait à Viarmes. 304

399. — Gui II de Montjay et sa femme Aélis [de Montmorency] concèdent aux hôtes de St-Martin-des-Champs habitant Bondy et Sevran, par les mains du prieur Gautier, la terre essartée de L'Aunoy, dépendant de leur gruerie (1167-1168). . . . 305

400. — Gui II de Châtillon [Montjay], devenu seigneur de Crécy, approuve le don fait par Béatrice de Pierrefonds en 1144 du péage de ce lieu au prieuré du Vieux-Crécy dont Alcaume, successeur d'Etienne, est prieur. Adhésion d'Aélis, femme de Gui de Châtillon (1168-1189). 306

401. — Le prieur Gautier vend à Foulques, prieur de Gournay, une rente de dix-huit setiers d'avoine sur le moulin de Noisiel ; Foulques la donne à Gournay pour y fonder son anniversaire (1166-1170). 307

402. — Agnès, comtesse [de Meulan] et ses fils renoncent à exi-

ger des moines de Gournay-sur-Marne l'exécution du contrat passé entre le comte Galeran II et le prieur Gamon pour la construction d'un pont, ce traité n'ayant pas été approuvé par la communauté. Accord avec le prieur Foulques au sujet de droits de coutumes (1169-1170) 307

403. — Agnès, comtesse de Meulan, approuve l'aumône faite à Notre-Dame de Gournay par Anseau de Combault de la dîme au Petit-Pontault, qu'Anseau avait acquise de son gendre Jean 310

404. — La comtesse Agnès [de Meulan] donne à Notre-Dame de Gournay, la portion du bois de la Minière qui se trouve au-dessous du chemin de Roissy 311

405. — Le roi Louis VII constate qu'en sa présence Milon Queriel d'Attilly a donné à St-Martin-des-Champs et à St-Arnoul de Marolles ce qu'il possédait dans les dîmes de Brie; son frère aîné Gui d'Attilly et Guillaume de Moret ont approuvé cette cession que le Roi confirme (1169-1170) 311

406. — Maurice, évêque de Paris, constate la cession de droits sur les dîmes de Brie faite par Milon d'Attilly au monastère de Saint-Martin-des-Champs où son père a pris l'habit religieux. Le prélat en investit le prieur Gautier, la femme de Milon, Aye, leurs enfants, Jacques, Manassé, Roger, Milon, Agnès, Félice, Aveline, ayant donné leur consentement (Extrait) (1169-1170) 312

407. — Guillaume Ier d'Aulnay-lès-Bondy confirme le don d'un moulin à Villepinte, dit le Moulineau, accordé au prieuré de Mauregard par ses fondateurs, Gautier II d'Aulnay, père de Guillaume, et Raoul, frère de Gautier II (vers 1170). . . 314

408. — La mairie de Saint-Martin-des-Champs est mentionnée comme ressort (vers 1171) 315

409. — Henri, évêque de Senlis, ayant reçu de sire Gui IV Bouteiller la dîme des essarts de la forêt de Brasseuse, la concède à St-Nicolas d'Acy, à la prière de Marguerite femme de Gui IV, et de leurs fils Gui V et Guillaume II (1170-1171) . . . 315

410. — Le pape Alexandre III confirme au prieur de Cannes [Ançoul] tous les biens du prieuré et accorde aux moines le droit de donner la sépulture aux étrangers et d'élire librement leurs prieurs (1172) 316

411. — Guillaume, archevêque de Sens, confirme à Ançoul, prieur de Cannes, les propriétés de son monastère (1172-1173). . . 318

412. — Maurice, évêque de Paris, approuve la cession au chapitre de St-Côme de Luzarches, par Gautier, prieur de St-Martin, de dîmes à Lassy, Champlâtreux et Plessis [— Luzarches], données avant 1142 au prieuré par Payen de Presles (1172-1173). 321

413. — Thibaud d'Heilly, évêque d'Amiens, constate qu'après la mort de Raoul d'Airaines, ses libéralités au prieuré de ce nom ont été approuvées par sa veuve Marie, son fils Henri et son gendre Dreux de Selincourt. Parmi les témoins Eustache abbé de Selincourt, Allou prieur de Laleu, Simon de Lis, prieur d'Airaines et le vidame Gérard de Picquigny (1172-1173). . 323

414. — Le prieur Gautier de Châlons constate un arrangement fait entre Adam de Brie et son fils Thibaud, au sujet de la dot constituée par ce dernier à sa femme Perrennelle (1172-1173) 324

415. — Pierre, cardinal du titre de Saint-Chysogone, légat du pape Alexandre III, rend une sentence concernant Sainte-Geneviève, dans une assemblée tenue à Saint-Martin-des-Champs où se trouvent l'évêque Henri de Senlis, les abbés Guillaume de St-Denis et Hugues V de St-Germain-des-Prés. (Extrait) (1172-1173) 326

416. — Maurice, évêque de Paris, constate l'accord intervenu entre les moines de Gournay-sur-Marne et les Génovéfains de Montjay et de Pomponne au sujet de dîmes et de droits paroissiaux (1173-1174) 327

417. — Géraud, abbé de Ruricourt [St-Martin-aux-Bois], confirme l'accord intervenu entre les chanoines de Monjay et de Pomponne, dépendant de son monastère, et le prieuré de Gournay-sur-Marne (1173-1174) 329

418. — Le roi Louis VII constate l'accord qui s'est établi au sujet de l'exploitation de moulins indivis entre la Couronne, le prieuré de Gannes, l'abbaye de Rozoy-en-Brie et Hugues Le Noir (1173-1174) 329

419. — Formule initiale du rouleau des morts, parti de St-Martin-des Champs après la mort du prieur Eudes II et donnant la succession des prieurs décédés (1160-1174). 331

420. — Aubert, préchantre de Notre-Dame de Paris, ayant donné à St-Martin une prébende à Notre-Dame d'Étampes, une maison, onze arpents de vignes et le matériel de viticulture à Vitry, et 50 livres pour fonder une chapelle, le prieur Gautier ordonne qu'on célébrera son anniversaire par une réfection générale d'échaudés, de fèves, d'excellent vin et de bon poisson frais, à l'aide de 60 sols fournis par les revenus de Favril, de Pontoise et de Survilliers, et qu'une pitance de 20 sous sera donnée aux moines le 9 avril, fête de Ste Marie Egyptienne (1164-1174). 331

421. — Maurice, évêque de Paris, termine un différend entre Gautier de Châlons, prieur de St-Martin, et Raoul de Bussy, chevalier, au sujet de la gruerie des bois de Marolles (après 1180). 332

422. — Guillaume, archevêque de Sens, approuve la cession d'une part de dîme à Angerville par Hugues de Salisbury et sa femme Poline, avec l'agrément de Pierre de Crespières, dont Poline la tenait en fief (1174-1175). 334

423. — Maurice, évêque de Paris, constate que Froger, chambellan du roi, et sa femme Aélis et leurs fils et filles, ayant reçu 140 livres de St-Martin-des-Champs, ont cédé au prieuré la dîme de Bezons, provenant de l'héritage d'Aélis, et renoncent à toute revendication sur un croît de cens dans leur fief, donné par Adam de Bric (1174-1175) 335

424. — Bouchard V de Montmorency approuve le don fait à St-Martin de la dîme de Bezons par Froger, chambellan du roi, et sa femme Aélis. Adhésion de Guillaume de Cornillon, qui tenait cette dîme en fief de Bouchard 336

425. — Le roi Louis VII confirme la cession de la dîme de Bezons à St-Martin-des-Champs, consentie par son chambellan Froger et sa femme, avec l'agrément des seigneurs féodaux (1174-1175). 337

426. — Adam IV de l'Isle complète, par des nouvelles libéralités, la donation du prieuré de l'Isle-Adam (1175-1176) 339

426 bis. — Maurice, évêque de Paris, confirme à St-Martin tous les bénéfices que le prieuré détient dans son diocèse (1175-1176) . 340

427. — Vente d'une maison par Gautier, prieur de St-Martin, à Gérard le Maçon (1165-1175). 343

427 bis. — Le roi Louis VII autorise Perrennelle, femme de Renier, à vendre pour 19 livres parisis, à St-Martin-des-Champs, une place appartenant à un sien débiteur de pareille somme, qui, pour ne pas la payer, faussa sa foi et partit, au mépris des censures royales et épiscopales, pour la Terre-Sainte où il mourut (1175-1176). 344

428. — Le Chapitre de St-Martin de Tours cède à St-Martin-des-Champs ses droits sur l'église de Pas-en-Artois moyennant une rente de trois marcs d'argent, et institue avec le monastère parisien une union de prières (1175-1176) 344

429. — Maurice, évêque de Paris, apaise tous les différents qui avaient surgi entre la comtesse [Agnès] de Meulan et les moines de Gournay. L'engagement pris autrefois par le prieur Gamon de construire un pont de pierre sur la Marne est déclaré nul, comme conclu sans l'assentiment de la communauté. Si pourtant les moines veulent plus tard élever un pont, ils toucheront à perpétuité cent sous sur le péage et un muid de grain. La Comtesse renonce à son projet de bâtir de nouveaux moulins, mais les deux qui subsistent étant insuffisants, les moines devront en faire un troisième sur un emplacement à leur choix : ils pourront en faire d'autres dans les arches du pont. Les hôtes du prieuré conserveront les coutumes dont ils jouissaient dans les bois de Roissy (1166-1175). 346

430. — Maurice, évêque de Paris, déclare qu'en sa présence et devant le roi Louis VII, Aubri des Fosses ayant reçu douze livres parisis des moines de St-Martin, a renoncé à ses réclamations sur une terre à Louvres donnée plus de quarante ans auparavant par Alexandre, son oncle, à Ste-Opportune de Moussy (1176-1177). 348

431. — Maurice, évêque de Paris, constate qu'après avoir été indemnisés, les héritiers de Dreux de Chelles et de sa femme Aélis ont renoncé à toute revendication sur une maison léguée au prieuré de Gournay-sur-Marne (1176-1177) 349

432. — Le prieur Gautier, du consentement de Raoul, abbé de Cluny, concède à Pierre, abbé de Cercamp, la chapelle St-Hilaire et la dîme de Frévent (1176-1177). 351

433. — Guillaume, archevêque de Sens, légat du Saint-Siège, confirme à St-Martin-des-Champs les églises et les dîmes qui lui ont été données (1176-1177) 352

434. — Le prieur Gautier décrète une pitance annuelle en commémoration de l'infirmier Raoul, qui par son travail, son industrie et l'élevage des troupeaux, avait amassé 24 livres dont il acquit, par engagement, la moitié d'une dîme de Livry, détenue par le chevalier Ascelin de Mauregard (1165-1176). 355

435. — Le prieur Gautier, après la mort de Pierre II, abbé démis-

sionnaire de Saint-Magloire, qui s'était retiré à St-Martin-des-Champs, fonde une pitance générale au jour de son anniversaire sur les revenus de la dîme de Sevran, acquise en partie par les libéralités du défunt (1165-1176) 355

436. — Mathieu II, comte de Beaumont-sur-Oise, du consentement de ses fils [du premier lit] Matthieu III et Philippe, donne à St-Léonor la redîme de Borant (1173-1177) 356

437. — Mathieu II, comte de Beaumont, avec l'assentiment de la comtesse Aélis et de ses fils Matthieu III et Philippe, concède à St-Léonor une aire de moulin à Persan vendue par Garnier II, chevalier de Bernes, du consentement de Jean de Puiseux-le-Hauberger, ainsi que le parc de Tubœuf, vendu par Adam de Laboissière (1173-1177) 357

438. — Mathieu II, comte de Beaumont, fait de grandes libéralités au prieuré de St-Léonor, et lui abandonne, entre autres legs, son haras de juments et de poulains, pour en jouir après sa mort. 358

439. — Maurice, évêque de Paris, rend une sentence au sujet d'un prêt fait par St-Martin à Geofroi, chevalier de Sevran (1177-1178). 359

440. — Le roi Louis VII confirme l'accord conclu entre Geofroi de Sevran et le Prieur de St-Martin-des-Champs (1177-1178). . . 361

441. — Maurice, évêque de Paris, atteste que, pour faire admettre leur frère Hugues à St-Martin-des-Champs, Jean et Renaud II fils de Renaud de Pomponne, ont renoncé à toute réclamation sur la dîme de Liaubon donnée par leur aïeule Mahaud au Prieuré (1177-1178) 362

442. — Robert II, comte de Meulan, concède à N.-D. de Gournay le four de la Queue, que donnèrent le comte Galeran II et la comtesse Agnès (1169-1177) 363

443. — Robert II, comte de Meulan, confirme le don de 5000 harengs à Pont-Audemer fait à N.-D. de Gournay par le comte Galeran II (1177-1178). 364

444. — Josselin d'Auneau, du consentement de Téceline, sa femme, et de leurs six fils, fait un échange de biens fonciers avec St-Martin à St-Léger-des-Aubées (1177-1178). 365

445. — Simon II, évêque de Meaux, constate qu'au moment de son départ pour la Croisade, Guillaume des Barres, du consentement de ses fils Guillaume II et Jean, a renoncé à la portion qu'il avait usurpée des dîmes d'Oissery et de Forfry dont St-Martin-des-Champs a le tiers; le prélat tient de St-Martin la moitié de ce tiers (1177-1178). 365

446. — Nivelon, évêque de Soissons, sanctionne un arrangement entre St-Martin-des-Champs et Hugues, curé de Lergny (1177-1178). 367

447. — Guillaume, archevêque de Sens et légat du Pape, constate un accord conclu entre Gautier, prieur de St-Martin, et Eudes de Gif, chevalier, au sujet d'une dîme comprise dans le fief du chevalier Archambaud de Ville-d'Avray. Témoins : Mathieu évêque de Troyes, Etienne abbé de St-Remi, Salon abbé de Ste-Colombe (1169-1177) 367

448. — Jean de Coucy et Aélis sa femme comme ayant la garde du château de Crécy en Brie pendant la minorité de Gaucher III et de Gui III, fils de Gui II de Châtillon, se portent garants que ces mineurs ratifieront l'accord entre St-Martin-des-Champs et Hugues de La Chapelle, leur vassal quant aux dîmes de Boularre (1168-1178) 369

449. — Philippe, évêque élu de Beauvais, investit Richard, prieur de l'Isle-Adam, des dîmes au bourg de l'Isle et à Parmain, dont Anschoud de Nesle, fils de Thierri de Parmain, s'est dessaisi entre ses mains (1178-1179) 371

450. — Simon II, évêque de Meaux, confirme à St-Martin-des-Champs la dîme d'Oissery et de Chauconin, provenant d'un don de Gautier Hait ; les moines concèdent cette dîme en viager à Pierre, préchantre de Meaux, frère du prélat qui l'avait tenue jusqu'alors du monastère (1178-1179) 371

451. — Ebrard IV du Puiset concède à Saint-Martin la dîme de Berchères-la-Maingot (1178-1179) 373

452. — Le roi Louis VII étant saisi d'une plainte des moines de Saint-Martin contre des empiètements commis dans leurs bois par les hommes du roi qui sont leurs hôtes à Fontaines, mande au prévôt du Châtelier qu'il maintienne le *statu quo*. (1154-1180). 373

Imprimerie E. AUBIN. — LIGUGÉ (Vienne).

ARCHIVES DE LA FRANCE MONASTIQUE

ABBAYES ET PRIEURÉS DE FRANCE
NOTICES HISTORIQUES ET BIBLIOGRAPHIQUES
Par le R. P. Dom BESSE

INTRODUCTION
Congrégations monastiques et canoniales.
1 vol. in-8, xxxii-352 p...... 10 fr.

TOME PREMIER
Provinces ecclésiastiques de Paris (Diocèses de Paris, Chartres, Blois, Orléans et Meaux).
1 vol. in-8, xxiv-396 p...... 10 fr.

TOME DEUXIÈME
Provinces ecclésiastiques d'Aix, Arles, Avignon et Embrun........ 12 fr.

TOME TROISIÈME
Provinces ecclésiastiques d'Auch et de Bordeaux.............. 12 fr.

TOME QUATRIÈME
Provinces ecclésiastiques d'Albi, de Narbonne, de Toulouse..... 12 fr.

TOME CINQUIÈME
Province ecclésiastique de Bourges.
1 vol. in-8................ 12 fr.

TOME SIXIÈME
Province ecclésiastique de Sens.
1 vol. in-8................ 10 fr.

LES MOINES DE L'ANCIENNE FRANCE

TOME PREMIER
Période gallo-romaine et mérovingienne, par le R. P. Dom Besse.
1 vol. in-8, xii-571 p. (*épuisé.*)
L'Académie française a décerné à cet ouvrage le prix du baron de Courcel (1907).

TOME DEUXIÈME
Période Carolingienne, par le R. Dom Besse.
1 vol. in-8.
(*En préparation.*)

Les Dépendances de l'Abbaye de Saint-Germain-des-Prés
Par Dom ANGER

TOME PREMIER
Seine-et-Marne.
1. vol. in-8, vii-362 p...... 10 fr.

TOME DEUXIÈME
Seine-et-Oise.
1 vol. in-8, viii-324 p....... 10 fr.

TOME TROISIÈME ET DERNIER. 1 vol. in-8 de 400 p...... 10 fr.

DOCUMENTS ET MÉLANGES MABILLON
Publiés à l'occasion du deuxième anniversaire séculaire de sa mort.
1 volume in-8 de xlviii-376 p. .... 10 fr.

HISTOIRE DE L'ABBAYE DE SAINTE-CROIX DE BORDEAUX
Par M. CHAULIAC
1 volume in-8 de 408 p .... 10 fr.

Mémoires du R. P. Dom Audebert
De la Congrégation de Saint-Maur (1643-1654)
Publiés par le R. P. Dom Guilloreau. Un vol. in-8................ 12 fr.

Recueil de Chartes et Documents de Saint=Martin= des=Champs, monastère parisien, par J. DEPOIN,
Secrétaire général de la Société historique du Vexin.
Tome I. — Un vol. in-8 de 320 pages...................... 10 fr.
Tome II. — Un vol. in-8 de 400 pages..................... 12 fr.

www.ingramcontent.com/pod-product-compliance
Lightning Source LLC
Chambersburg PA
CBHW052040230426
43671CB00011B/1725